다키니
파워

| 일러두기 |

1. 일반적인 외래어의 경우 국립국어원 외래어 표기법에 따랐다.

2. 산스크리트어·티벳어의 경우 '원지음을 따르는 것을 원칙'으로 삼아
   우리말로 옮겼다. 그중 일부는 보편성과 일반성을 고려해 대중에게
   널리 알려진 대로 표기하였다.

3. 외래어가 반복되는 경우, 처음만 병기하며 이후는 생략했다. 단 의미
   를 명확하게 할 필요성이 있을 경우, 다시 병기했다.

4. 각 장의 끝에 수록된 미주에는 저자 주와 역자 주를 함께 수록했다.

다키니
파워

12명의 여성 수행자가 걸어간
삶과 깨달음의 여정

Dakini
Power

미카엘라 하스 지음
김영란, 장윤정 옮김

담앤북스

추천사

이 책은 티벳 불교 여성 수행자인 디끼니 선봉에서 자신의 길을 찾은 여성들의 이야기이다. 티벳 고원에서, 히말라야 설산 동굴에서, 로키산맥 깊은 숲에서 붓다의 옛길을 따르는 이들의 도전은 여성에 대한 온갖 차별과 금기를 넘어 독신 수행자로서 재가 수행자로서 여성의 삶과 수행의 새로운 롤모델을 창안하는, 그 누구도 가지 않는 새 길을 개척하는 것이었다. 불교가 서양에 전해진 후 일어난 수많은 변용과 혁신은 그들의 강인하고 부드러운 도전이 없었다면 불가능했을 것이다.

진실하고 깨어있는 삶을 향한 불굴의 용기와 열정, 실패를 모르는 그들의 도전에서 붓다의 길을 가는 여성들, 모든 종교의 여성들, 나아가 종교 밖의 여성들 또한 깊은 공감과 위로, 희망과 용기를 얻을 수 있을 것이다.

●**명법 스님** 해인사 국일암 감원

금강승 사마야계는 '여성이 가진 뛰어난 지혜를 무시하는 것'을 계의 파괴로 본다. 티벳 불교의 선구자 빠드마삼바바 역시 '여성이 불법의 지혜를 인식하는 데 더 적합하다'고 했다. 남녀가 불평등했던 옛 사회에서도, 금강승은 여성의 중요성을 강조해 왔다. 4년간 매일 텐진 빨모 스님과 일하고 식사하면서 그곳 사원의 비구니를 가르쳤다. 특별하고 진정한 수행자라는 데 의심의 여지가 없다. 이 책에 등장하는 12인 모두 그러하다. 그들 모두 현대 여성 수행자에게 힘과 용기, 지혜가 되어 줄 것이다.

●**켄뽀 아왕 상뽀 린뽀체** 금강승 수행 센터 '캄따시링' 센터장

'다키니'란 산스크리트어로 '깨달은 여성의 화신'이란 포괄적 의미로 쓰이는 용어이다. 여성이 본래 지닌 직관과 에너지 혹은 이성적 분석력이 깨달음에 하등 문제가 없음에도 불구하고 전통적 불교에서 여성 수행자가 겪는 부당한 차별이 엄연히 존재해 왔다.

최근 서양에서 급격하게 영향력을 확대하고 있는 티벳 불교에서, 서양 출신 여성 수행자들과 선각 티벳 수행자들의 젠더 불평등을 타파하려는 다양한 시도가 행해지고, 그 결과 뛰어난 여성 수행자가 깨달음의 길을 주도적으로 이끌고 위대한 스승의 자리에 초대되는 새로운 변화가 시작되고 있다. 이 책은 '나는 여성의 몸으로 붓다가 되리라'라는 선언을 한 뗀진 빨모 스님을 비롯한 열두 '다키니'의 파워 넘치고 색다르며 감동적인 영적 여정을 소개하고 있다. 빠르게 발전하는 물질적 안락함과 반대로 개인의 행복감은 점점 낮아지는 기현상이 극심한 대한민국 독자에게 '진정한 행복은 무엇인가?'라는 질문의 길로 안내하는 책이다.

●**임순례** 〈제보자〉, 〈리틀포레스트〉 영화감독

평생 불교라는 땅을 딛고 살아온 나는, 어떤 여성 수행자로 이후의 삶을 살 것인가 고민하던 참이었지요. 그러다 티벳 불교 여성 수행자 열두 분을 만났습니다. 묵묵히 남성 수행자의 배우자로 살다 간 분도 있고, 배우자에 머물지 않고 자신의 수행을 완성해 간 분도 있고, 남성의 배우자가 아닌 '사람 여성'의 몸으로 성취를 이룬 분도 있습니다.

티벳 불교라는 종교적 배경을 지운다면 세상 모든 여성의 삶도 이 세 가지에서 벗어나지는 않을 것입니다. 당신이 누구이든, 어떻게 살아왔든 어떻게 살고 있든 말이지요.

이 여성 수행자들은 자기 내면의 소리에 귀 기울이고 솔직하고 진취적이었으며, 누구 탓을 하지 않았다는 공통점을 지녔습니다. 책을 읽는 내내 나보다 앞서 수행의 길 끝에 서서 세상 여성들에게 손을 내미는 그 분들이 정말 고마웠습니다.

●**이미령** 불교 강사, 칼럼니스트, 경전 이야기꾼

추천사 ✳ 4
감사의 말 ✳ 8
저자의 말 ✳ 9
다키니의 본질 ✳ 19

01 제쭌 칸도 린뽀체 JETSUN KHANDRO RINPOCHE ✳ 35
방석을 비집고 나온 자비로운 바늘

02 닥몰라 꾸쑈 싸꺄 DAGMOLA KUSHO SAKYA ✳ 67
왕궁에서부터 혈액은행까지

03 제쭌마 뗀진 빨모 JETSUNMA TENZIN PALMO ✳ 102
에고를 미는 사포

04 쌍게 칸도 SANGYE KHANDRO ✳ 131
깨달음은 전업 직업이다

05 뻬마 최돈 PEMA CHÖDRÖN ✳ 166
'무근거성'에 쉼, 산산조각 난 인생에서 찾은 교훈

06 엘리자베스 매티스 남겔 ELIZABETH MATTIS-NAMGYEL ✳ 197
놀라운 여성 은둔자

07 착둡 카도 CHAGDUD KHADRO ✳ 224
자석에 달라붙은 쇳가루처럼

08 깔마 렉셰 쪼모 KARMA LEKSHE TSOMO ✳ 248
깨달음을 향해 파도타기

09 툽뗀 최돈 THUBTEN CHODRON ✳ 273
가사를 입은 반란군

10 로시 조안 할리팩스 ROSHI JOAN HALIFAX ✳ 305
대담하고 맹렬한 그리고 섬세한

11 출팀 알리언 TSULTRIM ALLIONE ✳ 336
깨어난 페미니스트

12 칸도 쩨링 최돈 KHANDRO TSERING CHÖDRON ✳ 365
다키니의 여왕

마치며 ✳ 396
감사의 말 ✳ 400
취재 노트 ✳ 403
주요 용어 ✳ 421
참고 문헌 ✳ 425

＊

감사의 말

조건 없이 사랑해 주고 내가 자신을 믿지 못할 때조차 믿어 주는 영혼의 단짝에게. 당신의 정서적이고 실질적인 지원이 없었다면 이 책을 쓰지 못했을 것입니다. 이 책은 당신과, 어떤 경우라도 자신의 파트너를 지지하는 모든 연인들을 위한 것입니다.

자신들의 무남독녀가 최고의 텔레비전 경력을 뒤로 한 채 히말라야 동굴에서 수행하고 누구도 모르는 것을 찾아 아시아 전역을 헤매는 이유를 전혀 이해하지 못하는 나의 어머니와 아버지께. 이 책은 나의 부모님 두 분과, 평범함을 거부하고 모험을 찾아 떠나는 자녀를 여전히 사랑하는 모든 부모님을 위한 것입니다.

때론 거칠게 때론 장난스럽게 예기치 않은 방법으로 계속 도전하도록 이끌어 주신 남녀 스승들께. 이 책은 나의 스승들과, 모든 스승, 그분들의 제자 그리고 열린 마음으로 탐구하고 발견하는 모든 이들을 위한 것입니다.

저자의 말

　많은 이들이 책임으로 둘러싸인 일상을 버리고 의미 있는 목표로 가득한, 진정 가슴 뛰는 삶을 꿈꾸지만 실제로 다가간 이는 소수에 불과하다. 이 책에는 그러한 삶을 사는 여성들이 등장한다.

　런던의 한 젊은 여성 사서가 인도행 여객선에 홀연히 올랐다. 외딴 동굴에서 12년간 홀로 수행한 그녀는 비구니를 위한 승원을 세웠다. 그녀를 자극한 동기는 무엇이었을까? 말리부 출신의 소녀 서퍼는 어떻게 여성 불자를 위한 주요 국제 기구 책임자가 될 수 있었을까? 산타 모니카의 음반 회사 경영자의 딸은 어느 날 밤, 너무나 생생한 공작새 꿈을 꾸고 이것을 일생의 사랑을 만날 기회로 짐작했다. 하필 그녀는 왜 네팔로 향했을까? 이 내용들은 모두 이 책에 실린 용기, 결단, 지혜에 관한 아주 흥미로운 열두 가지 전기의 일부다.

　다키니 파워에 등장하는 여성들은 일반적으로 성취를 이룬 수행자, 뛰어난 선지식으로 인식된다. 서양 사회에 불교에 관한 신선한 통찰을 주는 존재들이다. 이 책은 서양인 또는 아시아인으로서 서양 사회에 티벳 불교를 가르치는 이 시대의 선지식에 특별히 집중했다.

12명의 여성은 마음속으로 그리던 삶을 실현하고자 역경에 맞서 왔고, 삶을 통찰하면서 과감한 결단을 내리기도 했다. 그들은 때로 너무 보수적이라고 거세게 저항한다고, 극단적인 페미니스트라고 페미니스트 자질이 부족하다고 비판을 받았다. 그러나 모두 엄청난 용기로 그 비판의 목소리를 극복했다. 이 여성들의 이야기는 현대의 영적 구도자에게 어떤 영감을 줄 수 있을까?

닥몰라 싸꺄Dagmola Sakya, 출팀 알리언Tsultrim Allione, 엘리자베스 매티스 남겔Elizabeth Mattis Namgyel과 같은 선지식은 어머니로서 자녀를 양육하고 일하며 삶의 파고를 넘느라 애쓰면서도 영적 여정을 계획해 나갔다. 뗀진 빨모Tenzin Palmo, 뻬마 최돈Pema Chödrön, 깔마 렉셰 쪼모Karma Lekshe Tsomo는 서양의 대도시에서 태어났지만 비구니가 되기로 결심하고 이름을 티벳 불교식 법명으로 바꾸었다. 한편 닥몰라 싸꺄Dagmola Sakya와 칸도 쩨링 최돈Khandro Tsering Chödron 등의 전기는 중국의 점령으로 망명길에 오르기 전, 공산주의 이전의 티벳을 들여다볼 수 있는 아주 흥미로운 순간을 담고 있다. 착둡 카도Chagdud Khadro[1], 툽뗀 최돈Thubten Chodron, 쌍게 칸도Sangye Khandro는 서양에서 자랐으나 설명할 수 없는 이유로 덜컹거리는 버스를 타고 고달픈 육로 여행 끝에 아프가니스탄과 파키스탄을 거쳐 인도로 갔다.

반대로, 몇 안 되는 여성 환생자인 칸도 린뽀체Khandro Rinpoche는 인도에서 태어나 교육받았지만, 오히려 미국으로 건너가 이해하기 어려운 서양인의 마음을 연구했다. 로시 조안 할리팩스Roshi Joan Halifax는 임종을 돕는 사명을 받기 전까지 시민권 운동과 60년대 반문화운동에 관여했다. 그녀는 선종의 선사이지만 티벳 선지식들과 폭넓게 교류하면서 티벳 불교의 정수를 수행해 왔기에 이 책에 수록했다.

원래 칸도 쩨링 최돈의 인생 서사를 이 책의 첫 장으로 소개하려 했지만, 안타깝게도 자료 조사를 하는 동안 그녀가 세상을 떠났다. 이 책의 마지막 장을 고별 헌정으로 그녀에게 바친다. 우리는 삶과 죽음을 통해 그녀가 남긴 지혜와 유산을 개략적으로 살펴볼 것이다.

12명의 여성: 롤 모델, 혁신가, 급진주의자

심오한 지혜로 내면의 울림을 주면서 실제로 우리를 변화시키는 사람을 만나는 경우는 극히 드물다. 이 책에 수록된 여성들은 모두 뛰어난 스승으로 모두 고학력의 학식을 갖춘 여성들이다. 일부는 책을 출간하기도 했으니 함께 읽어 보면 도움이 될 것이다. 나는 그들이 불교의 지혜를 일상에 적용한 방식이 가장 인상 깊었다. 법사로서만이 아니라 변화하는 개인사 즉 죽음, 이혼, 배신, 상실과 같은 복잡한 상황을 불교의 지혜로 어떻게 다루는지 말이다.

우리는 이 여성들로부터 무엇을 배울 수 있을까? 이들은 어떤 방식으로 문화적 차이를 극복할까? 불교에 대한 논란에 어떻게 대응할까? 이들 중 일부 서양 출신은 그들의 삶에 외국 문화가 스며들면서 가족과 가까운 친구들에게서 외면당했다. 이러한 문제는 가끔 목숨까지 걸 정도의 급진적인 삶의 변화를 초래했다. 그들은 자신이 가고자 하는 길에서 무엇을 찾았을까? 지불한 대가만큼의 가치가 있었을까?

나는 불법dharma[a]을 배우는 학생이자, 박사 학위를 받은 전문 언론인이다. 이 책을 쓴 의도는 서양 불교에 영향을 끼친 여성 선구자들의 삶과 업적을 기리기 위함이다. 그들의 우정과 가르침에서 큰 힘과 용기를 얻었다. 다른 이들도 겪고 있는 고통과 고통 사이의 틈을 메울 수 있을 거라고 믿는다.

학자이자 언론인으로서, 나는 '중립적'으로 보도하도록 훈련받았다. 그러나 이 책은 '중립적'이거나 '객관적'이지 않다. 작가로 지낸 지난 20년간 '객관성'은 불가능한 목표라는 것을 알게 되었다. 전기는 필연적으로 경험에 영향을 받기 때문이다. 솔직하게 말하면, 나의 관심은 개인적이다. 더 정직하게 말하면 내 마음과 가깝다고 해야겠다.

각 장은 선지식과의 개인적인 만남을 바탕으로 하고 있는데 일부는 여러 해 동안 알고 지낸 사이이다. 그들은 이따금 옛 법문을 직접 들려주기도 했다. 나는 인터뷰 시간을 줄이기 위해 중복되는 질문은 피하는 식으로 예의를 갖췄다. 또한 개인적인 자료는 배제해 달라는 그들이 요청을 손중하고, 정치적인 이유로 위태로울 수 있는 정보원의 신분을 보호하고자 일부 내용은 변경했다. 각 장의 끝에 있는 미주에 보다 상세한 내용을 담았다.

이 책은 사랑의 산물이다. 비록 그들의 진정한 본질을 말로 다 표현할 수는 없지만 한결같이 꿈을 향해 나아가는 놀라운 이 여성들에게 경의를 표하고 존경심을 보내기 위한 나의 염원이 담겼다. 만약 어떠한 경우라도 오류가 있거나 그들의 업적을 잘못 전달한 부분이 있다면 진심으로 용서를 구한다.

내 인생을 바꾼 여정

1996년 가을, 나는 불교에 입문했다. 스물여섯 살에 심각한 건강상의 위기를 겪은 후 바쁜 기자의 삶에서 벗어나 3개월의 휴가를 얻은 것이 계기다. 이때 인도, 스리랑카, 몰디브, 부탄으로 가는 세계 일주 항공권을 예약했다. 몰디브는 상어와 다이빙, 인도는 요가와 시장 구경, 스리랑카는 오일 마사지 그리고 히말라야의 작은 왕국 부탄은 갑자기 튀어나왔는데, 한 친구가 부탄은 입국 자체가 까다로운 '굉장히 이국적인 여행지'라며 칭찬을 아끼지 않았기 때문이다. 이는 나의 호기심을 유발하기에 충분했다. 그 당시 나는 불교를 거의 몰랐지만 부탄 사람들이 불교에 무지한 관광객을 반기지 않는다는 친구의 충고에 귀를 기울였다. 부탄 사람들은 여행자들이 그들의 국교를 진지하게 받아들일 것을 요구하며 신성하고 아름다운 어떤 사원은 불자만이 입장할 수 있다는 것이다.

히말라야를 횡단하는 작은 프로펠러 비행기에 탑승하기 전 몰디브 바닷가에서, 나는 재미없어 보이는 불교 예술 안내서를 의무감으로 펼쳤다. 결가부좌를 한 환희로운 표정의 황금색 명상가가 '붓다'라는 사실은 쉽게 알 수 있었다. 삼지창을 들고 우스꽝스러운 모자를 쓴 대담무쌍한 이는 '빠드마삼바바'라 불렸고, 티벳 불교의 선구자로 존경받았다. 왼손에 연꽃을 들고 벌거벗은 흰색의 평온한 여성을 자비의 붓다인 '따라'라고 기억해 두었다.

불교 사상에 오랫동안 매료되어 있었지만 그저 이국적인 추억을 모으고 있었을 뿐, 깊은 의미에는 별로 관심이 없었다. 뜻밖에도 부탄에서 탱화를 보는데 마치 신들이 살아서 춤추는 듯한 환영을 경험했다. 외딴절에 있는 이 역동적인 그림들이 내 마음속 깊은 곳을 향해 말을 걸었다. 또 트레킹 중 마주친 화려한 색채와 만뜨라가 내 안의 무언가와 연결되어 폭발했다. 내 마음은 이전에 전혀 몰랐던 예리한 알아차림으로 변했다. 티벳인이 '마음의 본성'이라고 부르는, 개념들을 뛰어넘어 있는 그대로의 단순함을 처음으로 경험한 순간이었다. 확고하고 낡은 인식의 벽이 수리가 불가능할 정도로 금이 가기 시작했다. 심지어 꿈꾸던 과거의 삶으로 돌아갈 수도 없었다. 나는 관광객으로 와서 순례자가 되었다.

무슨 이유로 이러한 변화가 일어나고 있는지 알 수 없을 만큼 매료되어 있었기에 단순히 여행의 신기루로 치부할 수 없었다. 마음으로 깊고 충분히 감동받은 나는 이 특별한 지혜가 궁금해졌다. 왜 그렇게 많은 신들이 존재했을까? 또 이 광대한 도서관들이 지닌 혜안은 무엇일까? 나는 여행 중 만난 티벳 선지식인들에게 흥미를 느꼈다. 그들은 엄했지만 장난기가 가득했다. 무의미한 말은 받아들이지 않았지만 얼굴은 부드러운 미소로 가득 차 있었다. 그들의 힘 있는 존재감은 두려움 없는 기쁨으로 표출되었다. 이것은 불안하고 초조한 내 책상과는 근본적으로 달랐다. 그들은 내가 알아야 할 것을 알고 있었다. 그들은 마음이란 행복과 고통의 창조자이며 마음과 본성을 알고 배우는 것이 통제할 수 없는 외부의 변화로부터 우리 자신을 자유롭게 할 수 있다고 말했다. 신문사로 복귀해 업무를 보던 나는, 허름한 판잣집 같은 네팔 우체국에서 상사에게 사직서를 보냈다. "당신의 모든 지원에 감사드립니다. 저는 돌아가지 않겠습니다."

나는 티벳의 독특한 마음 과학에 깊은 관심을 가지게 되었다. 간단한 20분 명상을 하는 동안 마음을 통제하려는 관념이 더 깊은 장애를 숨기고 있다는 것을 깨달았다. 감정과 생각이 계속해서 퍼져 나가면서 통제할 수 없을 정도로 마음을 괴롭히는 것이다.

붓다의 가르침은 놀라운 약속을 담고 있다. 그것은 우리가 세심한 주의를 기울여 처음부터 운전자가 없다는 사실을 깨닫는다면 우리 모두가 운전석을 되찾을 수 있다는 것이다. 혁명적인 붓다의 혜안은 바로 우리가 '생각하는 것'이 '우리'라는 것이다. 즉, 현실은 우리가 마음속에서 창조하는 것이며, 마음의 잠재력은 그 깊이에 정말 한계가 없다는 것이다. 몇 주 만에 나는 네팔의 수도 카트만두에서 티벳어와 산스크리트어를 공부하기 시작했고 불교 철학 강좌도 등록했다. 여가에는 산을 걷고 히말라야산맥이 내려다보이는 외딴 사원에서 가부좌에 익숙해지기 위해 노력했다. 그리고 이전에 경험하지 못한 최고의 행복을 맛보았다.

부탄에서 삶이 변하기 전, 유럽에서 살던 나는 내가 세계 최정상에 올랐다고 생각했다. 겉보기에 모든 것이 잘되고 있었고 모든 것을 누리고 있다고 여겼다. 그럼에도 불구하고 마치 신발 속 작은 돌처럼 불쾌한 무언가가 귀찮게 따라다니며 괴롭혔다. 아무리 무시하려고 애써도 '행복하지 않다'는 사실이었다. 나는 우울했다. 어떻게 그럴 수 있을까? 나는 더 명성 있는 직업, 더 잘생긴 남자 친구, 더 높은 급여가 더 큰 행복을 가져다 주지는 않는다는 것을 알고 있었다. 붓다의 최초 설법인 사성제는 행운을 누리는 삶 속에서 경험하는 마음속의 불만족을 일깨워 주었다. 2,500년 전 그는 '삶은 괴로움'이라고 말했다. 그리고 나는 이제 사성제의 첫 번째 고제가 단지 소말리아의 '기아'나 '암' 진단에 대한 이야기가 아니라 근본적인 삶의 실제를 자비롭게 설명하고 있다는 것을 안다.

불교는 특히 언론인으로서 내가 이루지 못한 일, 괴로움을 줄이는 일을 성취할 수 있는 완전한 길을 제시했다. 나는 처음부터 분명한 이유로 정치부 기자가 되고 싶었다. 겨우 250여 명의 주민이 살던 바이에른의 한 전원 마을에서 부모의 사랑을 받으며 성장하면서, 내가 얼마나 특권을 누리면서 살아왔는지 여실히 깨달았다. 그래서 목소리를 낼 수 없는 사람들을 대변하기 위해, 세상을 변화시키기 위해 글을 쓰겠다 맹세한 것이다. 하지만 나의 계획은 기대했던 것보다 분명 더 느리게 진행되었다. 사회는 내가 보도한 것만큼 빨리 변하지 않았다. 세상을 좀 더 나은 곳으로 만들겠다는 청춘의 패기는 한 번에 한 단어씩 시들었다.

당시 불교는 혁명적인 대안을 제시했다. 티벳 불교에서 이상적인 보살은 자신이 아닌 모든 중생을 구하기 위해 자비롭게 해탈을 추구하는 전사이다. 불자들의 목표인 '고통으로부터의 해탈'은 본질적으로 마음의 문제이며 내적 혁명이다. 나는 정부의 부패를 폭로하는 것에서 내마음의 부패를 폭로하는 방향으로 목표를 바꾸었다.

그래서 17년 전, 뮌헨에 있는 최고급 주택을 떠나 카트만두의 초라한 옥탑 침실로 돌연 보금자리를 옮겼다. 중국의 테러에서 막 탈출한 티벳인 가족과 함께 살며, 새로운 세계에 진심으로 뛰어들었다. 당시에도 방송과 인쇄 매체 기자로 계속 일했지만 삶의 방향은 이동했다. 학업과 은둔 수행에 필요한 경비를 마련하기 위해 인도, 네팔, 부탄 등지에서 많은 기사를 써서 유명 언론사로 전송했다. 스스로도 깜짝 놀랄 정도로, 환생과 마음의 본성에 관한 생소한 가르침이 전혀 거슬리지 않았다. 도리어 어린 시절부터 계속 묻고 쌓아 둔 의문들, 즉 우리는 어떻게 왔고, 삶의 목적은 무엇인지 등에 대한 답을 마침내 찾을 수 있었다.

티벳인의 정신적 지도자인 14대 달라이 라마가 서양에서 대중 강연을 할 때, 자주 강조하는 첫 번째 내용은 자신의 모태 신앙을 쉽게 떠나지 말라는 것이다. 가톨릭 신자로 성장해 새로 불자가 된 나는 이 충고가 당황스러웠다. 그럼에도 불구하고 10년간 불교에 심취했다. 이로 인해 유럽으로 돌아갔을 때 서양과 동양의 문화 격차를 더욱 분명하게 인식하게 되었다. 처음으로 두 세계에 발을 들여놓는 것이 얼마나 어려운 일인지를 경험했다. 뜻밖에도 나의 학문적 연구는 합리적인 분석과 종교적인 믿음 사이에 첨예한 마찰을 불러일으켰다.

더 깊이 연구할수록 서양식 교육과 전통적인 아시아 문화 사이의 피할 수 없는 충돌이 드러나면서 예상보다 한계점에 더 빨리 다가가고 있었다. 가부장 사회의 여성으로서, 헌신을 요구하는 종교의 중심에 있는 학자로서, 나는 다루기 어려운 많은 질문과 도전, 요구에 맞서 단련되고 있음을 느꼈다.

분명히 다른 여성들도 비슷한 도전에 직면했을 것이다. 그러나 그들은 빠져나오지 못하고 그 상황에 휩쓸려 가고 있다. 만성 질환과 함께 티벳 불교의 터무니없는 측면에 고전하고 있을 때 즉 삶의 밑바닥을 치던 시기에 이 선지식들의 이야기를 찾아냈다. 아시아의 외진 동굴에서 현재 내가 살고 있는 거대 도시, 로스앤젤레스로 고대 전통을 이식하는 것은 성장통을 동반한다. 그것은 마음의 유연성과 전통의 견고함을 탐구하는 법거량^b과 같다. 이 책의 스승들은 천년의 지혜를 품고 있는 진심 어린 보수적 주장부터 개혁을 위한 진보적 요구에 이르기까지 가능한 모든 범위의 해결책을 제시한다.

이 여성들을 만남으로써 나는 용기와 영감, 새로운 통찰과 열정을 찾았다. 독자들도 이 책을 통해 그들을 만나 자신감을 얻고 묵은 두려움을 버리고 새로운 길을 탐색하면서 내면의 속삭임에 귀를 기울일 수 있기를 바란다.

주

a 다르마(산스크리트어 dharma, 티벳어 chö)는 일반적으로 붓다의 가르침을 일컫는
   다. 이 용어는 진실, 여정, 현상과 같은 폭넓은 의미를 담고 있다.

b 스승이 제자의 수행을 점검하기 위해 주고받는 문답, 또는 선객들이 주고받는
   선문답을 뜻한다.

다키니의 본질

> "남성과 여성은 별반 다르지 않아,
> 깨달음을 구하는 여성의 잠재력은 무궁무진하다."[1]
>
> _ 빠드마삼바바, 티벳 금강승 불교의 시조

티벳 불교에는 독특한 전제가 있다. 여성이 되는 것이 영적인 깨달음을 구하는 데 실제로 유리할 수 있다는 것이다. 그래서 8세기 티벳 불교의 선구자 빠드마삼바바는 여성이 불법의 지혜를 인식하는 데 더 적합하다고 했다. 현대의 스승들은 이러한 정서를 반영한다. 서양의 스님인 뗀진 빨모는 "많은 라마[a](보통 비구를 일컫는다)들이 여성은 훌륭한 수행자가 된다고 말한다. 남성보다 그들이 더 쉽게, 더 깊게 명상에 들어갈 수 있기 때문이라는 것이다. 오랫동안 공부해 온, 특히 비구들은 지성을 잃는 것을 두려워한다. 그래서 자신을 놓아 버리고 완전히 비우는 명상적 체험이 그들에게는 곧 공포가 된다. 반면 여성은 명상을 자연스럽게 해내는 것처럼 보인다"[2]고 분석했다.

깨달은 여성의 화신을 고대 인도 산스크리트어로 '다키니Dakini'라 부른다. 도대체 다키니는 정확히 무엇인가? 다키니는 천성이 활발하고 종잡을 수 없는 존재다. 명확하게 그들을 정의하기 위해 너무 애쓰는 것은 곧 그들을 제대로 파악하지 못하는 것을 뜻한다. 나는 이 책에 등장하는 선지식의 해석을 주의 깊게 들었다.

뗀진 빨모는 "예리함, 즉 명료함을 여성이 지난 가장 특별한 자질"로 생각한다. 그녀는 여성의 몸으로 깨달음을 얻겠다고 서원했다. "그것은 경직된 지성을 끊어내고 핵심에 도달하게 한다. 다키니의 본질은 내게 직감력을 의미한다. 여성은 무미건조하고 냉정한 지적 토론에 관심조차 없지만, 눈 깜짝할 사이에 파악한다"[3]고 설명한다.

문자 그대로 '귀중한 다키니'라는 이름을 지닌 칸도 린뽀체는 "전통적으로 다키니는 뛰어난 여성 수행자, 위대한 스승의 배우자를 가리키는 용어로 사용해 왔고, 성별을 초월하는 깨달은 여성의 본질인 비이원성을 의미한다"고 알려 준다. 또 그녀는 진정한 다키니의 본질은 '아주 예리하고, 총명한 지혜의 본성'으로 '약간의 분노와 함께 단호하고, 정직하다'고 정의한다. 개인적으로 이러한 정의가 이 책에 수록된 여성 스승들을 아주 정확하게 묘사하고 있다고 생각한다. 그들 대부분은 온화하고 유머러스하면서도 솔직하고 지적이고 급진적이며 대범하다.

다키니의 본질을 지나치게 단순화하면 안 된다. 여러 차원의 의미가 있다. 표면적으로는 성취한 여성 수행자를 가리킨다. 이러한 이유로 이 책의 제목이 되었다. 여성의 모습을 취하고 있지만, 궁극적으로 다키니는 성별을 따지지 않는다. 칸도 린뽀체는 '궁극적인 실재는 지성으로 이해할 수 없다'는 금강승의 핵심 개념을 언급하면서 "정말로 다키니를 만나기 위해서는 이원성을 초월해야 한다"고 가르친다.

다키니를 티벳어로 칸도Khandro라고 하는데, 공행모 또는 길상천녀를 뜻한다. 즉, 이러한 천상의 깨달은 존재들이 단단한 땅의 속박에서 벗어나 광대무변한 허공을 맞이한 것이다. 수행자이자 학자인 주디스 시머 브라운Judith Simmer Brown은 그 의미를 네 가지 차원으로 분류했다.

비밀한 차원에서 다키니는 제법과 마음의 기본적인 현현(나타남)으로 보인다. 그래서 그녀의 힘은 가장 수승한 금강승 수행과 밀접한 관련이 있다. 가장 핵심적인 차원에서 다키니는 이른바 본성 그 자체인 무형의 지혜다. 종교적인 의례의 차원으로 보면, 그녀는 수행하는 붓다 본성을 지닌 화신으로 보인다. 미세한 몸의 차원에서 보면, 다키니는 딴뜨라 요가의 생명의 호흡과 미세한 기맥 안에 내재된 에너지 연결망이다. 또한 살아 있는 여성으로 언급된다. 보배 법좌에 앉은 구루이거나 외딴 동굴에서 수행하는 요기니(여성 수행자) 혹은 영향력 있는 명상 교사 또는 직접 자신을 본보기로 법을 설하는 구루의 배우자일 수 있다. 결국 모든 여성은 일종의 다키니의 현신으로 본다.[4]

이렇게 다키니는 여러 형태로 나타난다. 미국인 스님 출팀 알리언[5]은 "다키니는 티벳 불교에서 깨달은 여성에 대한 가장 중요한 본질"이라고 한다. 그녀는 "그들은 깨달음(열반)의 자리에서 밝게 빛나는, 미세하고 영적인 에너지이자 열쇠, 문지기, 호법신장이다. 삶 속으로 다키니를 기꺼이 초대하지 않으면 우리는 이러한 본성의 미세한 상태에 들어갈 수 없다. 다키니는 때론 메신저로, 때론 안내자로, 때론 호법신으로 나타난다"고 설명한다.

활발하고, 매력적이고, 거친 다키니

콜로라도에 있는 출팀 알리언의 따라 만달라와 같은 티벳 불교 사원에 방문한 적이 있다면, 반야경ᵇ을 들고 완벽한 명상 자세로 연꽃 위에 앉아 있는 대지혜의 화신 '쁘라냐빠라미타Prajnaparamita(반야바라밀보살 또는 불모)'와 같은 다양한 여성 불상을 봤을 것이다. '해탈한 존재'로 알려져 있는 여성 붓다인 따라Tara는 도움이 필요한 중생을 즉시 돕기 위해 당장이라도 벌떡 일어날 듯 한쪽 다리를 쭉 뻗고 있다. 7개의 눈은 평온하나 예리하게 방문자를 바라본다. "특별한 눈은 자비의 상징으로 고통받는 중생을 보고 구해 주기 위한 것"⁶이라고 따라의 현신을 목격한 닥몰라 샤꺄는 설명한다. "따라는 모든 중생을 자신의 자식처럼 보살피는 어머니"다.⁷ 따라와 불모는 지혜에서 깨달음을 얻은 모든 붓다의 어머니로 간주된다.

외국어로 제대로 설명하기 어렵지만, 이러한 붓다를 보통 '신'이라 부른다. 그러나 엄밀히 따지면, 티벳어로 '이담yidam'은 '본성을 보유한다'는 뜻이다. 기독교, 힌두교 등 다른 종교와 달리 이러한 깨달음의 원형은 가피를 받기 위해 외부적으로 존재하는 실체가 아니다. 금강승 불교에서의 신은 오히려 부정적인 감정을 정화하고 깊은 알아차림으로 들어가기 위해 수행자가 일깨운 마음의 현상이다. 어떤 신들은 따라와 불모처럼 평온하고 평화롭게 묘사된다. 바즈라요기니와 같은 다른 신들은 즉시 무지를 멸하기 위해 가슴과 성기, 날카로운 송곳니를 드러내고 거칠게 춤을 추는 듯한 자세를 취한다. 다키니는 번뇌와 장애를 끊어내기 위해 불쾌할 정도로 공격적인 태도를 자주 취하기 때문이라고 알려져 있다. "따라는 자비의 화신이다. 그래서 어머니의 모습과 사랑을 지녔다. 그러나 밀교 전통에 따르면, 남자에 구속받지 않는 거칠고 자유로운 다키니도 있다"고 출팀 알리언이 알려 준다.[8] "다키니는 발목을 걸면서 공성을 표현하는 장난스러운 성격을 지녔다. 유혹과 유희라는 여성성의 특징은 불안을 주기도, 경계를 허물기도 한다"고 덧붙인다.

다키니를 처음 만난 것은 티벳 불교도들이 아니다. 금강승의 많은 요소와 마찬가지로 다키니는 인도 딴뜨라[c]에 먼저 등장했는데, 결과적으로 고대 아리아 이전 여신 전통에 일부 바탕을 두고 있다. 딴뜨라가 인도에서 발생했을 때, 다키니는 요기들이 두려움을 폭발시키기에 충분한, 화장터나 묘지에 살면서 피를 마시고 살을 먹는 포악한 모습으로 그려졌다. 불교도인이 딴뜨라의 사상을 받아들이고 난 후, 8세기에 밀교가 티벳으로 이동하면서 다키니의 모습이 어느 정도 순화되었다. 온화하면서 더 관능적이고 친절한 여성상으로 바뀌면서 수행자를 격려하고 보살폈다. 그렇지만 여전히 찰나에 분노하고 흥분하는 모습으로 돌아갈 수 있다. 온화한 유혹과 같은 접근법은 소용이 없기 때문이다. 다키니의 수장이라고 하는 바즈라요기니는 이러한 불가사의한 점이 있다. 보통 뼈 장식 몇 개만을 걸친 채 벌거벗은 매력적인 10대 소녀로 묘사되는 그녀는 친절한 인상이지만, 구부러진 칼로 집착하는 자아를 단박에 끊어 낼 준비가 돼 있는 것이다.

티벳의 열등한 존재

히말라야는 수승한 여성 수행자의 양성소로 지금까지 그 명맥을 이어 오고 있다. 요기니[yogini][d]는 외딴 암자나 사원에서 수행자로, 아내로, 어머니로 또는 유명한 스승의 딸로 살 수 있을 것이다. 학생들은 종종 비공식적으로 그들의 조언을 구하지만, 여성이 책을 쓰고 높은 법좌에 앉거나 고귀한 칭호를 갖는 일은 드물었다. "티벳에 위대한 여성 수행자가 많았다는 사실은 의심할 여지가 없다"고 뗀진 빨모가 말한다. "그러나 경전 교육 등 학문적 배경의 결여로 책을 쓰고, 제자를 모으고, 법을 찾아 세상을 돌아다니고, 법을 설할 뜻을 품지 못했다. 역사책을 보면 비구니들의 존재가 드러나지 않는다는 것을 알게 된다. 그들이 분명 존재했음에도."[9]

티벳 불교의 선구자인 빠드마삼바바는 '불성을 성취하려는 여성의 잠재력이 무궁무진하다'고 말했지만, 대부분의 불교 문화는 수세기를 지나오는 동안 여성을 보잘 것 없는 존재로 취급했다.

여성의 고난을 애석해 하는 빠드마삼바바와 다른 스승들의 글은 압도적으로 많지만 그에 비해 팩터의 빛은 부족하나. 뤼멘lümen 노는 게벤 kyemen은 일상에서 통용되는 여성을 뜻하는 티벳말이다. 실제로는 '열등한 존재' 혹은 '열등한 출생'을 뜻한다. 오늘날까지 일부 보수적인 스승들은 여성들이 깨달을 수 있을지 의심한다. 여성이 보다 나은 남성의 몸을 갖고 태어나기를 기원하는 오래된 기도책도 있다. 닥몰라 샤까의 전기는 자식을 낳고, 소몰이 기술을 배울 필요가 없는 현대 여성도 종종 기초 교육조차 거부당함을 보여 주는 분명한 사례다. 남자 형제 4명 모두가 유명한 스승으로 이름을 날릴 때 그 집안의 유일한 딸인 티벳인 친구는 자기 생일조차 모른다. 부모가 네 아들과 달리 딸인 그녀의 생일을 중요하게 여기지 않아서다. 칸도 린뽀체는 중요한 경전을 배울 때 그와 같은 편애를 경험했다고 털어놓았다.

아시아에서 대부분의 여자가 빨래하고 요리할 때 거의 항상 남자가 법좌에 앉아 중요한 결정을 내렸고 환생자로 인정받았다. 영국 출신 사원 원장인 뗀진 빨모는 "이해하기 어려웠다"며 "어찌되었건 티벳 남성의 3분의 1이 스님이 되었지만, 여자 스님은 드물었다"고 전했다.[10] 그녀가 이유를 물었을 때 전통을 고수하는 스승들은 단순히 남자가 종교적인 학문에 더 관심을 가졌기 때문이라고만 답했다. 그러나 이것은 실리적인 사실을 빼놓은 답변이다. 비구 사원은 지역 주민뿐만 아니라 정부로부터 자주 풍족하게 지원을 받고 있어 훌륭한 학교와 사원을 갖출 수 있었다. 이와 대조적으로 비구니 사원은 대부분 아주 먼 외딴 지역에 있어 마을 주민들의 지원이 끊기면 정부나 큰 후원사로부터 자금을 조달 받기는커녕 가르침을 줄 교사조차 없었다. 오늘날까지 아시아에 있는 비구니 사원은 보통 비구 사원에 비해 자원이 부족하다. 티벳을 탈출한 비구니 스님들 중에는 문맹이 있을 정도다.

이등급 비구니

지원이 이렇게 서로 다른 이유 중 하나는 티벳 전통에는 여성을 위한 구족계가 없다는 것이다. 구족계를 내리는 데 필요한 정식 비구니의 정족수가 12명인데, 불교가 인도에서 티벳으로 전파될 때 이들이 티벳에 도착하지 못한 것으로 보인다.[11] 티벳에서 한때 최고 스승의 반열에 오른 삼딩 돌제 팍모Samding Dorje Phagmo(1422~1455)처럼 완전한 구족계를 받은 뛰어난 여성의 사례가 존재한다. 그렇지만 그들의 구족계에 대해 정확한 사정을 알 길이 없다.[12] 이런 이유로 현재 티벳의 전통에서 여성을 위한 완전한 구족계는 선택 사항이 아니다. 결과적으로 비구니의 지위가 낮아졌다.

티벳어로 비구니는 아니ani라고 한다. 사실 아니는 비구니 스님을 지칭하는 말이 아니라 '아줌마'를 뜻한다. 반면 비구를 부르는 경칭은 많다. 티벳 비구니들은 완전한 구족계를 받기 위해 구족계 전통이 있는 중국과 같은 나라를 방문한다. "하지만 대부분의 티벳 비구니는 홍콩,

타이완, 한국 등지로 떠날 경제적 여력이 없다"고 뗀진 빨모는 밝힌다. "갈 수 있다 하더라도, 비구니들은 전통에 따라 전승에 맞는 가사를 입고 달라이 라마와 같은 그들의 스승으로부터 구족계를 받고 싶어 한다!"고 그녀는 강조했다.

이 책의 첫 장에 소개하는 칸도 린뽀체는 여성으로서는 극히 드물게 린뽀체^e라는 높은 신분을 지녔지만, 원칙적으로 사미니(불교에 귀의 후 사미니계를 받고 구족계는 받지 않은 여자 스님) 신분이다.

14대 달라이 라마는 "티벳 비구니들의 구족계를 지원한다"고 공표한 적이 있다. 하지만 혼자 결정할 수 없는 사안이라 비구 공동체가 그러한 움직임을 지지해야 한다. 입장을 공고히 하고자 달라이 라마는 복잡한 티벳 비구니 구족계 문제를 해결하기 위해 서양 출신의 고참 비구니^f 위원회에 5만 스위스 프랑(한화 약 6,500만 원)을 연구비로 지원했다. 뗀진 빨모를 비롯해 친구 사이인 뻬마 최돈, 깔마 렉셰 쪼모 그리고 툽뗀 최돈이 위원회에 소속돼 연구 결과를 발표하고, 해결책을 제안하는 등 지속적으로 활동을 펼치고 있다.

첫 여성 계세

달라이 라마는 여러 차례 이 현안을 풀어야 한다고 공개적으로 말해 왔다. 한 인터뷰에서 그는 "2,500년 전, 붓다는 남성 지배 사회에서 이 주장을 폈습니다.[13] 만약 그가 페미니스트 입장에서 강조했다면 아무도 그의 말에 귀 기울이지 않았을 겁니다. 중요한 점은 우리가 30년 전부터 그 변화를 일으키기 위해 노력해 왔다는 것입니다."라고 말했다. 달라이 라마가 수많은 비구니가 매우 신실하다는 것을 아는 것과 별개로 비구니가 최상의 스님 지위에 오를 수 있는 기회는 지금껏 주어지지 않앉다. 그는 "마음이 편치 않아요. 붓다는 여성에게 동등한 기회를 주었습니다. 그러나 불제자인 우리조차 이 사안을 외면했어요. 지난 수 세기 동안, 우리는 비구니 사원의 경전 교육을 완전히 방치했습니다"고 인정한다. 티벳의 어느 지도자는 여성도 남성과 같은 수준의 교육을 받을 수 있는 등 상황이 좋아지고 있다고 역설했다.

비교적 최근까지 비구니는 박사와 교수에 해당하는 켄뽀khenpo나 게세geshe와 같은 자격을 얻을 수 없었다. 무슨 이유일까? 티벳 전승은 구족계를 받지 못한 자는 율장vinaya을 포함해 게세 학위 과정을 수강할 기회를 허락하지 않는다.

달라이 라마는 개인적으로 인도 다람살라 근처에 불교 변증법 연구소를 설립하고 여학생에게 요구되는 전통의 일부를 없애고자 했다. 2011년 4월, 처음으로 그는 서양인 비구니에게 게세 학위를 수여했다. 여러 모로 역사적인 첫 발걸음을 뗀 것이다. 전통적으로 게세 학위는 큰 사원에서 12년 이상 불교 철학 과정을 밟은 비구에게 수여한다. 완전한 구족계를 받지 못했음에도 마침내 독일 출신의 사미니, 껠상 왕모Kelsang Wangmo(속세명 Kerstin Brummenbaum)가 불교 철학의 정수를 터득하는 고된 16년의 과정을 끝냈다. 껠상 왕모는 "여성이 혼자라 참 힘들었다"며 "비구는 비구니와 어울리지 않기 때문에 무척 외로웠습니다."라고 털어놓는다.

달라이 라마는 전체 율장 대신 축약된 과정을 듣도록 그녀에게 조언했고, 모든 남성 동급생들은 그 상황을 터무니없어 했다. 그녀는 실제로 율장 수업에 출석할 수 없었지만, 동료 학생들이 몰래 녹음한 것을 결국 들을 수 있었다. "마찬가지로 급우들은 돌아가며 기초 수업을 가르쳤지만, 저는 비구니라서 공식적으로 하급생을 가르칠 수 없었습니다." 껠상 왕모는 '비구니가 비구를 가르치는 것을 허락하지 않는다'는 율장의 한 구절을 언급한 다음 결연한 어조로 이렇게 덧붙였다. "지금 이 모든 것이 변하고 있습니다. 스승들은 적극적으로 나를 지지하고 있어요. 우리는 포기해서는 안 됩니다. 내가 할 수 있다면, 누구나 할 수 있습니다."

그늘에서 벗어나

수많은 티벳 출신 남성 법사들이 국제적인 명성을 쌓는 동안, 서양에서 오늘날 관정과 가르침을 줄 수 있도록 완전히 훈련받은 여성은 한 손에 꼽는다. 이 책에 단 3명의 티벳 출신 법사가 등장하는 것은 우연이 아니다. 칸도 립뽀체, 다몬라 샤까 그리고 칸도 쩨링 치도은 가부장적 배경 때문에 여성이 남성과 동일한 교육과 훈련을 받는 것이 믿을 수 없을 정도로 희귀한 사례라는 것을 증명한다.

많은 여성이 남편, 아버지 혹은 남성 법사의 그늘에 가려져 산다. 하지만 앞서 거론한 이들은 그 그늘에서 벗어나기 위해 자서전을 내고 드물게 세상의 주목을 받아 자연스럽게 불교 법사로 자리를 잡아 나갔다. 이 책의 의도는 티벳 전통에서 대체로 솔직하게 논의하지 않는 문제와 의문 그리고 이 여성들의 빛나는 능력을 알리는 일이다.

여왕, 비구니, 그리고 요기니

전통적으로 여성 불교 성취자의 삶이 알려진 경우는 극히 드물다. 주목할 만한 예외적인 전기를 제외하고, 티벳의 여성 성취자에 대해 아는 바가 적다. 예를 들어 뚤꾸 톤둡Tulku Thondup의 책『명상과 기적의 스승들Masters of Meditation and Miracles』을 보자. 티벳 불교 고대 전승 중 하나인 닝마파의 가장 훌륭한 성취자들에 대한 놀라운 이야기가 수십 페이지에 소개될 동안, 빠드마삼바바의 영적 배우자 5명을 제외하고 단 한 명의 여성 성취자 제쭌 슉셉 로첸 린뽀체Jetsun Shugseb Lochen Rinpoche(1852-1953)만 등장한다. 그녀는 뛰어난 수행자이자 활력 넘치는 비구니 사원을 세운 설립자로, 환생 전승을 스스로 개척한 매우 드문 여성 성취자다. 많은 비구니가 그랬듯 이 비범한 성취자도 미래에 더 나은 환경에서 수행하고자 남성의 몸으로 환생하길 기도했다(역설적이게도 그녀의 남성 환생자는 베이징에서 공부하기 위해 종교적인 삶을 버렸다).[14]

물론 빈곤과 차별에 굴하지 않고, 흔들리지 않고 수행한 셀 수 없이 많은 여성 성취자가 분명 있었을 것이다. 뗀진 빨모는 이렇게 탄식했다. "오직 그들을 존경할 뿐입니다. 그들은 대담한 용기로 오지와 산 속의 동굴로 들어가 수행하고 또 수행했습니다. 훌륭한 분들입니다. 안타깝게도 누구도 그들을 알지 못합니다. 아무도 그들의 전기를 남기지 않았거든요. 어느 누구도 여성의 일대기를 남기는 일이 중요하다고 여기지 않았습니다. 경전에는 성취를 이룬 여성이 많았다고 하지만 분명하지 않습니다. 그럼에도 불구하고 우리는 그들의 존재를 알고 있습니다."[15]

출팀 알리언은 여성 성취자에 대한 전기가 부족하다는 사실을 알고 역사적인 티벳 요기니의 이야기를 급하게 찾아 『지혜의 여성들Women of Wisdom』이라는 책으로 출판했다. "깨달음을 위한 여성 모델이 필요합니다. 그리고 여성의 몸을 깨달음으로 향하는 수레로 볼 수 있어야 합니다. 본보기로 삼을 예가 부족하다 보니 대체로 여성은 '완전한 깨달음을 이번 생에 성취할 능력이 없다'고 느낍니다."[16]

현대 사회를 위한 고대의 방법

불교는 많은 서양 국가에서 빠르게 성장하고 있는 종교다. 붓다의 가르침과 매우 실용적으로 적용 가능한 방법에 매료된 서양인이 점점 늘어나고 있다. 과학적 연구에 따르면 불교 명상은 스트레스와 불안을 현격히 줄이고 안녕과 행복을 증진시키는 데 도움이 된다고 한다. 나는 다양한 종교적 배경을 가진 최고 경영자들이 나의 세미나에 참석해 붓다가 밝혀 낸 심오한 자비 과학과 가만히 앉아 있는 기술을 배우고 엄청나게 변화되는 모습을 지켜봐 왔다. 그때 나의 관심을 자극한 의문 중 이런 게 있다. '붓다의 오래된 가르침은 현대 사회의 여성과 남성에게 무엇을 제안하는가?'

아시아 지역의 불교 국가에서는 전문가(뗀진 빨모는 그들을 이렇게 부른다)가 영적인 깨달음이라는 과업을 수행한다.[17] 즉 비구와 비구니는 가족, 직업, 대출 등 어떠한 번뇌 없이 공부하고 수행하는 데 하루 종일 전념한다. 일부 국가에서는 가족 중 적어도 한 아이가 반드시 스님의 삶을 살아야 한다. 이제 뿌리를 내리기 시작한 서양에서 불교는 상대적으로 계를 받는 경우가 거의 없다. 워킹맘, 회계사, CEO 등은 깊은 산 속에 고립되는 대신 평범한 일상을 의미 있는 방향으로 돌릴 수 있는 방법을 찾고 있다. 뗀진 빨모는 전통을 고수하는 법사들이 이따금 한 손에 영적인 수행, 다른 손에 일상 생활을 두고 구분하는 것을 알아챘다.[18] 그녀는 낙담한 한 워킹맘이 영적 수행을 할 시간이 많지 않다고 불평하면서 티벳 교사에게 조언을 구한 것을 기억한다. "저는 어떻게 해야 하죠?" 그 라마가 대답했다. "신경 쓰지 마세요. 아이들이 성장하면 조기 은퇴를 할 수 있으니 그 다음에 수행을 시작하면 됩니다."[19]

나는 이 책에 소개하는 여성 법사들에게서 그와 같은 의견을 들어

본 적이 없다. 몇몇은 어머니다. 이들 대부분은 뛰어난 불교 법사로 인정받기 전에 청소부, 학교 교사, 통역사와 같은 평범한 직업을 갖고 일해 왔다. 그들 모두는 명상 방석에 앉거나 세탁기를 돌리거나 임원 회의를 조정하는 등 수행이 매 순간의 알아차림이라는 것에 신중한 입장이다. "영적 수행은 방석에 앉아 명상하는 것이 아니라 일상 생활"이라고 5명의 남자아이를 둔 닥몰라 싸까는 말한다. "모든 행동, 모든 말, 모든 생각이 수행입니다. 다르마는 일상생활에 있습니다." 선승인 로시 조안 할리팩스는 최근 TED 강연에서 "여성들은 수천 년 동안 고통을 걸러내지 않고 있는 그대로 알아차리고 대면하면서 자비심의 강인함을 보여 줬습니다. 그들은 사회에 친절을 불어넣어 왔고, 직접 행동하면서 자비를 실천했습니다."[20]

서양에 부는 변화의 바람

불교가 발생지 인도에서 스리랑카, 미얀마, 일본, 중국, 티벳 등 다른 나라로 전파될 때마다 철학, 관습, 의례도 함께 바뀌었다. 놀라운 일도 아니지만 서양으로 이주한 불교는 강조점이나 문화에 큰 변화를 보였다.

티벳에서는 수행자들이 수십 년 동안 동굴에 은둔하는 경우가 있다. 서양의 불교 법사들은 자신의 지식을 음성이나 영상으로 실시간 전송하는 방식으로 즉시 수천 명에게 전달한다. 히말라야에서 여성은 남성과 동등한 교육 기회를 가지기 어렵다. 서양에서 여성은 지도자의 위치와 역할을 인정받기 위해 요구한다. 다수의 아시아 불교 커뮤니티는 '공개적으로 반대한다'는 것을 생각하지 못한다. 반면 학계에서는 비판적 담론이 중요하다. 전통적인 사원에서는 그 누구도 비밀한 지식을 문자 그대로 해석하고, 전달하는 법사와 감히 대적하지 않을 것이다. 서양에서는 사실 확인이 극히 중요하다고 생각한다. "동양식 사고는 조화로움을 추구하고, 서양식 사고는 투명성을 추구한다"고 로시 조안 할리 팩스는 이해하고 있다.

서양에서 겪고 있는 불교의 모든 변화 중에서 가장 중요한 부분은 여성이 동등한 역할을 주장하는 것이 아닐까 싶다. 점점 더 많은 여성들이 권리와 책임을 동시에 이해하는 영적 구도자이자 교사로 부상하고 있다. 여성이 세상의 절반을 지탱할 수 있도록 격려하고 지지하면서 말이다. 여성 불교학자인 리타 그로스Rita Gross는 "아시아에서의 불교 수행과 서양에서의 불교 수행은 한 가지 큰 차이가 있다"고 말한다. 서양 불교에서 여성은 완전히 전폭적으로 개입한다는 것이다.[21] 달라이 라마는 그의 다음 환생자가 "여성일 수 있다"고 말하면서 이 점을 인정하고 있다. 안될 이유가 있을까? 그것이 큰 문제가 될까?

이 책에 소개하는 서양 비구니 깔마 렉셰 쪼모는 "라마들은 더 이상 이 문제를 등한시할 수 없다"고 잘라 말한다. "수행 센터의 주방을 보라, 모두 여성이다. 사무실을 보라, 누가 행정을 담당하는가? 대부분 여성이다. 운전, 정리, 청소, 응대, 쇼핑, 관리까지 대부분 여성이다." 이들 여성이 또한 법사가 되고 원장이 되는 것, 이는 자연스러운 진화일 뿐이다.

마치 거울처럼 그들의 전기가 주요 매개체가 되어 지금 21세기에 일어나고 있는 불교와 여성의 역할 변화와 같은 큰 이슈를 날카롭게 반영한다. 이 예상은 나의 스승인 지갈 꽁뚤 린뽀체가 "전기가 적당하다"고 한 조언과 맞아 떨어졌다. 그러나 그는 "그러한 이슈에 대해 얼버무리면, 큰 영향은 미치지 않을 것"이라고 일러 주었다. 어떤 이슈를 말하는 걸까? "무엇인지 여성에게 직접 물어보라"는 그의 제안에 나는 이 책을 출간했다. 한 비구니는 '섹스와 성차별'이라는 두 단어로 거침없이 이슈를 정리해 나를 놀라게 했다. 그런 연유로, 명상과 자비뿐만 아니라 권력과 학대, 은둔과 유혹, 논리와 신앙, 헌신과 반항에 대해서도 다뤘다.

주

a 라마lama(산스크리트어 구루guru)는 티벳어로 불교 스님을 일컫는다. '비길 데 없는', '고귀한 어머니'로 풀이할 수 있다.

b 붓다가 설한 경전.

c 딴뜨라tantra(티벳어 규gyü)는 산스크리트어로 그 의미는 '실' 또는 '직조기'다. 여기서는 기원 후 수 세기 초, 인도에서 시작된 밀교 문학과 수행에 관한 수업을 밀한다. 티벳 불교와 관련해 '딴뜨라'는 역사적인 석가모니 붓다로부터 전해오는 경전과 구별되는 후기 밀교 경전에서 사용되는 용어다.

d '결합'이라는 의미를 지닌 산스크리트어 요가에서 파생된 단어인 요기니yogini는 힌두교와 불교 전통에서 주로 종교에 헌신한 여성 수행자를 일컫는다.

e 티벳어 린뽀체Rinpoche는 '귀중한 것'이라는 뜻이며, 환생한 스승에게 존경의 의미로 부여한다.

f 완전한 구족계를 받은 비구니.

01

2008년 암스테르담에서 제쭌 칸도 린뽀체

사진 다이애나 블록 ©Diana Blok

제쭌 칸도 린뽀체

Jetsun Khandro Rinpoche

방석을 비집고 나온 자비로운 바늘
동서양의 여성들을 일깨우는 독특한 지위의 티벳인[1]

약 158.5cm의 체구에 더 많은 에너지를 응축하기란 불가능하다. 칸도 린뽀체는 워싱턴 DC에 있는 버라이즌 센터Verizon Center를 초고속 스포츠카처럼 미끄러지듯 달리고 있다. 합창단 지휘자 같이 노련한 그녀의 지도에 따라 175명의 자원봉사자가 미소지으며 일사불란하게 움직인다. 그들은 달라이 라마의 역사적인 수도 방문을 순조롭게 성공시키기 위해 거의 일주일 동안 쉬지 않고 일하고 있었다. 칸도 린뽀체는 수면이 부족했지만 결코 지치는 법이 없었다. 그녀는 '언제, 어디서나, 누구든 돕는' 행동으로 불교를 정의한다. 이 강단 있는 여승은 자원봉사자들의 피로를 풀어 주기 위해 망설임 없이 비스킷 통을 집어 들고, 가피가 담긴 간식을 재빨리 나눠 주었다.

"15분이면, 1만 5천 명이 입장할 수 있습니다." 그녀는 피곤해서 눈이 풀린 봉사자들의 등을 다독이거나 허둥대는 학생들의 뺨을 따뜻하게 어루만지며 부대를 지휘하고 있었다. 칸도 린뽀체는 어째서 달라이 라마와 붉은 가사를 걸친 티벳 고승들과 함께 무대에 오르지 않고, 다른 비구니 스님들과 함께 무대 뒤에 있을까?

그녀는 눈을 찡긋하며 "저 무대는 점잖은 사람들이 앉을 곳"이라고 한다. "저는 사람을 관찰하고 교류하는 것을 좋아합니다. 무대 뒤에서 실제 일어나는 일을 보면서 많은 것을 듣고 배울 수 있습니다." 그녀는 아이폰으로 지시를 내릴 뿐만 아니라 1만 5천 개의 가피 끈을 참가자에게 나눠 주는 까다로운 일을 성공시키기 위해서도 달려야 했다. 조심스럽고 짙은 그녀의 눈동자는 레이저처럼 모든 장면을 집중하며 관찰하고 있었다.

린뽀체는 소란스럽지 않은 방식으로 변화를 일으키고, 세상의 주목을 받지 않으며 봉사하는 것을 좋아한다. '봉사'는 그녀가 법문보다 훨씬 자주 사용하는 단어이고, 또한 그렇게 살고 있다. 그녀의 여동생 제쭌 데첸 빨돈Jetsun[a] Dechen Paldron은 "그녀는 마치 자동 소총처럼 다다다 움직이며 일을 합니다."라며 장난스럽게 말한다. "그녀 자신은 유유자적한 줄 알지만, 집중할수록 한 사람이 도저히 감당할 수 없는 엄청난 에너지 그 자체가 됩니다."

칸도 린뽀체는 인도에 있는 작고한 아버지의 사원과 자신의 비구니 사원 두 곳, 버지니아 셰넌도어산맥에 있는 미국 본부 그리고 그녀의 예리한 통찰력을 존경하는 불교 공동체 사이를 종횡무진 바쁘게 오가고 있다. 그마저도 충분하지 않은지 인도에서 버림받은 나병 환자, 노인, 유기견을 돌보는 것부터 버지니아에 나무를 심는 일까지 다양한 대규모

사회 프로젝트에 앞장서고 있다. 그녀는 라디오 인터뷰[2]에서 "외딴 섬처럼 홀로 고립되어서는 중생에게 이익을 줄 수 없다"며 "자기애에 사로잡힌 사회를 외면하는 것은 힘든 과제"라고 말한 적이 있다.

철저히 검토하는 개혁가

제쭌 칸도 린뽀체는 완전한 자격을 갖춘 여성 린뽀체 중 한 명으로, 티벳 전통에서 이런 경우는 극히 드물다. 그녀는 일부 남성 교사보다 더 많은 자유와 영향력을 발휘한다. 여성들은 그녀의 강한 전사 같은 모습에 매력을 느낀다. 한 미국인 비구니는 "자신이 지닌 권한을 그렇게 편하게 이용하는 여성은 이례적"이라며 "이용하되 친절하게, 그러나 결코 권력을 과시하는 함정에 빠지지 않는다"고 평가했다.

타의 추종을 불허하는 칸도 린뽀체의 위상은 강한 분석력에서 나온다. 그녀는 어려서부터 사람들이 줄곧 자신을 주의 깊게 지켜본다는 것을 알고 있었다. 그 때문에 일찍부터 선구자 역할을 회피하지 않고 과감하게 받아들여 나아가기로 결심했다. 그녀는 많은 여성 CEO들의 감정에 공감하며 "내가 그르치면, 수많은 여성에게 피해를 줄 수 있다"는 점을 솔직하게 인정한다. "여성으로서 당신은 백 가지 일을 완벽하게 해낼 수 있습니다. 그러나 한 가지 실수를 하게 되면, 사람들은 이렇게 말하죠. '봤지? 여자는 할 수 없어.' 그것은 제 삶뿐만 아니라 티벳 여성의 자신감에도 영향을 미치게 됩니다." 물론 반대의 경우도 사실이기 때문에 걱정할 필요는 없다. 불굴의 의지로 개척하고 있는 그녀의 활동은 여성들, 특히 동서양의 비구니에게 파급력이 있다.

칸도 린뽀체는 불교의 지혜를 발전시키고 공유하는 기술 대부분을 가정에서 배웠다. 그녀는 쌍윰 꾸쇼 쏘남 빨돈Sangyumb Kusho Sonam

Paldron[b]과 1968년 티벳 불교 고대 승원[c]의 학장이던 11대 깝제 민돌링 띠첸the Eleventh Kyabjé Mindrolling Trichen의 딸로 태어났다. 어린 시절 이름은 쩨링 빨돈Tsering Paldron으로 영광과 장수의 빛이란 뜻이다. 그녀의 아버지가 29세였던 1959년 중국의 통제에서 벗어나 영국인이 주로 거주하던 인도 히말라야산맥 아래 한적한 마을 깔리퐁Kalimpong으로 탈출했다. 그는 첫째 딸이 태어나기 전까지 그곳에서, 저명한 민돌링 승원Mindrolling monastery을 재건하는 거대 프로젝트에 몰두하고 있었다.

칸도 린뽀체가 처한 교육 상황으로 티벳 난민 2세들의 운명을 엿볼 수 있다. 그녀는 티벳에 가 본 적도 없고 티벳 불교 전승 법맥의 총본산으로 여겨지는 우아한 갈색 벽돌 사원을 본 적도 없다. 그녀는 "저는 여러 번 입국 심사를 신청했지만 수차례 거부당했어요."라고 덤덤히 털어놓는다.

한때 번성했던 6,000여 곳의 티벳 사찰과 승원은 60년대 소위 문화 혁명 기간 동안 8곳을 제외하곤 모두 폐허가 되었다. 일부는 재건되었지만 중국 공산당은 티벳 인구의 6분의 1에 달하던 비구와 비구니 수마저 엄격하게 제한하고 있다. 달라이 라마의 사진을 소유하고 있는 것만으로도 강제 노동 수용소에 감금될 수 있다. 성지 순례를 하며 강력한 만뜨라를 염송하는 전통적 수행 방법은 그 발생지인 티벳에서는 대대적으로 억압되고 있는 반면, 서양에서는 열정적인 젊은 제자들에게 전파되며 부활하고 있는 실정이다. 중국은 얼떨결에 티벳 불교의 전 세계적인 확산을 부추긴 셈이다. 이는 티벳인의 상상을 뛰어넘어 더 활발하고 강력한 범세계적인 부활로 이어지고 있다.

바로 여기, 지금

칸도 린뽀체는 인도의 민돌링 승원 외에 서양에 불교를 전파하는 책임도 맡고 있다. 달라이 라마가 워싱턴에서 프로그램을 끝낸 그날 오후, 자원봉사자들은 샐러드를 들고 그녀의 가르침을 듣기 위해 달려 나갔다. 원래 힐튼의 컨퍼런스 홀이 강연장으로 예약되어 있었으나 2,000명이 넘는 참석자들이 그녀를 직접 보러 모이자 주최측은 거대한 버라이즌 센터 뒤편으로 장소를 옮겼다. 칸도 린뽀체는 여동생과 몇몇 비구니 그리고 자원봉사자들을 포함해 모두 여성으로 구성된 수행원과 함께 인상적인 모습으로 등장했다. 그녀는 그중 키가 가장 작았지만, 태풍의 중심이자 주역임에 틀림없다.

"가끔, 여성 린뽀체를 만나는 것이 멋지지 않나요?" 주최자 중 한 명인 미국인 비구니 텐진 라모Tenzin Lhamo가 물었다. 모든 청중이 환호하고 박수를 보내며 응답했다. 강연 주제는 보리심bodhichitta에 관한 것이다. 보리심이란 산스크리트어로 '깨어 있는 마음'을 의미하며, 모든 중생을 위해 깨달음을 얻겠다는 이타적인 바람을 가리킨다. 칸도 린뽀체는 즉시 이론적 개념을 마음으로 가져와 "우리는 산스크리트어나 티벳 용어를 연구하는 것이 아닙니다. 우리 자신을 대상으로 파악해야 합니다. 미래가 아니라 바로 이 자리에서! 자신에게 질문하십시오. 인간으로서, 나 자신과 다른 이들의 행복 증진에 기여하고 있는지 말입니다."[3]라고 요구했다.

1시간 30분 동안 칸도 린뽀체의 뛰어난 지식이 유창한 영어로 빛이 났다. "원하는 것이 있으면, 원인을 만드세요. 원하지 않거든, 그 근거를 만들지 마세요." 그녀는 붓다의 가르침이 역사상 이보다 더 간단할 수 없다고 말한다. 그녀는 행복에 관한 이 쉬운 비법이 '지구상에서 가장 복잡한 철학'으로 변하는 데 불과 2,500년밖에 걸리지 않았다고 농담을 한다. 왜 그럴까? 그 이유는 바로 한평생 자기애를 포기하지 않으려는 데 있다. 이타주의라는 이 단순한 논리에서 자신을 면제받으려는 끊임없는 시도 덕분에 이후 수행, 만뜨라, 화려한 신전, 철학 그리고 경전이 폭발적으로 증가했다. 이러한 것들은 자기애의 추구가 우리 자신과 다른 이들의 행복으로 이어지지 않음을 납득시키기 위해 고안되었다.

신성한 플래시 몹

칸도 린뽀체는 풍부하고 지적인 철학을 실제 행동으로 녹여 낸다. 자신에게 자애를 갖는 마음은 모든 중생을 궁극적 행복으로 이끌겠다는 광대한 염원을 지닌 마음으로 확장한다. 그녀는 일체중생을 깨달음으로 이끄는 경이로운 일을 보다 흥미롭게 공감할 수 있도록 재미있게 이야기하면서 배꼽이 빠지도록 웃게 만든다. "당신이 기쁘지 않으면, 결코 진정한 자비를 이해하지 못할 것"이라고 청중을 설득한다. "어떤 사람들은 '자비'를 남한테 당해도 가만 있는 것이라고 착각합니다. 기쁨은 일상에서 자신과 남에게, 직장에서나 가정에서 일어나는 좋은 일에 감사하는 능력입니다. 마음을 더 열게 만들죠."

칸도 린뽀체가 뒤쪽에 물러서서 지켜봤던 것들은 자신이 하고자 하는 법문의 연료가 되었다. 바로 전날 저녁에는 고요했던 청중이 관정^d을 끝낸 후에 남아 있던 성스러운 가피물을 차지하려고 서로를 짓밟는 폭도로 변했기 때문이다. 그녀는 "자애심에 대한 개념을 마음에 들어 하니 좋은 일이에요. 그러나 자애심에 대한 관심이 단지 읽는 것에만 한정되지 않으면 좋겠어요."라며 후폭풍을 잠재웠다. 사람들은 이 젊은 선사에게 보다 성스럽고, 보다 부드러운 법문을 기대했을지 모르지만 칸도 린뽀체는 사정을 봐주지 않았다. 그녀는 "잠시 모든 중생을 위해 깨달음을 얻겠다는 마음을 제쳐 둡시다."라며 재치있게 놀리면서 "본론으로 들어가 보죠. 우리가 단 일주일만이라도 달라이 라마로부터 가장 심오한 가르침을 받은 사람처럼 행동할 수는 없을까요?"라고 되물었다.

일순간 침묵이 흘렀다. 사람들은 불안해졌다. '딱 걸린' 것이다. 약 30년간 심리 치료를 해 온 뗀진 라모는 칸도 린뽀체를 가장 아픈 곳을 본능적으로 찾아내는 노련한 의사에 비유한다. "치유가 될 때까지 통증이 있는 부위를 누른 다음, 놓아줍니다. 그런 식으로 해내고야 말죠."

여성 선사를 위한 온실

칸도 린뽀체는 호탕한 웃음을 자주 터트리지만, 미소 짓는 일은 드물다. 그녀의 시선은 불친절하지 않지만 단호하다. 목소리는 날카롭지 않지만 거부하기 어렵다. 제자들에게 요구하는 것은 불가능하지 않지만, 확실히 도전적이다. 항상 마음 챙김을 하면서 행동하는 것. 한 제자는 "린뽀체는 레이저처럼 날카롭게 지켜보고" 있다며 "만약 당신이 불친절하다는 것을 발견하면, 린뽀체가 거기에 등장할 것입니다."라고 말한다. 그녀는 사람들 앞에서 제자의 실수를 지적할지 모른다. 린뽀체는 자신의 엄격함을 인정한다. "겹겹이 쌓여 있는 제자들의 아집을 파고들려면, 그 해독제는 보다 더 강력해야 합니다." 그럼에도 여전히 깊은 자비심이 그녀의 생기발랄함을 통해 빛을 발한다.

"많은 사람이 저를 겁내요." 그녀는 알고 있다. 하지만 예의와 서열을 지키며 약간의 거리를 유지한다. 다른 스승과 달리 그녀는 제자들과 절대 어울리지 않는다. "스승과 제자의 관계는 매우 섬세하게 다뤄져야 합니다. 가르치는 사람으로서 당신은 자신감과 신뢰가 있어야 합니다."

그녀는 자신을 "방석 속의 바늘, 즉 항상 불편함을 유지하여 안주하지 않는 사람"[4]으로 비유하는 것을 즐긴다.

최근 피츠버그에서 열린 강의에서 누군가 그녀의 전승이 '마음 굴림 Mind Rolling'[5]이라고 불리는 이유를 물었다. 칸도 린뽀체는 그때 자신의 승원에서 스님들이 만든 향 상자를 집어 들었다. 정말로 상표는 '마음 Mind'과 '굴림 Rolling' 사이에 여백이 있었다. 그녀는 이렇게 오해하는 것을 두고 크게 웃었다. "3개의 다른 단어인데, 여기서 min은 '숙성'을, drol은 '해탈'을, ling은 '장소'를 의미해요."[e]라고 티벳어의 뜻을 명확히 하며 "직역하면 '숙성과 해탈의 정원'이 된다"고 설명했다.

이 영적인 양성소는 여성 선사들의 보고로 인증받았다. 민돌링 전승The Mindrolling lineage은 위대한 고대 6대 전승 중 하나로, 티벳에서는 드물게 남성과 여성 계승자를 구분하지 않는다. 16세기 초, 이 전승의 창시자인 뗄닥 링빠Terdak Lingpa[f]는 여성들을 수행자나 법사로 양성해야 할 필요성을 강조했다. 자신의 어머니를 깨달은 명상가로 특별히 존경했기 때문이다. 그 결과, 자신의 딸인 제쭌 밍귤 빨돈Jetsun Mingyur Paldron[g]을 그의 두 아들과 함께 전승 보유자로 권한을 부여했다. 그의 딸은 쭝가르 몽골의 침략 후 민돌링 승원을 재건했는데, 이로 인해 애초에 사라질 뻔한 전승의 법본과 보물을 지킬 수 있었다. 그녀의 영감은 계속 이어져 많은 여성들이 이 전승 안에서 공부하고 수행할 수 있는 용기를 주고 있다. 이렇게 칸도 린뽀체는 전례를 따르기 위해 이 삶에 도착했다.

칸도 린뽀체는 "맏이로서, 약간의 압박감이 있었다"고 인정한다. "항상 끝없이 많은 훌륭한 스승들에게 소속되어 있다는 생각을 해야 합니다. 법당에서 탱화를 볼 때 붓다와 보살만이 아니라 고모, 증고모, 할아버지 그리고 많은 이들이 저를 바라보고 있습니다."

1,300년 된 지혜의 화신

태어난 지 10개월이 되었을 때, 칸도의 아버지는 그녀를 데리고 시킴에 있는 절친한 친구 16대 깔마빠ʰ를 만났다. 깔마빠는 그녀를 쭐푸Tsurphu의 위대한 다키니로 잘 알려진 칸도 울겐 쪼모Khandro Urgyen Tsomo의 환생자로 인정했다. 칸도 울겐 쪼모는 널리 알려진 명성에도 불구하고, 전기 중 일부만 남아 있다. 그녀는 15대 깔마빠, 카꺕 돌제Khak-yab Dorje(1871 - 1922)의 배우자로서 수행을 성취하여 몇 년간 그의 수명을 연장시킨 공적이 있다. 깔마빠가 세상을 떠난 후, 그녀는 쭐푸 사원에서 안거 수행을 하며 머물렀고 은둔 수행자로 경외와 존경을 받았다.

"그녀는 사랑스럽고 자비로웠으며, 헌신으로 가득 차 헤아릴 수 없는 영적 깊이를 지니고 있었습니다." 티벳에서 그녀를 만난 적이 있는 뚤꾸 울겐 린뽀체Tulku Urgyen Rinpoche(1920 - 1996)는 "그녀는 아주 특별한 존재, 진정한 다키니였어요. 그녀는 일생을 안거 수행과 만뜨라 염송을 하면서 보냈습니다. 그리고 깨달음의 경험을 한 경지에 올랐습니다. 들은 것이 아니라 저 자신이 직접 증명할 수 있습니다."[6]라고 밝혔다.

그녀는 임종하며 제자에게 인도 북동쪽에서 다시 태어날 것을 암시했다. 그녀가 말한 내용은 깔림풍에 있는 칸도 린뽀체의 출생지와 들어맞는다. 이 위대한 다키니는 심지어 티벳 불교의 강렬한 개척자인 빠드마삼바바의 동반자 예세 초겔Yeshe Tsogyal의 환생자로 여겨졌다. 이것은 현재의 칸도 린뽀체가 최초의 티벳 불교 개척자들과 직접적으로 연결되어 있음을 보여 준다. 따라서 그녀의 제자들은 그녀를 43세의 스님만이 아니라 1,300년의 지혜를 지닌 화신으로도 존경한다.

허황된 수식어의 위험

16년 전 칸도 린뽀체와 함께 프랑스의 한 강의에 참석했을 때, 그곳의 선사가 그녀를 여성 붓다인 따라, 바즈라요기니, 예셰 초겔의 화신으로 소개했다. 칸도 린뽀체는 거창한 수식어에 웃었다. "오, 그래요. 그분들은 찾을 수 있는 모든 여신의 이름을 붙이죠. 참 친절해요. 매우 친절하죠. 어쩌면 너무 친절한 것인지도 모르겠어요."

칸도 린뽀체에게 위대한 여성 스승들의 후예로 여겨지는 것은 어떤 의미일까? "이러한 이름의 위험에 빠지기 쉬워요."라고 그녀는 경고한다. "사람들은 수식어에 지나치게 사로잡히고, 내용보다 포장에 더 빠져듭니다. 이것은 위험합니다." 칸도 린뽀체는 한숨을 내쉬었다. "훌륭한 여성을 찾을 때마다, 사람들은 그녀를 다키니라고 부릅니다. 그 타이틀을 가질 자격이 있는지 없는지의 여부는 깨달음에 달려 있습니다."

칸도 린뽀체는 논리적인 것을 선호한다. 티벳 불교에서 깨달은 스승들은 그들이 가장 도움을 줄 수 있는 장소에서 그리고 그런 형태로 환생할 수 있는 선택권을 갖고 있다고 믿는다. "불교 철학은 인과와 상호의존의 법칙에 완전히 기반을 두고 있다"고 칸도 린뽀체는 설명한다. "환생자나 뚤꾸tulkus[i]의 경우, 그분들은 모든 중생의 이익을 위해 지속적으로 염원하고 이러한 염원이 환생을 결정합니다. 그러므로 뚤꾸들은 항상 존경받는 분으로 여겨 왔어요. 중생을 위한 절대적인 자비심이 그들을 환생시키기 때문이죠." 그녀는 고인이 된 아버지에게 자신을 뚤꾸로 인식하느냐고 물음으로써 진정한 환생자는 "장애가 적어 이를 정화하는 수고를 덜 수 있으며, 마음은 보다 깨끗하고 보다 정화된 상태이며, 배움은 더 빠르고 쉽고 지식은 더 수승하다"는 것을 알게 되었다.

그녀가 환생자로 인정받는 과정은 특히 까다로웠다. 티벳 불교 전

11세 때 인도에서 칸도 린뽀체. 아버지
깝제 민돌링 띠첸, 어머니 쌍윰 꾸쇼 쏘
남 빨돈, 여동생 제쮠 데첸 빨돈

사진 제공 민돌링 인터내셔널

승마다 수행법이 서로 조금씩 달랐기 때문이다. 그녀는 닝마파Nyingma
가정에서 태어났지만 까규파Kagyü의 다키니로 인정받았다. 그녀는 "민
돌링은 가족 혈통입니다. 그래서 가족 중 첫째 자녀에 대한 집착이 좀 있
습니다. 까규파에게 첫째를 보내지 않겠다는 망설임 같은 게 있었죠."
그녀가 웃으며 말했다. 칸도 린뽀체에 따르면 까규파의 비구니들은 '매
우 고집스럽고, 끈질긴 여성들'이었다. 그들은 민돌링의 딸이 까규파에
속한다며 그녀를 환생자로 인정한 16대 깔마빠에게 집요하게 요구했다
는 것이다. 세 살 무렵, 깔마빠는 공식적으로 칸도 린뽀체의 지위를 부여
했으며, 1981년 그가 죽기 전까지 그녀의 교육을 개인적으로 관리하며
지켜보았다. 그는 서양에 법을 전하는 그녀의 천재성을 예견하고, 영어
를 배우기를 제안했다.

말괄량이 선머슴

칸도 린뽀체는 세 살에 비단옷을 입고 법좌에 앉아 대중들에게 절을 받았다. 그녀는 "첫째였기 때문에 아버지가 저를 정말 사랑했습니다. 어쩌면 누군가는 아버지가 저를 버릇없이 키웠다고 말할 수도 있겠죠." 라고 수긍한다. 말괄량이 선머슴 같던 그녀는 자신의 지위에서 벗어날 수 없다는 것을 알았기 때문에 그것을 역으로 이용했다. "저는 아주, 아주 개구쟁이에, 응석받이에, 말썽꾸러기였습니다." 그녀는 학교를 빼먹고 친구들과 거리를 돌아다니며 다른 아이들과 싸우곤 했다. 장난스럽게 주먹을 쥐면서 거칠고, 못된 사람인 것처럼 굴었다.

"어머니는 항상 제가 권위 있고 우아한 제쭌마처럼 보이지 않는다고 생각하셨습니다." 칸도 린뽀체의 어머니는 이 작은 반항아를 통제할 수 없게 될까 봐 가톨릭 교사들이 운영하는 엄격한 영국식 기숙 학교에 보내 버렸다.

"지금 저의 모든 것은 어머니 덕분입니다." 그녀의 목소리에 자랑스러움과 격한 감사함이 감돌았다. "저는 어머니와 여동생을 최고의 비평가라고 생각합니다. 그들은 뚤꾸 증후군이 결코 내 머릿속에 들어오지 않도록 최선을 다했어요."

성경 대회에서 우승하다

예리한 지성과 순수한 호기심으로 가득 찬 칸도 린뽀체는 친숙하지 않은 기독교 영역에서조차 전과목 A를 받는 학생이 되었다. 주일 성경 학교에 다니면 추가 학점을 받을 수 있기에 성경을 진심으로 배웠고, 신약 성서 암기 대회에서 1등을 차지했다. 그녀는 그 시절을 즐거운 추억으로 떠올렸다. 기숙 학교에서 2년 반 후, 칸도의 부모는 미래 전승 보유자인 그녀가 영적 유산을 잃어버리지 않을까 걱정이 되어 그녀를 집으로 불러들였다.

10년이 넘는 기간 동안, 칸도와 어머니 그리고 여동생은 망명 후 부모가 재건한 승원의 500명 스님 중에서 유일한 여성으로 살았다. 그녀는 오전에는 가톨릭 수녀원에 가고, 정오에는 아버지와 식사를 했다. 오후에는 스님들이 불교 의례와 철학을 그녀에게 가르쳤다.

칸도를 보면 그녀의 아버지를 떠올리게 된다. 그는 그녀의 근본 스승이자 인생에서 가장 중요한 인물이다. 그녀는 아버지를 '존자' 또는 '깝제'[k]라고 다정하게 부른다. "아버지는 예를 지키느라 일하지 않았어요. 다정한 말을 건네진 않았습니다. 가능한 간단히 용건만 말씀하셨습니다."[7] 스승 민돌링 띠첸 린뽀체는 위풍당당한 사자와 같이 두려운 존재로 보였다. 네팔에 가피를 청하러 방문했을 때, 그는 대부분의 스승들처럼 머리 위로 실크 스카프를 둘러 주는 대신, "깨어나야 해!"라고 강조하듯 내 머리카락을 세게 잡아당겼다.

칸도의 여동생 제쭌 데첸 빨돈은 "우리 모두 유명한 민돌링 성격을 이어받았습니다."라고 밝힌다. "화와 분노의 차이를 알아야 합니다. 화는 불쾌해요. 즉 너와 나, 상처와 불안이 있어요. 분노는 마땅히 해야 할 일을 하지 않았을 때 지적하는 것입니다. 타인을 향한 사랑은 변하지 않습니다. 린뽀체는 분노할 수도 있지만 결코 화내지 않아요. 그녀는 있는 그대로 말하는 것을 좋아하지만 제가 아는 사람 중 가장 친절한 사람입니다. 가끔 너무 너그럽다고 생각해요. 또 엄청나게 관대합니다. 어머니는 그녀가 너무 많이 나눠 주는 바람에 파산하지 않을까 걱정하셨지요."

무한한 자비에 어울리지 않은

칸도 린뽀체가 아이였을 때 여성 차별에 대한 대화를 엿들은 적이 있다. "저는 그것이 여기가 아니라, 다른 곳에서 일어나는 일이라고 생각했어요. 저희가 어디를 가든지 여동생과 저는 많은 사랑을 받았죠. 스님들은 저희의 발이 땅에 닿는 것조차 거의 용납하지 않았거든요." 그러나 10대가 되어 다른 승원의 수업에 참여하기 위해 여행을 떠나면서 이전에는 알지 못한 차별을 감지했다. 그녀의 어머니는 이 문제에 단호했다. "저희는 위대한 띠첸의 딸이라는 지위를 내세우지 않고 공덕을 지어 스스로 얻은 것만 취해야 했습니다." 칸도 린뽀체는 정체를 숨긴 채 수업에 참석했다.

그녀는 가족 승원이라는 보호 구역 밖에서 '개인적으로나 다른 사람들이 말한 대로 어려운 상황을 많이, 아주 많이' 만났다. 때로는 그 상황들이 '우스꽝스럽고, 종종 슬프거나 가끔은 폭력적'이기도 했다. "정말 그래요. 여성이 무엇을 할 수 있는지, 어디에 앉을 수 있는지, 어떤 가르침을 받을 수 있는지 등 여성에 관한 아주 전통적인 사고방식을 고수하는 스승들이 계시죠." 그녀의 말로 당시 상황을 확인할 수 있었다.

그녀가 진정한 성취자로 여기는 그녀의 아버지와 깔마빠, 딜고 켄쩨 린뽀체Dilgo Khyentse Rinpoche[1]와 같은 가장 가까운 스승들은 소녀와 소년 모두 똑같이 가치 있다는 사실을 분명히 했다. "저는 그 경지에서 성 차별에 대한 개념을 접한 적이 결코 없습니다."라고 한다. 딜고 켄쩨 린뽀체는 소녀들이 모두 도착할 때까지 중요한 의식을 시작하지 않았다. 하지만 가부장제는 티벳 사회에 깊이 뿌리내리고 있었기에 매일 스승, 스님과 함께 이 문제에 부딪히며 인욕을 수행하는 기회를 가졌다. "차별보다 더 괴로운 것은 깔보는 태도입니다. 인간으로서 진지하게 받아들여지지 않는 것 말이죠." 이 문제는 칸도 린뽀체가 17세 때, 무한한 자비심을 일으키는 방법에 관한 고전서 중 하나인 '보살의 37 수행법the Thirty-seven Practices of a Bodhisattva'에 관한 가르침을 받기 위해 한 승원에 방문했을 때 절정에 이르렀다. 스님들이 그녀의 출입을 막았다. 여성은 보리심을 성취할 수 없기 때문에 가르침을 받는 것은 시간 낭비라고 설명하면서 말이다.

이 금기는 이 부분에서 특히 아이러니하다. 티벳인은 무한한 자비심을 기르기 위한 '보살의 37 수행법'의 역할 모델로 언제나 가장 사랑하는 '어머니'를 떠올리기 때문이다.

당신을 사랑하는 모든 어머니들이
시작도 없는 순간부터 고통을 받고 있다면,
당신이 어떻게 행복할 수 있을까?
무한한 중생이 해탈할 수 있도록
깨달은 마음을 일으키는 것, 이것이 보살의 수행이라네.[8]

당황하고 '매우 화가 난' 칸도 린뽀체는 아버지에게 조언을 구했다. 민돌링 띠첸 린뽀체는 자신의 어머니도 같은 문제에 맞닥뜨렸다고 회상했다. 칸도 린뽀체는 "할머니는 어떻게 했나요?"라고 물었다. 할머니는 가르침을 들을 수 있을 정도로 가까운 사원 바깥벽에 앉았다. 칸도 린뽀체도 할머니를 따라 했다. 스님들이 신발을 벗어 놓는 법당 밖에 앉아 차별 없는 자비심에 대한 가르침을 받았다.

냄새나는 신발 옆에 앉아 있는 그녀의 모습이 머릿속을 떠나지 않는다. 그녀는 선택을 해야 했다. 문제에서 달아나는 것은 아무것도 변화시킬 수 없고, 두려움 없이 논쟁 속으로 뛰어드는 것은 상황을 더 악화시킬 수 있다. 하지만 물러서는 것은 여성이 무능력하다는 무언의 동의를 의미하는 것인지도 모른다. 그녀는 공격과 비난을 선택하는 대신 인내심으로 마음을 다졌다. 결국, 불교는 다른 사람의 마음이 아닌 자신의 마음을 수행해야 한다. "부모님으로부터 배운 진정성이 제 장점입니다. 모든 과정을 마음과 함께 해야 합니다." 무언가를 해야 한다는 어떤 결심이 그녀의 10대 시절에 천천히 무르익고 있었다.

법좌의 '히틀러'

여성이 남성만큼 능력이 있는가에 대한 끊임없는 의심은 그녀를 짜증스럽게 했다. 아버지의 승원에서 더 많은 책무를 맡기 시작했을 무렵, 그녀는 '스님들은 소녀에 불과한 자신의 요구를 항상 조금씩 받아들이지 않는' 것을 발견했다. 친절하게 미소짓는 접근법만으로는 해결할 수 없었다. 칸도 린뽀체는 강해져야 했다. "어떤 면에서 매우 단호해져야 합니다. 그들의 느슨한 태도와 잘 맞지 않겠지만 말이죠." 스님들은 그녀를 '히틀러'라고 불렀다. 그녀 앞에서 경건하게 절을 하면서도 뒤로는 나치식 경례를 흉내 내곤 했다. 칸도 린뽀체는 "재미있는 장난이었어요."라며 가볍게 받아들인다.

그녀는 인도 데라 둔Dehra Dun에 새로 지은 민돌링 승원과 시킴Sikkim의 룸텍Rumtek에 있는 전임 계승자의 승원인 깔마 최콜 데첸Karma Chök-hor Dechen 사이를 오갔다. 그녀는 비구니들과 많은 시간을 보냈고, 그럴수록 그들과 더 함께하고 싶었다. 이 결정은 가족에게 충격을 주었다.

"가족들은 첫째 딸인 제가 결혼해서 아이를 낳고 가족을 이끌기를 원했을 겁니다. 왜냐하면 민돌링 전승은 가족 중심이기 때문입니다."

하지만 그녀는 여성이 처한 상황을 아주 잘 인식하고 있었기 때문에 그들의 교육적 기회를 늘리는 데 평생을 바치고자 했다. 가족들은 "이미 많은 비구니가 있는데 왜 네가 해야 하느냐?" 또는 "그들을 돕기 위해 네가 스님이 될 필요는 없다"는 등의 설득력 있는 주장을 하며 반대했다. 그녀는 인정했지만, 이미 마음을 굳힌 후였다. 그녀는 크게 웃으며 이런 농담을 던졌다. "어쨌든 누가 나랑 결혼하려고 하겠어? 불쌍한 사람!"

머리카락 필요한 사람?

뚤꾸들은 보통 삶을 스스로 결정할 자유가 거의 주어지지 않는다. 그들은 어린 나이부터 엄격하고 치밀한 훈련 과정을 거친다. 젊은 환생자들은 그들의 잠재력 때문에 존경을 받지만, 개인주의는 허용되지 않는 개념이다. 칸도 린뽀체는 "내가 여자아이라서 더 많은 자유가 주어졌을지 모른다"고 생각했지만, 그녀는 계를 받기 위해 여전히 '많은 사람들의 구미에 맞는' 아이디어를 생각해 내야만 했다. 아무도 그녀의 서원 의식이 행해진 정확한 날짜를 모른다. 왜냐하면 그녀가 17세부터 24세까지 단계별로 천천히 그들 사이에 스며들었기 때문이다. 처음에는 '더 실용적'이라는 이유로 부드럽고 검은 긴 머리카락을 어깨 길이로 잘랐고, 다음에는 인도의 무더위를 이유로 단발머리를 했다. 칸도 린뽀체는 손바닥을 평평하게 들어 올려 위로, 더 위로 올라간 헤어 스타일의 변화를 표현했다.

몇 세대 전에 민돌링 가족에게 일어난 사건으로, 깨달은 스승의 머리카락을 자르면 수명이 단축된다는 전통적인 믿음이 가족 내에 뿌리 깊게 박혀 있었다. 의심이 생기면 항상 그랬던 것처럼, 칸도 린뽀체는 아버지와 의논했다. "아버지는 웃고 또 웃으며 '모든 사람의 조언을 들어라. 모든 사람에게 각자 신념을 가진 이유가 있다는 것을 존중하되 궁극적으로는 네가 옳다고 생각하는 것을 해라. 그렇게 하지 않고, 항상 다른 사람이 원하는 대로 결정하면 결코 행복하지 않을 거야.'라고 조언하셨습니다."

격월로 방문하는 이발사에게 비구니들이 머리를 깎고 있던 어느 날이었다. 칸도 린뽀체도 차례를 기다렸다. 그 이발사는 무심코 목에서 정수리까지 이어지는 머리카락을 힘차게 밀어 버렸다. 칸도 린뽀체는 이 기회를 잡았다. "전부 다 밀어 주세요!" 가족들은 민머리가 된 10대 소녀 앞에서 15분 동안 공황 상태에 빠졌다. "그러나 그날 머리카락 외에 무엇도 변하지 않았습니다."

"만약 누군가가 머리카락이 필요하면…" 때맞춰 버라이즌 센터 뒤편 테이블에 여동생 제쭌 데첸 빨돈이 등장했다. 칸도는 그녀를 가리켰다. 두껍고 검은 머리카락을 어깨까지 늘어뜨린 늘씬하고 아름다운 그녀는 항상 세련된 실크 드레스나 현대적인 정장을 입는다. 이 두 사람은 위풍당당한 2인조다. 한 사람은 키가 크고 한 사람은 키가 작고, 한 사람은 유행에 민감하고 다른 한 사람은 항상 똑같은 붉은 가사를 입는다. "동생은 제가 가장 신뢰하는 사람입니다." 칸도 린뽀체는 자매의 피드백과 지원에 크게 의존하고 있음을 인정한다. "사람들은 저를 칭찬하지만 동생이야말로 동양과 서양에서 진행되는 모든 프로젝트를 안정적으로 유지하는 핵심 인물입니다."

칸도 린뽀체와 달리 여동생은 차분하고 온화한 소녀였다. 제쭌 빨돈이 태어난 직후, 아버지는 뇌졸중을 앓았다. 병원에서 간호를 해야 했던 어머니는 집을 나서기 전이면 일곱 살인 칸도 린뽀체의 등에 아기를 묶었다. 어머니가 밤에 집에 돌아올 때면, 둘은 함께 껴안고 잠들어 있곤 했다. 제쭌 빨돈은 칸도 린뽀체를 "큰 암탉"이라고 말한다. "저는 최고 의 병아리였죠." 이 자매는 몇 달 이상 떨어져 지낸 적이 거의 없다.

"칸도는 제 언니이자 스승이며 상사이기도 합니다. 저는 그녀를 우러러보고 존경합니다.", "그녀의 진정성은 변함이 없어요. 모든 것에 동의하지는 않지만 그녀의 말과 행동은 항상 일치합니다." 제쭌 빨돈은 삶의 중요한 과제로 언니를 지원하는 일을 꼽는다. "2008년에 아버지가 돌아가셨을 때, 언니를 제외한 모든 가족이 무너졌습니다. 가족을 다시 결속하게 만들면서 그녀의 현명함이 부각되었지요."라고 알려 주었다.

현재 미국인과 결혼한 제쭌 빨돈은 민돌링 전승을 위해 더 많은 책임을 나눠 가졌다. 귀한 가르침을 보관하고 번역하는 작업이다. 두 사람모두 같은 마음으로, 세심하고 전통적인 훈련과 예리한 지성 그리고 가르침을 보전하는 것에 대한 확고한 헌신을 주장한다. 그리고 칸도 린뽀체는 가계를 잇는 책임 역시 여동생에게 있다며 농담처럼 떠넘긴다. "동생은 머리카락이 길고 결혼도 했잖아요."

자신감 넘치는 활동적인 리더

칸도 린뽀체의 전기는 티벳 여성에게는 매우 예외적인 요소들이 한데 엮여 있다. 부모로부터 받은 무한한 자신감, 뚤꾸로서 완전히 전수받은 티벳 의식 그리고 서양식 교육과 스스로 선택한 자유가 짝을 이룬다.

20대 초반, 그녀는 서양의 사고방식을 이해하기 위해 단기 집중 과정으로 미국행을 택했다. 특이한 동물을 연구하는 과학자처럼 서양의 마음을 체계적으로 연구했다. 비행 청소년 센터를 방문하는 것부터 선사들을 만나 미국에 불교 공동체 설립을 위한 전략을 논의하는 것까지 마치 성경을 공부했을 때와 같은 열정으로 완전히 새로운 세상을 받아들일 준비를 했다. 그녀는 "승원에서 자라 감옥이나 사업 같은 서양의 삶을 전혀 몰랐다"고 이해를 구한다. 폭넓은 교육에 대한 어머니의 바람을 귀담아듣고, 몇 년간 저널리즘, 동종 요법, 경영학 등을 공부했다. 이 것은 확실히 미래의 티벳 불교 대사가 되기 위해 준비한 것들이다.

그런데 왜 그녀와 같은 여성들이 더 존재하지 않는 것일까? 왜 여성 린뽀체는 많지 않을까? 이것은 아마도 그녀가 가장 자주 받는 질문일 것이다.

칸도 린뽀체는 티벳에 깨달은 여성 수행자가 많았다고 한다. "그러나 그들은 큰 승원이나 세력의 중심에서 멀리 떨어져 머물렀습니다." 비록 그들이 승원에서 높은 지위를 갖지 않고, 법회를 열지 않아도, 티벳인은 그들을 존경했다. 그녀는 자신의 어머니를 "현존하는 깨달은 선사 중의 한 명일 것"이라고 하면서 "보다시피 위대한 스승의 아내들은 깨달음과 능력, 사랑의 측면에서 비범했습니다. 결코 자신을 앞세우지 않았지만 침착함 속에서 매우 대범했고, 도울 줄 알며, 용기를 가지고 있었습니다."라고 덧붙인다.

그녀는 위대한 다키니들에 대한 티벳인의 존경심이 "스승과 인연을 맺어 결혼하거나 스승의 딸이라는 지위에 있는 것이 아니라 그들 자신의 공덕과 깨달음에 있다"고 여러 차례 강조했다. 여성 법사나 선사에 대한 요구가 실제로 많다. 여성을 교육하고 자신감을 불어넣어 주는 것이 그녀가 하는 일의 핵심이다. "아마도 제가 여기저기 틈이 생긴 곳을 메꾸는 데 도움이 될 수 있겠죠. 하지만 개인적으로 해결할 수 있는 부분은 아주 적어요. 제가 할 수 있는 일은 여성들이 보다 더 자신감을 갖고, 역동적인 리더가 될 수 있도록 돕는 매개체가 되는 것입니다."

역사적으로 민돌링 비구니들은 칸도 린뽀체의 전 환생자가 설립한 티벳의 삼뗀 쩨(명상의 정수) 비구니 사원에 모였다. 승원과 사원 모두 중공군의 공격으로 심각한 피해를 입었고 스님의 수를 줄이는 방법으로 보존할 수 있었다. 칸도 린뽀체는 망명 중에도 전통을 계속 이어 갈 수 있기를 바랐다. 돈이 없던 그녀를 또다시 부모님이 지원했다. 1993년 어머니는 칸도 린뽀체가 인도 히말라야산맥의 쉬바릭 언덕Shivalik Hills에 있는 무수리Mussoorie에서 비구니 사원을 운영할 수 있도록 가족이 가진 모든 보석을 내다 팔았다. 그 사원은 티벳 본원을 따라 삼뗀 쩨 리트릿 센터Samten Tse Retreat Center라고 이름 붙였다

당신의 상식을 버리지 마라!

칸도 린뽀체는 부모가 되었다. 아이를 보살필 능력이 없는 티벳 가정에서 2명의 여자아이를 입양한 것이다. 그녀는 열정적으로 "아이들을 사랑해요."라고 말했다. 모든 비구니를 자신의 확대 가족으로 생각하지만 스스로 몇몇 아이를 양육하고자 바랐다. 이제 16세가 된 꾼짱 최돈Kunzang Chödron은 8개월 때 입양되었으며 19세인 예세 최돈Yeshe Chödron은 스님이 되라며 갓난아기였을 때 민돌링 사원에 맡겨졌다. 칸도 린뽀체는 "그렇게 어린 나이에 계를 받는 것은 자신의 선택이 아닙니다. 우리는 아이가 커서 스스로 결정하도록 했습니다."라고 설명했다. 두 아이는 린뽀체가 여행 중일 때는 삼뗀 쩨에서 칸도 린뽀체의 어머니와 함께 지냈다. "저희 어머니는 고집스러운 10대 아이 둘을 돌보면서 활력을 얻었죠."라고 우스갯소리를 던진다.

집이 없는 칸도 린뽀체에게, 삼뗀 쩨는 가장 편안한 공간이다. "저의 모든 비구니가 있는 곳이라 그래요." 칸도 린뽀체는 다양한 교육 과정

을 통합하고 동서양의 여성, 비구니 그리고 재가 불자들이 함께 모여 사는 아주 실험적인 장소를 구상했다. 그녀는 그 센터를 '훌륭하고 강한 여성들과 극도로 활기찬' 곳으로 묘사했다. 전통적인 의례를 전하는 것 외에도 그들이 재정적으로 독립할 수 있도록 적극적으로 교육하는데, 비즈니스 관리 전문가는 물론이고 무술 트레이너까지 초청하기도 했다. 그녀는 신입 비구니들에게 "머리카락과 함께 상식마저 깎아 버리지 마라!"고 강조한다. 린뽀체는 그들이 고급 레스토랑 같은 곳에서 불안해 하는 것을 알아차린다면, 아마 모두에게 옷을 갖춰 입힌 후 정찬 예절 교육을 시킬 것이다. 그녀는 "망설임에서 벗어나도록 일깨우는 것. 이 아이디어는 그들이 전통 교육뿐만 아니라 서양 교육을 받아 자신감 있고, 유능한 리더가 되게 하는 것입니다. 때로는 여성인 당신을 자랑스러워해야 합니다."라는 생각을 밝힌다. 여동생은 이러한 접근 방식에 찬성한다. "우리 자매를 '특별한 사례'로 여기지 않길 바랍니다. 모든 여성은 우리가 가졌던 기회를 가져야 합니다."

칸도 린뽀체는 20대 후반에서 30대 후반까지 여성이 자신의 성장과 그것을 방해하는 것에 어떻게 책임지고 있는지 고민하기 시작했다. "많은 여성들이 평등권을 갖는 것, 비구니와 비구가 동등하게 앉는 것 등에 대해서죠." 그녀는 깊이 연관된 문제들을 고민하는 동시에 "존중은 절대 요구할 수 없다. 요구해서 인정받은 존중은 결코 진정성이 없다"는 것도 배웠다.

페미니스트 불자들이 여성 롤 모델이 부족한 것에 대해 불만을 쏟아낼 때, 그녀는 그 문제를 그들에게 다시 돌린다. "당신이 꿈꾸던 스승은 여성이어야 하나요? 그녀와 최대한 많은 시간을 함께 보내길 원하십니까? 우리가 원하는 것, 바라는 것은 끝이 없어요."[9] 린뽀체는 자신에게

칸도 린뽀체가 프랑스에 방문했을 때

사진 볼커 덴크스 ©Volker Dencks

주어진 요구와 편견 사이에서 균형을 맞추는 자신만의 방법을 찾았다. "여성인 것이 영감을 준다면, 그것을 이용하십시오. 그러나 그것이 장애가 된다면 신경 쓰지 마세요." 칸도 린뽀체는 불교 페미니스트의 상징이 될 것이 분명하다. "차별에 대해 공격하거나 슬퍼할 필요가 없습니다. 열심히 일하고, 더 열심히 일하면 됩니다." 린뽀체는 '열심히 일한다'는 표현을 여러 번 반복했다. "이것이 바로 내가 여성들이 알아주었으면 하는 것입니다. 인내심이 많이 필요하고, 노력해야 합니다. 여성의 평등한 자질에 대해 진지하게 생각한다면 본보기가 되십시오."

기분 좋은 불교라는 함정

칸도 린뽀체는 자신의 중요성을 과소평가하지만, 동서양을 막론한 그녀의 영향력은 아무리 과장해도 지나치지 않다. 유명하고 직설적인 페미니스트 불교학자이자 린뽀체의 제자인 리타 엠 그로스Rita M. Gross는 "여성 스승의 존재가 핵심 쟁점이라고 생각해요. 여성 스승이 많지 않은 것은 가부장제의 분명한 흔적입니다. 칸도 린뽀체는 서양의 여성 제자에게 본보기가 되어 강력한 힘을 실어 주고 있습니다."라고 설명한다.

지난 2003년, 칸도 린뽀체가 버지니아 주 스탠리에 있는 로터스 가든Lotus Garden 서부에 첫 센터를 설립했을 때, 6명의 서양인 스승을 초청했는데 그중 4명이 여성이었다. "린뽀체는 서양 학생과 비구니를 구별하지 않는다"고 여동생이 덧붙였다. "린뽀체는 그들에게 똑같은 교육, 똑같은 꾸지람, 똑같은 일정표를 줍니다." 불교는 아직 새로운 것이기 때문에, "서양인과 함께 일하는 것은 변형 가능한 틀로 작업하는 것과 같습니다. 그래서 다양한 형태로 만들 수 있어요."라고 말하며 칸도 린뽀체가 활짝 웃는다.

불교를 전업으로 삼은 승원에서 성장했기에, 칸도 린뽀체는 서양에서 일하는 재가 불자 부모들에 대한 기대를 조금씩 수정해야만 했다. "자기애를 버리기 위해 15년간 습한 동굴에 앉아 성취를 이룰 수 있습니다. 머리를 깎고 사원에 들어가도 되겠죠. 그리고 바로 여기서도 할 수 있습니다. 워싱턴 DC 한복판에서요." 수백 명의 서양 학생들이 그녀의 '세련된 지성, 놀라운 노력과 헌신'에 대해 열변을 토한다. 그러나 칸도 린뽀체는 "그들의 견해는 이타적이지만 성향은 '나'의 길, '나'의 수행, '나'의 진보 같은 개인적인 길에 매우 집중되어 있다"고 분석한다.

개인주의 문화는 타파하기 어렵다. "따라서 저는 그들이 함께 일하고, 공동체를 만들고, 필요할 때 언제 어디서나 봉사할 수 있어야 한다고 생각합니다. 보상이 없을 때조차 말이죠." 그녀가 임명한 교사 중 61세의 전직 치료사 잰 잭슨Jann Jackson은 감사를 표한 후 "핵심을 찌르는 단호한 피드백을 받고 집으로 돌아가서 저 자신에게 물어봅니다. 내 안에 티끌만 한 진실이라도 있을까? 그녀의 가르침과 제자들의 행동 사이의 간극을 알면서도 우리를 포기하지 않고 사랑하는 것은 정말 자비로운 행동입니다. 그 결과가 분명하게 나타나고 있습니다. 그녀는 '기분 좋은 불교'라는 서양인의 열망에 영합하는 함정에 빠지고 싶어 하지 않아요."

귀의와 강간

서양행은 칸도 린뽀체의 초기 페미니스트 접근에 대한 다른 입장을 촉발시킨 계기가 되었다. "저는 남녀 차별이 아니라 여성의 순진함에 놀랐습니다. 모든 이성을 버려둔 채 두려워하고, 불안에 떨며, 우유부단하고, 감정적인 사람이 되고 싶나요? 여성은 얼마의 책임을 지고 있을까요?"

서양을 둘러보는 동안, 그녀는 반복적인 성폭력 사건을 듣고 충격을 받았다. 독일에서 법문을 할 때 전환점에 도달했다. 한 여성 청중이 눈물을 흘리고 있었다. 칸도 린뽀체가 보자, 그 여성은 불쑥 자신이 '불교 법사'에게 강간을 당했다고 털어놓았다. 귀의식[m] 중에 그 법사가 자신에게 나중에 나체로 혼자 수영장으로 오라고 했다는 것이다. "갔습니까?" 칸도 린뽀체가 물었다. "네, 갔습니다."라고 여자가 대답했다. 이 이야기를 회상하면서 칸도 린뽀체는 고개를 저었다. "도대체 상식은 어디로 갔나요?"

이 사건을 듣고 처음 일어나는 마음은 순진한 학생의 믿음을 이용해 신성한 귀의식을 악용한 법사를 비난하는 것일지 모른다. 그러나 칸도 린뽀체는 비난의 길을 택하지 않았다. 나는 그녀가 성적인 접근을 위해 지위를 남용하는 남성 법사를 공개적으로 비난하는 것을 들어본 적이 없다. 그녀의 제자인 리타 그로스는 "아마도 악을 쓰고 절규한다고 해서 바꿀 수 없다는 것을 그녀는 알고 있을 것입니다."라고 생각을 전한다.

칸도 린뽀체는 "저는 그것과 관련해 비구니, 서양인 제자와 공개적으로 함께 대화합니다.", "양쪽의 이야기를 고려하면서 정직하게 직접적으로 풀어야 할 몇 가지 사안이 있습니다. 학대인 경우가 있고, 그 학대를 남용하는 경우가 있습니다. 그것에 대해 거창한 입장을 취하기가 매우 조심스럽습니다. 사람들이 맥락을 오해할 수도 있기 때문입니다. 불법에서 멀어지게 하는 불필요한 혼란을 야기하기도 합니다. 매우 실망스러운 주제지요."

깨달음으로 가는 지름길은 없다

우리는 지금 거센 폭풍 속에 있다. 섹슈얼리티는 금강승Vajrayana에서 쉽게 오해를 불러일으키는 위험한 주제이다. 금욕이라는 안전한 길을 걷는 다른 불교 전통과 달리, 금강승은 섹슈얼리티를 강한 공포를 변환시키는 강력한 수단으로 받아들인다. 물론 이것은 사기꾼들이 그들의 욕망을 채우는 구실로 이용할 수 있는 높은 위험성을 동반한다. 수많은 학대 의혹이 동서양의 불교계를 뒤흔들고 있다. 거룩한 붓다의 화신으로 간주되는 지위 높은 선사는 바른 행위의 전통적 기준이 관습적으로 면제된다. 그래서 변칙적인 행위도 깨달음의 방편으로 인가되는 것이다.

금강승 맥락에서 칸도 린뽀체는 성적인 위법 행위를 어떻게 정의할까? 그녀의 대답은 분명하다. "비나야Vinaya를 공부하세요!"[11] 비나야는 전통적으로 승가를 위한 율장이지만 칸도 린뽀체는 '재가 불자에게도 중요한 학습 자료'라고 강조한다. "율장은 허용되는 것과 허용되지 않는 것이 무엇인지 매우 엄격하고 분명한 윤리 규범을 제공합니다. 율장을 공부하면 가르침을 조작하고 악용하는 자를 식별할 수 있으며, 제자들은 질문할 수 있습니다. 질문은 많은 장점이 있습니다. 말이 되지 않으면, 질문하십시오! 부주의한 윤리적 행위를 발견하면 왜 이런 일이 발생하는지 질문해야 합니다."

승가의 서원을 어기는 것은 계를 받은 스님이라면 분명히 중대한 범죄의 요건이 된다. 그러나 구족계를 받지 않은 스님이나 법사의 성적 비행은 어떻게 정의할 수 있을까?

"모든 법사들은 적어도 재가 불자의 계와 보살계를 받아야 한다"고 칸도 린뽀체는 강조한다. "분명한 권력형 비리를 제외하고, 자신의 지위와 학생의 순수함을 이용하는 것은 엄청난 학대입니다. 학대는 가식, 자만, 거짓이 있을 때 일어납니다. 실제보다 더 깨우쳤다고 가장하는 누군가가 제자를 잘못 이끄는 것은 매우, 매우 해로운 행위입니다. 깨달음으로 향하는 지름길은 없어요.", "그리고 그것을 제안하는 사람이 있다면, 의심하며 대해야 합니다."라고 분명히 밝힌다.

그래도 나는 다시 물었다. 제자가 초보자라면, 스승이 진정으로 깨달았는지 아니면 카리스마로 허풍을 떨고 있는 것인지 어떻게 판단할 수 있는가?

칸도 린뽀체는 "붓다의 가르침은 개인에게 많은 자유를 주고 있습니다. 그래서 우리는 어떤 주장에 대해 다른 사람에게 강요할 수가 없습니다. 상황을 살펴봐야죠."라며 아버지의 조언을 언급한다. 그 주제에 대해 아버지와 대화를 나눌 때마다 그는 늘 이렇게 말했다. "해결책은 교육이다. 네가 사람들을 잘 교육한다면, 너는 그들에게 스스로 결정할 수 있는 도구를 주는 것과 같다." 칸도 린뽀체는 그것을 자신의 신조로 받아들였다. "교육으로 변화시킬 수 없는 것은 없다." 린뽀체의 아버지는 또한 상호 신뢰를 바탕으로 한 깊은 관계를 구축하기 위해 소수의 다르마 센터를 유지하라고 당부했다. "아버지는 사람들의 이름을 모두 외우지 못하는 곳이라면 그들을 제대로 교육할 수 없다는 말씀도 하셨습니다."

시계와 같은 정확한 친절

그렇기 때문에 칸도 린뽀체가 그의 학생과 일하는 방식은 지극히 개인적이다. 거의 20년이나 그녀의 학생으로 있는 잰 잭슨은 이를 두고 "수천 명의 학생을 끌어들이기 위해 애쓰는 것과는 완전히 반대"라고 말했다. "학생들이 그녀의 카리스마에 반해 제자가 될 수 있는지 물어보면, 아마 이렇게 말할 겁니다. '그거 좋군요. 앞으로 12년 동안 서로 지켜보고 난 후에 한번 알아볼까요?'"

나는 버라이즌 센터의 한 사람 한 사람을 일대일로 관찰했다. 칸도 린뽀체와 대화를 나누는 동안, 그녀는 적어도 스무 번 이상 자리에서 일어났다. 요구 사항을 가진 사람들이 들이닥쳤기 때문이다. 그녀는 그 모든 사람에게 필요로 하는 것을 정확하게 제공했다. 사랑스러운 미국 소녀에게 가피를 내리고, 자원봉사자의 등을 다독이고, 휴대 전화를 두고 다니는 코디네이터를 짓궂게 놀리거나, 여동생에게 길을 안내해 주고, 불안에 떠는 젊은 엄마에게 힘이 되는 조언을 건네고, 동료 티벳 스님에게 흰색 스카프(카다)를 걸어 주고, 어린 비구니를 안아 주었다. 발레 안

무처럼 자비심의 무대가 펼쳐졌다.

나는 결코 지치지 않고, 1초도 놓치지 않는 정확한 시계처럼 행동하는 그녀의 친절함을 바라보았다. 앞다투어 관심을 끌려는 많은 사람 틈에서도 그녀는 당황하는 법이 없었다. 완전히 현재에 머물고 있었다. 자리를 비울 때면 우리의 대화가 중단된 바로 그 지점으로 되돌아와 말을 끝맺고 다시 새로운 대화를 이어 갔다. 그녀의 제자 헬렌 버라이너Helen Berliner는 이 광경을 '볼쇼이 발레단'에 비유한다. "그녀는 성장하도록 다그치는 엄격한 장군과 같은데, 함께하는 춤 공연과는 달리 결국에는 개개인이 더 높은 목표를 찾을 수 있도록 기회를 줍니다."

오후에 달라이 라마는 모든 자원봉사자에게 "이처럼 서로 돕는 따뜻한 도우미들을 본 적이 없다"는 감사를 전했다. 칸도 린뽀체는 팀에 열정적인 찬사를 보냈다. "모두 여러분 덕분입니다!" 그녀가 격려하자 "아니요. 모두 린뽀체 덕분입니다!" 하고 학생들도 응수했다. 이런 즐거운 분위기 속에서 스승과 그의 학생들은 서로 주거니 받거니 공을 넘겼고, 마침내 모두 한바탕 크게 웃었다. 좋은 하루를 보냈다. 린뽀체는 오직 몇 사람만이 알 정도로 뒤에서 묵묵히 모두를 도왔다.

주

a 뛰어난 여성 수행자 또는 높은 지위의 고귀한 여성을 공경하는 매우 영예로운 티벳의 칭호.

b '신성한 배우자'로 티벳에서 고위 라마의 배우자를 예우하는 칭호.

c 닝마파Ningma School의 시작은 7세기 후반으로 거슬러 올라간다.

d 티벳 불교에서 관정(산스크리트어 아비쉐카abhisheka, 티벳어 왕wang)은 전승의 가피를 전하고, 특정한 불보살과 경전을 수행할 수 있는 권한을 학생에게 부여하는 중요한 의식이다.

e '민 - 돌 - 링'이라고 발음한다.

f 5대 달라이 라마의 스승이자 제자인 릭진 뗄닥 링빠Rigdzin Terdak Lingpa(1646 - 1714)는 위대한 보장 발견자로 유명했고, 1676년 중부 티벳에 민돌링 승원을 세웠다.

g 제쭌마 밍규르 빨돈Jetsunma Mingyur Paldron(1699 - 1769)은 14세에 많은 최상위 수행을 마스터했다고 전해진다. 그녀는 티벳 불교의 까규 전승에서 성취한 라마가 되었다. 그녀의 삶에 관한 자세한 설명은 칸도 린뽀체의 웹 사이트(mindrollinginternational.org/mindrollinghistoryproject)에 소개되어 있다.

h 16대 걀와 깔마빠, 랑준 릭빠이 돌제Gyalwa Karmapa, Rangjung Rigpa'i Dorje(1924 - 1981)는 티벳 불교의 깔마 까규Karma Kagyü 전승의 수장이자 중부 티벳에 있는 쭐푸Tsurphu 사원의 원장이었다. 1959년에 그는 150명의 학생과 사원에서 가장 신성한 사리(유골)를 가지고 부탄으로 탈출했다. 시킴 왕의 초청으로 그는 1966년 새로운 망명 장소인 시킴에 룸텍Rumtek 사원을 세웠다.

i 뚤꾸Tulku는 문자 그대로 '화신'. 여기서는 중생을 이롭게 하기 위해 의도적으

로 환생하는 위대한 스승을 의미한다. 티벳인들은 12세기부터 사망한 스승의 직계 환생을 확인하기 시작했다.

j 티벳 불교에는 닝마Nyingma, 까규Kagyu, 싸꺄Sakya, 겔룩Gelug과 티벳 불교의 다섯 번째 분파로 변모한 불교 이전의 뵌Bön 전통을 더해 5대 전승이 있다.

k '귀의의 제왕'. 크게 깨달은 스승에 대한 엄청난 존경을 나타내는 티벳 용어로, 종종 영어로 'His holiness', 한글로 '성하'나 '존자'로 번역된다.

l 꺕제 딜고 켼쩨 린뽀체Kyabjé Dilgo Khyentse Rinpoche(1910 - 1991)는 동티벳의 데르게Dergé에서 태어났고, 닝마파Ningma의 수장이었다. 20세기의 족첸Dzog-chen 성취자 중 가장 수승한 한 사람으로 거론된다.

m 정식으로 불교도가 되는 의식.

n 여기서 비나야(산스크리트어 Vinaya. 티벳어 dulwa)는 불교의 계율을 의미한다.

02

말리부를 방문했을 때, 닥몰라 꾸쇼 싸꺄

사진 에이미 개스킨 ©Amy Gaskin

닥몰라 꾸쇼 싸꺄

Dagmola Kusho Sakya

왕궁에서부터 혈액은행까지

"동티벳 마을의 한 소녀는 어떻게 공주가 되고
실험실 연구원이자 다섯 자녀의 어머니가 되었을까?
그리고 어떻게 미국 최초의 티벳 여성 스승이 되었을까?" [1]

3,000만 달러에 이르는 할리우드 스타의 저택보다 닥몰라의 순박한 우아함이 더 놀랍다. 나는 전설적인 말리부 무비 콜로니의 해변에서 이 품위 있는 티벳 여성을 만났다. 그녀는 가장 친한 친구인 82세의 변호사이자 작가, 캐롤 모스Carol Moss의 나무 갑판에 앉아 있었다. 닥몰라는 한 번도 자르지 않은 회색 머리카락을 가릴 수 있는 챙이 넓은 하늘빛 모자를 쓰고 있었다. 파랗고 노란 꽃무늬가 있는 연한 푸른색 실크 블라우스와 초콜릿 갈색의 전통 의상이 등 뒤에서 밀려드는 태평양의 물결, 모래와 잘 어울렸다. 티벳의 왕궁에서 현대 미국으로 내던져진 고난을 되돌아보며 몸을 앞으로 기울일 때 그녀의 친절한 두 눈은 생동감 있게 빛났다. 닥몰라는 미국으로 이민 온 최초의 티벳 여성이다. 파괴적인 사건

을 겪고도 오히려 더 큰 자비심과 연민을 지닌 진정한 수행자들을 보는 것은 언제나 감동적이다. 이보다 더 부드럽고 따스하고 사랑스러운 얼굴은 상상할 수 없다. 닥몰라의 미소는 어느 곳에 있든 모든 사람을 밝게 만든다.

그녀의 높이 솟은 광대와 우아한 자태는 70대 후반임에도 뛰어난 아름다움을 보여 준다. 적지 않은 나이에도 느릿하긴커녕 오히려 그 반대다. 그녀는 멕시코에서 이제 막 강연을 마치고 돌아와 주말 모임을 위해 뉴욕으로 떠날 예정이다. 또한 자서전 후속 작업도 하고 남편인 닥첸 린뽀체Dagchen Rinpoche를 돕고 시애틀에 있는 그들의 사원도 돌아볼 것이다. 그녀는 태평양 연안에서 큰아들을 만나기 위해 아주 드물게 휴가를 잡았다. 어떤 영화도 닥몰라가 겪은 극한의 삶을 더 극명하게 보여 줄 수 없을 것이다. 77년 전 전기도 수도도 없는 티벳의 작은 마을에서 닥몰라가 태어났을 당시 지구 반대편 말리부 무비 콜로니는 글로리아 스완슨Gloria Swanson, 빙 크로스비Bing Crosby, 게리 쿠퍼Gary Cooper 같은 할리우드의 대표 스타들의 화려한 집합지가 되고 있었다.

닥몰라의 본명은 닥 윰 꾸쇼 싸꺄Dag-Yum Kusho Sakya이다. 이는 싸꺄Sakya[a] 전통의 가장 유명한 스승 중 한 명인 닥첸 린뽀체의 부인으로서 지위가 높은 집안임을 보여 준다. 닥Dag은 남편 이름의 첫 음절이며 윰Yum은 '동반자', 꾸쇼Kusho는 '존경, 경의'의 칭호이다. 그러나 그녀의 친구와 제자들은 그녀의 천진난만하고 활달한 얼굴을 보면 아무 격의 없이 곧바로 닥몰라라고 부른다. 닥몰라는 미국에 정착한 이후 공산주의 이전의 티벳에서 배웠던 것을 가르치고 관정을 주기 위해 전 세계를 다니는, 뛰어난 스승으로 인정받은 단 2명의 티벳 여성 연장자 중 한 사람이다. 다른 한 사람은 남편의 조카인 제쮼 꾸쇼 치메 루딩Jetsun

Kusho Chimé Luding[b2]이다. 닥몰라는 자신이 티벳에 계속 살았더라면 가르침을 주는 일은 하지 않았을 거라고 인정한다. "티벳 사람들은 요기니를 매우 존경합니다. 그렇지만 가르침은 라마로부터 받으려 하죠."라고 조심스럽게 말했다. "그렇게 위대한 스승들이 많이 계신데, 제가 뭘 가르치겠어요?"

당신은 가르쳐야만 해요!

하지만 닥몰라의 서양 제자들은 이런 여지를 주지 않았다. 특히 여성 수행자들은 그녀의 자애로운 모습에 이끌려 그녀의 조언을 듣기 위해 몰려들었다. 60대가 된 닥몰라는 명성 높은 데중 린뽀체Dezhung Rinpoche(1906 – 1987)의[3] 통역을 맡았다. 그는 미국에 이주해 정식 수계를 받은 비구이자 닥몰라의 삼촌이다. 사람들은 계를 받은 린뽀체에게 인간관계의 다툼이나 성적인 문제 등 드러내기 어려운 문제에 대해 조언을 구하는데, 린뽀체는 이 주제를 몹시 불편하게 느껴 조카인 닥몰라에게 넘기곤 했다. 그러다 보니 점점 더 많은 서양의 학생들이 그녀에게 지혜를 구하러 찾아왔다. 급기야 아주 끈질긴 한 여성은 닥몰라에게 공개 석상에서 법문을 해 달라고 요청했고, 닥몰라의 스승들인 딜고 켄쩨 린뽀체, 깔루 린뽀체Kalu Rinpoche[c], 싸꺄 띠진Sakya Trizin[d], 초감 뜨룽빠 린뽀체Chögyam Trungpa Rinpoche[e]와 그 외 많은 스승에게 닥몰라가 법문을 할 수 있도록 인가해 달라며 몰래 편지를 써 보내기까지 했다. 열정적인 격려의 답장이 밀려들어도 닥몰라는 여전히 핑계 댈 것이 많았다. "이 많은 편지를 가져와도 저에게는 아무 의미가 없었어요. 왜냐하면 라마님들은 매사에 친절하게 '네'라고 말씀하시지 '아니오'라고 하지 않으시거든요." 닥몰라는 웃으면서 말했다.

1978년, 전승 법맥의 스승들이 일제히 그녀에게 관정을 내렸는데 당시 딜고 켄쩨 린뽀체는 콜로라도에 있는 샴발라 산정 센터Shambhala Mountain Center를 방문하던 중이었다. 그 시대의 가장 유명한 스승의 존재는 경외심을 불러일으켰다. 닥몰라와 그녀의 남편인 닥첸 린뽀체와 초감 뜨룽빠 그리고 10여 명의 수승한 스승들이 헬리콥터를 타고 산속으로 날아왔다. 깊은 감명을 주는 많은 스승이 테이블에 둘러앉아 노래하며 즐거운 이야기를 주고받았다. 한 학생이 닥몰라에게 다가와 가르침에 대해 질문했다. 닥몰라는 망설이다가 대답했다. "보세요, 여기에 위대한 스승님들이 많이 계십니다. 여러분은 이분들에게 질문하세요." 뜨룽빠 린뽀체가 대화를 엿듣고 소리쳤다. "답하시오! 답하시오!" 그러고는 대중에게 몸을 돌리면서 말했다. "내 생각에는 꾸쇼 닥몰라가 가르쳐야 한다고 생각합니다! 많은 서양인, 특히 여성들은 가르침 받기를 원합니다. 그녀가 적임자입니다. 왜냐하면 그녀는 아주 많은 가르침을 받았습니다." 닥몰라는 당시 너무나 당황스러웠다고 회상한다. 아시아에서 그런 장면은 생각할 수도 없는 일이었다. 그러자 모든 라마들이 일제히 "네, 네, 당연합니다. 당신이 가르쳐야 합니다!"라고 말했다.

이 사건이 더 의미가 큰 것은 로키산에서 고위 남성 스승보다 닥몰라가 훨씬 더 편안하다고 느낀 이들이 그 학생 외에도 많았다는 사실이다. 천진난만한 온유함을 지닌 닥몰라는 전통적인 라마들을 둘러싸고 세밀하게 짜인 그물 같은 위계와 절차, 규칙을 즉시 끊어 버렸다. 몇 년 전 그녀와의 첫 번째 만남이 끝날 즈음 작별 인사를 할 때 그녀가 나를 따뜻하게 안아 주었는데 그 포옹으로 내 마음은 바로 녹아내리고 완전한 평화의 상태가 되었다.

모든 호흡이 수행이다

사랑하는 삼촌인 데중 린뽀체도 닥몰라에게 법문을 하라고 요청했다. 닥몰라도 사유를 하며 진정한 요구가 있다는 것을 마침내 깨달았다. 5명의 아들을 두고 일했던 어머니로서의 경험은 많은 학생들과 교감하는 데 도움이 되었다. 대형 병원 실험실에서 근무하는 동안 의사, 치료사, 간호사들은 감정 소모나 스트레스 같은 어려움에 대해 그녀에게 조언을 구했다. 닥몰라는 그들의 입장이 되어 보지 않아도 그 어려움을 이미 너무나 잘 알고 있었다. 많은 학생이 그녀의 상담에 큰 도움을 받았고 더 많은 조언을 받기 위해 다시 찾아오곤 했다. 닥몰라는 "서양 여성들은 다른 여성들에게 개방적으로 말할 수 있고 서로 도울 수 있는 것을 중요하게 생각해요. 삼촌과 같은 티벳 라마들은 평범한 인생을 경험해 보지 않았어요. 그분들은 많은 가르침을 받았을지는 몰라도 그 가르침이 여성들의 삶의 주제와 늘 연결되지는 않지요." 닥몰라는 여성이 부드러운 마음을 가지고 있는 이유로 "여성은 아이를 잉태하는 사람들이기 때문입니다. 남성은 매우 강하지만 간혹 경청하지 않아요."라고 설명한다.

닥몰라의 장남인 데이비드 콘David Khon은 이런 감정을 이렇게 나타냈다. "라마들은 사회에서 완전히 단절된 채 자랍니다. 저의 아버지는 귀족 가문에서 태어나셨어요. 무능해서가 아니라 집안일을 하거나 재정을 관리하기 위해 다른 사람들을 두었지요. 하지만 어머니가 한 일을 보세요. 자식을 돌보고, 가사를 전적으로 담당하고 생계를 꾸렸어요. 이모든 것을 마치 귀의한 것처럼 오직 홀로 해내야만 했죠!"

닥몰라는 한 손에는 육아, 집안일, 직장일 또 다른 한 손에는 영적인 길을 두는 것처럼 수행과 일상을 엄격히 구분하는 것을 반대한다. "영적 수행은 명상 방석에 앉아서만 하는 것이 아닙니다. 매일매일의 삶에 있습니다. 모든 움직임, 모든 말, 모든 생각이 수행입니다. 다르마 즉 법은 일상에 있습니다." '불교도'라는 말이 서양에서도 흔한 용어가 되었지만, 티벳 수행자들은 이 말을 자신을 가리키는 말로 잘 사용하지 않는다. 닥몰라는 수행자들을 위해 티벳의 원래 이름에서 위대한 의미를 끌어냈다. "낭빠Nangpa는 문자적으로 '내부자'를 의미합니다. 이것은 밖에서 의미를 찾는 대신에 우리 자신의 마음속을 들여다보면서 우리 자신에 대한 길을 가리킵니다."

닥몰라는 그녀가 살고 있는 시애틀의 싸꺄 사원에서 가르치는 것뿐만 아니라 애리조나, 캘리포니아, 하와이, 멕시코에서도 작지만 활발하게 센터들을 이끌고 있다.

"저는 단지 제가 경험한 마음의 체험을 나누고 싶을 뿐입니다. 나는 라마도 아니고 강력한 가르침을 주지도 않아요. 단지 그냥 좋은 친구로 생각해 주세요."라며 강조한다. 82세인 그녀는, 줄어들긴 했지만 남편과의 여행을 계속해 나가고 서양에서 붓다의 가르침을 확립하는 중요한 인물이 되었다. "티벳 문화를 직접 경험한, 나이 든 스승들이 이제 몇 분 남지 않았습니다. 가장 가까웠던 친구들도 떠났지요. 그래서 나누는 일이 제게 중요한 일이 되었습니다." 티벳에서 지낸 몇 년간의 삶을 저술한 후 – 티벳 여성으로서는 특히 용감한 시도였던 – 달라이 라마는 최초로 미국으로 이민 간 티벳인으로서의 경험이 많은 이들에게 격려가 될 것이라며 닥몰라에게 삶의 나머지 반에 관해서도 쓰라고 개인적으로 부탁했다.[4]

평지풍파를 일으키지 마세요!

닥몰라는 90년대 중반까지 공식적인 법문을 하지 않았다. 상근직

에다 5명의 자녀들을 돌보느라 제대로 된 휴가조차 가지 못했기 때문이다. 말리부 저택에서 만났던 그녀의 친구 캐롤 모스는 자신의 거실에서 잊지 못할 법문 데뷔전을 연출했다. 이 두 사람은 로스앤젤레스에서 열린 닥몰라의 장남 결혼식에서 처음 만났는데, 마치 오랫동안 만나지 못했던 자매처럼 바로 친해졌다. 캐롤 모스는 "이 뛰어난 여성이 있었죠. 가르침을 줄 수 있는 확실한 가능성과 열정이 있는 그런 여성이었어요. 모든 사람이 살금살금 발끝으로 걸으며 모여들었어요."라며 회상했다. 오랫동안 많은 불교 스승의 제자이자 후원자였던 캐롤은 브렌트우드가에 있는 자신의 집에서 닥몰라의 첫 번째 법문을 발표했다. 이 예정된 일정은 상당한 파문을 일으켰다. 캐롤은 그때를 "거대한 극적 협상"이라고 했다. 닥몰라의 장남인 데이비드 콘은 캐롤에게 이 상황을 조용히 보내자고 간절히 말했다. 캐롤은 데이비드가 "제발 평지풍파를 만들지 마세요. 평지풍파를 만들지 마세요!" 이렇게 계속 말했다고 한다.

닥몰라는 아주 작은 실수도 없도록, 한 음절 한 음절 정확하게 발음할 수 있도록 세심하게 준비했다. 캐롤 모스는 "닥몰라는 티벳 참가자들 앞에서 실수할까 봐 두려워했어요."라고 말했다. "그들이 나중에 소문을 만들어 내고 남편에게 흉볼 것을 알고 있었습니다. '당신의 부인을 막을 수 없나요?'라는 식으로요." 그러나 모든 일이 훌륭하게 지나갔다. 곧바로 학생들이 더 많은 법문을 요청했다. 캐롤은 그다음 해 닥몰라가 말리부 도서관에서 백색 타라보살 관정을 주던 일을 회상했다. "75명 정도 들어갈 수 있는 곳이었는데 135명이 왔어요. 사람들을 돌려보냈죠. 그건 아주 특별한 사건이었어요. 관정을 주는 동안 우리는 따라보살 만뜨라를' 오랫동안 독송했습니다. 모든 사람이 방 안에 빛의 존재를 확실히 느꼈습니다. 저는 이 같은 일을 결코 경험한 적이 없었어요."

데이비드 콘은 어머니의 현재 성공을 삶의 전반기와 비교하며 자부심에 가득 찬 목소리로 말했다. "불교 사회는 매우 가부장적입니다. 티벳에 머물렀다면 어머니는 당신의 권한만으로는 스승이 될 수 없었을 것입니다. 언제까지나 닥첸 린뽀체의 부인이었을 것입니다. 사찰이나 사원을 보면 오늘날까지도 여성은 뒤쪽에 앉습니다. 학대를 당하거나 비하되는 것은 아니지만 소녀들은 학교에 들어갈 수 없죠. 교육을 받지 못하기 때문에 스승이 되지 못합니다. 불교가 서양으로 온 이후 새로운 스승을 위한 아주 많은 가능성이 생겼습니다."

학교의 유일한 소녀

닥몰라가 서양에서 법문을 하는 최초의 티벳 여성이 될 수 있었던 것은 결코 일어날 것 같지 않은 복합적인 조건들이 합쳐져 가능해진 것이다. 닥몰라의 생애 초기를 보면 미래를 전혀 예측할 수 없다. 사실 동티벳의 외딴 작은 마을 소녀에게는 업적을 이룰 어떤 가능성도 없는 것처럼 보였다. 더군다나 그녀는 부자 혹은 귀족 가문에서 태어나지도 않았다. 그녀가 태어난 캄Kham^g이라는 지역은 특별하다. 캄빠족은 길게 땋은 머리에 붉거나 검은 술을 달아서 쉽게 알아볼 수 있는데, 자랑스러운 전사로서 두려움이 없는 사람들이다. 용맹한 정신과 날쌘 말을 향한 열정, 땅에 대한 깊은 이해와 자연에 대한 존경심, 이 두 가지는 마치 미국 원주민을 연상시킨다. 두 산맥 가운데 놓인 타Tha 강가의 마을에는 대부분이 농부인 약 35가구가 살고 있다. 주변의 산들은 담요를 두른 것처럼 1년 내내 눈이 쌓여 있다. 닥몰라는 "그곳에는 우리가 믿는 신성함을 항상 일깨워 주는 것들이 있었어요."라고 말했다.[5] 신심 깊은 티벳 사람들은 자연을 구성하는 5개의 요소인 흙, 물, 바람, 불, 공간과 함께 장

대한 히말라야산맥, 그곳에 사는 주민들까지 신성시했다.

동티벳에 위치한 이 지역은 닥몰라가 어렸을 때 이미 중국 통치권 아래에 있었다. 그녀의 아버지는 중국계 혈통이었는데 이 마을은 가끔 지나가면서 뇌물이나 여성을 찾는 중국 관리 외에는 중국의 시달림을 거의 받지 않았다. 당시 닥몰라의 이름은 '공덕과 장수의 합일'을 뜻하는 쏘남 쩨좀Sonam Tsé Dzom이었다. 닥몰라의 부모는 유일한 자식이 아들이 아니어서 실망했지만 가계를 잇기를 기대하며 그녀를 소중하게 아꼈다. 아버지는 제 꾼도Jye kundo 시에 있는 중국 관청에서 일했고, 영리한 어머니 뿐쪽 돌마Püntsok Drolma는 남편이 시에서 일하는 동안 집안을 꾸려 가기 위해 힘든 밭일을 했다. 이들 가족은 진흙과 돌로 지은 사각형의 3층 집에 살았는데 이 집은 '노란색 둥지집'으로 불렸다. 세 줄이 그어진 기도 깃발이 바람에 팔락였다. 밤이 되면 1층 바닥에 가장 좋은 말들을 가두고 염소, 양, 소들은 가까운 움막에 재웠다. 가족들은 주로 야크 똥을 태워 온기를 내는 커다란 스토브가 있는 2층 부엌에서 생활했다. 3층은 열려 있는 공간으로 침대 3개가 있고 신성한 전통 그림이 있는 기도실에는 낱장으로 펼쳐 보는 기도집이 놓여 있고 밤낮으로 버터 램프 태우는 향기가 났다. 닥몰라는 중국인과 티벳인 간의 결혼에 가해지는 정치적 압력을 헤아리기에는 너무 어렸다. 닥몰라가 다섯 살 때 그녀의 아버지는 중국에서 직책을 다시 얻게 되었지만 어머니는 따라가지 않기로 결정했다. 닥몰라는 배에서 헤어질 때 자신을 팔로 안아 주었던 아버지의 마지막 모습을 떠올렸다. 그리고 다시는 그를 보지 못했다. 한참이 지난 후에야 공산주의자들에게 체포되어 가택 연금 중에 실종되었다는 소식을 들었다.

날개 달린 집들

닥몰라의 삼촌이자 학식 높은 데중 린뽀체는 조카의 잠재력을 일찍이 알아보았다. 집안의 어른으로서 닥몰라 어머니에게 닥몰라를 학교에 보내라고 제안했다. 그것이 시작이었다. 조그만 사원 학교에 입학한 닥몰라는 그 마을의 유일한 여학생이었다. 티벳에서는 교육과 종교가 분리되지 않는다. 사원의 중심 기능은 학습이었다. 그곳에는 스승, 도서관, 인쇄기가 있었다. 삼촌의 고집 덕분에 그녀는 스님들과 함께 읽기, 쓰기를 배웠다. 남자아이들보다 2년이 늦은 여덟 살 때부터 시작했지만 곧바로 따라잡아 열정적이고 자랑스러운 학생이 되었다. 학급 친구들은 그녀가 여자아이라고 마구 놀려댔고, 반면에 여자 친구들은 시골 소녀가 이런 쓸데없는 지식을 무엇에 써먹겠냐며 닥몰라를 동정했다.

닥몰라는 "나는 정말 내가 남자아이들과 다르다고 생각하지 않았어요. 그러나 그들의 이런 태도 때문에 많은 어려움을 겪었어요."라고 회상했다. "그 당시 티벳에서 여자아이들은 중요하지 않았어요. 이것이 정말 나를 힘들게 했어요." 그녀는 모두가 남자인 환경에서 평등하게 대접받지 못했다. 그 차이를 보여 준 사소한 일들이 기억났다. 예를 들면 아주 드물지만, 티벳 사원에서는 아주 귀한 공양물인 쌀, 돈, 사탕 등을 받는데 남자아이들은 제 몫을 받고, 닥몰라는 그러지 못했다. 닥몰라는 스님들이 건포도 혹은 사탕을 먹는 것을 보면서 울었던 일을 기억한다. 하지만 닥몰라는 티벳 시골에 사는 여자아이가 갖기 힘든 자신감이라는 건강한 약을 받았다. 삼촌인 나왕Ngawang은 그녀가 특별하다고 계속 얘기해 주었다. 그는 작은 소녀가 자신의 이상을 이야기하면 귀 기울여 들어주었다. 닥몰라는 '날개가 달린 작은 집'에서 하늘을 날아다니면서 '거대한 빌딩이 있는 큰 도시에 흰 머릿결을 지닌 이상하게 생긴 사람들'을 찾아가는 꿈을 꾸었다. 몇십 년 후, 그것이 미국으로 비행기를 타고 가는 것을 예감했음을 깨달았다.

마을 사람들은 닥몰라 가족이 그녀를 "뚤꾸Tulku가 아닌 데도 뚤꾸처럼 대한다"고 수군댔다. 그녀는 오후에는 집안일을 배우고, 유제품을 만들고, 들에 나가 일을 하고, 할머니와 함께 실을 잣는 일을 했다. 성난 야크가 뿔로 닥몰라를 들어 올려 오른쪽 뺨을 꿰뚫는 상처를 남겼을 때, 마을 사람들은 이 일을 버릇없는 소녀에게 생긴 불길한 징조로 여겼다. 모두들 얼굴에 난 상처 때문에 결혼을 할 수 없을지도 모르고 또 앞으로 무엇을 할 수 있을지 걱정했다.

닥몰라는 당나귀와 뿔이 4개 달린 순한 양과 함께 힘들지만 모험으로 가득한, 즐거운 유년기를 그림으로 그렸다. 닥몰라의 삼촌은 티벳의 여러 지방에서 다양한 유색인 방문객들이 찾아와서 조카가 다른 지역에 호기심을 갖지 않을까 걱정스럽게 지켜보았다. 그녀는 1948년 중국에서 일어난 공산당 혁명을 아주 희미하게 기억하고 있다. 티벳의 신탁은 1950년이 되면 티벳이 그전에는 결코 볼 수 없었던 어려움에 처하게 될 것이라고 예언했다.

180도로 달라진 사태를 알지 못한 채 그녀의 가족은 티벳인의 삶에서 가장 소중하게 여기는 중앙티벳 성지 순례길에 올랐다. 닥몰라가 15세가 되던 해였다. 힘 좋은 티벳 맹견의 보호를 받으며 어머니, 숙모, 삼촌 등 40명이 말을 타고 1년간의 긴 여행을 떠났다. 그들의 인생을 완전히 바꿔 놓을 지난한 여행에는 어떤 불길한 전조도 없었다.

눈과 추위에 갇혀 가며 몇 개월간 길을 걸은 끝에 닥몰라 가족들은 한때 싸꺄 라마들이 가장 강력하고 넓게 자리했던 싸꺄에 도착했다. 싸꺄족은 제 2천년기 초반, 몽골 칸 족의 도움을 받아 티벳의 대부분을 통치했다. 닥몰라는 싸꺄가 정말 그 명성에 맞게 살았던 것인지 실망했다고 고백했다. "나무도, 풀도 없었고 모든 것이 회색이었어요. 그 순간 '아, 이건 좋지 않아!'라고 생각했지요." 그러나 닥몰라의 실망은 곧 흥미로움으로 이어졌다.

로맨스와 음모

닥몰라는 뿐쪽Puntsok 왕궁에서 왕위 계승 후계자인 스무 살의 직달 닥첸 린뽀체Jigdal Dagchen Rinpochen[h]와 어울리기를 좋아했다. 머리카락을 위쪽에서 하나로 묶어 망아지 꼬리처럼 늘어뜨리고 능숙하게 말을 타는 모습, 조용하고 고상한 행동, 이 모든 것이 매력적으로 보였다. 두 사람은 함께 카드놀이를 하거나 소풍을 가서 온 산을 돌아다녔다. 닥몰라는 그가 자신의 이마를 그녀의 이마에 댈 때 '화끈 달아오르고, 따뜻하고 흥분이 되었던' 느낌을 기억한다. 이런 행동은 덕 높은 라마 혹은 가까운 가족에게만 할 수 있는 친절한 스승의 표현이었다. 닥몰라의 기억에 "그는 아주 너그럽고 재미있고 내가 생각했던 것보다 훨씬 평범"했다. "그는 걱정이 없고, 내가 좋아하는 유머 감각이 있었어요."[6] 그들은 몇 달간 순수한 연애를 비밀로 했다. 그의 부모들이 인정하지 않을 것을 알고 있었기 때문이다.

왕족의 결혼은 가슴보다 정치적인 권력에 따르는 도박과 같다. 티벳의 관습에서 결혼은 아주 오래 전, 점성술에 따라 미리 부모들이 주선한다. 특히 여자아이들은 배우자를 고르는 데 아무런 발언권이 없다. 사실 닥몰라도 동티벳의 잘생긴 토지 상속자와 미래가 약속되어 있었고 닥첸 린뽀체 역시 시킴의 공주와 언약이 되어 있었다. 동티벳의 조그만 마을 출신 소녀는 어떠한 기준으로도 적절한 후보자일 수 없었다. 그러나 주변 목격자들은 이 두 사람이 서로를 쳐다보는 눈빛을 감지했고, 왕궁의 하인들은 소문을 퍼뜨리고 몰래 살펴보기 시작했다.

가든파티 후 왕궁 정원 벤치에 앉아 닥첸 린뽀체는 그녀의 손을 잡고 물었다. "당신의 어머니와 삼촌이 허락해 주신다면 나와 결혼해 주겠소?" 닥몰라는 깜짝 놀랐다.[7] 열망과 두려움 사이에서 닥몰라는 거절하며 말했다. "저는 당신을 좋아하지만 집에 가고 싶어요."[8] 닥몰라는 닥첸 린뽀체를 사랑하고 있었지만 캄에 있는 친구들이 보고 싶어 향수병이 심했다. "그가 놀라고 상처받았다는 것을 달빛으로 알 수 있었지요.", "수백 명의 여자아이들은 그 자리에서 '네'라고 말할 기회를 잡아챘을 것입니다."[9] 전설에 의하면 닥첸 린뽀체의 조상은 붓다로 하늘에서 내려왔다고 한다. 닥몰라는 닥첸 린뽀체를 좋아했으나 "우리는 지리적으로 틀렸어. … 어떤 경우에도 그의 부모님은 나를 승낙하지 않을 거야." 하고 생각했다. "그러나 그를 볼 때마다 그가 더욱 가깝게 느껴졌죠."[10]

닥몰라는 닥첸 린뽀체의 결심과 그녀 역시 그와 함께할 수 있기를 열망한다는 것을 알아차렸다. 그들은 헤어질 수 없는 사이가 되었다. 닥몰라는 닥첸 린뽀체가 닥몰라의 삼촌에게 허락을 구하는 방법을 설명하는 것보다 더 명백한 구혼은 없다고 생각했다. 닥몰라의 청혼자는 "빨간색 테두리가 쳐진 표지와 맨 뒷장이 빨간색인 얇은 나무 다섯 장에 글자를 써넣었다. 글은 가루로 도금한 판에 쓰였다. 가죽과 실크로 장식된 띠와 어우러지니 겹겹이 쌓은 우아한 상자 같은 모양이 되었다… 전달하기 좋은 길한 날짜가 선택되었고 싸꺄 정부 비서관이 글을 전달했다."[11]

닥첸 린뽀체의 부모님은 완전히 낙담했다. 그들은 시종을 통해 아들에게 모든 일을 다 잊으라고 전했다. 닥첸 린뽀체는 부모님과 같은 왕

1959년, 아들 셋과 함께 탈출하기 전 라싸에서. 닥첸 린뽀체와 닥몰라 싸꺄

사진 제공 싸꺄 사원

궁에 살며 매일 마주하지만, 관습적으로 직접 접촉할 수 없었다. 시종들은 냉혹한 말이 담긴 편지를 싼 천을 오가며 전달했다. 가족들은 닥몰라에게 돈을 주며 포기하라고 매수하기까지 했다. 그러나 닥첸 린뽀체나닥몰라는 전혀 흔들리지 않았다. "그분들은 고위직 관리의 딸, 공주 혹은 학식이 높은 사람을 원했지요. 저는 이 중 어디에도 속하지 않았어요.당시 닥첸 린뽀체는 부모님께 닥몰라와 결혼할 수 없다면 스님이 될 거라고 했어요. 그래서 받아들이신 겁니다!" 장자가 집안의 맥을 이어야

했기에 독신으로 살아가는 것은 그의 부모에게 엄청난 손해였던 것이다. 몇 개월간 외교적인 왕래가 오가며 공손한 협박, 비밀스러운 만남이 이어졌다. 마침내 부모들은 승낙하는 것밖에 다른 선택이 없다는 것을 깨달았다.

9kg의 왕관

1950년 3월 초, 마침내 결혼식 초청장을 보낼 수 있었다. 닥몰라는 공주로서 새로운 삶의 출발을 위한 전통 예복을 받았다. 멀리 베이징에서는 마오쩌둥Mao Zedong[i]이 그들의 적인 국민당을 타이완으로 축출하고 중국에 승리를 가져왔다. 싸꺄족의 마을 전체가 일주일간의 혼례를 준비하고 있을 때, 수천 명의 중국 군대는 동티벳으로 진격할 준비를 했다. 닥몰라는 진주, 거북, 황금으로 된 무게가 9kg에 달하는 정교한 왕관으로 머리를 장식하는 법을 배웠지만 고향으로 돌아간 이웃들은 약탈을 일삼는 중국인이 두려워 귀중품을 숨기는 준비를 했다. 향수병에 시달리던 닥몰라는 자신을 두고 동티벳으로 돌아간 가족의 편지를 애타게 기다렸다. 그녀의 가족들은 그녀가 걱정하지 않도록 눈앞에 닥친 위험을 대수롭지 않게 전해서 닥몰라는 새로운 통치자들이 그녀의 인생에 가할 엄청난 변화를 전혀 눈치채지 못했다.

마오쩌둥의 인민 해방군은 1949년 초반부터 티벳 국경에 군대를 주둔시키기 시작했으나 티벳인들은 빨리 알아차리지 못했다. 당시 티벳에는 우체국, 신문사, 전보는커녕 텔레비전도 없었다. 단 10대의 송신 라디오밖에 없었기 때문이다.[12] 뉴스는 달리기를 잘하는 스님이나 아니면 야크와 같은 동물을 통해 직접적인 방식으로 전해졌다. 통신 수단의 부족으로 티벳인들이 알아차리기도 전에 마오쩌둥은 '하늘 제국'을 확장하려는 계획을 앞당겼다. 마오의 붉은 군대가 이룬 첫 번째 성과는 험악한 산을 뚫고 트럭이 다니는 길을 건설한 것이다. 중국군은 티벳인들을 돕기 위한 길이라고 위장했고, 수천 대의 트럭이 산맥의 더 깊은 곳에 콘크리트를 쏟아 부었다.

아들을 많이 낳는 연꽃

공산군이 동티벳을 포위하고 있을 때, 닥몰라는 아들을 낳으라는 기대와 또 하나의 압박에 시달리고 있었다. 닥몰라는 "싸꺄의 전통에 따르면 아들을 잉태하는 아내는 신이 선택한다고 전해집니다. 어쨌든 나를 선택한 수호신이 있어야 했습니다."라고 말했다. 결혼식 기간에 닥몰라는 잠양 뻬마 빨기부띠Jamyang Pema Palgyibutri라는 이름을 받았는데, '지혜의 신성, 아들을 많이 낳는 연꽃'이라는 뜻이다. 닥몰라는 "시아버지께서 저에게 가피환과 특별한 알약을 주시면서, '만약 아들을 낳지 못하면 두 번째 혹은 세 번째 부인을 데리고 올 것이다.'라고 한 것을 기억합니다." 그녀는 적대적인 시댁과의 관계가 "쉽지 않았다"고 솔직하게 말한다.

이제 그녀는 역사적인 가문의 일원이 되었다. 닥몰라는 그녀의 자서전에 "종교, 전통, 서티벳 문화에 대한 무거운 책임이 열여섯 살인 나의 것이 되었다"고 밝혔다. "부드럽고 너그러운 남편이 있어서 얼마나 행운이었는지 몰라요. 저를 무너뜨리려는 큰 역경에 부딪쳤지만 잘 이겨 낼 수 있도록 헌신적으로 대해 주었어요."[13] 닥몰라는 스스로 인정하듯 여전히 미성숙하고 장난기 많은 10대였다. 오늘날까지도 그녀는 장난기 많고 쾌활한 성향을 갖고 있어서 순수한 농담을 하곤 한다. 1951년 2월, 닥몰라는 첫째 딸을 낳았다. 남편의 가족은 실망감을 감추지 않았다. "아직 어리고 아들을 가질 수 있는 많은 시간이 있음에도 나는 뭔가 실패한 것처럼 느꼈어요."[14] 그런데 이 작은 여자아이는 태어나면서부터 줄곧 아파서 3개월밖에 살지 못했다.

공개 경쟁

닥첸 린뽀체의 아버지가 바로 몇 주 전에 세상을 떠나 모든 가족이 애도했다. 왕조의 수장이 세상을 떠나자 가족 간 경쟁의 문이 활짝 열렸다. 닥첸 린뽀체의 어머니는 자신의 둘째 아들이 왕위를 계승하도록 일을 도모했다. 닥몰라는 "저의 남편은 태어난 날부터 다음번 띠첸 Trichen 이 되도록 교육받았습니다. 그런데 서열 두 번째가 선택되는 것은 우리로서는 생각할 수 없는 일이었죠."라고 했다. [15]

닥몰라는 왕의 죽음 후에 터진 왕위 쟁탈에 그녀의 '부적합한' 결혼이 한 요인일 수 있다는 의심을 감출 수 없었다. "저로 인해 야기된 반감이 분명 있었죠. 시어머니는 내가 라싸의 귀족 가문도 아니면서 캄빠족이 된 것처럼 보이는 것을 결코 받아들이지 않았어요. 이러한 음모 때문에 남편과 저는 상심하고 불신하게 되었죠. 두 형제는 가까웠고 경쟁자가 아니었기에 더욱더 충격을 받았어요. 아주 불행한 시간이었어요."[16] 닥첸 린뽀체의 동생은 형과의 경쟁에 뛰어들기를 원치 않았고 이를 벗어나기 위한 전략으로 수계를 받기로 했다. 경쟁하던 왕궁은 싸꺄 강원의 정치적 종교적 통제를 위해 벌인 싸움을 마침내 멈추게 되었다. 닥첸 린뽀체는 전통을 이을 수장이 될 기회를 잃었다.

대신 그는 닥몰라의 고향으로 2년간 여행을 떠나겠다는 혼인 서약을 지켰다. 출발하기 전 닥몰라는 다시 임신한 것을 알았다. 험준한 지형을 뚫고 여행하는 것은 누구에게도 쉽지 않을 것이다. 더구나 멋지게 치장한 옷차림에, 9kg이나 되는 왕관을 쓰고서 말과 야크를 타고 몇 개월 간 달리는 어머니를 요즘 시대에 누가 상상이나 할 수 있겠는가? 도중에 사원이 없다면 텐트라도 쳤을 것이다. 지방의 마을 사람들은 이들 일행이 잠시 멈춰 들렀을 때 닥몰라와 그녀의 남편을 헌신과 호기심으로 맞이했다. 가장 눈에 띄는 일 중 하나는 라싸에 있는 달라이 라마의 여름 궁전에서 달라이 라마와 만난 일이었다. 당시 열일곱 살로 수줍음이 많던 닥몰라는 영적, 정치적 지도자를 만났다. 닥몰라는 몹시 초조했던 것을 기억한다. 또한 처음으로 자동차와 빨간 토마토 그리고 무장한 중공군을 보았다.

동티벳에 점점 가까워질수록 일행은 중국 초소와 마주치는 것이 점점 더 어려워졌다. 닥몰라는 제꾼도Jyekundo 인근 사원에서 첫째 아들을 출산했다. 후에 데이비드라고 이름 지었으나 태어났을 때는 산스크리트어로 '붓다의 신성한 지혜'를 뜻하는 만주 바즈라Manju Vajra라는 이름을 지었다. 닥몰라는 애칭으로 민주라Minju-la로 줄여 불렀다. 얼마 지나지 않아 20세기 티벳의 가장 존경받는 스승 중 한 사람인 잠양 켄쩨 최끼 로도Jamyang Khyentse Chökyi Lodrö는 민주라가 닥첸 린뽀체 아버지의 환생자임을 알았다. 전통적으로 싸꺄의 아들은 언제나 싸꺄 가문에 다시 태어난다고 믿는다. "싸꺄 라마가 세상을 떠나면 우리들은 가족 밖에서 그의 환생을 찾지 않습니다. 이들은 다시 우리에게 돌아옵니다."라고 닥몰라는 말했다.

민주라는 말을 탄 스님이 끄는, 실크로 덮은 세단 의자에 실려 닥몰라의 고향에 도착했다. 닥몰라는 어린 시절 친구들의 낯익은 얼굴을 알아보고 너무나 기뻤다. 불과 몇 년 전에 떠났을 때와 성대하게 도착했을 때의 차이가 너무나 컸다.

1954년에 달라이 라마는 베이징에서 마오쩌둥을 만나기로 하고 곧 그녀의 남편 닥첸 린뽀체에게 동행을 요청했다. 닥몰라와 아들은 잠양 켄 쩨 최끼 로도의 아내인 칸도 쩨링 최돈의 방으로 갔다. 그들은 거의 1년 동안 함께 공부하고 수련하면서 가장 친한 친구가 되었다. 칸도와 닥몰라는 보통 남성 환생자들에게만 한정된 관정과 법회에도 참석했다. 소규모 여성 그룹을 만들어 티벳 요가의 신성한 육체와 호흡 수련을 함께 하기도 했다. "작은 방에서 12명 정도가 수련하면서 가슴은 드러내고 허리에서 무릎까지 걸친 바지 같은 옷을 입었지만 결코 춥지 않았어요.", "이것은 나에게 완전히 새로운 경험이었어요. 고대 불교 가르침에 기반한 이 프로그램의 목표는 순환계를 정화하고 몸과 마음의 기능을 균형 잡는 것이었어요. 나는 깔깔 웃지 않으려고 엄청 애썼습니다. 몸을 뻗치고 구부리면서 용을 쓰느라 재미난 소리가 나왔거든요. 전통적으로 티벳 여성들은 이런 집단 운동을 하지 않았어요. 나는 나 자신에게 이것은 다르마 수행이라고 애써 일깨우려고 했지만, 그 장면이 너무 웃겼어요. 칸도 역시 깔깔 웃기를 좋아하는 사람이었기 때문에 제 어려움이 더 커졌죠. 우리 둘 다 나쁜 사례였어요."[17] 수십 년이 지난 지금까지도 닥몰라는 이 뛰어난 가르침을 더 잘 활용하지 못한 것을 후회한다.

한편 베이징에서 마오쩌둥은 이국적인 음식, 호화스러운 숙소, 선전용 영화로 티벳 대표단을 꾀려고 했다. 마오가 달라이 라마에게 티벳의 문화와 종교의 자유를 지켜 주겠다고 약속했던 그 자리에 닥첸 린뽀체도 있었다.[j] 물론 그 약속은 몇 년 만에 수차례 파기되고 지켜지지 않았다. 종교에 대한 마오의 극단적인 혐오도 단호해졌다. '종교는 독이다'라는 마오의 유명한 말도 이 회의 중에 나왔다. 닥첸 린뽀체는 이 겉치레에 속을 만큼 어리석지 않았다. 그는 자신의 어머니가 돌아가셨다는 것을 듣고 이것을 그 자리를 빠져나올 설득력 있는 이유로 내세웠다. 어머니의 전통적인 장례식을 치르기 위해 동티벳에 있는 아내에게 급히 돌아왔다. 얼마 후 닥몰라는 다시 임신을 했다. 그들은 둘째 아들을 '즐거운 벼락'이라는 의미의 꿍가 돌제Kunga Dorje라 불렀다.

위장 탈출을 감행하다

닥첸 린뽀체는 직접 체득한 그만의 특별한 지식으로 중국이 저지를 위험을 예리하게 알아차렸다. 1955년 중국은 베이징에서 회의를 소집하여 동티벳의 주요 스승 모두를 의무적으로 참석시켰다. 켄쩨 최끼 로도는 이런 요청에 어떻게 대응해야 하는지 보여 주었다. 순례하는 스님으로 위장해 중앙티벳의 서쪽으로 몰래 탈출한 것이다. "켄쩨 린뽀체의 행동을 보고 눈앞에 닥친 위기를 알게 되었습니다. 우리가 자유롭게 오고 갈 수 있는 날이 얼마나 남았을까요?"라고 닥몰라가 말했다.[18] 켄쩨 최끼 로도는 편지에 "우리는 당신을 라싸에서 만날 겁니다."라는 인사말로 끝냈다. 이는 닥몰라와 그녀의 남편에게 빨리 돌아오라는 암시를 주는 말이었다. 10주 된 아기는 동티벳에서 다시 돌아가는 긴 여행을 할 수 있을 만큼 충분히 자랐다고 생각했다.

티벳 게릴라와 중국 군인 간의 전투가 도처에서 벌어졌다. 당시 임대한 지프차는 수차례 총격을 받았다. 닥몰라의 아기가 폐렴에 걸리자, 중국은 이 사례를 그들의 근대화된 의료 수준을 보여 줄 전시용으로 쓰고자 티벳과 중국 국경에 있는 큰 마을, 달쩨도Dartsedo의 중국 병원에 입원시키라고 강요했다. 처음으로 간 병원에서 닥몰라는 더러운 환경 때문에 감동받지 않았다. "하수도가 흐르는 하천 위에 지어진 병원 건물은 지옥 같았습니다. 바늘을 들고 있는 의사들, 이상한 소음, 부상당하고 고통스러운 사람들이 있었죠."[19] 어쨌든 꿍가 돌제는 살아났다.

도둑과 중국 정찰군을 피해서

닥몰라는 절대 불평을 하지 않는다. 나는 그녀가 목격했던 폭력과 가난에 분노하거나 비통해하는 것을 단 한 번도 본 적이 없다. 전쟁으로 파괴된 티벳을 여행한 경험을 조용히 이야기할 뿐이다. 그녀의 어머니와 이모를 포함한 몇 명의 가족은 도둑, 중국 경비대, 집중 공격, 간첩 그리고 유행성 이하선염과 폐렴을 피해 티벳의 수도인 라싸에 도착했다. 그들이 떠나 있던 4년 반 만에 라싸는 전혀 다른 도시로 변해 있었다. "변화는 충격적이었어요."라고 닥몰라가 말했다. 전통적인 티벳 가옥이 중국식 건물로 대체되고, 중국의 선전 선동이 확성기를 통해 울려 퍼졌다. 영향력을 가진 닥첸 린뽀체에게 중국 정부를 위해 일하라는 압력이 날로 높아져 갔다. 그러나 고향의 싸꺄 사원에서는 중국의 존재를 아직 느끼지 못했다.

또다시 아기 꿍가 돌제가 폐렴에 걸렸다. 티벳 약이 듣지 않아서 중국인 의사를 불렀다. 닥몰라는 처음으로 엑스레이 기계와 항생제를 알게 되었다. 의사는 닥몰라가 전혀 들어본 적 없는 수혈을 받으라고 재촉했다. 닥몰라는 공혈자를 자청했다. 가족들은 이를 심각하게 여겼다. 티벳 사람들은 몸을 신령함이 깃들어있는 신성한 궁전으로 여기기 때문에 몸을 베거나 피를 뽑는 것은 위험하다고 생각했고 특히 닥몰라 싸꺄처럼 귀족인 경우에는 더욱 위험한 일로 여겼다. 그녀가 싸꺄 왕궁에서 두 번이나 수혈하는 동안 시종들은 눈물을 터뜨렸다. 먼 훗날 닥몰라가 혈액은행에서 일하게 되리라는 것을 아무도 몰랐다.

혁명의 혼란에 휩싸여

1958년 닥몰라는 세 번째 아들 로도 돌제Lodro Dorje를 출산했다. 애칭은 마틸라Matil-la였다. 1959년, 가족이 늘어갈 즈음 닥몰라는 라싸에서 일어난 혁명의 소용돌이에 휩싸였다. 3월 10일, 중국이 달라이 라마에게 극장 쇼에 시종이나 경호원 없이 혼자 참석할 것을 명령했을 때 약 10여 년간 이어온 긴장과 폭력은 극에 달했다. 이러한 초대는 중국이 행하는 일상적 책략이 되었고 많은 티벳 라마들이 이런 '문화 행사' 후에 납득할 이유도 없이 사라져 버렸다. 이 뉴스는 전염성 있는 바이러스처럼 퍼져, 그를 보호하기 위해 며칠 만에 수만 명의 티벳인들이 달라이 라마 궁을 둘러쌌다. 닥몰라는 티벳 정부를 무너뜨린 불행한 결전을 직접 목격했다. 3월 12일 지도자를 보호하고 중국 정권에 저항, 티벳의 독립을 주장하기 위해서 달라이 라마의 여름 궁전 앞에 약 1만 5천 명의 티벳인이 모여 종일 시위를 하고 있었다. 닥몰라는 직접 참가하지는 않았으나 시종을 보내 지지하고 있음을 나타냈다. 3월 13일 중국은 주요 라마와 그들의 가족을 모두 체포했다. 중국군이 닥첸 린뽀체를 찾아왔을 때 마침 린뽀체를 알현하기 위해 그의 방 앞에서 기다리고 있던 10여 명의 무장 게릴라와 맞딱뜨리게 되었다. 숫자가 적었던 중국 정찰군은 포위당할 것을 우려해 병력을 늘려 다시 오려고 일단 후퇴했다.

중국군의 무력과 티벳 애국심 간의 결전 과정에서 중국군 포병대의 포탄 2개가 달라이 라마의 처소를 파괴했다. 달라이 라마는 살아남기 위해 도피하는 방법밖에 없다는 것을 알았다. 그는 군인으로 위장하여 밤중에 궁을 몰래 빠져나와 티벳을 거쳐 인도로 향했다. 데중 린뽀체를 포함한 닥몰라 가족들도 생명에 위험이 다가왔음을 신속하게 알아차리고 급히 떠나기로 했다. 말 몇 마리를 사서 어린 3명의 자녀를 묶어 태우고 순례자들처럼 밤낮으로 걸었다. 몇 주가 지나 그들은 고향 싸꺄에 도착할 수 있으리라는 희망을 접었다. 사원이 불타고 캠프는 폭격받았다는 공포스러운 이야기가 점점 더 많이 들렸다. 그들은 이웃 왕국 부탄으로 향할 수밖에 없었다. 중국군에게 쫓기며 바로 옆에서 총성을 들었다. 그들은 공중 폭탄을 투하하는 중국군 비행기를 피해 몸을 숨겼다.

닥몰라는 13개월 된 막내아들에게 아직 수유 중이었다. "아이가 어려서 때로는 바람과 추위를 피해 바위 뒤로 숨어 있었어요."라고 닥몰라는 회상했다.[20] 선글라스도 없어서 시력을 잃는 설맹이 되기도 했다. 동상에 걸린 귀와 발가락은 감염이 되었다. 지쳐 쓰러진 말 몇 마리는 두고 떠나야 했다. 그들 일행은 여전히 안전하지 않은 상황에서, 중국군을 피해 부탄으로 향하는 산을 넘는 마지막 사람들이었다. 부탄 정부는 실의에 빠진 피난민들의 입국을 거부했다. 중국군이 이들을 쫓아 부탄까지 추적할 것을 우려했기 때문이다. 수천 명의 피난민과 닥몰라의 가족은 국경에 체류하는 몇 주 동안 쐐기풀밖에 먹을 것이 없었다. 몇백 명은 굶주림에서 벗어나기 위해 다시 티벳으로 발길을 돌렸다.

몇 주 후에 달라이 라마도 처절한 여행에서 벗어났다. 티벳을 떠나 인도에 도착하자마자 부탄 국경 난민을 위험에서 벗어날 수 있도록 자와할랄 네루Jawaharlal Nehru 수상이 부탄 국왕에게 호소해 줄 것을 탄원했다. 마침내 피난민들은 평화를 찾을 수 있었다. 닥몰라는 최종 목적지에 도착했다고 믿었다.

미국에 이주한 최초의 티벳인

그러나 운명은 그녀의 인생을 예기치 못한 방향으로 뒤집어 놓았다. 그들은 북인도 깔림퐁의 망명길에서 터렐 와일리Turrell Wylie 박사를 만났다. 그는 "화려한 문신을 한, 과거 상인과 선원"[21]에서 시애틀의 워싱턴 대학교 티벳 학자가 된 사람이었다. 그는 록펠러 재단Rockefeller Foundation에서 티벳 언어, 역사, 문화 연구를 도와줄 수 있는 학식 있는 티벳인을 찾고 있었다. 그는 데중 린뽀체의 박식함에 완전히 감동하여 그의 가족 전부를 시애틀로 초청했다. 인도의 황량한 난민 캠프의 삶보 다 훨씬 솔깃한 전망이었다. 대가족이 자급자족하는 자체도 어려운 일 이지만 많은 티벳인이 더위와 상한 음식, 전염병, 끔찍한 위생 상태 때문 에 캠프에서 죽어 가고 있었다. 닥몰라는 당시 미국이 지도 어디에 있는 지도 확실히 몰랐다. 아마 유럽의 일부가 아닐까 생각했다. 당시 미국인 들도 티벳인에 대해 전혀 몰랐다. 아주 짧은 기간 동안 티벳인들의 곤경, 달라이 라마의 탈출, 마오쩌둥이 티벳에 저지른 상상 불가의 파괴 행위 가 신문에 실렸다. 1960년 10월 초, 닥몰라와 그녀의 가족은 미국에 망 명하기 위해 피난한 최초의 티벳 난민이었다.

이것은 캄빠의 소녀가 그녀의 삶을 재편해서 완전히 새롭게 다시 시작하는 네 번째 시기였다. 닥몰라는 지구 반대편, 시애틀 중심에 서 있는 자신을 발견했다. 유년기와 청소년기에는 항상 하인을 두고 살았 다. 집안일을 돕기는 했어도, 하인들이 사고팔고 요리하고 청소하고 육 아하는 대부분의 일을 맡아 했다. 이제는 그녀 스스로 모든 것을 해 나가 야 했다. 남자아이들을 돌보는 일은 쉽지 않았다. "가끔은 남자들이 그 릇 닦는 것을 도와주었어요."라고 닥몰라가 말했다. "그러나 대부분의 시간은 제가 모든 일을 해야 했죠. 남자들은 기저귀를 채울 줄도 몰랐어 요." 미국에 도착했을 때 닥몰라는 또다시 임신을 했다. 네 번째 아들 겔 웨 돌제 싸꺄Gyalwe Dorje Sakya(승리의 벼락)는 미국에서 태어난 첫 티 벳인이었다. 1962년에는 다섯 번째 아들 렉빠 돌제 싸꺄Lekpa Dorje Sakya(덕 높은 벼락)가 태어났다.

닥몰라의 가족은 신기한 사람들로 유명해졌다. 모피로 장식된 티벳 전통 의상을 입은 귀여운 소년들이 국제 통신사에 보도되었다. 그들이 인도에서 데리고 온 티벳 테리어 개, 라싸 압소Lhasa Apso도 호기심 많은 대중에게 톱뉴스가 되었다. "나는 사람들이 너무, 너무, 너무 좋다고 하는 게 뭔지 알게 되었어요."라고 닥몰라가 밝게 말했다. "나는 영어를 하지 못했지만 사람들은 우리를 도와주었어요. 종종 문 앞에서 아이들이 먹을 과자나 장난감을 발견하곤 했지요. 크리스마스에는 재단에서 아이들에게 크리스마스트리와 선물을 갖다 주었어요 그때부터 우리는 크리스마스 전통을 받아들였답니다."

당시 스물다섯 살의 워싱턴 대학교 박사 과정 대학원생이었던 고 엘리스 진 스미스Ellis Gene Smith는 티벳 문화를 연구하기 위해 조용한 동네 라베나Ravenna에 사는 이들 가족에게 이사를 왔다. 그러나 그는 이내 과학적 공정함을 유지할 수 없다는 것을 깨달았다. 그는 당시 현지 신문에서 "그들은 캐묻지는 않지만 내게 관심을 갖고 있었습니다.", "이것은 아주 특이한 조합이었어요."라고 말했다. 티벳인 가족과 함께 살면서 누가 누구를 연구하는지 모호해졌다. "나는 이 사람들 앞에서 양치를 하고 있었습니다. 건강한 습관을 가르치기 위해서요." 그는 자신의 일거수일투족을 따라다니며 지켜보는 5명의 작은 소년들을 장난스럽게 언급했다. 그들과 같이 지낸 지 2년 만에 닥몰라와 그녀의 아들들은 그를 '형'으로 불렀다. 진 스미스는 학자, 번역가, 여행 가이드, 육아 도우미 등 온갖 역할을 즐겼다. 싸꺄와의 우정은 과거 유타주에서 몰몬교도였던 그에게 새로운 50년의 사명감을 불어넣었다. "사람들을 이렇게 멋지게 만들다니 꽤 신선한 종교임에 틀림없다고 생각했습니다." 연구를 위한 티벳 교재를 좀처럼 찾을 수 없었기 때문에 그는 혼자 힘으로 문헌을 수집했고, 후에 티벳 자료를 유물로 보존하기 위해 특별한 디지털 아카이브인 티벳 불교 정보센터Tibetan Buddhist Resource Center를 설립했다. 그는 "이 가족들과 산다는 것은 때로 곤란한 입장에 처하게도 했다"고 말했다. 왜냐하면 그가 안내를 해 주려고 해도 티벳에서는 "상대가 요청하지 않는 한 조언을 하지 말라"고 하기 때문이다. 예를 들면 닥몰라의 삼촌 데중 린뽀체가 버스를 타면 그는 버스에 탄 한사람 한사람에게 모두 '헬로'라고 말했다. 그런데도 "나는 그에게 그렇게 하지 말라고 알려 줄 수 없었습니다."[22]

문화 충돌 그 이상

록펠러 재단은 티벳의 생활 방식을 연구하기 위해 이 가족을 초청했다. 닥몰라와 그 가족들은 티벳의 상황이 나아질 때까지 체류하다가 고향으로 다시 돌아갈 작정이었다. 3년간의 계약에 합의하기 전에 그녀는 와일리 박사에게 물었다. "만일 3년이 되기 전에 티벳이 자유를 되찾게 된다면 좀 더 일찍 돌아가도 될까요?" 그녀는 다른 가족들이 고향 땅으로 돌아가는 동안 자신들은 이국 땅에 남을까 봐 불안해했다. 그러나 연구 기금이 만료되어도 티벳은 여전히 희망이 보이지 않는 상황이었고 인도에 있는 황량한 난민 캠프로 돌아가는 것은 너무나 우울한 미래였다. 떠나고 싶지 않은 마음이 단호해졌다. 그래서 이민자로 계속 머물렀다. 데중 린뽀체는 티벳인 최초로 워싱턴 대학교 정규직으로 고용되었다. 퀘이커교 초등학교에 입학한 소년들은 세차와 잔디 깎기로 용돈을 벌었다. 그리고 삼촌과 전통 교과서를 공부하는 것보다 새로운 미국인 친구들과 농구를 하는 게 더 재미있다는 것을 알게 되었다. 이것은 문화 충돌 그 이상이었다.

닥첸 린뽀체는 미국에 도착할 당시 요기가 입는 발목 길이 흰색 전통 의상에 기다랗게 땋은 머리를 하고 있었다. 미국인들은 그를 여성으로 착각하곤 했다. 언젠가 사람들이 그를 그의 아내로 알아보자 그는 바로 머리를 잘라 버렸다.[23] 그의 오른손에는 만卍 자 문신이 있었는데 이것은 불교문화의 상징이지만, 나치가 이를 왜곡하여 사용했다. 미국인들이 이 글자를 나치의 상징으로 여기는 것에 큰 충격을 받은 그는 그 글자를 천진무구한 작은 새 그림으로 다시 그려 넣었다. 닥첸 린뽀체는 워싱턴주 버크 기념 박물관과 나중에는 뉴욕의 자연사 박물관에서 일거리를 찾았다. 전통적으로 종교 스승은 일상적 노동을 하지 않고 가르침과 수행에 전념한다. 그래서 닥몰라는 린뽀체 대신에 직장을 서둘러 찾았다. 결국 5명의 아들을 대학교에 보낼 수 있게 되었다. 그녀가 처음 일을 시작할 당시에는 영어를 전혀 하지 못했기 때문에 할 수 있는 일이라고는 청소뿐이었다. 그녀는 킹카운티 중앙 혈액은행King County Center Blood Bank에서 30여 년간 계속 일했다. 사람들은 이 '청소하는 여성'의 성실함, 뛰어난 지성, 진실함을 알아보고 실험실 조수로 훈련시켰다. 참 아이러니한 일이다.

혈액은행을 사원으로 바꾸다

불과 15년 전만 해도 그녀는 티벳에서 최초로 수혈한 티벳 사람이었다. 그러나 이제는 수혈이 그녀의 직업이 되었다.

미국인 티벳어 번역가, 베스트셀러 작가이자 교사인 앨런 월라스Alan Wallace는 "닥몰라는 연금술사처럼 자신의 일을 다르마로 변환시켰습니다. 그녀는 항상 만뜨라를 염송하고 외부로 나가는 모든 혈액에 축복의 말을 했죠."라고 했다. 앨런 월라스는 닥몰라와 만난 지 근 30년이 되었다. 티벳 라마에게 통역을 하고 있었던 때였다. 그는 "존재의 순수성, 친절함, 그녀의 완전한 겸손함"에 바로 충격을 받았고 "그녀를 생각하는 것만으로도 가슴이 따뜻해집니다."라고 놀라워했다. "따라보살이 사람으로 태어났다면 어떻게 닥몰라와 다를 수 있겠는가?"

그는 달라이 라마, 갸뚤 린뽀체Gyatrul Rinpoche와 함께 자신의 가장 주요한 스승 '다르마 어머니'로 그녀를 손꼽는다. 앨런은 그에게 영감을 준 특성을 이렇게 설명한다. "그녀는 통합적으로 살았습니다. 상근 직업을 갖고 남편과 함께 선원을 운영하고 5명의 아들을 길렀죠. 그저 놀라운 일입니다." 닥몰라의 자서전 서문에서 앨런 월라스는 "불교 수행을 깊이 체험한 사람이 바로 여기 있습니다. 영적인 삶과 세속적인 삶의 통합을 찾는 이들에게 가슴이 따뜻해지는 사례가 될 것입니다."[24]라고 썼다.

"쉽지 않았어요. 나는 일을 하면서 아이들과 집안일을 보살피는 유일한 사람이었어요." 닥몰라는 이 사실을 인정했다. 당시는 60년대였다. 베트남 전쟁으로 수만 명의 학생이 길거리로 뛰쳐나와 반전 시위를 했다. 롤링 스톤즈Rolling Stones로는 만족할 수 없었다. 페미니즘은 직장에서의 평등을 위한 마지막 법적 장벽을 무너뜨렸다. 시애틀에서도 마약이 성행했다. 닥몰라는 그녀가 상상했던 것보다 훨씬 급진적인 세상에 살고 있다는 것을 깨달았다. 70년대에 최초로 '진지한' 미국 학생들이 문을 두드렸고 마침내 첫 번째 선원을 개원했다. 그러나 시작은 험난했다. 두 번이나 강도가 침입했다. 신기하게도 강도는 아무도 없는 방만 털었고 법당의 귀중한 물건은 어느 것 하나 손대지 않았다.

닥몰라는 현대 미국 사회의 한가운데에 티벳 오아시스를 창설했다. 교회를 개조한 시애틀의 선원은 나무가 늘어선 조용한 주택가에 밝은 노란색 3층 건물이다. 입구 오른쪽에 흰색 종 모양의 성스러운 불탑은 1987년 돌아가신 데중 린뽀체 삼촌을 기리기 위해 조성한 것이다. 싸꺄 사원의 동쪽 길에는 32개의 마니차(경전이 들어있는 통)가 놓여 있고 이 마니차를 돌리며 시애틀 너머 그 누구라도 자비의 기도를 올리게 한다.

입구 위에 놓인 황금 바퀴 옆 사슴 조각상은 2,500년 전 인도 바라 나시 인근 녹야원에서 붓다가 설한 첫 번째 법륜의 가르침을 일깨우게 한다. 거대한 대웅전에는 3배 크기의 밝은 황금색 불상이 있다. 베르나 르도 베르토루치Bernardo Bertolucci가 감독한 할리우드 서사 영화 〈리틀 붓다The Little Buddha〉는 정교하게 채색된 이 대웅전에서 촬영되었다. 사원 입구 왼쪽으로 미국 국기가 걸려 있고 오른쪽으로는 청홍색의 일 출을 보여 주는 티벳 국기가 높은 봉에 걸려 미풍에 펄럭이고 있다.

우리가 다시 만날 수 있을까?

닥몰라는 1986년과 1996년, 2006년 세 차례에 걸쳐 고국으로 가는 험난한 여행을 했다. 1986년에 다시 귀국할 때까지 그녀는 미국을 제2 의 조국이라 불렀다. 대부분의 티벳 사람들은 티벳은 나아질 것이고 또 한 돌아갈 것이라는 희망을 버리지 않는다. 그러나 그녀가 목격한 변화 는 또 다른 생각들로 충격에 빠지게 했다. 첫 번째 여행은 감시망을 피해 몰래 혼자서 갔다. 1996년 두 번째로 닥첸 린뽀체, 데이비드와 그의 아 내, 다른 가족 몇 명이 들어가려고 할 때 중국은 몇 가지 조건부로 입국 비자를 발급해 주었다. 즉 법문을 해서는 안 되고, 선물을 주고 받는 것 도 허용되지 않았다. 감시 없이는 사람들과 말도 할 수 없었다. "너무나 가슴 아팠던 일입니다."라고 데이비드가 말했다. "가끔 수천 명의 티벳 인들이 아버지를 보기 위해 줄을 섰으나 중국 당국은 잠깐 쳐다보지도 못하게 하고 자동차 주위를 에워싸서 다른 곳으로 쫓아 버렸습니다. 그들은 동티벳으로 여행하는 것도 금지했습니다. 아버지는 몇 년간 늘 이렇게 말씀하셨어요. '우리가 언제 다시 만날 수 있을까?'"

60년대 마오쩌둥의 철권 정권은 티벳을 살아 있는 지옥으로 만들어 버렸다. 라싸의 중국 감옥에서 사라진 그녀의 어머니와 이모, 친구들과 가족 대부분은 중국인의 손에 죽었다. 닥몰라는 어머니와 이모의 운명을 떠올리면 지금도 밤에 잠들지 못 한다고 했다. 닥몰라가 티벳을 방문하는 목적 중 하나는 친척들의 생사를 좀 더 알아보기 위한 것이었다. 그러나 그 요청은 받아들여지지 않았다. 최근 캘리포니아 파사디나에서 열린 달라이 라마의 법회에 참석할 때까지도 방문 요청에 대한 답을 들을 수 없었다. 그런데 그곳에서 너무나 우연히 티벳 비구니 옆에 앉게 되었다. 그 비구니는 라싸 인근에서 닥몰라의 어머니와 함께 감금되었으나 자신은 풀려나 그녀의 어머니에게 몰래 음식을 가져다주곤 했었다는 것이다. 닥몰라도 티벳 망명 정부도 이 기간에 수만 명의 티벳인들이 고문, 강제 노동, 영양실조, 기아로 사망했을 것이라 추측한다. 그들 중 상당수가 흔적도 없이 실종되었다. "우리에겐 더 이상 그곳에 집이 없습니다. 만일 티벳이 내일 자유를 얻는다 해도 돌아갈 것이라고 생각하지 않습니다." 닥몰라가 말했다. "이제는 미국이 우리의 고향입니다."

혈통의 부활

망명 당시, 닥몰라의 거대한 소원은 이루어지지 않았다. 다섯 아들은 고위급 싸꺄 스승의 환생자로 인정받았지만 아무도 전통적 역할을 받아들이려 하지 않았다. 첫째 아들인 만주 바즈라는 싸꺄 왕족의 직전 수장의 환생자로 공식 인정을 받았음에도 데이비드로 지내길 고집했고 성씨도 서양식 발음에 가까운 부족 이름인 콘Khon을 선택했다. 그는 로스앤젤레스로 이사 와서 머리 좋고 영향력 있는 변호사 캐롤 해밀턴Carol Hamilton과 결혼해 소니 연예 기획사 재정 이사로 일하고 있다. 티벳의 마을 사람들은 그를 어깨 위에 모시고 법왕의 지위를 주었고, 이 작은 소년이 그들의 머리에 손을 대고 축복하면 감격하여 눈물을 흘렸다. 당시 사람들은 그를 '귀한 분'으로 불렀다. 마오의 추종자들이 문화 혁명 기간에 6천여 개의 사원을 파괴하지 않았더라면 아마 그는 이들 몇 개 사원에서 가르치고 있었을 것이다.

티벳 공동체는 그가 전통적 역할을 포기한 것을 심하게 비난했다. 그러나 데이비드는 전혀 다른 관점을 분명하게 말한다. 그는 불교 정신을 완전히 구현하고 있는 지극히 유쾌하고 매력 있는 사람이다. 그러나 영적인 혈통을 고려하는 것은 "가족과 떨어지는 것을 의미하는 것입니다. 왜냐하면 어린 소년처럼 인도에 있는 사원에 돌아가 전통적인 수련을 거쳐야 하기 때문이죠."라며 동요 없이 말한다. "모든 일을 겪었기에, 헤어진다는 생각은 견딜 수 없습니다."

그러나 역사적 압력은 아직 남아 있다. 데이비드가 미국인 여성과의 결혼을 결심했을 때 닥몰라는 이를 반대했다. 그녀는 결혼식에 참석했으나, 그의 일대사 결정을 받아들이기까지는 몇 년이 걸렸다. 티벳인을 미국으로 데려오는 프로젝트를 시작했던 터렐 와일리는 지역 잡지에 이렇게 썼다. "역설적이게도 이 프로젝트는 보존하고자 했던 것 중 일부를 죽여 버렸다. 왜냐하면 티벳 사람들이 그들의 1,300년 전통문화를 자녀들에게 물려줄 수 있을지 의문이기 때문이다."[25]

이것은 너무나 부정적인 영향일지도 모른다. 전통은 결국 물려받는 것으로 전해지기 때문이다. 닥몰라는 10명의 손자녀에 대해 이야기할

그녀와 린뽀체가 함께 가르치
는 열세 살 손자 아상가 싸꺄

사진 에이미 개스킨 ⓒAmy Gaskin

때 기쁨으로 넘쳐 난다. 몇 명은 히말라야 사원에서 수계를 받고 집중적
으로 배우고 있다.

닥몰라는 열세 살의 손자 아상가 싸꺄 린뽀체Asanga Sakya Rinphoche
와 함께 처음으로 캘리포니아 순회 투어를 했다. 그는 관정을 주기 시작
했고 박학다식한, 아주 감동적인 강연을 했다.

"내 손자녀에게 바라는 것은 싸꺄 가르침을 유지하는 것입니다.",
"우리는 무종파이며 모든 전통을 존중합니다. 그것을 이어가는 것이 중
요합니다."라고 말했다. 최근 닥몰라는 닥첸 린뽀체의 후계자인 17세
손자 아비 끄리타Avi Krita를 북인도 비르 언덕에서 만나고 돌아왔다. 카
리스마 있는 이 10대 소년은 닥몰라가 동티벳에서 1년간 함께 지낸 유명

한 스승, 잠양 켼째 최끼 로도의 환생자가 운영하고 있는 불교 기관인 종쌀Dzongsar에서 불교 철학을 연구하고 있다. 그녀는 이렇게 티벳에서 인연한 법맥과 우정을 망명한 차세대와 함께 보존하고 있다.

그녀가 말했다. "계속될 것입니다. 과거 어느 때보다 더욱 밝고, 보다 힘차게."

주

a 티벳 말인 싸꺄는 '회색 땅'이라는 뜻이다. 최초의 싸꺄 사원은 독특한 회색빛 풍경이 있는 시가쩨Shigates 인근 서티벳 땅에 세워졌다. 티벳의 5대 불교 법맥의 하나인 싸꺄 강원은 11세기에 발전했다.

b 1938년에 태어난 제쭌 꾸쇼 치메 루딩은 싸꺄 법맥의 수장인 싸꺄 띠진의 큰 누나다.

c 깔루 린뽀체(1904-1989). 동티벳의 캄 지역 출생으로 샹빠 까규 법맥Shanpa Kagyu lineage의 뛰어난 스승이었다.

d 싸꺄 띠진(1945-) 41대 싸꺄파의 수장.

e 잠양 뜨룽빠 린뽀체(1939-1987). 캄 지역에서 태어났으며 1959년 티벳을 망명하여 서양에서 가장 성공적인 선구자가 되었다.

f 신성한 가피를 입는다고 믿는 연속적인 음절의 진언.

g 캄 지역은 전통적으로 티벳을 구성하는 3개 지역 중의 한 곳이다. 중국이 티벳을 점령한 이후 쓰촨성과 윈난성 지역, 티벳 자치구역으로 분리되었다.

h 닥몰라가 그를 만났을 때 그는 직달 린뽀체로 불리고 있었다. 닥첸Dagchen이란 칭호는 그의 부친이 돌아가시고 난 후 부여되었다. 티벳인들은 혼란을 최소화하기 위해 몇 가지 직위를 사용한다. 그는 오늘날까지도 널리 알려진 닥첸 린뽀체로 불린다.

i 마오 주석으로 불린 공산당 지도자 마오쩌둥(1893-1976)은 1949년 중화 인민 공화국을 건국했다. 그의 전제주의 정권은 중대한 근대화를 자랑했지만 동시에 수천만 명의 생명을 앗아간 끔찍한 고문, 기근, 학살에 대한 책임이 있다.

j 1951년 이 약속은 그 유명한 '티벳의 평화적 해방을 위한 17조 협의'의 한 부분으로 문서화되었다. 그러나 1954년 합의의 증거는 사전 계략이라는 것이 명백하게 드러났다.

03

유럽 순회 법회에서 제쭌마 뗀진 빨모

사진 제공 동규 갓찰링 승원

제쭌마 뗀진 빨모

JETSUNMA TENZIN PALMO
(DIANE PERRY)

에고를 미는 사포
런던 출신의 사서가 히말라야 동굴의 혁명가로
진화한 이유는 무엇일까?[1]

헬레나는 먼지를 일으키며 카페로 뛰어 들어갔다. 북인도 다람살라 달라이 라마 사원 옆에 있는 작은 티벳 카페였다. 그녀는 배낭을 의자 위에 던져 놓으며 여자 친구들에게 엄청난 소식을 전했다. "나, 스승님을 찾았어!" 그녀는 주말 동안 산골 마을 언덕에 있는 사원에서 명상을 하고 방금 돌아오던 길이었다.

1999년 겨울, 나는 티벳어 수업 시간에 주어진 짧은 휴식 시간에 국수를 먹고 있었다. 그러다 옆 테이블에 있던 그들의 대화를 엿들었다. 스승과의 만남은 모든 티벳 불자가 매일 염원하고 기도하며 기다리는 일이다. 그들은 깨달은 스승과의 인연을 수행의 여정을 헤쳐 나가는 데 필수적인 것으로 여긴다. 헬레나는 새로 만난 스승의 친절함과 달변을 격찬하더니 "그리고 가장 끝내주는 것은 말이야, 여자야!"라며 숨이 넘어갈 듯 소리쳤다. 예상치 못한 강력한 한 방이었다.

여자라니! 내가 놀라 멈칫하는 사이에 그녀의 친구들이 환호했다. 허름한 국수 가게에서의 이 우연한 만남이 이 책을 향한 나의 여정에 불을 지폈다. 지난 몇 년간 티벳 불교를 공부했지만, 그때까지만 하더라도 여성 구루를 만난 적이 없었다. 그래서 나는 하늘을 찌를 듯한 헬레나의 열광에 관심이 갔다. 기자로서의 호기심이 발동한 것이다.

사흘 뒤, 나는 그 스승이 살고 있다는 사원에 가기 위해 택시를 불렀다. 구불구불한 길을 따라 3시간을 내달렸다. 따시종Tashi Jong[a]으로의 여행은 원했던 일이다. 명성 높은 캄뚤 린뽀체Khamtrul Rinpoche[b] 뿐만 아니라 똑뎬togdens이라고 불리는, 평생 머리카락을 자르지 않는 전설적인 요기들이 있는 곳이다. 요기들은 어릴 때부터 이어진 혹독한 훈련을 통해 초인적인 힘을 가지고 있다는 평을 받는다. 예를 들어, 호흡을 수련함으로써 한겨울의 히말라야 눈 속에서 입고 있는 젖은 옷을 말릴 수 있을 정도로 엄청난 열을 뿜어내는 것 말이다.

택시를 타고 이동하는 내내 의심이 가시질 않았다. 나를 안내할 티벳인은 그 스승과 충분히 소통할 수 있을까? 그녀에게 전화가 없어 미리 연락하지 못했다. 나이조차 몰라 달라이 라마 사원 밖에서 마니차를 돌리며 밝게 웃고 있는 작고 삐쩍 마른, 주름진 할머니를 상상했다.

그녀의 방 앞에 도착해 방문을 가볍게 두드렸다. 바로 문이 열렸다. 따뜻함과 호기심이 가득한 파란 두 눈동자가 나를 보더니 점점 커졌다. 내가 누군지, 무엇을 원하는지 묻지도 않고 그녀는 분명한 영국식 억양으로 말을 건넸다. "때맞춰 도착했네요. 방금 점심을 만들었어요. 둘이 먹기에 충분해요. 들어와요!" 어리둥절해 있는 사이, 가녀린 그녀는 콘크리트 벽으로 둘러싸인 작은 방으로 들어가 곧 플라스틱 접시에 밥과 채소를 가득 담아 나왔다. 런던의 생선 가게 딸을 히말라야 한복판에서 만나게 될 줄 상상이나 했을까?

나는 처음으로 티벳 환생자와 같은 존재감을 가진 서양 여성과 마주쳤다. 뗸진 빨모는 가장 헌신적인 티벳 요기의 발자취를 따라가는 전례 없는 사례로 여겨진다. 이 전통에 깊게 뛰어든 그녀는 전통적인 아시아 스승과 현대 서양인 모두에게 부끄럽지 않은 존경을 받고 있다. 나는 1년이 지나고 나서야 살아 있는 최고참 티벳 불교의 서양인 비구니를 만났다는 것을 알게 되었다.

불길을 살리다

나는 그녀가 편했다. 우리는 몇 시간 동안 대화를 나누었다. 그녀는 각 질문에 유머 있게, 침착하게, 날카로운 지혜로 군더더기 없이 명확하게 답해 주었다. 그리고 진심 가득한 자신의 염원을 이야기해 주었다. 일반적으로 비구에게만 주어지는 특권인 공부하고, 토론하고, 명상할 수 있는 기회를 비구니에게 제공하는 승원을 세우는 일이었다. 작고한 그녀의 스승, 8대 캄뚤 린뽀체는 중요한 내적 동기로 비구니 승원을 세우기로 약속했다. 그는 전설적인 히말라야 성인들의 비밀 수행을 마스터한 여성 요기들, 똑뗸마togdenmas의 전승을 부활시키고자 했다. 티벳이 중국에 점령당한 이후 그 전승은 거의 사라졌고, 전승 보유자는 단 한 명만 남았다.

"서두르지 않으면, 너무 늦을 겁니다." 뗸진 빨모는 위기감을 가지고 경고했다. "수행은 불길처럼 대대로 이어져야 합니다. 불이 꺼지면, 끝입니다. 전해질 수 없어요."[2] 오늘날 귀한 사진 몇 장을 제외하고, 똑덴마에 대해 남겨진 기록은 없다. 뗀진 빨모는 낡은 흑백 사진을 꺼내 자랑스럽게 보여 주었다. 양가죽 코트를 입고, 비바람에 거칠어진 얼굴을 한 12명의 여성이다. 남성 수행자와 마찬가지로 그들은 결코 머리카락을 자르지 않았다. 레게 스타일로 꼰 듯 갈기처럼 생긴 두꺼운 머리카락은 거칠고 그을린 그들의 얼굴을 특대형의 터번처럼 감싸고 있었다.

붉고 바랜 가사, 갓 삭발한 뗀진 빨모와 얼마나 극명한 대비를 이루는가! 그녀는 방패조차 뚫을 수 있을 듯한, 깊고 날카로운 그러나 따뜻한 눈빛을 지녔다. 나는 '엑스레이 눈빛'이라고 이름 붙였다. 그것은 지혜의 눈, 평범한 생각을 뛰어넘어 모험을 한 사람의 눈이다. 뗀진 빨모는 똑덴마 전승의 가치인 끈기와 강인함을 확실히 보여 주었다. 그녀 역시 히말라야의 한 동굴에서 똑덴마처럼 12년 간 끊임없이 수행했다.

동굴에서의 12년

그곳은 동굴이라 부를 수조차 없다. 바위 사이 3m 깊이로 움푹 팬 곳에 돌이 하나 튀어나와 있을 뿐이다. 눈과 얼음을 막기 위해 거친 벽돌로 벽을 쌓고, 진흙과 소똥으로 덮었다. 나무 난로에서 나오는 연기로 천장이 새까맣다. 그 작은 방은 눈보라와 눈사태로 위태로운 절벽 위에 매달려 있는 독수리 둥지와 같다. 그곳의 지형은 절벽 바위로부터 폭이 좁은 라훌 계곡Lahoul Valley[C]의 저 깊은 공간으로 수직으로 떨어진 것같다. 티벳어로 '다키니의 땅'이라는 의미를 가진 라훌은 뗀진 빨모에게 이보다 더 적합한 장소가 없음을 암시한다.

계곡 반대편의 히말라야산맥은 마치 지평선이 하늘로 이륙하려 것을 붙잡고 있는 듯한 모양새다. 희박한 공기 때문에 노련한 가이드조차 숨이 차고 겨울에는 영하 40도까지 떨어지는 이곳이 바로 해발 4,000m

높이에 있는 뗀진 빨모의 거처였다. 그녀는 32세에 가파르고 풀이 무성한 길을 따라 산을 올라 이 동굴에 들어갔고, 45세에 그곳을 떠났다.

벽의 왼쪽에는 관세음보살의 포스터를 붙였고, 상자는 탁자로, 벽에 튀어나온 바위는 책 선반으로 썼다. 뗀진 빨모는 그 동굴을 "아주 아늑했어요.", "저는 그곳에서 매우 행복했고 필요한 모든 것이 있었죠."라고 회상했다. 행복, 그럴지도. 그녀가 입이 귀에 걸릴 정도로 활짝 웃으며 자신 있게 말하는데, 믿지 않을 수 없다. 그나저나 수돗물, 전등 하나 없는 동굴이 아늑하다고? 뜨거운 목욕, 친한 친구와의 대화, 따뜻한 에스프레소 한 잔과 같은 소소한 일상의 재미를 말하는 것이 아니다. 거기에는 침대조차 없었다! 바닥에서 올라오는 습기를 약간 막아 주는 60cm²의 좁은 나무 명상 상자에 앉아 밤을 보내는 것이 전부다.

안거 수행은 게으른 사람에게 전혀 어울리지 않는다. 그녀는 매일 새벽 3시에 일어나 3시간 동안 수행하고, 장작 난로에 차를 끓여 보릿가루로 아침 식사를 했다. 이후 다시 3시간 동안 명상 수행에 들어가는 그녀의 일상은 마치 시계와 같았다. 휴식 시간에는 근처 샘에서 물을 길었고, 겨울엔 눈을 녹여 물로 쓰고 장작을 팼다. 점심만 먹고, 저녁 식사는 하지 않았다. 매일 똑같이 밥과 렌틸콩으로 식사를 하고, 채소는 가끔 곁들여 먹었다. 불필요한 무의식의 잠을 자며 귀한 삶을 낭비하지 않기 위해서 3시간만 자고, 상자에 똑바로 앉았다. 이것은 수 세기에 걸쳐 가장 헌신적인 영적 스승들이 실천해 온 방법이다.

눈보라 속에 매몰되다

안거 초기, 그녀는 여름 동안 사원에 가서 가르침을 받고, 식량을 비축하고, 스승을 방문하는 등 폭설로 움직일 수 없는 혹한의 겨울을 대비했다. 그러다 9년 후, 스승이 갑작스럽게 세상을 떠나자 홀로 3년간 길고 엄격한 무문관 수행에 완전히 몰입했다.

어느 해에는 심한 눈보라가 7일 밤낮으로 맹위를 떨쳤다. 마을 주민들은 이 정신 나간 동굴 여성이 살아 있으리라고 생각하지 못했다. 눈이 쌓여 문과 창문을 막고, 동굴 전체가 완전한 어둠 속에 갇혔다. 뗀진 빨모는 '이것으로 끝이구나' 생각하며 마지막이 될지 모를 기도를 시작했다. 그때 스승의 목소리를 들었다. 뗀진 빨모는 못마땅한 듯 눈동자를 굴리며 "오, 이리 와, 그냥 파!"라고 말하는 그를 흉내 낸다. 다행히 경험 많은 지역 건축업자가 동굴의 문은 안에서 열어야 한다고 조언해 그녀는 냄비 뚜껑으로 동굴에 가득 찬 눈을 파내면서 길을 냈다. 눈보라가 가라앉기 전에 이 과정을 세 번이나 더 해야 했다. 뗀진 빨모는 "'아프면 아픈 것이고, 죽으면 죽는 것이다'라는 티벳 속담이 있어요. 우리 모두 죽어 가는데, 죽기에 수행처보다 더 좋은 장소가 어디 있겠어요?"라고 덤덤히 말하며 해리 포터의 마법사 멘토, 알버스 덤블도어의 말을 인용했다. "잘 정리된 마음이 있다면, 죽음은 그저 다음에 오는 위대한 여정이다." 그녀는 '잘 정리된' 마음을 특히 강조한다. 그렇지 않으면 죽음은 위대한 모험이 아니라 두려운 공포가 될 수 있기 때문이다.

뗀진 빨모는 인간의 삶을 꽃피우는 위대한 결실인, 깨달음을 얻는 마음을 수행하고자 했다. 그리고 그 방법으로 완전히 고립된 히말라야에서 은거하는 삶을 선택한 첫 번째 서양 여성이다. 그녀는 "우리는 우리의 본성과 내재된 잠재력을 깨닫기 위해 이 지구에 있으며, 이것은 완전히 실용적"이라고 말한다. "기록을 깨기 위해 노력하지 않았습니다. 안거 수행에 들어갔을 때 '몇 년을 하겠다'고 계획하지도 않았죠. 더 나은 장소가 있을 거라고도 생각하지 않았습니다. 그리고 정말로 혼자 있는 것이 좋았어요."라고 털어놓는다.

떤진 빨모는 오후 티타임을 즐기는 영국 소녀처럼 수다스럽고 상냥하다. 정말이지 10년 이상 묵언 수행을 한 은둔자의 모습을 기대하면 안 된다. 그녀는 현실의 어려움에서 벗어나고자 외로운 동굴 수행을 택한 것일까? 세속의 삶이 도피라는 그녀. "문제가 생기면, 텔레비전을 보거나 친구를 부르기도 하고, 자신을 위해 맛있는 커피를 만들 수 있죠. 하지만 동굴에서는 오직 자신에게만 의지해야 해요. 겨울이 되면, 산책마저 나갈 수 없어요."[3] 떤진 빨모는 항상 그녀 자신이 부족하다고 생각했었다. "저는 도움을 구하고 조언을 듣기 위해 다른 사람에게 의지하곤 했어요."[4] 히말라야에 홀로 있으면서 자신을 의지하는 방법을 배웠다. 진흙 벽을 보수하고 장작을 패고, 대부분의 시간 동안 자신의 마음을 자세히 들여다본 것이다. "동굴에서는 가장 원초적인 본성을 있는 그대로 마주해야 합니다. 거기에 앉아 그것과 함께 자신의 길을 찾아야만 합니다."[5] 그녀가 쓴 『산정 호수에서의 성찰Reflections on a Mountain Lake』의 내용이다.

> 외부의 방해 없이 마음이 어떻게 작용하는지, 생각과 감정이 어떻게 일어나는지, 생각과 감정을 어떻게 동일시하는지, 그 모든 생각과 감정을 규정하지 않고, 분석해서 어떻게 넓은 허공으로 되돌려 놓는지를 바라보는 무한한 시간이 있었다. 이것을 할 수 있는 기회를 갖게 되어 나는 아주 운이 좋았다. 그 시간을 내 인생에서 가장 큰 배움의 시기 중 하나로 회상한다.[6]

진정한 전승의 안식처

첫 만남 이후 12년이 지난 지금, 북인도 히마찰 프라데시Himachal Pradesh의 빛으로 가득찬 다락방에 앉아 있는 그녀를 보는 것이 나는 정말 행복하다. 그곳의 아치형 창문은 '진정한 전승의 안식처'인 동규 갓 찰링Dongyü Gatsal Ling 승원의 전경과 계곡 아래 논 너머까지 아름다운 풍경을 담고 있다. 그녀는 자신의 꿈을 실현하는 중이다. 콘크리트가 그대로 드러난 웅장한 3층 건물은 곧 페인트칠을 해야 한다. 뗀진 빨모는 최근의 진행 상황을 보여 주고 싶어 했다.

연약한 체격의 그녀가 콘크리트와 돌무더기를 조심스럽게 넘어갈 때, 그녀 뒤로 분홍색 노을과 히말라야 설산이 빛나고 있었다. 인도인 인부들이 망치질을 하며 탕탕 내리치는 소리 탓에 그녀의 말소리가 들리지 않았다. 그녀는 지혜의 붓다인 문수보살을 포함해 불보살상이 놓일 장소를 설명하고자 마음속으로 그린 법당의 위치를 가리킨다. 일몰 아래서 토론하고 기도하는 헌신적이고 총명한 비구니들과 함께하는 그녀의 목소리가 승원을 활기차고 윤택하게 만들고 있다. 벌써 75명인 '그녀의' 비구니들이 가사를 날개처럼 펼치고 바위에 앉아 크고 높은 소리로 경전을 외우며 좌선하고 있다. 학습 과정이 엄격하게 진행되기 때문에 그들은 다음 수업 전까지 경전을 암기하려고 다급하게 노력 중이다. "티벳의 스승들조차 진정한 헌신과 집중을 알고자 하면, 비구니들을 보면 된다는 것을 인식하기 시작했습니다." 뗀진 빨모가 자랑스럽게 말했다. "소녀들에게 이렇게 말합니다. 이제 비구들처럼 모든 기회가 주어졌으니 원하는 무엇이든 성취할 수 있단다!"

뗀진 빨모는 인도인 인부들에게 큰 소리로 지시를 내리더니 멈춰서서 한 직원의 건강을 진심 어린 목소리로 물었다. 그러고 나서 큰 소리

제쭌마 뗀진 빨모와 그녀의 비구니들

사진 제공 동규 갓찰링 승원

로 경전을 읽고 있는 10대 비구니에게 다가갔다. "얘야." 동글동글하게 생긴 소녀에게 속사포처럼 빠른 티벳어로 무문관 센터에서 수행 중인 비구니들이 그녀의 독경 소리 때문에 방해를 받을 수 있다고 설명했다.

　　이 비구니들 중에 왜 서양인은 없을까? 아무도 지원하지 않은 것일까? 뗀진 빨모는 주저하지 않고 대답했다. "서양인은 받지 않습니다. 티벳 출신 소녀만 받습니다. 비구니 대부분은 마을의 소박한 소녀들이에요. 서양의 비구니는 대부분 고등 교육을 받았어요. 그래서 모든 것을 더 잘 이해하고 잘해 나갑니다." 나는 그녀의 말이 아이러니하다고 생각해 웃었다. 그녀는 런던의 사서가 티벳 비구니 승원의 원장이 된 그 모순을 알아차리지 못하는 것 같았다.

"보통 비구니 사원은 비구가 운영합니다." 그녀가 운을 뗐다. "그들은 사원을 운영하는 데 비구니를 참여시키지 않아요. 어느 수준까지는 괜찮아요. 그러나 어린 소녀처럼 무엇을 해야 할지 지시를 기다리는 것은 성장하는 데 도움이 되지 않아요." 또 그녀는 "자신은 제자를 받지 않는다"고 선을 긋는다. 귀의계를 주고, 비구니를 가르치지만, 평범한 사람이라 자신과 관련해 특별하거나 흥미로운 부분이 하나도 없다고 거듭 강조했다. 그녀는 진심으로 진지했다. 물론 따뜻한 아파트의 편안한 명상 방석에 앉아서도 잠시도 가만히 있지 못하는 우리 대부분은 그녀의 동굴에서 하룻밤만 보내도 동상에 걸려 떠나게 되겠지만

엘비스 프레슬리와 뾰족구두

뗀진 빨모의 어린 시절, 오늘날 그녀의 성취를 암시할 만한 사건은 아주 사소한 것조차 없었다. 다이앤 페리는 히틀러가 융단 폭격 중이던 1943년에 태어났는데, 의사들은 그녀의 수명이 짧을 것이라 했다. 척추가 굽은 채로 태어났기 때문이다. 심각한 뇌수막염은 걷기도 전에 그녀의 삶을 거의 앗아 갈 뻔했다. 아버지는 그녀가 겨우 두 살일 때 세상을 떠났고, 어머니는 생선 가게를 운영해 버는 약간의 수입으로 오빠 머빈Mervyn과 그녀를 근근이 키워 냈다. "제 어머니는 영적인 분이었습니다. 매주 한 번씩 죽은 사람과 교류하는 교령회를 집에서 열었는데, 탁자가 여기저기 날아다녔습니다."라고 뗀진 빨모는 회상한다. "우리는 자주 죽음에 관해 대화를 나누었는데, 두려움 때문이 아니라 관심사였기 때문입니다. 이것은 상당히 불교적인 생각인데, 죽음을 인식하는 것이 삶에 큰 의미를 부여하기 때문이죠." 의사들은 그녀에게 위험하지 않은 직업을 선택하라고 조언했다. 평범한 도서관 사서로서의 단조로운 일상이

안성맞춤이었다.

끊임없는 육체적 고통에도 불구하고, 사진 속의 그녀는 열렬한 엘비스 프레슬리의 팬이자, 사자 갈기와 같은 금발 곱슬머리에 페티코트와 뾰족구두 차림의 카리스마 넘치는 10대 모습이다. 설명할 수는 없지만, 그녀는 자신이 잘못된 장소에 있다는 느낌을 지울 수가 없었다고 한다. 그래서 아시아인이 많은 중식당에 가자고 어머니에게 부탁하기도 했다. 그녀는 종파에 상관없이 비구니에게 묘한 매력을 느꼈다. 장래에 무엇이 되고 싶으냐고 물으면, 다이앤은 그것이 실제로 무엇을 의미하는지 전혀 모른 채 '비구니'라고 적극적으로 대답하곤 했다. 그녀는 "모든 사람들이 본질적으로 완벽하며, 불교의 핵심적인 신념인 우리가 진정 누구인지 발견하기 위해 여기에 있다"는 것을 본능적으로 알 수 있었다.

'어떻게 하면 우리는 우리의 완전함 속에서 살 수 있을까?' 이 질문은 그녀를 괴롭혔다. 그래서 성경, 코란, 우파니샤드 등 세계 최고의 경전을 공부했고, 선생님과 성직자 심지어 어머니의 교령회를 이끄는 영매에게까지 질문했지만 아무도, 어떤 책도 만족할 만한 답을 주지 못했다. "모든 사람은 이렇게 말하죠. '선해야 한다'. 그러나 제가 어렸을 때조차, 그것이 아니라는 것을 알았습니다. 물론 선해야 하죠, 저는 선하고 친절한 사람들을 알고 있었지만 그럼에도 불구하고 완벽하지는 않았어요. 선함은 기본이죠. 뭔가가 더 필요했습니다." 다이앤 페리는 예수와 깊은 인연을 느끼지 못했다. "저는 그다지 유신론적이지 않았어요. 저 위에서 줄을 당기는 누군가가 있다고 믿지 않았습니다. 다만 스스로 구원할 수 있습니다. 자신의 본질적인 신성의 불꽃을 스스로 발견해야 합니다."[7]

자신도 모르는 사이, 다이앤 페리는 중추적인 불교적 견해로 인식할 수 있는 신념에 의지하고 있었다. 18세에 우연히 도서관에서 첫 번째 불교 서적을 발견한다. 책 제목을 지금도 기억한다. 영국 언론인이 쓴 『흔들림 없는 마음The Mind Unshaken』이다. 그녀는 이 책을 읽으면서 사성제d와 팔정도e에 관한 붓다의 가르침에 매료되었다. 그녀가 내내 속으로 품고 있던 관념을 누군가가 책으로 출판한 것이다. 그 책을 반쯤 읽었을 무렵, 어머니에게 공표했다. "저는 불자예요." 어머니는 그녀의 선언에 동요하지 않은 채 차분히 답했다. "그거 잘됐구나, 애야." 딸의 열정에 영향을 받은 어머니 또한 6개월 후에 불자가 되었다. 금욕에 관한 불교의 사상을 읽고 나서 다이앤 페리는 최신 유행의 옷을 버리고 자신만의 가사를 스스로 만들어 입었다. "노란색 그리스 사제 스타일의 제복 같은 옷인데, 검은색 스타킹과 함께 말이죠."라고 웃으며 말한다. 불교 스승을 만난 적이 없었기 때문에 책을 보고 자신만의 스타일로 기교를 부렸다. 붓다처럼 되고 싶어 그를 상상했다. 노란 천을 걸친 소박한 탁발승 말이다. 런던의 불교 단체 모임에 처음 참석했을 때, 그녀는 화장을 하고 하이힐을 신은 여성 불자들의 등장에 충격을 받았다.[8]

2차 대전 전후 영국에서 티벳 불교는 거의 알려지지 않았다. 흩어진 지식의 조각들은 샤머니즘의 허구로 잊힌 상태였다. 그 당시 그녀가 알 수 있는 불교는 근본 불교인 테라바다Theravadaf였다. 이 가르침은 단순하나 명확했고, 논리적이었다. 뗀진 빨모는 "티벳 불교의 불자가 될 생각은 전혀 하지 못했다"고 고백한다. 우연히 불교에 관한 교양서에서 티벳 불교의 네 가지 전통인 닝마Nyingma, 싸꺄Sakya, 까규Kagyü 그리고 겔룩Gelug에 관한 설명을 듣게 되었다. 수줍은듯 내면의 목소리가 튀어나왔다. '당신은 까규다.'

티벳인 스승들은 영국으로 망명하는 방법을 찾고 있었다. 그중 나중에 유명해진 초감 뜨룽빠 린뽀체Chögyam Trungpa Rinpoche도 있다. 그는 티벳에서 엄청나게 유명한 선사였지만 망명 중이던 때라 그의 가르침을 바라는 청중이 아무도 없었다. 그는 다이앤 페리에게 명상을 지도해 주겠다고 부탁하기까지 했다. 그 명상법이 가슴에 와 닿았다. 처음으로 그녀는 '끊이지 않는 마음의 수다를 멈추는 것'이 무엇을 의미하는지 맛보았다.

뜨룽빠 린뽀체의 파격적인 행보에도 그녀는 포기하지 않았다. 그는 가사를 걸친 상태로 19세의 구도자에게 유혹의 손길을 뻗쳤다. 그의 손길이 그녀의 치마 주변에서 방황할 때, 뗀진 빨모는 화를 내거나 밖으로 나가지 않고 하이힐로 그의 맨발을 꾸욱 밟아 버렸다. 그녀는 그와의 비정상적인 명상 수업을 회상하면서 "그가 자신을 순결한 독신 스님으로 소개하지 않았더라면 그와의 성적인 관계에 호기심이 생겼을 것"이라고 웃으며 털어놓는다.[9]

다이앤 페리는 불교 관련 서적을 닥치는 대로 읽었다. 그러나 비구니에 관한 언급 없이, 오직 비구에 관한 것만 있음을 알아차리고 낙담했다. 그러다 망명 중인 까규 비구니 사원에 대해 듣게 되었다. "그 당시 인도에 있는 유일한 비구니 사원이었을 거예요."

전설이 된 영국 여성 프레다 베디Freda Bedi(1911-1977)는 티벳 망명 스승들을 돕고자 학교를 세웠다. 그녀는 옥스포드 대학에서 만난 인도인과 결혼했고, 인도의 독립을 지지해 영국에서 세 자녀 그리고 마하트마 간디와 함께 수감되었다가 풀려나왔다. 이후 자와할랄 네루 수상의 요청으로 인도 정부를 위해 일하기 시작했는데, 당시 인도 국경 지대에 티벳 난민들이 물밀듯 밀려들고 있었기 때문이다. 산을 넘는 피난길에 많은 티벳인 스님들은 사지에 동상이 걸리고, 굶주림에 극도로 지친 상태였다. 프레다 베디는 그들에게 뜨거운 수프와 침대를 마련해 주었다.

주급 9파운드를 받던 20세의 다이앤 페리가 인도행 뱃값 90파운드를 마련한 것은 1994년 2월이다. 그녀는 셀 수 없이 많은 마음의 상처를 안고 어머니의 안락한 아파트를 떠나 북인도의 차가운 방에 살게 되었다. 지붕이 망가져 비와 함께 쥐들이 떨어졌다. 그러나 그 어느 것도 문제가 되지 않았다. 중요한 것은 바로 옆 모퉁이에 있는 '영라마 홈스쿨 Young Lamas' Home School', 어린 스님을 위한 가정 학교였다. 평생 처음으로 그녀는 이상할 정도로 친숙한 얼굴들에 둘러싸인 집에 있다고 느꼈다. 또 젊은 달라이 라마와 카리스마 넘치는 어린 뚤꾸(환생한 스승)들, 그리고 그녀의 인생을 통째로 뒤집어 놓은 남자 '캄뚤 린뽀체'를 만났다.

최고의 생일 선물

그녀의 스물한 번째 생일에 전화가 울렸다. 친구 프레다 베디가 받아 그녀를 바꿔 주었다. "방금 최고의 생일 선물이 도착했어."[10] 캄뚤 린뽀체가 버스 정류장에 있었다. 뗀진 빨모는 그를 만난 적이 없어서 그가 젊은지 늙은지, 뚱뚱한지 마른지 알지 못했다. 그의 사진조차 본 적 없었지만 자신의 스승이 올 것이라는 것을 알았다.[11] 이러한 알아차림은 사람마다 다르게 나타나는데, 그녀의 경우, 대지진과 같았다. 한 번도 만난 적 없었지만, 절대 놓칠 수 없는 신호였다. 인사를 하기 위해 그의 방에 들어갔을 때, 그녀는 감히 쳐다볼 엄두조차 내지 못했다. 눈을 들어 올려다볼 용기를 내기까지 몇 분 동안 그의 갈색 신발만 쳐다보았다. "그것은 마치 오랫동안 보지 못했지만 아주 잘 아는 사람을 만나는 것과 같았습니다. 깊은 알아차림의 순간이었죠. 동시에 마치 내 존재의 가장 깊은 부분이 세상 밖으로 갑자기 형체를 갖춰 나타난 것과 같았습니다."[12]

지체할 필요가 없었다. 그녀는 그에게 불자가 되기 위한 형식적 통과 의례인 귀의계를 받을 수 있을지 묻고, 며칠 후 정식으로 요청했다. "저는 완전함을 찾고 있었습니다. 티벳 불교가 가장 완전무결한 설명을 가지고 있을 뿐만 아니라 그곳에 도달할 수 있는 가장 명확한 길을 제시한다는 것을 알았습니다. 그 길을 따르고자 할 때엔, 가능한 산만함이 없어야 합니다."[13] 3주 후, 그녀는 프레다 베디[g] 이후 서양인 여성으로 두 번째 비구니가 되었다. 서양인들이 티벳 불교의 존재조차 알지 못했던 시절이다.

성급하고 충동적인 행보로 보일 수 있지만, 뗀진 빨모에게는 무척이나 논리 정연하게 일어나는 일들이었다. 그녀는 두 눈을 반짝이며 "그것은 생애 최고의 축복"이라고 말했다. "비구니로서, 헤어스타일이나 유행을 쫓을 필요가 없어졌어요." 그녀도 구족계를 받기 전에는 젊은 일본 남자와 열렬하게 연애했고, 남자 친구들도 있었다. 하지만 결코 결혼을 원한 적이 없으며 아이를 낳고 싶은 충동을 느끼지도 못했다. "옷, 알게 뭐야? 음식, 누가 신경 써요? 텔레비전을 볼 필요가 없어 좋아요. 섹스에 관해서, 일체 관심 없어요. 이 사회에서 섹스는 지속적으로 직면하게 되는 문제지만, 그것을 삶의 전부로 여기는 것은 한심한 일이에요. 그것은 우리를 원숭이와 같은 수준으로 떨어뜨려요. 만족스러운 삶을 사는 여성들은 그것에 대해 생각조차 하지 않는답니다. 저는 일대일의 개인적인 관계조차 원하거나 필요하다고 여기지 않아요. 이것이 바로 제가 외롭지 않은 이유입니다."[14]

탱화 속의 요기

다이앤 페리는 '영광스러운 수행 전승의 보유자' 둡규 뗀진 빨모 Drubgyü Tenzin Palmo가 되었다. 수년이 지나고 나서야 그녀는 영국에서 왜 항상 잘못된 장소에 있다고 느꼈는지 문득 이해했다. 캄뚤 린뽀체 사원에 있는 한 탱화에는 그녀처럼 이상하리만큼 길고 뾰족한 코와 날카로운 푸른 눈을 가진 한 요기의 모습이 담겨 있다.[15] 그 요기는 캄뚤 린뽀체가 수많은 생을 거듭하면서 만난 지인으로 그 모습이 뗀진 빨모와 묘하게 닮았다. 캄뚤 린뽀체와 그의 스님들이 즉시 그녀를 알아볼 수 있었던 이유다. 뗀진 빨모의 마음 역시 지난 마지막 생에서 떠나온 그 장소로 되돌아왔다는 사실에 한 치의 의심도 없다. 그녀는 환생에 대한 불교의 믿음에 확고하다. 캄뚤 린뽀체는 그녀에게 "지난 전생들에서 나는 너를 가까이 둘 수 있었다. 그러나 이번 생에서 너는 여성의 모습이라 그것이 어려운 일이 되었구나."[16]라고 말했다. 그녀는 이전 생에서 자신이 스님이자 요기였고, 캄뚤 린뽀체의 측근이었다는 것을 믿는다. 이러한 배경을 놓고 볼 때, 런던의 어린 소녀가 느꼈던 아시아에 대한 향수병, 결코 결혼하지 않겠다는 결심, 동굴 수행에 대한 바람 등 이 모든 것이 완벽하게 합리적으로 보인다.

그녀는 인도 북부 댈하우시Dalhousie에 망명 중인 캄뚤 린뽀체의 사원으로 거처를 옮기고, 그의 개인 비서가 되어 어린 스님들에게 영어를 가르쳤다. 그녀의 삶은 정점에 이른 것으로 보였다. 그러나 현실에서 뗀진 빨모는 가장 비참한 삶으로 들어가고 있었다. 6년 동안 그녀는 사원에 존재하는 유일한 여성이자 비구니, 서양인으로 80명의 비구 틈에서 살았다. 완전히 고립된 것이다. 티벳어를 거의 하지 못했고, 재가 불자와 비구 사이 어디에도 속하지 못했다. "저는 그들과 함께 살 수 없었어요. 함께 먹을 수도 공부할 수도 없었습니다." 설상가상으로 그녀는 법회에 참여하거나 그녀가 바라던 수행을 전수받을 수도 없었다. 티벳 전통에서 비구니는 다음 생에 영광스러운 남성의 몸으로 환생하기를 매일 기도한다. 뗀진 빨모는 비구와 동등한 권한을 가질 수 없었다. 하지만 서양에서 온 다른 남성은 곧바로 입문해 그녀가 바라던 가르침을 받았다. 그녀의 목소리에 당시의 좌절감이 울려 퍼진다. "완전히 배제된 느낌이었죠. 불교 사상과 수행을 위한 거대한 만찬이 열렸음에도 불구하고, 약간의 부스러기만 얻은 셈이었어요. 한 끼 식사가 되기에는 절대적으로 부족했죠."라고 회상한다.

여성 붓다가 되기 위한 귀의

깜뚤 린뽀체는 그녀를 가까이 두었지만, 그조차 수세기 동안 이어진 가부장적 전통을 결코 무시할 수 없었다. 비구들이 사원에서 치열하게 토론하고 정교한 라마 댄스를 선보이는 등 공부에 열을 올리는 동안 비구니들은 스승도 도서관도 없는, 멀리 떨어진 그들의 사원으로 쫓겨났고, 의미도 알 수 없는 간단한 의식에만 참여할 수 있었다. 비구니들은 뗀진 빨모가 다음 생에 남성의 몸으로 환생하는 행운을 만날 수 있기를 바라면서 연민의 마음으로 그녀를 위해 기도했다. 뗀진 빨모는 매일 밤 울면서 잠이 들었다. 외로웠고, 좌절했으며, 화가 났다. 그녀는 여성 역시 영적인 여정을 따라가기 위한 준비가 동등하게 갖춰져 있음을 남성 우월주의자들에게 보여 주기로 작정했다. 그녀는 어디에 있든지 전 세계 여성에게 영감을 주는 일을 하겠다고 서원했다.

"나는 여성의 몸으로 깨달음을 얻겠다는 서원을 했습니다. 아무리 많은 생이 걸리더라도 말입니다." 이것은 여성 붓다가 되겠다는 염원과 다를 바 없다. (남성) 불교 학자들은 여성이 깨달음을 얻을 가능성에 대해 오늘날까지도 논쟁을 이어오고 있다. 어떤 이들은 여성의 신체적 특성이 붓다의 몸에 적절하지 않다고 주장한다. 좌절감에 자극을 받은 텐진 빨모는 그 문제를 조사했고, 이제 자신감 있게 붓다의 가르침을 인용한다. "붓다는 여성도 깨달음을 성취할 수 있다고 말씀하셨습니다! 그는 현대의 스님들보다 훨씬 더 열린 마음을 가졌던 분입니다." 완전히 결심한 후 그녀는 자신의 얼음 동굴이 있는 라다크로 떠났다. 고독은 깨달음을 성취하는 데 있어 가장 강력한 촉매제라는 것을 아주 잘 인식하고 있었다. 고요 속에 자신을 완전히 내맡기는 것은 분주함과 산만함의 층들 아래로 파고들어 지혜가 드러나게 하는 것이다.

그리고 그녀는 뛰어난 요기 친구인 '똑덴'들로부터 주의할 점을 들었다. 누군가 그녀의 깨달음에 대해 물으면, 그녀는 단지 이렇게 말할 것이다. "아무것도 없다." 붓다의 깨달음과 비교하면 보잘 것 없기 때문이다.[17] 사람들은 항상 그녀가 동굴에서 무엇을 성취했는지 알고 싶어 한다. 그녀는 "전혀 관련 없는 질문입니다. 박사 과정을 마치고 학위를 받는 것과는 달라요. 열 방향에 있는 모든 불보살께서 당신을 찬탄할 뿐입니다."라고 답한다. 그녀는 "삶의 모든 것이 발견을 위한 여정이고 그래서 동굴에 머문 것"이라고 설명한다. "그것은 무엇을 얻는 것이 아니라 무엇을 잃는지에 관한 것입니다. 갈 곳이 있고, 얻을 것이 있다는 생각은 망상입니다. 더 많이 깨달을수록 깨달을 게 없다는 것을 더 깨닫게 됩니다." 우리는 일상에서 아버지나 어머니, 스승이나 화가, 남성이나 여성 등의 역할과 그 행동 뒤로 숨는다. "혼자라면, 연기할 역할이 없으니 깊고 깊은 의식의 층을 발견할 수 있을 것입니다. 마치 양파 껍질을 벗기듯 말이죠. 저에게 안거는 호흡과 같습니다. 그렇게 하도록 태어난 것이죠." 안거는 압력솥처럼 작동한다. 마음이 빠르게 부드러워진다. 비구니들에게 전달하고자 하는 지금의 명상 훈련은 그녀가 정말로 아주 심오한 통찰력을 가지고 있음을 보여 준다. "명상의 요점은 깨어나는 방법을 배우는 것이고, 더 분명한 명료함을 개발하는 것이고, 지금 이 순간을 완전히 그리고 더욱 자각하는 것입니다. 일상적인 예측, 의견, 생각 그리고 수다스러운 마음이 일어나지 않고 지금 이 순간을 의식하는 것이죠. 우리는 명상을 통해 더욱 더 의식하고, 더욱 더 알아차리고, 더욱 더 깨어 있기 위해 마음을 이해하려고 노력합니다."[18]

모차르트와 티라미수

진정한 수행자의 자질은 속일 수 있는 것이 아니다. 아무리 신성한 말을 한다고 해도 말이다. 예상치 못한 어떠한 일에도 흔들리지 않는 특별한 능력, 진정한 영적 성취의 자질은 내면의 빛과 광명으로 주어지는 것이다. 어느 날 누군가 동굴의 나무 문을 거칠게 두드렸다. 뗀진 빨모도 예상치 못한 일이다. 안거 중인 수행자를 방해하지 않는다는 전통적인 관습을 완전히 무시하고 인도인 경찰이 들이닥친 것이다. 그가 불쑥 경감의 서명이 있는 통지서를 하나 건넸다. 세계적 수준의 명상가도 예외 없이 비자 규정의 적용을 받는다. 그런데 그녀는 여러 해 동안 비자 기한을 초과했다. 그녀는 불법 이민자로 기소되어 24시간 내로 산을 떠나라는 명령을 받고 즉시 추방되었다.

이제 뭐하지? 뗀진 빨모는 놀라울 만한 평정심을 가지고 새로운 운명의 전환을 받아들였다. 안거가 중단된 것에 대해 화를 내거나 울지도 않았다. 24년이나 인도에서 살았기 때문에 떠날 준비가 전혀 되어 있지 않았다. 그저 남은 생애를 안거하면서 보내기를 바랄 뿐이었다. 그녀의

동굴 앞에서 소지품을 말리고 있는 제쭌마 뗀진 빨모

사진 제공 둥규 갓찰 링 승원

어머니는 오래 전에 돌아가셨기 때문에 영국으로 돌아갈 이유도 남아 있지 않았다. 이탈리아로 오라는 친구의 초대는 구미가 당겼다. 그러다 불현듯 이 동굴 여성은 이탈리아 중부, 아시시Assisi 거리의 카페에 있는 자신을 발견한다. 수년 간 은둔을 고집하던 삶이 끝나면서, 아시아의 금욕주의가 서양의 처세술과 결합되었다. 스스로도 놀랄 만큼 그녀는 기독교의 뿌리와 다시 연결되어 성 프란시스 동굴에 앉아 있는 것을 즐기고 모차르트와 카푸치노, 티라미수와 사랑에 빠졌다. 이탈리아는 인도 다음의 논리적인 행보일 뿐이라고 그녀가 농담을 던진다. "관료제, 우편 시스템, 작업 환경 등으로 저는 바로 집에 있는 것처럼 느꼈어요."

처음으로 컨퍼런스 초청을 받아 법문과 강연을 한 이후, 종파를 불문하고 점점 더 많은 비구니들이 그녀의 지도를 받기 위해 찾아 왔다. 중대한 결정에 직면했다. 은둔자의 길을 계속 이어가야 할까? 아니면 강연 일정으로 채워야 할까? 비구니 승원 설립을 바라던 캄뚤 린뽀제를 떠올리며 점성술사와 상담했다. 그는 안거가 매우 조화롭고 평화로운 삶인 반면 비구니 승원을 시작하는 것은 많은 문제와 갈등, 어려움을 불러온다고 예견했다. 그러고는 "둘 다 좋습니다! 당신이 결정하세요."라고 마무리했다. 뗀진 빨모의 결론은 분명했다. "안거로 돌아가라!" 그런데 가톨릭 사제에게 결심을 털어놓자, 그는 "분명히 당신은 비구니 승원을 시작할 것입니다. 항상 평화롭고 즐겁게 사는 것이 무슨 소용이 있습니까? 우리는 거친 나무 조각과 같아요. 한결같이 실크와 벨벳으로만 자신을 쓰다듬으면, 기분이야 좋겠죠. 그러나 그것이 우리를 부드럽게 만들어 주지 않아요. 매끄러워지려면, 사포질이 필요합니다."

그렇다면 사포다. 그녀는 오래도록 동굴에서 인내한 것과 같은 지치지 않는 에너지와 생명력을 발휘해 모금 운동을 시작했다. 즉시 유럽, 호주, 미국, 아시아 등 세계 각국으로부터 초청이 쏟아져 들어왔다. 국제 불자 컨퍼런스에서 가끔 자신이 유일한 여성 기조 연설자인 것을 발견하면 단호하게 지적한다. "이건 남성 모임이군요. 모든 일을 여성들이 맡아서 하는데, 핵심 인물도 모두 남성이에요."

여성 달라이 라마

그녀는 동굴 속 고요로 되돌아가기를 바랄까? 최근 그녀는 순례차 20년 만에 처음으로 동굴에 돌아갔다. 30명의 학생과 15,000달러의 여행 경비를 기부한 후원자들과 함께다. 뗀진 빨모는 하늘을 향해 눈동자를 굴리며 분노의 한숨을 크게 내쉬고 변명하듯 중얼거렸다. "단지 내가 그 일을 하도록 그들이 시켰기 때문이야!" 귀환한 유일한 이유는 애지중지하는 비구니 승원 조성을 위한 기금 마련을 위해서라고 주장하면서 자신의 인생에서 가장 중요한 장소로 되돌아 간 것이 기쁘지 않았을까?

"과거의 일입니다." 그녀는 향수의 흔적을 완전히 털어 낸다. 그러나 산사태로 좁아진 비탈길을 따라 4시간의 트레킹 끝에 동굴에 도달했을 때[19], 뗀진 빨모는 감격했다. 동굴에서의 추억을 막 나누자마자, 그 마을의 촌장이 나타나 동굴의 부서진 지붕을 원래대로 고쳐 놓겠다고 약속했다. 비구니 아니 칼덴Ani Kalden은 경외하는 뗀진 빨모의 길을 좇아 안거하기 위해 얼마 전에 이곳으로 옮겨 왔다. 하지만 뗀진 빨모는 그녀가 두 번째 안거는 하지 않을 것이라고 예상했다.

뗀진 빨모가 새 승원 꼭대기에 건설 중인 작은 다락방을 가리킨다. "비구니들은 제가 여기서 안거를 해야 한다고 생각합니다." 마치 어미 독수리가 상공을 맴돌 듯 비구니들의 정중앙, 모든 것의 가장 꼭대기에 위치한 다락방은 그녀에게 안성맞춤일 것이다.

"이 도전은 예상보다 지체되고 있어요." 그녀는 건설 현장을 바라보며 "솔직히 다음 순간에 일어날 일을 누가 알겠습니까? 안거로 돌아가는 것 말고, 내 인생에서 다른 무엇을 할 수 있을지 모르겠어요. 그때 제 눈이 멀거나 장애를 가질 수도 있을 거예요. 이 모든 것이 끝났을 때 여전히 정신적으로 신체적으로 능력이 된다면, 안거에 들어가고 싶습니다. 그 전에 비구니들에게 승원을 넘겨도 스스로 운영할 수 있다는 확신이 서야겠죠."

비구니 승원은 이제 그녀의 영감이 되었다. 그녀의 존재 이유는 비구니들에게 그녀가 누리지 못한 모든 기회를 제공해, 젊고 활기찬 어린

구도자들을 진정한 영적 발전소로 이끄는 것이다. 뗀진 빨모는 캄뚤 린 뽀체 사원의 외로웠던 시절에서 교훈을 얻었다. 그것은 '지식이 핵심'이 라는 것이다. 그녀의 승원에서, 비구니들은 매일 공부를 한다. 캔뽀뿐만 아니라 남인도 사원의 장로 비구니도 초청해 그들의 본보기로 삼고 있 다. "남성이 여성보다 더 똑똑한지 물어보면 비구니들은 그렇다고 해요. '아니야, 그들이 더 똑똑한 것이 아니라 네가 그렇게 생각해서 그런 거 야. 왜냐하면 남성들이 더 나은 교육을 받고 있거든. 그들이 하는 것처럼 너도 모든 것을 할 수 있어.'라고 말해 줍니다."

뗀진 빨모가 콘크리트와 모래, 벽돌 더미를 조심스럽게 피해 여성 불상이 있는 곳으로 움직이고 있었다. 그녀가 불상의 눈을 가리고 있는 빨간 천을 들어 올린다. 누굴까? 붓다의 양모이자 여성 최초로 계를 받 은 '마하쁘라자빠띠'이다. 붓다는 구도자가 되어 방랑을 하겠다는 그녀 의 요청을 세 번이나 거절했다. 그녀와 같은 마음을 가진 500명의 여성 은 머리를 깎고, 563km를 맨발로 걸어 변치 않은 결심을 보여 주었고, 마침내 붓다가 그들을 받아 들였다. 그 당시에는 혁명적인 결단이었다.

자이나교를 제외하고 불교가 아시아에서 처음으로 여성을 받아들 인 것이다. '일반적인' 사원에서는 마하쁘라자빠띠의 불상을 거의 볼 수 없다. 그러나 여성성이 풍부한 이 비구니 승원은 다르다. 붉게 불타는 바 즈라 요기니가 피로 가득 찬 두개골을 가슴 가까이 들어 올리고, 젖가슴 과 성기를 드러낸 채 격렬한 춤을 추고 있다. 석가모니 붓다 옆에는 평화 로운 녹색 따라보살이 손바닥을 펼쳐 보호하고 있다. 모든 종교가 그렇 듯, 불교도 특정한 형태의 여성성을 이상화하고 있다. 그럼에도 불구하 고 뗀진 빨모는 살아 있는 요기니를 돕기 위해 다양한 형상의 여성 신을 청사진으로 삼는다. "붓다 스스로는 마음이 아주 열려 있었습니다. 하지만 사회는 점점 더 계급화되고, 가부장적으로 변해 갔죠."

그녀는 손상되지 않은 티벳 불교를 국교로 하는 유일한 나라, 부탄에 다녀온 최근 여행을 회상한다. "전통적인 사원들은 왕실의 전적인 지원을 받아 유지됩니다. 그곳에 있는 스님들은 모두 좋은 조건을 가지고 있어요."라며, 잠시 멈추더니 뼈아픈 말을 이어 갔다. "그러나 비구니들은 아무것도 얻지 못합니다. 그들의 사원은 보통 산속 깊이 아주 멀리 떨어져 있죠. 그래서 지원을 받기 어렵습니다. 낡고 외딴 건물, 부족한 먹거리에 교육도 없습니다. 가장 원하는 게 뭐냐고 물었을 때, 그들은 음식이나 사원 대신 '배움!'이라고 했습니다. 캄보디아, 인도 그리고 세상 대부분의 사원이 마찬가지입니다. 이것이 여성 달라이 라마, 영향력 있는 다르마 여왕 그리고 롤 모델이 될 만한 여성 성자의 전기가 없는 이유입니다."

구족계 논쟁

깔끔하고 햇볕이 잘 드는 뗀진 빨모 승원의 모든 것은 비구니들의 지식과 자신감을 고취하는 데 중점을 두고 있다. 그녀는 "모든 붓다의 어머니, 반야바라밀은 모두 여성"이라고 강조한다. "여성이 지적으로 열등하다는 생각은 하지 마십시오. 모든 비구니 사원의 가장 큰 문제는 자신감과 자존감 부족입니다. 목표는 건강한 자존감을 되찾고, 지금 당장 무엇이든 할 수 있다는 자신감을 회복하도록 돕는 것입니다. 그들에게 지시할 사람은 필요하지 않습니다. 이전에는 기회가 주어지지 않았지만 지금은 기회가 있어요. 이 모든 기회를 활용한다면, 그들은 분명히 미래에 성취자가 될 뿐만 아니라 다른 사람을 가르칠 수도 있습니다." 비구니 중 일부는 12년 또는 18년 동안 공부를 해 왔고 남성 비구와 마찬가지로 철학적인 면에서 같은 능력을 습득했다. "그러나 얼마를 배웠든, 그들은 티벳에서, 박사나 교수 같은 지위인 '켄뽀나 게셰' 자격을 얻을 수 없습니다." 뗀진 빨모는 불만스러워한다. "그들은 그저 비구니로 불릴 뿐입니다. 사원에는 모든 경전 사본이 있지만, 완전한 구족계를 받을 수 없기 때문에 전체 교육 과정을 배우는 것이 허가되지 않습니다."

1973년, 뗀진 빨모의 장기 후원자인 작가 존 블로펠드John Blofeld가 그녀의 완전한 비구니계를 위해 홍콩행 비행기표를 제공했다. 중국 전통의 검은 가사를 입은 그녀는 프레다 베디 이후 완전한 구족계를 받은 최초의 서양인 여성일 것이다. 방금 삭발한 헤어 라인 바로 위에 향으로 지진 3개의 둥근 화상 자국이 여전히 선명하다.

불교계에서는 비구니의 지위에 대해 본격적인 논의가 진행 중이다. 오늘날까지 티벳 전통에서 비구니는 비구에게 복종해야 하는 규율과 함께 비구보다 98개나 더 많은 계율을 준수해야 한다. 심지어 최고참 비구니조차 갓 스님이 된 새파란 비구보다 낮은 자리에 앉아야 한다. 뗀진 빨모는 이러한 추가 계율이 붓다의 가르침인지 강한 의구심을 가지고 있다. 그녀의 조사에 따르면 이것은 당시 여성에 대한 지배적 관점을 반영하기 위해 후대의 종파 지도자들이 추가한 것으로 보인다. 붓다 시대, 여성들에게 가장 획기적이고 멋진 사건이 여성 혐오적 이야기로 변질되었다. "지금 그들이 함께 행동에 나설 때입니다." 뗀진 빨모는 남성 라마들을 콕 집어 말했다. "비구니들이 완전한 구족계를 받을 수 있게 하라!"

그러나 오해는 없어야 한다. 뗀진 빨모는 분노한 페미니스트의 편에 선 것이 아니다. "사람들은 페미니즘과 여성의 권리에 대해 너무 열을 내고 있습니다. 우리는 여러 생을 거치면서 여성이기도, 남성이기도 했습니다. 마치 배우들이 다른 역할을 맡는 것처럼 말이죠. 붓다의 마음은 본질적으로 여성도 남성도 아닙니다."[20] 의로운 분개는 그녀에게 낯설다. 그녀는 최고의 존경심으로 스승들을 대하면서 가부장제에 반대하고 솔직하게 의견을 밝히는 길을 걷고 있다. 인도 다람살라에서 비구니들에게 달라이 라마를 소개하면서 이 사안에 대해 직접 청을 올렸다. 달라이 라마는 뗀진 빨모를 따뜻하게 안아 맞아 주었고, 부드럽게 그녀의 턱을 쓰다듬었다. 뗀진 빨모는 그녀의 비구니들이 달라이 라마에게 다가가 차례로 가피를 받는 것을 지켜보며 눈시울이 붉어졌다. 달라이 라마는 그녀의 사명을 지지하지만, 독재자가 아니기 때문에 단순히 명령을 내려 변경할 수는 없다고 밝혔다. 대신 이 사안을 논의하는 국제회의를 제안했다. 뗀진 빨모는 정중하게 그가 할 수 있는 범위에서 더 많은 조치를 요구했다. "존경하는 존자님, 우리는 여러 해 동안 논의해 왔습니다. 어떤 변화가 있었나요? 솔직히 존자님은 여성이 아니기 때문에 우리의 명예가 훼손되는 것을 상상할 수 없습니다!" 친견 후 그녀는 어깨를 들썩이며 "불교도들은 늘 변화에 대해 말하고 있습니다만 그들 역시 다른 사람처럼 결코 변화하고 싶지 않은 거예요."[21]라고 중얼거렸다.

달라이 라마는 비구니 사원에 자격을 갖춘 여성 원장을 앉히는 이상을 기꺼이 받아들인다. "여성 라마가 훌륭한 학자이자 수행자였다면, 세상을 떠난 후 다시 환생할 가능성이 큽니다. 그렇게 되면 22세기에는 여성 사원에 더 많은 여성 환생자가 나타날 거라고 생각합니다. 그때가 되면 비구니 사원과 비구 사원 사이에 경쟁이 있겠죠." 배 깊은 곳에서 올라오는 달라이 라마 특유의 웃음 소리가 퍼지더니 "긍정적인 경쟁이 될 것"이라고 덧붙였다.

인가받은 그녀의 영적인 탁월함

물론 남성들이 몇 세기 앞서 시작했다. 둑빠 까규 전승의 수장인 걀와 둑빠(1963-)는 마침내 전례 없는 조치를 취하기로 결정했다. 뗀진 빨모는 그를 자랑스러워한다. "그는 비구니에 대해 매우 열정적이며, 어디에 있든 그가 할 수 있는 한 여성을 지원합니다. 사실 걀와 둑빠는 자신이 살고 있는 이유는 비구니라고 내게 편지를 쓴 적이 있어요. 실제로 그는 비구 사원이 아니라 비구니 사원에 거주하고 있습니다."

그는 2008년 2월 그의 생일에 네팔 카트만두에 있는 비구니 사원을 뗀진 빨모에게 넘겨주고, 그의 전승 역사상 처음으로 티벳 불교 전통에서 여성 수행자에게 부여할 수 있는 가장 높은 지위를 그녀에게 내렸다. 제쭌마Jetsunma는 '존귀한 스승'이라는 뜻인데 걀와 둑빠는 "제Je는 요기니로서의 성취를 상징합니다. 쭌tsun은 비구니로서의 성취를 상징하는 말입니다. 수백 년 동안 외면받은 여성 수행자를 위한 것입니다. 이제 영적인 탁월함을 보인 제쭌마와 같은 인물을 통해 혁신할 때가 되었습니다."[22]라고 확실히 못박았다.

150명의 비구니는 눈물을 흘리며 그녀 앞에 줄을 서서, 흰색의 실크 카다와 황금색 만달라 판, 불상을 올렸다. 걀와 둑빠도 둑빠 까규 고유의 빨간 모자를 그녀에게 건네 주었다. 믿을 수 없는 광경에 몇 초간 정적이 흘렀다. 이후 뗀진 빨모는 그 모자를 쓰고 활짝 웃음을 터뜨렸다. 비구니 승원은 그녀를 위한 사포고, 그녀 또한 승원을 위한 사포다.

주

a 따시종Tashi Jong은 현재 1980년 인도에서 태어난 세둡 니마Shedrub Nyima, 9대 캄뚤 린뽀체Khamtrul Rinpoche가 주석으로 있다.

b 8대 동규 니마Dongyü Nyima(1931-1980)는 1958년 티벳을 떠났다. 처음에 서벵 골West Bengal에 정착했으나, 1969년 북인도의 히마찰 프라데시의 따시종으로 옮겼다.

c 지리적으로 인도 국경 지역인 마날리Manali와 라다크Ladakh 사이에 있지만, 문 화와 종교는 티벳과 같다.

d 사성제四聖諦는 불교의 중요한 교리로서, 석가모니 붓다의 최초의 가르침(초전 법륜)으로 여겨진다. 제1성제(고제)는 고통이라는 진리다. 누구나 겪는 생로병 사의 고통을 가리킨다. 제2성제(집제)는 고통의 원인인 무지와 갈애로 인해 윤 회계에 갇힌다는 것이다. 제3성제(멸제)는 고통의 소멸에 관한 진리로 무지와 갈애를 없앨 수 있다는 것이며, 제4성제(도제)는 멸제를 위해 팔정도 등을 수 행하는 것이다.

e 바른 견해(정견, 正見), 바른 생각(정사유, 正思惟), 바른 말(정어, 正語), 바른 행동(정업, 正業), 바른 생활(정명, 正命), 바른 노력(정정진, 正精進), 바른 마 음 챙김(정념, 正念), 바른 집중(정정, 正定)

f 빨리어Pali로 테라바다Theravada는 '고대의 가르침'을 뜻한다. 비교적 보수적인 불교 전통으로 초기 불교와 가까우며, 동남아시아에 널리 퍼져 있다. 티벳인들 은 그것을 근본 법륜Hinayana(소승 불교), 자신들의 전통은 대 법륜Mahayana(대 승 불교)에 속한다고 생각한다. 더 큰 통찰과 뛰어난 방법으로 더 큰 성취를 이 룰 수 있다고 믿기 때문이다.

g 티벳인들은 그녀를 수계식에서 받은 법명인 케촉 빨모Khechok Palmo로 알고 있다.

04

오리건주의 따쉬 최링 Tashi Choling에서 쌍게 칸도

사진 데이비드 고든 ©David Gordon

쌍게 칸도

SANGYA KAHNDRO
(NANCY GAY GUSTAFSON)

깨달음은 전업 직업이다
서양인 중 가장 유창한 티벳 번역가
한 사람과의 솔직한 인터뷰

쌍게 칸도는 가장 심오한 불교 가르침을 터득하고 이를 번역했다. 그녀는 50대 후반이지만 어떤 기준으로도 뛰어나게 아름답다. 하지만 여러분은 그녀의 활기차고 드넓은 푸른 두 눈을 가장 먼저 보게 될 것이다. 그녀는 쭉 뻗은 키와 물결치듯 곱슬거리는 금발에도 불구하고 늘 발목까지 덮는 티벳 전통 의상을 입고 티벳 사람들과 편안하게 어울린다. 나는 그녀가 티벳어로 된 복잡한 주제도 애쓰지 않고 우아하게 통역하는 것을 여러 번 보았다. 어떤 이름난 동료 번역가는 그녀를 다른 그 누구보다 가르침과 전수를 많이 받은 서양 여성일 것이라고 했다. 그녀는 현재 12만 평에 이르는 따쉬 쩨링Tashi Chöling의 아름다운 땅에 살고 있다. 오리건주, 애쉬랜드Ashland 근처 산에 있는 수행 센터는 그녀의 남편이자 스승인 갸뚤 린뽀체Gyatrul Rinpoche[a]와 함께 설립한 곳이다. 그녀는 뛰어난 티벳 스승인 뒤좀 린뽀체Dudjom Rinpoche, 틴래 놀부 린뽀체Thinley Norbu Rinpoche, 뻬놀 린뽀체Penor Rinpoche, 켄뽀 남돌 린뽀체Khenpo Namdrol Rinpoche 들의 통역을 했다. 법문을 해 달라는 초대도 많이 받지만 응하는 경우는 극히 드물다. 번역과 안거 수행에 집중하는 은둔형 생활 방식을 더 좋아하기 때문이다. 그녀는 도반인 라마 최남Lama Chönam과 함께 번역 위원회인 '베로챠나의 빛Light of Berotsana'을 설립했다. 그녀가 출간한 번역서 중에는 티벳 금강승의 시조인 빠드마삼바바의 동반자, 인도 여성 만다라바Mandarava[1]에 대한 전기도 있다.[2]

미카엘라 하스(미카엘라)

당신의 여정은 어떻게 시작되었나요?

쌍게 칸도(쌍게)

1972년, 대학교 2학년을 막 마쳤을 때였어요. 교육 체계에 환멸을 느껴서 세상을 좀 더 배우고 싶었죠. 하와이에 계신 부모님을 찾아 뵙던 중에 제시 사테인Jessie Sartain이라는 사람과 우연히 만났어요. 그는 북인도 다람살라에서 달라이 라마를 만나고 막 돌아온 참이었어요. 다람살라는 이전에 영국의 피서지였는데, 수천 명의 티벳 난민이 달라이 라마 곁에 남아 결코 떠나지 않는 곳이지요. 그는 자신이 크게 통찰을 얻었던 경험을 이야기해 주었어요. 부모님이 우려했던 대로 제시는 내게 말했죠. "당신이 달라이 라마를 만날 수 있게 해 주겠습니다, 갑시다." 우리는 돈 들이지 않는 방법으로 세상을 돌아다녔어요.

미카엘라 육로로요?

쌍게 히치하이킹이었어요. 5개월이나 걸렸죠. 인도와 파키스탄의 전쟁으로, 이란에 돌아가 1개월을 기다렸다 델리행 비행기를 타기 위해 남은 전 재산을 사용했어요. 우리는 극빈자였어요. 다람살라에는 11월 말에 도착했는데 완전히 꽁꽁 얼어 있었어요. 임시로 지은 작은 판잣집을 숙소로 정했어요. 우리는 물질적인 면에서 고통을 겪었지만 영적인 면으로는 완전히 압도되었고 정말 놀라웠죠.

미카엘라 당신은 종교적이었나요?

쌍게 몰몬교도로 자라서 실제로 매우 종교적이었어요. 그것은 내가 추구하는 것을 얻기 위한 일종의 새총 같은 것이었어요. 성장해 가면서 의문을 갖기 시작했지만 내가 얻은 답이 만족스럽지 않았어요. 그래서 진정 나의 길이 아니라는 것을 알았습니다.

미카엘라 어떤 종류의 의문들이었나요?

쌍게 예를 들면 우리 교회에는 왜 흑인이 없는지 알고 싶었습니다. 그런데 인종차별적인 대답을 듣고 정말 화가 났죠.

미카엘라 당신은 어디서 성장했나요?

쌍게 오리건주에서 태어났어요. 아버지는 코닥에서 사진사로 일했는데 가끔 여기저기 전근을 가야 했어요. 우리는 솔트 레이크 시티Salt Lake City, 시카고Chicago, 포틀랜드Portland, 하와이Hawaii에서 살았어요. 어린아이였던 우리는 너무 옮겨 다녀서 힘들기도 했지만 열린 마음을 키울 수 있었어요. 전업주부였던 사랑스러운 어머니는 전형적인 미국 중산층의 양육 방식으로 우리를 키우셨어요.

미카엘라 오리건의 한 대학교 여학생이 누군가의 흥미로운 이야기를 들고 인도까지 여행할 수 있었다는 게 정말 놀랍네요.

쌍게 내 안에 어떤 힘이 있었어요. 그리고 내 인생은 완전히 바뀌었
죠. 그 전의 나라는 사람은 거의 전생과도 같아요. 나중에 그 간
극을 메우는 것이 힘들었죠. 특히 친지들과요.

모든 역경에 맞서서

미카엘라 제가 인터뷰한 스승의 삶에서 가장 통찰을 얻게 된 것 중 하나
는 모든 역경에 맞서 자신의 직관을 따랐다는 것입니다. 현재
에 불만족해서 보다 깊은 삶의 의미를 찾고 있지만, 안락한 터
전을 과감하게 뛰쳐나갈 용기를 가진 사람은 많지 않습니다.

쌍게 우리는 젊을 때 두려움을 크게 느끼지 않는 능력이 있어요. 혼
자, 무일푼으로 인도로 휙 날아가는 일을 지금의 내가 어떻게
할 수 있겠어요? 글쎄요. 내 안에 무엇인가가 깨어났고, 마침
그 일을 하기에 무르익은 때였죠.

미카엘라 다람살라에서 당신이 언어를 배우고 번역가가 되고 싶다는 것
을 알았나요?

쌍게 아니요, 그건 몇 년 후에 알았어요. 처음에는 단지 스승과 티벳
어로 직접 말하고 티벳 수행문을 읽고 염송하는 것을 배우고 싶
다는 이기적인 이유로 시작했어요.

미카엘라 혼자서 어떻게 생활을 꾸려 나갔나요?

쌍게 부모님께 돈을 빌렸어요. 그리고 내 명의로 된 하와이의 사탕
수수밭을 팔았죠. 근근히 살아갔습니다. 우리는 인도의 단 음
식, 짜이와 짜파티를 먹고 살았어요. 완전 나쁜 식단이었죠. 나
는 채식주의자였어요. 여러 번 병이 났는데 간염에 두 번이나

걸렸고 두 번째는 완전히 죽을 뻔했어요. 하지만 어떤 후회도 없어요.

미카엘라 부모님은 어떤 반응이셨나요?

쌍게 처음에는 일시적으로 지나가는 유행 같은 거라고 생각하셨어요. 시간이 지나자 모든 부모님이 갖는 관심을 보이셨죠. "결혼해서 평범한 삶을 살아야 하지 않겠니?" 그럼에도 부모님은 내가 한 인간으로서 더 성장하는 모습을 보는 것이 행복하다는 것을 알게 되셨죠. 나중에 번역을 직업으로 삼을 수 있다는 얘기를 나누면서 부모님은 내가 뭔가 의미 있는 일을 하고 있다고 생각하셨어요. 나보다 두 살 많은 오빠는 내가 무엇을 하건 나를 존중해 줬어요.

미카엘라 오빠는 궁금해하지 않았나요?

쌍게 오빠는 철학에 대해서는 전혀 질문하지 않았고 그건 부모님도 마찬가지였어요. 그건 언제나 내가 궁금해했던 것이지요. 눈앞에 있는 당신들의 아이가 완전히 무엇인가에 빠져 있었기 때문에 궁금해하긴 했지만 내가 진실로 믿는 것에 대해서는 결코 묻지 않으셨어요. 부모님은 알기가 두려웠던 것 같아요.

미카엘라 불자로 깨닫게 된 것처럼 당신은 정말로 신을 믿지 않나요?

쌍게 맞아요. 부모님 두 분 다 돌아가셨지만, 어머니가 파킨슨병을 앓을 때 나는 관상을 하며 어머니를 많이 도와드렸어요. 어머니께 불교의 상징 대신 예수님께 집중하라고 말씀드렸는데 그걸 참 잘하셨어요. 어머니는 그런 것에 열려 있었지요. 어머니를 도울 수 있어서 기분이 좋았어요. 나중에 아버지가 돌아가실 때에도 아버지와 그 자리에 현존할 수 있었어요.

미카엘라 부모님은 결국 당신의 수행에 감사할 수 있었겠네요.

쌍게 글쎄요, 부모님은 그다지 선택의 여지가 없었죠.(웃음) 오랫동안 떠나 있었고 부모님은 언제나 나를 걱정했습니다. 지금은 내가 부모님의 마음을 아프게 해 드린 것이 참 나빴다고 생각해요. 하지만 당시에는 그 무엇도 나를 멈추게 할 수 없었죠.

가슴과 마음을 확장시키다

미카엘라 당시 다람살라는 어떻게 보이던가요?

쌍게 아주 빈곤했고, 사람들은 항상 병들어 있었습니다. 노점상에는 항상 똑같은 맛의 두세 가지 음식이 있었어요. 나는 추위에 얼어붙었어요. 히터도 없었고 벽은 단열재가 없는 널빤지였어요. 티벳 사람들은 지독한 냄새가 나는 환경에서 살았어요. 그러나 아름답기도 했지요. 티벳인들은 자신들의 문화를 생생하게 잘 간직하고 있었어요. 티벳력으로 새해가 되면 문화 행사와 춤을 구경했는데 그건 정말 환상적이었어요. 달라이 라마는 항상 참석하셨어요. 누구나 사원에 가서 법좌에 다가가 그의 앞에 앉을 수 있었죠. 난 그게 정말 좋았어요.

미카엘라 당신에게 울림을 주었던 특별한 무엇이 있었나요?

쌍게 달라이 라마 사원 가까이에 다람살라 티벳 도서관이 막 개관해서 서양인들도 티벳 스님들과 함께 티벳어와 철학을 공부할 수 있었어요. 게셰 나왕 달개Geshe Ngawang Dhargyey[b]는 『입보리행론』[3]을 가르쳤어요. 모든 중생을 위해 깨달음을 얻고자 발원하는 보리심을 배울 수 있다는 것도 놀랍지만 그것을 체득하고 그렇게 살고 있는 분에게서 배울 수 있다는 것은 정말 놀라운 일이었어요. 거의 모든 티벳 사람들에게서 이러한 헌신을 느꼈어요. 너무나 감동적이었습니다. 저는 매우 소심해서 철두철미한 제 동반자의 그늘에 가려진 면이 있었어요. 첫 6개월이 끝날 무렵 귀의를 하고 게세 나왕 달개에게서 보살계*를 받았습니다. 우리는 불도의 길에 들어섰고 이후로 나는 이 길을 죽 걸어 왔습니다. 그 당시에는 누구도 다른 종파나 성별에 편견을 갖지 않는 것 같았습니다. 우리의 가슴과 마음은 결코 알 수 없는 길에 열려 있었습니다.

미카엘라 편견이 없었다고요? 모든 가르침을 다 받을 수 있었나요?

쌍게 어느 정도는요. 나에게는 모든 기회가 주어졌어요. 아무도 여성을 무시하지 않았어요. 예를 들면 나의 개인 스승을 만나기 위해 달라이 라마 사원에 있는 스님 구역을 바로 걸어갈 수 있었어요. 그러나 가끔 갑자기 사원에서 스님들을 불러 달려가 버리면 혼자 남겨지곤 했죠. 그때 여성들은 다 어디에 있지? 라는 생각이 문득 들었어요. 그때는 비구니 사원이 없었어요. 남자의 세계였고 소외당한 느낌이 슬펐습니다. 그렇다고 낙담하지는 않았어요.

금강승이 가부장적이라는 잘못된 개념

미카엘라 당신은 만다라바의 삶을 번역하면서 "금강승이 남성 중심적이라는 개념은 잘못된 것"이라고 썼습니다.

쌍게 그것이 사실이라고 생각합니다. 개념이란 단지 문화적 이슈일 뿐 불법의 가르침으로써 금강승과는 전혀 관련이 없어요. 단지 그 안에 담긴 맥락과 상관이 있습니다. 금강승에서 여성성 원칙은 분명히 존중됩니다. 어디에나 다키니 관정이 있고, 경전에는 모든 붓다를 잉태한 근원으로서 여성성에 대한 일차적 원직으로 지혜[d]를 말하고 있습니다. 금강승에 대해 조금이라도 아는 사람은 누구라도 성별 편견이 없다는 것을 압니다. 몇몇 서양인 스승이 티벳 불교가 가부장적이라고 믿게 하는 것은 속상한 일이에요. 제 생각엔 잘못 가르치고 있는 것입니다.

미카엘라 티벳 문화의 한 부분인 티벳 스승이 주로 가르치는데, 그 문화와 분리하여 '실제' 불법의 가르침을 어떻게 구분할 수 있습니까?

쌍게 가르침을 더 많이 공부할수록 해답을 더 많이 알게 됩니다. 아마도 스승은 문화적 편견을 가지고 가르치겠지요. 그러나 우리는 그 진정한 가르침이 무엇인지 알아야만 합니다. 이것이 바로 스승을 완전히 인정하기 전에 스승을 점검해야 하는 이유입니다. 물론 티벳에서는 복잡한 이슈입니다. 여성 스스로도 잘못이 있어요. 그들은 자신들의 역할에 굴복해서 벗어나기를 거부하지요. 많은 사람이 티벳 불교가 가부장적이라는 인상을 받는 이유는 앞장서는 남성들은 확실히 많아 보이는 것에 비해, 여성들은 아주 적어 보이기 때문이죠.

미카엘라 어린 여성들이 훈련도 받지 않고 어떻게 앞장설 수 있을까요?

쌍게 나의 도반인 라마 최남의 출신지인 동티벳에는 모든 이들의 존경을 받는 아주 강력한 다키니들이 있었어요. 그럼에도 많은 여성들은 앞장서려 하지 않았어요. 티벳 여자 친구들은 법당에서 내 뒤에 앉아 더 낮고 작은 자리에 있어야 한다고 말해 주었죠. 티벳 여성들이 잘하는 일, 맨 뒤에 가서 요리하고 청소하고 나르는 이 모든 것은 문화적인 것들입니다. 나는 이렇게 겸손한 입장을 취할 필요가 없다고 생각합니다. 월경을 할 때는 법당에 들어갈 수 없다는 말도 들었어요.

미카엘라 정말입니까? 태국이나 미얀마에서 그런다고 들은 적 있지만, 티벳에서 그런다는 것은 듣지 못했어요.

쌍게 어떤 친구들은 우리의 생각에 겁을 먹었어요. 존경하는 양탕 린뽀체Yangthang Rinpoche°가 관정 의식을 하는 동안 젊은 여성들이 그를 둘러싸고 의식을 보조하고 있습니다. 지금 여기서요. 이들 서양 여성들은 환상적입니다. 양탕 린뽀체는 그들과 편안하게 지내며 멋진 에너지를 즐기고 있어요. 그들과 웃고 농담도 합니다. 정말로 역사적인 일이죠. 통역사 둘 다 여성입니다. 남성을 반대하는 것이 아닙니다. 그러나 여성도 마찬가지로 잘할 수 있다는 것을 모두가 지켜보는 것은 좋은 일입니다. 린뽀체는 88세이지만 장담하건데 티벳에서였다면 그의 옆에 서서 물건을 들고 법회를 보조하는 자리에 여성을 둘 수 없었을 거예요. 불가능하죠. 관정을 받으려고 와서 이것을 본 티벳 사람들에게는 충격이겠죠.

미카엘라 그럼 관정을 직접 주는 것도 가능할까요?

쌍게 그렇게 되기를 바랍니다.

결코 포기하지 않는다

미카엘라 당신은 만다라바의 전기를 번역했지요. 그녀는 티벳 불교에서 가장 중요한 여성 중 한 사람이자 티벳 불교를 수립한 주요 인물인 빠드마삼바바의 인도인 동반자이기도 한데요. 그녀는 도를 이루기 위해 왕궁을 떠난 공주였어요. 당신은 그녀의 어떤 점에 감명받았나요?

쌍게 만드라바는 아주 포기하기 어려운 것을 기꺼이 버렸어요. 소위 세속적인 삶의 쾌락에 대한 애착 말이죠. 나는 그녀가 엄청난 곤경 앞에서도 결코 포기하지 않고 극복해 지혜의 다키니가 된 점을 좋아합니다. 그녀는 빠드마삼바바와 함께 지금도 강력한 수행처인 네팔 동굴을 다니며 수행했어요. 그들은 함께 수행했고 불멸의 지혜를 갖춘 자가 되었습니다. 그녀는 장수의 성취를 이루었다고 하고, 장수 관정을 줄 때 적용하기도 합니다.

미카엘라 오늘날의 수행자들에게 어떤 롤 모델이 되어 주나요?

쌍게 만다라바가 가진 강인함과 자질은 도를 성취할 수 있게 해 줄 거예요. 다르마는 시간을 초월하고, 조건적 상황을 뛰어넘는 것입니다. 궁극적으로 그녀는 성차별에 저항하지요.

미카엘라 지나고 나서 보니 불자가 되기 전에 이런 연결을 예언하는 뭔가가 있었나요?

쌍게 네, 항상 뭔가 더 깊은 것을 찾고 있었어요. 삶은 표면적이고 불만족스러웠어요. 나는 삶의 목적을 알고 싶었고 사람이 죽은 후에 무슨 일이 일어날지 알고 싶었지요. 기독교의 가르침은 진실되게 다가오지 않았어요. 내가 무엇이 되고 싶은지 몰랐지만 결혼을 해서 아이들을 기르고 살아가는 평범한 아내가 되고 싶은 욕망은 없었어요. 가끔 사람들은 나에게 아이를 갖고 싶지 않냐고 물어봅니다. 물론 아이들을 좋아해요. 그러나 내 아이를 갖고 싶다는 욕망을 느끼지는 않았어요. 얄궂게도 59세가 되어서야 아이를 갖게 되었고 그 아이는 기쁨을 줍니다.

미카엘라 어떻게요?

쌍게	나는 라마 최남과 함께 살고 있어요. 그에게는 특별한 열한 살 아들, 쌍게 뗀달Sangye Tendar이 있죠. 뗀달은 틴래 놀부 린뽀체f의 불교 기숙 학교에서 교육받았고 지금은 우리와 함께 살고 있어요. 그래서 우리가 부모 역할을 하고 있죠.(웃음)
미카엘라	왜 그렇게 재미있어 하나요?
쌍게	이런 삶의 단계는 전혀 예측하지 못했던 일입니다. 당신도 미래에 무슨 일이 닥칠지는 정말 모르죠? 나는 갸뚤 린뽀체와 내내 함께했고 린뽀체의 주요 제자이자 시자였지요. 87세의 린뽀체는 제자들에게 더 많이 의존했습니다. 그는 우리의 주 관심사였고 한 가족으로 친밀하게 지냈어요.
미카엘라	갸뚤 린뽀체와는 어떻게 만났나요?
쌍게	처음에는 인도 비자가 만기가 될 때마다 하와이에 돌아가 돈을 모아서 다시 인도로 되돌아가곤 했어요. 그러다 제시와 나는 하와이에서 다르마를 전하고 싶어졌지요. 그래서 우리는 땅을 확보하고, 절을 고치고는 네충 린뽀체Nechung Rinpocheg를 델리에서 하와이로 모시고자 했습니다.

유령이 나오는 사원

미카엘라	당신이 2년간 다르마를 배우는 학생으로만 있었다는 것이 정말 놀라워요.
쌍게	네. 처음 시작할 때부터 나는 기본적인 일 외에 아무것도 하지 않고 100퍼센트 몰두했었습니다. 마치 마법처럼 사우스 포인트South Point에 버려진 일본 사찰을 발견했어요. 그 지역 사람들은 그곳이 유령이 나오는 곳이라고 생각해서 가까이 가려 하

지 않았죠. 사탕수수 농장은 그 사찰을 연 1달러로 우리에게 임대했어요. 우리는 열심히 수리해서 린뽀체를 초청했어요. 그 사찰은 여전히 성황입니다.

미카엘라 누구를 초청했습니까?

쌍게 깔루 린뽀체Kalu Rinpoche께서 가장 처음 오셨어요. 그는 관정과 구전을 주고, 까규 센터Kagyü center라는 이름도 지어 주셨습니다. 네충 린뽀체가 이 사찰에 오셨을 때, 밤에 노크 소리를 들었어요. 그는 유령이 나온다고 생각해서 그곳에서 나가기를 원했어요. 우리는 호놀룰루에 있는 센터를 빌려 모든 것을 다시

쌍게 칸도와 라마 최남, 그의 아들 쌍게 뗀달

사진 제공 쌍게 칸도

시작하는 수밖에 없었지요. 그 당시 우리 중에 티벳어를 유창하게 구사하는 사람이 없어서 의사소통에 큰 어려움을 겪고 있었습니다. 네충 린뽀체는 갸뚤 린뽀체에게 도와 달라고 간청하셨어요. 갸뚤 린뽀체는 1972년 달라이 라마가 캐나다에 파견해서 처음으로 정착한 그룹에 속해 있었기에 영어를 조금 할 줄 알았습니다.

너의 남은 생은 그를 돌보아라!

미카엘라 두 분은 즉각적으로 이어졌나요?

쌍게 아니요, 서서히 진행되었어요. 그는 아주 재미있고 개인적이며 격식에 매이지 않았기 때문에 나는 그에게 강한 호기심을 가졌어요. 이렇게 열려 있고 느슨한 린뽀체는 만나 본 적이 없었어요. 그와의 만남은 정말로 예기치 않은 일이었어요. 왜냐하면 그와 평생을 함께하는 일의 시작이었기 때문입니다. 몸에 딱 달라붙는 붉은색 조끼와 이런 옷을 걸친 사람을 하와이에서 본 적이 없었어요! 몇 달 후 16대 깔마빠가 방문했을 때 갸뚤 린뽀체는 궤양 천공으로 심하게 병이 났습니다. 깔마빠는 내게 돌아서서 말씀하셨어요. "병원으로 데려가라! 지금 바로! 그를 도와줘라!" 이런 일은 한 번이 아니었어요. 깔마빠께서 떠나실 때 또 말씀하셨지요. "너의 남은 생은 그를 돌보아라." 그래서 우리의 관계가 발전했죠. 그 이후 린뽀체는 다른 스승들을 초청하기 시작했고 그들에게는 통역사가 필요했어요. 70년대 후반 이 일을 할 수 있는 유일한 사람이 바로 저였어요. 그러나 처음에는 통역을 거의 제대로 못한 채로 끝냈어요. 공포에 떨고 있던 모습이 기억납니다. 왜냐하면 나는 대중 앞에서 말하는 걸 아주 수줍어했거든요.

미카엘라 스승과 함께 사는 경험은 어떤가요?

쌍게 가까워진다는 것이 정말 쉽지 않았어요. 만약 선택권이 있다면 거리를 두고 있는 것이 더 나아요. 깔마빠께서 이런 유명한 말을 하셨죠. "나의 곁에 가까이 있는 제자들은 더 낮은 단계로 갈 것이지만 거리를 두고 있는 자들은 해탈할 수 있는 큰 기회를 가질 것이다." 스승과 늘 붙어 있으면 우리는 평범한 마음으로 스승을 보기 시작합니다. 우리가 평범하기 때문입니다. 그러나 그 함정에도 불구하고 어떤 사람은 그것을 뚫고 나가는 기회로 사용할 수 있고 어려운 조건 속에서도 순수한 견해를 가질 수 있습니다. 그것이 수행입니다. 이 모두가 바로 마음입니다. 우리는 순수하거나 순수하지 않은 생각들로 살아갑니다. 이것을 조정할 수 있습니다. 우리는 자신을 스스로 붙들 수 있게 충분한 알아차림을 해야만 합니다.

미카엘라 "만약 선택권이 있다면" 이란 말이 매우 흥미롭습니다. 당신에 겐 선택권이 없었나요?

쌍게 네, 제게 선택권은 없었어요. 나는 항상 바로 그곳, 앞과 중앙에 있었지요. 정말 무엇으로도 바꿀 수 없는 놀라운 기회를 가졌어요. 나는 항상 린뽀체를 본보기로 배우고, 그를 섬겼어요. 그 역시 나에게 많은 것을 주었지요. 우리는 함께 수행하며 서로의 존재를 이롭게 합니다. 언제나 어려운 상황이 있었지만, 그것이 그렇게 나쁘지는 않습니다.

미카엘라 무엇이 힘들었나요?

쌍게 질투가 있었어요. 나 또한 많은 실수를 한 것 같아요. 아마도 건 방졌던 것 같아요. 좀 더 친절하거나 겸손할 수도 있었을 텐데 요. 많은 사람이 스승을 가까이하고 싶어 하지만 좀처럼 기회 를 얻지 못합니다. 때로는 스승 가까이 있는 우리조차 그 사실 을 잊어버립니다. 나는 이런 일에 매우 민감해졌습니다.

미카엘라 당신은 자격을 가졌다고 느꼈나요?

쌍게 네, 어느 정도 있었지요. 나는 모든 시간을 정말 열심히 일했지 만 실제로는 아주 초라한 대접을 받았어요. 린뽀체를 돌보고 요리하고 그의 가르침을 번역했습니다. 나의 모든 시간과 에너 지를 쏟아부었어요. 그러나 여전히 집세 독촉에 시달렸어요. 소홀하게 대접받는 하찮은 존재 같았죠. 그런 세월을 지나 린 뽀체의 동반자, 수석 제자, 통역사로서의 위치를 갖게 되었습 니다. 제가 책임지고 있지만 이 모든 일이 사람들에게는 새로 운 일이고, 아직 진행 중이죠. 우리는 개척자였어요.

미카엘라 이 일을 어떻게 했습니까?

쌍게 나는 단지 다른 일을 하고 싶지 않았어요. 그뿐이에요. 나는 다 른 것에 대해서는 생각조차 해 보지 않았어요.

미카엘라 갸뚤 린뽀체와 당신은 실제로 결혼했나요?

쌍게 우리는 우리 그대로예요. 우리 관계는 이해하기 어려운 면이 있습니다. 린뽀체와 나는 영적 동반자입니다. 물론 그는 나의 스승이고 나는 그의 제자입니다. 그러나 일반적인 결혼 관계인 적은 없습니다.

미카엘라 그게 어떠한 것이든 간에.

쌍게 (웃음) 나는 지금 라마 최남과도 관계를 가지고 있습니다. 우리는 대부분의 시간을 린뽀체와 함께하며 살고 있어요. 행복한 대가족처럼요. 린뽀체는 내가 최남과 함께 있는 것을 정말로 좋아하고, 그를 사랑하고 있어요. 모든 상황은 조화롭고 건강합니다. 린뽀체는 나보다 나이가 아주 많아요. 그는 불가항력적으로 이렇게 될 것이라는 것을 알고 계셨어요.

생명을 구한 업의 작용

미카엘라 라마 최남은 언제 만났습니까?

쌍게 1992년이에요. 그는 인도에 계신 달라이 라마를 만나기 위해 다른 몇몇 스님들과 함께 동티벳의 골록Golok을 떠났어요. 딸탕 뚤꾸 린뽀체Tarthang Tulku Rinpoche[h]가 그에게 미국으로 들어오라고 권유했을 당시 그는 동티벳에 있는 가족에게 돌아갈 계획이었습니다. 그는 체류할 의도가 없었어요. 그러다 폐렴에 걸려 심하게 아팠지요. 이것은 그의 목숨을 구할 업의 작용 같은 것이었어요. 왜냐하면 티벳으로 돌아갔다면 그는 분명 죽었을 것이기 때문입니다.

미카엘라 당신은 라마의 생명을 구하기 위한 선물을 갖고 있었던 것처럼 보이네요.

쌍게 (웃음) 최남은 약에 내성이 생긴 결핵이어서 격리되었습니다. 나는 그를 돌보아 주었습니다. 그는 영어를 하지 못했고 그와 소통할 수 있는 사람이 없었기 때문이죠. 저는 그가 병원에 가도록 도왔어요. 폐렴 병동으로 유명한 덴버Denver의 국립 예수 병원The National Jewish Hospital에서 그를 6개월간 무료로 입원 치료해 주었습니다. 오리건주 메드포드Medford 시장은 비행기를 전세 내 주었는데 그는 마스크를 쓴 채 덴버로 날아왔어요. 잊을 수 없는 비행이었어요.

미카엘라 처음부터 그와 연결되었나요?

쌍게 아니요. 그는 스님이었고 나는 갸뚤 린뽀체와 함께 아주 바빴지요. 우리는 분명한 연결감, 강한 상호 존경과 긍정적 에너지를 갖고 있었어요. 많은 사람이 우리의 만남을 가십으로 삼고 소문을 퍼뜨렸어요. "쌍게 칸도가 갸뚤 린뽀체를 떠나서 골록에서 온 스님한테 갔다는 말 들었어요?" 사실 그 당시에는 전혀 그런 상황이 아니었어요. 나는 단지 최남을 돕고 있었을 뿐이었습니다. 사람들이 꽉 들러붙어 쏟아 내는 흥미진진한 다르마 소문의 하나였죠. 하지만 그 일로 그는 승복을 벗어야 했어요. 그는 이 모든 일에 겁이 났어요. 이전부터 그를 알던 사람들은 그가 완벽한 스님이라고 말했거든요. 그는 계율을 엄격하게 지켰어요. 어쨌든, 그러한 상황에서 우리는 누가 친구인지를 정말로 잘 알게 됩니다. 나는 그런 일에 매달리지 않아요. 이런 일은 정체된 것을 움직이게 하는 하나의 대격변입니다.

미카엘라 라마 최남은 갸뚤 린뽀체와 지역 사회에 편지를 써서 사과하고 이를 고치겠다고 했습니다. 갸뚤 린뽀체는 당신이 그와 새로운 관계임을 인정하는 데 시간이 걸렸나요?

쌍게 적응 기간이 있었어요. 하지만 갸뚤 린뽀체와 나는 늘 소통했고 우리 셋이 함께 사는 데 적절한 때가 올 때까지 기다렸습니다.

미카엘라 서양은 결혼에 대해 이러저러해야 한다는 어떤 형식이 있습니다. 티벳인들은 결혼을 덜 진지하게 여기나요?

쌍게 그들은 훨씬 자유롭습니다. 때로는 결혼하지 않기도 합니다.

특히 스승들에게는 훨씬 개방적입니다. 결론은 최남과 나는 번역 작업을 위해 함께할 것입니다. 우리의 연결은 그 점 때문에 놀라운 것입니다. 갸뚤 린뽀체는 이것이 얼마나 중요한지를 아주 명확하게 알고 있어요. 이는 또한 린뽀체가 에고가 없으며 깨우친 마음이라는 것을 보여 줍니다. 우리는 일상적인 현상을 극복하면 감사와 존경심을 얻을 수 있습니다.

담금질도 하지 말고 물도 줄이지 말라

미카엘라 당신은 언제 쌍게 칸도가 되었나요? 낸시 구스타프슨은 언제 사라졌습니까?

쌍게 쌍게 칸도는 다람살라에서 막 구도의 길을 걷기 시작할 때 게셰 달개가 준 법명입니다. 쌍게는 '붓다'[1]를 의미하고 쌍게 칸도는 다키니, 즉 '공행모space traveler' 또는 '여성 붓다'를 의미합니다. 쌍게 칸도는 5개 방향에 있는 다섯 다키니 중 한 사람입니다. 저는 이 이름으로 정말로 축복을 받은 것 같아요.

미카엘라 그 이름을 당신의 본명으로 즉시 받아들였나요?

쌍게 아니요. 하지만 티벳 사람들과 늘 같이 있었고, 그 사람들은 낸시를 기억할 수 없었지요. 그들은 나를 쌍게 칸도라 부르기 시작했어요. 그리고 그 이름으로 고정되었지요.

미카엘라 그런데 당신의 법적 이름은 여전히 낸시 구스타프슨이군요.

쌍게 (웃음) 법적으로는 그래요. 그렇지만 나는 내 이름을 쌍게라고 말합니다. 부모님은 나에게 묻곤 했지요. "그 사람들이 너를 부르는 그 이상한 이름이 뭐니?"

미카엘라 부모님은 당신을 줄곧 낸시라고 불렀나요?

쌍게   물론이죠.

미카엘라 당신은 다르마 외에 즐기는 것이 있습니까?

쌍게   아무것도 없습니다. 제가 다르마를 알게 된 후 죽 그렇게 살아 왔습니다. 그전에는 피아노를 치며 노래한다거나 음악을 즐기거나, 승마를 했어요. 지금은 요즘 유행하는 것에 대한 정보가 없어서 당황스러워요. 나는 가끔 다르마를 공부하지 않는 사람들과 평범한 대화를 하는 데에도 어려움을 겪습니다. 그 사람들이 무슨 말을 하고 있는지 정말로 모르기 때문이죠.

미카엘라 당신은 신문을 읽거나 뉴스도 보지 않습니까?

쌍게   가끔 텔레비전 뉴스를 봅니다. 그러나 트위터를 해 본 적은 없어요. 우리는 번역, 여행, 수행을 하면서 우리의 세계에 완전히 몰입해 있습니다. 때로는 이런 생각을 해요. '쌍게, 넌 사람들과의 관계를 위해 정보를 좀 더 알아야 돼.'라고 말이죠. 그러나 곧 우선순위를 깨닫고 잠깐 멈춰 생각을 하지요. 나의 스승들은 내게 최상의 본보기이고 그분들은 이런 것을 알기 위해 귀한 인간으로서의 시간을 쓰기보다 다르마에 집중하는 것을 선택했다고요. 나는 다르마에 대해 충분히 알지 못한다고 생각하기에 평범한 책과 글을 읽는 것은 하지 말자고 나 자신에게 말합니다. 이러한 것들에는 삶을 자신에게서 벗어나게 하는 것이 너무나 많이 있습니다. 이메일도 역시 그런 것 같습니다. 아주 소모적인 시간입니다.

미카엘라 아주 적은 수의 사람들만을 위한 책을 번역하는데, 이를 위해 후원자를 찾습니까?

쌍게   약간 불확실하네요. 우리는 최소한의 급여를 받고 아주 신중하게 살아갑니다. 이 일은 돈을 쉽게 버는 직업이 아닙니다.

미카엘라　당신은 항상 라마 최남의 도움을 받아서 번역을 합니까?

쌍게　지금은 그렇다고 믿어요. 우리 서양인들은 자격을 갖춘 티벳 스승의 도움 없이는 티벳어를 번역할 수 없습니다. 서양인들은 아직 공을 잡고 달릴 수 있는 지점에 도달하지 못했습니다. 티벳 스승들과 동일한 방식으로 법맥 수지자가 되거나 관정을 주고 법을 전하고 지침을 설명할 수 있는 그런 지점 말입니다.

미카엘라　아직 무엇이 모자라는 건가요?

쌍게　티벳인들의 모든 방면의 뛰어남이죠. 예를 들면 서양인은 다르마를 완벽하게 알아야 하고 또한 집중적으로 안거 수행을 실천해야 합니다. 그래야 나름대로 자격 있는 금강승 스승이 됩니다. 그런 후에 사람들 앞에서 티벳 경전을 놓고 동시 번역을 하며 관정을 줄 수 있습니다. 그 시점부터 번역 기술이 예리하고 정확하게 그리고 지혜의 가피로 물들게 됩니다. 그렇게 되면 전적으로 영어를 사용할 수가 있습니다. 나는 티벳인들의 노고와 헌신으로 우리 서양인들도 시간이 지나면 이 지점에 도달할 것이라고 생각합니다. 그러나 제 인생에는 일어나지 않을 것 같습니다.

미카엘라　확신합니까?

쌍게　그런 방식으로 자격을 갖춘 서양인을 내가 얼마나 많이 알고 있을까요? 생각해 보세요.

미카엘라　착둡 카도Chagdud Khadro가 떠오릅니다.

쌍게　맞습니다. 그녀는 그 분야에서 특별하죠. 그녀의 스승이 전법을 하도록 인가한 전문가이고 이는 진짜이며 가피로 가득한 일입니다. 비록 제한적이긴 하지만요. 티벳 스승들이 법맥의 모든 면을 전법할 수 있는 자격과 비교해 보세요. 갸뚤 린뽀체, 종쌀 켄쩨 린뽀체 혹은 지갈 꽁뚤 린뽀체 등… 이분들은 필요할 때마다 관정이나 가르침을 몇 번이라도 줄 수 있는 자격을 완벽하게 갖추고 있습니다. 그분들은 전승 수지자로서 모든 방면에서 완전한 훈련이 되어 있습니다.

미카엘라 그들 모두 고작 두 살일 때부터 전법을 시작했습니다! 서양인들은 아무리 빨라도 20대에 시작합니다.

쌍게 나는 서양에서도 이런 일이 일어날 것이라 믿습니다. 가는 길이 멀 뿐입니다. 그러나 만약 티벳어를 열심히 배우지 않는다면 문제가 될 수 있습니다. 그것이 주요 관건입니다.

미카엘라 많은 서양 학생들은 그들의 스승들이 가르치는 대로 전적인 영어 수행을 하는데요.

쌍게 모두가 티벳어를 배워야 한다는 말이 아닙니다. 하지만 스승이나 전승 수지자라면 정말로 그렇게 할 필요가 있습니다. 그렇지 않으면 전법은 불완전할 것입니다. 왜냐하면 스승들은 전승 전통의 지혜와 지식으로 자격을 갖추었습니다. 그들은 전승의 지혜를 새로운 환경으로 가져왔고 그들만의 생각에 의지하지 않습니다. 훌륭한 서양인 스승들이 많이 있습니다. 어쨌든 그들을 다 열거하지는 않겠습니다. 그러나 무지개몸ʲ뿐만 아니라 완전하게 깨달은 불성과 성취를 실제로 가져오는 여정에서 조정하지 않고 담금질도 하지 않고 물도 줄이지 않으면서 붓다의 법문 그대로, 확실하게 가져올 필요가 있습니다. 나는 그것에 대해 강경합니다.

미카엘라 서양인들이 두 살배기 아이를 혹독한 뚤꾸 교육을 받도록 사원
에 맡기는 것을 상상할 수 없습니다.

쌍게 그럴 수 있지요. 틴래 놀부 린뽀체 사원은 전통적 가치를 선두
에 내세우고 있기에 독특합니다. 린뽀체는 제자의 자녀들을 훈
련시켜 왔습니다. 이 훈련을 기대하는 제자들은 남자아이든 여
자아이든 아이를 포기해야만 하고 오랜 기간 볼 수조차 없다는
것을 명확히 알고 있습니다. 정말 정말 잘 되었죠. 그러나 린뽀
체는 가장 큰 장애물이 부모였다고 말합니다. 부모들은 종종
방문하기를 원했고, 교육 과정이 없는 휴일에 아이들을 데리고
나갔기 때문입니다.

붓다는 가부장적 보스인가?

미카엘라 다른 개념과 문화를 받아들이는 것은 어려운 일입니다. 위계적
가부장적 문화를 지닌 티벳 불교가, 자유롭고 남녀가 동등한
서양 문화로 전환하는 과정에서 어떤 측면은 변화할 필요가 있
다고 생각합니다. 어떤 글에서 당신은 티벳 불교를 개혁할 필
요성에 대해 토로한 바 있습니다.

쌍게 몇 년 전 몇몇 서양 스승들이 석가모니 붓다를 2,500세의 가부
장적 보스로 비난했습니다. 나는 이렇게 말했어요. 아시아 스
승들에게서 배웠으면서, 외국 문화라는 이유로 아시아 스승들
을 부정할 수 있습니까? 새로운 형태의 불교가 이 문화 안에 있
기 때문에 이를 '미국인 불교'라고 부르는 것이 비논리적이라
고 생각하지 않습니까? 물질이나 음식이 상하는 것처럼 다르마
의 축복도 낡아지는 것이 정말 가능할까요?

미카엘라 문화적 충돌이 있습니다. 환생이나 천신들의 무리가 법계를 이루는 만신전 혹은 완벽한 항복에 대한 가르침이든 아니든 서양인들은 조만간 양단의 도전을 받을 것입니다. 당신은 수행의 여정에서 어떤 어려움을 겪었습니까?

쌍게 아니요, 아닙니다. 나는 단호하게 앞으로 나아갔습니다. 전전긍긍하는 마음, 신경증적 마음 외에 어떠한 장애도 맞닥뜨린 적이 없어요. 다르마는 너무나 복잡하고 심오해서 불도의 깊이를 이해할 수 있는 사람은 너무나 적습니다. 이것이 바로 이 세상에 불자가 많지 않은 이유입니다. 사람들은 진지하게 사유해야 하고 현상의 진정한 본질을 알기 위해 지성을 이용해야 합니다. 전생과 내생 혹은 인과법을 믿지 않고 신에 대한 이론을 받아들인다든지 단순히 무신론자가 되는 것이 훨씬 쉽습니다. 불자로서 이것이 자신의 길이라는 것을 안다면 계속해서 더 깊어지도록 교육받을 것입니다. 공부하면 할수록 나 자신이 얼마나 광대한지 더욱 놀라게 됩니다. 우리는 표면을 긁고만 있지 않습니다. 나는 이것이 지혜라는 귀중한 보물을 확신하며 이제 막 발견하기 시작했습니다.

미카엘라 더 깊이, 심오하게 들어가는 것이 힘들었나요?

쌍게 물론입니다. 그러나 좋은 일이에요. 수만 배 절을 하고 그 외의 예비 수행은 도전이었어요. 처음 시작할 때는 마치 90kg 다이어트를 시작하는 것처럼 큰 일이었죠. 그러나 이런 방식으로 진전하면 또 다른 단계로 가는 진전이 우리 마음에 생깁니다. 우리에게는 계속 벗겨 내야 하는 아주 많은 층의 몽매함과 습관이 있습니다. 기저에 들러붙어 켜켜이 쌓인 층을 벗겨 내는 일

따시 쩨링에서 쌍게 칸도

사진 제공 쌍게 칸도

은 더욱 도전적입니다. 점점 더 짧아지는 삶의 어느 지점에서
잠깐 멈추고 생각했을 때 만약 이번 생에 깨달음이 목적이라면
더 진지해질 필요가 있습니다. 모든 것을 내려놓고 내 마음의
본성 – 진정 진지하다면 반드시 그렇게 해야만 하는 것 – 을 깨
닫기 위해 안거 수행에 들어가는 것은 궁극적인 도전이 될 것입
니다. 만약 당신이 삼사라[*]에 머무는 것을 넘어 해탈하는 것이
진심이라면 그 도전은 더욱 두렵고, 상상하지 못할 무언가일
것입니다. 나는 불교가 결코 쉽다고 생각하지 않습니다. 다른
종교를 택하거나 외양에 이끌려 시간을 보내는 편이 훨씬 쉽습

니다.

잘못된 인연

미카엘라 정말 진심이라면, 누구든 힘들지만 가혹한 길을 갈 것이라고 생각합니다.

쌍게 정통 금강승의 큰 스승 아래에서 수행하면 성과를 내도록 요구하고 밀어 줄 것입니다. 이 시대에는 우리에게 영감을 주는 깨달은 스승이 거의 없습니다. 잘못된 연결입니다. 깨달은 스승들이 밀어 주지 않기 때문에 영감이 없습니다. 그래서 사람들은 표면적인 경험, 겉치레에 불과한 취미 정도로 다르마를 배웁니다. 물론 아무것도 안 하는 것보다는 확실히 낫지요. 그러나 반드시 해탈하고자 할 때에는 이 정도를 넘어서는 것이 필요합니다.

미카엘라 만약 한 생에 깨달음이라는, 금강승이 보장하는 기회를 갖고자 한다면 전업 직업이 되어야겠죠?

쌍게 절대적으로 그렇습니다. 족첸 관점[1]에서는 매 순간 마음의 본성임을 알아차리는 것을 의미합니다. 굳이 밖에 나가서 명상할 필요가 없습니다. 아마 이 말이 맞을 것입니다. 그러나 솔직히 말해서, 수행을 조금이라도 한 사람이라면 굳건한 기반을 얻기 전까지는 평상시 습관으로 다시 되돌아가는 것이 얼마나 쉬운지 압니다. 사람들에게 유용한 올바른 다르마 환경을 갖추는 것이 나의 큰 소원입니다. 좀 더 많은 수행 센터, 교육 프로그램, 수행 기회를 만드는 것이요. 그런데 너무 부족합니다. 미국에 들어와서 씨앗을 뿌릴 스승들은 많지만 후속이 따르지 않습니다.

미카엘라   앨러미다Alameda에 있는 갸뚤 린뽀체 센터의 이사장인 스콧 글
로버스Scott Globus는 당신에게 법문을 하라고 여러 번 요청했
습니다. 그러나 당신은 언제나 "왜 나입니까? 이곳에는 가르침
을 줄 위대한 스승들이 이렇게 많은데요."라고 답했다고 합니
다. 당신은 가르침에 흥미가 없습니까?

쌍게   가끔 법문을 합니다. 그러나 나 스스로를 라마 쌍게라고 부르
지 않고, 승복을 입거나 머리를 삭발하지도 않습니다. 평상복
을 입은 모습이 더 익숙해요. 왜냐하면 사람들과 더 쉽게 관계
맺기 때문이에요. 나의 스승들이 살아 있는 한 그들이 진정한
스승입니다. 그분들이 더 이상 우리와 함께하지 않는 슬픈 날
이 오겠지요. 그때는 내가 나서야 한다고 생각합니다. 그러나
지금 당장은 그분들을 돕고자 합니다.

그리고 사실상 번역가로서 가르치고 있습니다. 번역 일은 엄청
난 권한을 갖고 있습니다. 먼저 사람들이 말하는 것을 이해해
야 합니다. 그리고 이해한 바대로 그것을 되풀이해서 말해야
합니다. 유엔에서 사실적인 이슈를 번역하는 것처럼 일상적인
단어를 반복하는 것이 아닙니다. 다르마에 대한 이해는 수년간
의 훈련을 통해서 나오는 이해와 알아차림의 지혜를 포함합니
다. 멋진 위치죠. 왜냐하면 다르마를 청중의 언어로 가져오는
대단한 행운을 가지고 있으니까요.

획기적인 협상

미카엘라   법문을 통역하는 최선의 방법은 무엇인가요?

쌍게 두 가지 최상의 기준이 있습니다. 하나는 내용 상의 정확성이고 또 하나는 실제로 스승이 말하고 있는 것처럼 통역하는 것입니다. 정말로 그들을 대표하고, 그들처럼 소리 내고, 그들의 인격과 스타일로 말을 전달하는 것입니다. 내가 아니라 그 스승이 되어야 합니다. 좋은 통역사는 안거 수행을 해야 합니다. 사심 없이 이해하고 연결하는 능력은 수행에서 나오기 때문입니다. 얼마나 열심히 공부를 했는지에 상관없이 의미가 내재화될 때까지는 가르침을 진실로 알 수 없습니다. 그래서 나는 더 많은 안거 수행을 할 필요가 있습니다.

미카엘라 당신은 예셰 라마, 족첸 수행의 가장 중요한 명상 매뉴얼과 『비밀 정수 딴뜨라Guhyagarbha tantra』에 관한 논서 등 심오하고 한정된 경전을 번역했습니다.

쌍게 그 책들은 한정되어 있습니다. 가장 본질적이고 내적인 금강승이기 때문입니다. 그 경전을 공부하려면 그전에 정통 스승의 인가가 필요합니다. 나는 최상급의 딴뜨라와 족첸 수행에 늘 관심을 두었습니다. 나는 외밀outer Tantra 뿐만 아니라 현교 Sutrayana 대부분을 건너 뛰고 내밀inner Tantra에도 매진해 왔습니다. 이것은 약간 관습에서 벗어나는 것이어서, 스승의 지도 하에 했습니다. 나는 켄뽀 남돌 린뽀체khepo Namdrol Rinpoche[m]에게 비밀 정수 딴뜨라를 가르쳐 달라고 요청했습니다. 너무나 기쁘게도 그는 9년차 제자들을 가르치고 있던 인도로 나를 초청했습니다. 1996년 인도 미소레Misore에 있는 승가 대학교에서 비구와 여성이 같이 앉아 있는 일이 최초였기 때문에 획기적인 사건이었습니다. 그전까지는 오직 비구들만이 이 공부를 했습니다.

미카엘라 비구니들도 허용이 되었습니까?

쌍게 아니요. 비구니는 없었습니다. 당시 비구니 사원이 있었고 그들만의 자체 프로그램이 있었지만 비구와 비구니가 함께 하는 프로그램은 없었습니다. 그건 좋은 생각이 아니었죠.

미카엘라 서양 여성은 허용이 되었나요?

쌍게 켄뽀 남돌은 개방적이어서 5명의 여성을 소그룹에 넣어 주었습니다. 그는 서양인들이 아주 명석하고 성실하며 수행을 갈망한다고 믿고 있었습니다.

젖은 옷을 몸으로 말리기

미카엘라 당신은 뻬뇰 린뽀체Penor Rinpoche[n] 사원에서 짜 룽Tsa lung[o] 가르침을 받은 첫 번째 서양 여성이었죠?

쌍게 네, 90년대에요. 그전에는 오직 사원에서만 가르침을 받았습니다. 나는 과정에 입문해도 될지 여쭈었습니다. 뻬뇰 린뽀체는 열린 마음으로 승낙했습니다. 그가 이런 일을 허락한 것은 충격적인 일이었습니다.

미카엘라 당신은 다른 여성들에게 선구자였나요?

쌍게 그는 그런 가르침을 뉴욕 북쪽 수행 센터에서 적용하기 시작했죠. 그러나 아닙니다. 여성들은 사원에서 가르침을 받으려 시도하지 않았습니다. 내가 유일한 여성이었던 것 같습니다. 나는 주로 혼자서 수행했습니다. 각 단계에서 관정과 전수를 받았고 내 방으로 돌아가 혼자서 하루 네 가지 수행을 진행했습니다. 마지막 이틀 간의 테스트가 있었는데 우리 모두 수행을 완전히 터득했다는 시범을 보여야 했습니다. 예를 들면 우리 몸에 충분히 열을 만들어 젖은 옷을 말리는 것(뚬모 수행)과 같은 것들이요. 나중에 그는 내가 이 수행을 가르치는 것을 인가해 주었습니다.

미카엘라   당신은 티벳을 여행했나요?

쌍게   여러 번요. 그러나 가장 기억에 남는 것은 1987년 첫 번째 순례였습니다. 그때는 뻬놀 린뽀체, 갸뚤 린뽀체 그리고 많은 비구들과 함께했습니다. 나는 캄의 중심지에 있는 뻬놀 린뽀체의 사원에 머문 첫 번째 여성이었습니다. 그런 장소를 찾는 것조차 어려운 일이었어요. 이것은 마오가 사망한 후로 티벳을 개방한 첫 번째 일이었고 중국은 어느 정도 고삐를 풀어 주듯 하면서 많은 티벳 스승을 감옥에서 석방해 주었습니다. 고통과 트라우마를 뚜렷이 감지할 수 있었습니다. 티벳 사람들은 여전히 전통 복장을 입고, 아주 빈곤하고 절망적이었습니다. 외국인은 거의 없었습니다. 중국 정보원은 우리가 가는 곳마다 미행했고 여행을 일찍 끝내도록 강요하기도 했습니다. 이전의 사원이 폐허가 된 것 외에 티벳은 야생화와 야생 동물이 풍부한 엄청나게 아름다운 곳입니다. 오늘날은 모든 것이 달라졌습니다. 중국인들이 거의 모든 토지를 차지하고 야생 동물을 사냥하고 유목민을 그 땅에서 쫓아냈습니다.

발에 묶은 끈

미카엘라   당신은 오랫동안 아주 많은 위대한 스승과 함께 일했습니다. 통역을 잘하게 한 스승과의 특별한 유대감이 있습니까?

쌍게　스승의 통역을 하기 위해서는 업의 유대가 있어야 합니다. 예를 들어 가르침을 받기 위해 스승을 초청할 예정이 있다고 해봅시다. 사람들은 통합적 전달의 시작이 통역이라는 것을 고려하지 못하고 마지막 순간에야 필사적으로 통역사를 부르기 시작합니다. 이것은 정말로 안 됩니다. 통역사는 그 스승의 제자가 될 필요가 있고 주제를 알고 자격이 있어야 합니다. 그렇지 않으면 스승이 아무리 훌륭하다고 해도 전달에 완전히 실패할 수 있습니다.

미카엘라　가끔 통역사는 그 가르침이 반복적인 것 같을 때 지름길로 가고 싶어 하거나 혹은 좀 더 재미있게 말하고 싶어 합니다. 스승이 설법하는 것을 바꾸고 싶은 충동이 생겼던 적이 있었나요?

쌍게　나는 꾸쑴 링빠Kusum Linpa[P]와 여러 번 그렇게 했습니다. 티벳을 막 빠져나와 미국에 처음 온 그는 사회적인 기술이 없는 거친 야생마 같았어요. 사람을 만나자마자 그는 밀어붙였습니다. "그가 얼마나 많은 돈을 가지고 있는지 물어봐 달라!" 하지만 그는 자신을 위해 돈을 원한 건 아니었어요. 그는 시계조차 차지 않았습니다. 그가 얻은 돈은 모두 티벳으로 송금해 수행자를 지원했습니다. 동기는 분명 청정하지만 약간 돌발적이었던 거죠.

미카엘라　또 한 분의 독특한 스승은 틴래 놀부 린뽀체인데요, 그는 어떻게 당신을 밀어붙였나요?

쌍게　틴래 놀부 린뽀체는 영어로 설법하는 스승이었습니다. 그래서 보통 통역사를 쓰지 않았어요. 통역을 쓰는 경우 설법을 약 10분이나 한 후에 넘겨주었습니다. (웃음) 린뽀체의 통역사로 첫 번째 초청을 받았을 때 많은 사람이 내가 얼마나 갈지 궁금해 했어요. 나는 좀 긴장했지요.

첫날 밤은 아주 잘했어요. 다음날 저녁 린뽀체는 수행원을 보내 내 발에 한쪽 끈을 묶고 다른 쪽 끈은 린뽀체의 발을 묶었습니다. 그가 내 통역을 수정하고 싶을 때는 그 끈을 확 잡아당겼습니다. 당겨! 나는 통역을 멈췄고 멈추는 시간을 알게 되었습니다. 재미있었어요. 린뽀체는 나에게 속삭이곤 했습니다. 그의 제안은 완전히 뛰어난 것이었습니다. 나는 마음껏 내 시간을 보냈습니다. 약 1주일 후에 그 끈은 내 발에서 떨어져 나갔습니다. 린뽀체는 점점 더 길게 30분 혹은 40분까지도 설법을 했습니다. 내가 통역을 할 차례가 오면, 린뽀체는 가끔 일어나 숲으로 가기도 했습니다. 내가 통역을 마쳤을 때 그가 숲에서 손뼉을 치는 소리를 들을 수 있었습니다. 린뽀체에게 배운 많은 것들을 말로 다 표현할 수조차 없습니다. 내가 족첸을 통역하게 된 능력은 100퍼센트 그의 자비심 덕분입니다.

미카엘라　아주 따뜻한 이야기입니다. 라마가 당신을 힘들게 했나요?

쌍게　아니요. 나는 비판을 좋아합니다. 그것에서 배울 수 있다면 기꺼이 나의 에고를 버릴 수 있습니다.

뉴욕 지혜의 다키니

미카엘라　당신은 여성 스승이 있습니까?

쌍게　나의 근본 스승 중 한 분인 두좀 린뽀체Dudjom Rinpoche[q]의 배우자, 쌍윰 꾸쇼 릭찐 왕모Sangyum Kusho Rigdzin Wangmo에게 지극한 신심을 갖고 있습니다. 그녀는 두좀 린뽀체의 모든 근원이며 린뽀체가 중생을 이롭게 하는데 필요한 에너지를 그에게 주었습니다. 지혜의 다키니로서 린뽀체의 삶을 확장시켰습니다. 그녀는 귀족으로서 예의 바르고 정중하며 완전히 독특합니다. 멋진 보석을 차고 실크를 입은 그녀는 아주 아름답고 여성적이며 항상 깔끔해 보입니다. 그녀는 뉴욕의 중심, 브라운스톤의 창이 하나 있는 2층 원룸에서 오랫동안 안거했고 결코 밖에 나가지 않았습니다. 아마 나 같은 보통 사람은 미쳐 버릴 것입니다. 깨달은 존재는 자아가 없습니다. 그래서 그들은 더욱 편안합니다.

미카엘라   그녀가 당신의 롤 모델입니까?

쌍게   이 지구상에 내가 가장 존경하고 닮고 싶은 여성이 있다면, 바로 그분입니다.

주

a 갸뚤 린뽀체는 1959년 티벳을 탈출했다. 1972년 이후 미국에 살면서 몇 개의 불교 센터를 설립했다.

b 게셰 나왕 달개(1921-1995)는 1971년 달라이 라마에게서 신설된 도서관의 서양인을 위한 설법 프로그램을 시작하라는 요청을 받았다.

c 모든 중생을 위하여 해탈을 이루겠다는 서약.

d 쁘라쟈나(산스크리트어 Prajna, 티벳어 세랍 sherab)는 '지혜', '지성' 또는 '가장 높은 지식'을 뜻한다.

e 양탕 린뽀체는 1923년 시킴Sikkim에서 출생했고, 후에 티벳에서 탈출을 시도하다 중국 공산당에게 잡혀 22년간 투옥 당했다. 마오쩌둥 사망 후 석방되었다. 티벳에 있는 그의 사원이 폐허가 된 것을 발견하고서 북인도 시킴으로 돌아와서 현재 국제적인 가르침을 주고 있다.

f 틴래 놀부 린뽀체는(1931-2011)는 두좀 린뽀체의 아들이며 쌍게 칸도의 근본 스승이다.

g 네충 린뽀체(1918-1982)는 네충 사원의 수장이며 1962년 열반하였다.

h 딸탕 뚤꾸 린뽀체(1934-) 1959년 이후 티벳을 탈출한 티벳 불교 닝마파의 스승으로 1969년 이후로 미국에서 거주했다. 다르마 출판 및 티벳 구호 프로젝트 Dharma Publishing and The Tibetan Aid Project설립자이다.

i 쌍게Sangye 문자 그대로는 '청정한, 꽃피운'의 의미로 모든 몽매함을 청정하게 하고 모든 깨달음을 완성한 붓다를 지칭한다. 전통적으로 5개의 붓다 가문 또는 부족이 있는데 각각의 가문은 깨달음의 측면을 구현한다. 붓다 가문인 쌍게 칸도는 무지의 전환, 사방 모든 것을 아우르는 지혜를 대표한다.

j 무지개몸rainbow body(티벳어 jalü) 은 수행자의 육체적 몸이 생의 마지막에 빛으로 녹아드는 성취를 이룬다.

k 삼사라 (산스크리트어) 문자 그대로는 '헤매는 것'을 뜻하며 탄생, 삶, 죽음, 재탄생의 끊임없는 윤회에 대한 불교의 믿음을 가리킨다.

l 족첸Dzogchen 티벳어로 '대원만,' 혹은 '대구경'으로 몸과 마음의 순수한 상태. 일반적으로 닝마파에서의 가르침과 수행을 뜻한다.

m 켄뽀 남돌 쩨링은 1953년 동티벳 캄에서 태어나 1959년 티벳을 탈출했다. 그는 남인도 비락꾸뻬Bylakuppe에서 돌아가신 뻬놀 린뽀체 사원과 네팔 팔핑Pharping에 있는 자신의 수행 센터에서 주로 가르치고 있다.

n 꺕제 둘왕 뻬마 놀부 린뽀체Kyabje Drubwang Pema Norbu Rinpoche (1932–2009) 는 닝마파의 수장이었다. 1959년 티벳을 탈출하여 남인도에 남돌링 사원을 설립했다.

o 짜 룽은 문자로 '기맥과 풍기channels and wind'를 뜻한다. 여기서는 호흡법, 명상, 관상, 역동적인 움직임 등으로 구성된 고급 요가 수련을 말한다.

p 올겐 꾸쑴 링빠(1934–2009)는 동티벳 암도, 골록 지방의 닝마 마스터였다.

q 두쫌 린뽀체(1904–1987)는 망명한 닝마 강원의 조사, 특히 뛰어난 보장 발견자로 알려져 있다. 파괴될 뻔한 많은 역사 자료를 보관한 것으로 알려졌다.

05

빼마 최돈 법사

사진 리자 매튜스 제공 ©Liza Matthews

뻬마 최돈

PEMA CHÖDRÖN
Deirdre Blomfield-Brown

'무근거성'에 쉼, 산산조각 난 인생에서 찾은 교훈

가장 사랑받는 서양인 법사[1]

뻬마가 무대에 서서 "참석률에 놀라 말문이 막힌다"고 말한다. 화창한 10월의 어느 날, 샌프란시스코 베이 해안가의 크레인웨이 파빌리온 the Craneway Pavilion에 3,000명의 사람들이 모였다. 거대한 창문을 통해 뻬마는 푸른 창공에 펼쳐진 뻬죽뻬죽 솟은 도시의 실루엣을 보았다. 좌석을 예약하지 못한 2,000명은 집에서 온라인으로 듣고 있었다. 1936년, 뻬마가 태어났을 때, 포드는 이곳과 같은 약 1,200평 크기의 공장에서 전설적인 자동차 V8을 조립했다. 이제 이 웅장한 홀도 뻬마 최돈의 강력한 에너지를 담기에 충분하지 않을 정도다. 뻬마 최돈은 곧 이곳에서 '두려워하지 않고 용감해지는 법'을 강의한다. 적갈색 가사를 잡아당기는 뻬마 최돈은 나약해 보이지만, 일단 등장하면 청중을 사로잡는 데 불과 몇 분 밖에 걸리지 않는다. 부드럽고, 약간은 쉰 목소리가 높이 솟은 천장의 들보에 닿을 정도로 공간을 가득 채운다. 한 예술가가 2차 세계 대전 당시 유명한 페미니스트 우상인 로지 리베터Rosie the Riveter의 얼굴 위에 뻬마의 얼굴을 앉힌 콜라주를 선물했다. 로지는 공장의 남성 노동 자를 대신해 자신의 근육을 과시하며 "우리는 할 수 있다We Can Do It!" 는 슬로건을 걸었다. 전통적인 남성 법사들을 제치고 오늘날 미국에서 가장 사랑받는 불교 법사가 된 여성에게 딱 맞는 재치 있는 표현이다.

주최자는 이번 법회를 역사적인 사건으로 간주한다. 베이 지역에서 뻬마의 '마지막' 안거가 될 수도 있기 때문이다. 그녀는 한때 유치원 교 사로 익힌 특유의 상냥한 유머로 즉시 강의를 시작한다. 보다 더 친밀한 분위기를 기대했던 이들의 불평을 뒤로하고, 그녀는 '깨어나기를 바라 는 거대한 맥락 안'에서 강의를 구성했다. "보리심에 대한 동기와 함께 우리는 자신의 행복만을 바라서는 안 됩니다. 다른 모든 이가 행복하지 않으면, 우리는 행복할 수 없을 것입니다. 방금 우리는 핀이 떨어지는 소 리를 들었습니다."

그녀가 영적 구도자들에게 말할 때, '영적'이라는 말을 하면서 두 손으로 공중에 인용 부호를 표시했다. "이것은 다른 이들에게 미칠 영 향이 아니라 모두 자신을 돌보는 관점이라 어떤 면에서는 이기적이라고 할 수 있습니다. 우리가 편안하고 안전하다고 느끼는 것은 실제로 다른 사람의 희생으로 얻어집니다." 몇 분 만에 그녀는 자신이 가장 즐겨 탐 구하는 주제인 '무근거성Groundlessness(근거가 없는 상태, 고통이나 고 난에는 어떠한 확실한 근거나 조건이 없음을 뜻하는 것으로 불교 용어 무상과 가까움)으로 들어간다. 대성공을 거둔 그녀의 책『모든 것이 산 산이 무너질 때When Things Fall Apart』의 첫 문장은 다음과 같다. "영적 여정을 시작하는 것은 아주 작은 배를 타고 대양으로 떠나 미지의 땅을 찾는 것과 같습니다."

어떤 교사들이 학생에게 명상이 기분을 더 좋게, 더 평화롭게, 더 안정되게 할 것이라고 약속하는 것과 달리 뻬마는 나쁜 소식(당신이 진실을 원한다면 좋은 소식)을 전한다. 분명 그녀의 가르침이나 적어도 불교에서는 확고한 근거(조건, 이유, 원인)를 찾을 수 없다. "근거는 항상 흔들립니다. 근거 없음은 영원합니다. 그래서 우리가 여기 있습니다." 그녀는 웃으며 '두려움에 미소 짓기 위해'[2]라는 강연의 제목을 인용했다.

생명을 위한 구급상자

뻬마 최돈이 다루는 대표적인 주제는 '우리를 두렵게 하는 것과 마주하는 것'이다. 그녀의 책과 오디오 강연은 삶을 다루는 구급상자를 제공한다.

'모든 것이 산산이 무너질 때, 우리는 꾸물거릴 시간이 없다. 그러므로 지금 이곳에서 시작한다. 낚싯바늘을 물지 말고, 두려움을 느끼는 장소로 가 도약하라. 과거의 나쁜 습관과 두려움에서 벗어나 불확실성에 점점 더 편안해지고, 전쟁 같은 상황에서 평화를 훈련하라.'

이 슬로건 안에 뻬마의 진심 어린 충고가 담겨 있다. 모든 사람이 다른 즐거움을 찾아 도망치라고, 위안을 구하라고, 심지어는 복수하라고 할 때 뻬마 최돈은 항상 상처 입은 채, 날것 그대로 드러나서 불편하고 고통스러운 현재의 순간에 머물라고 콕 일깨워 준다. 친절함과 유머로 부드럽게 충고하지만, 그녀는 이것이 유일하게 이치에 맞는 일이라고 분명히 한다. 깨어나기를 바란다면, 사실 이것이 유일한 기회다. 리치몬드 크레인웨이 파빌리온에서 그녀는 이렇게 제안한다.

우선 당신 자신과의 무조건적인 우정을 개발해야 한다. 무조건적인 우정은 자신을 보는 것이 무척 고통스럽고, 너무 황당하고, 매우 불쾌하고, 아주 미워서 마음을 닫고 싶을 때 열어 두는 것을 의미한다. 용기를 기르는 훈련의 성과는 사람들과 담을 쌓지 않은 채 누구든 도와줄 수 있고, 세상 어디에나 갈 수 있는 것이다. 부드러움과 친절함으로 자신을 바라보아야 한다. 뜨룽빠 린뽀체가 말했듯 배짱이 두둑해야 한다. 두려움이 일어날 때, 현재에 머무는 것을 의미하기 때문이다.

뻬마 최돈의 성공은 그녀 자신이 그렇게 살아온 훌륭한 본보기라는 사실에 기초한다. 리치몬드에서 뻬마는 자기 성찰을 두려워하지 않는 정말로 진실한 사람을 다음과 같이 묘사했다.

어떤 사람을 진실하다고 느끼는 것은 그들이 가면을 쓰지 않고, 아무것도 숨기지 않는 것을 의미한다. 진실함은 그들이 자신을 속이지 않기에 당신이 그 사람을 신뢰할 수 있다는 것을 의미한다. 그래서 그들은 당신을 속이지도 않을 것이다. 진실한 사람들은 오랫동안 자신의 모든 것을 보고 있었다. 그것은 자신을 보는 것을 당황하거나 불편해 하지 않는다는 의미는 아니다. 그러나 도망가지 않는다. 진실은 그들이 느끼는 감정을 회피하게 만들지 않는다. 스스로를 방어할 가면을 쓰거나 갑옷을 입지 않는다. 진실한 사람은 강철 같은 마음이 아니라 연약하고, 부드러운 마음을 지니고 있다.

이것은 뻬마 자신에 관한 정확한 설명이다. 그녀는 함께하기 아주 편한 사람이다. 격식을 갖추지 않아도 되고, 단순하고 솔직하다. 뻬마는 현재에 머물고 싶어 하지 않는 그녀의 또다른 자아와 함께하는 대화를 실감나게 흉내 내면서, 결국 자아의 태도를 한 단어로 요약한다. 'B−u−l−l' 비록 철자가 황소인 줄 알지만 모든 청중들이 웃음을 터뜨리고, 뻬마는 천천히 그 단어를 's−h−i−t(허튼소리)'으로 끝낸다. 고참 스님이 이렇게 주저함 없이 솔직하게 말하는 것을 들으면 참으로 통쾌하다.

거대한 평형 장치

약 10년 전 내가 뻬마 최돈을 처음 만났을 때, 그녀는 가사를 입거나 법상에 앉아 있지 않았다. 그녀는 오래된 작업복 바지와 낡은 적갈색 스웨터를 입고, 스승의 안거처인 삼뗀 링의 공구 창고 앞 나무 벤치에 앉아 쉬고 있었다. 그녀는 현재 노바 스코샤Nova Scotia나 콜로라도Colorado에 있는 수행 오두막 중 한 곳에서 홀로 시간을 보내고 있다. 또 강연을 1년에 2~3개 이상은 진행하지 않는다. 그래서 그녀를 직접 만날 기회가 극히 드물다. 사실 그녀는 대부분의 시간을 홀로 있기 위해 노력했고, 수백만 명이 그녀를 만나고자 간절히 원했지만 1년 간 수행에만 매진했다.

로키산맥에 있는 삼뗀 링에는 지갈 꽁뚤 린뽀체의 수행 센터가 있고, 그녀는 시간을 빼앗기는 일이나 직책 없이 평범한 즐거움을 만끽하고 있다. 크레스톤의 작은 마을 위에 광활한 산비탈을 가로질러 드문드문 보이는 12채 정도의 작은 오두막들이 상그레 데 크리스토Sangre de Cristo 산을 내려다보고 있다. 오두막은 서로 목소리가 들리지 않는 거리만큼 떨어져 있어 수행자 홀로 조용히 시간을 보낼 수 있다. 하루에 한 번 다같이 1시간 동안 태극권을 하고 농사를 짓는다. 6만 평이 넘는 거친 땅은 유지 관리가 필요하다. 나무를 베거나 가파른 언덕을 따라 식량을 실어 나르거나, 삽과 곡괭이로 구멍이 생긴 도로를 보수하는 등 육체적인 일은 나이 많은 비구니에게 적합하지는 않다.

그녀가 몇 년 전 삼펜 링에서 처음 200일 안거를 했을 때, 꽁뚤 린뽀체는 정말로 그녀를 혼자 내버려 두었다. 그러다 나중에 일상 노동 시간에 참여하기를 권했다. "뭐라고요, 제가요?"라고 반문했지만, 그녀는 스승의 지혜를 곧바로 알아차렸다. 이것은 꽁뚤 린뽀체가 원한 것이다. 그는 안거자들의 자급 자족을 돕고 명상 시간 외에 자신만의 안락한 보호막에서 벗어나 서로 교류하며 자극받을 수 있도록 노동 시간을 정했다. 꽁뚤 린뽀체는 제자들이 안거 수행을 오해해서 자기 몰두에 빠지는 것을 허락하지 않았다. 자애와 자비 수행을 시험하기 위해 함께 일하는 것보다 더 나은 방법이 있을까? 결국, 땅을 파고 삽질하는 것은 방석에 앉는 것만큼이나 더 영적인 수행일 수 있다 – 아닐 수도 있고.

무시당하는 고통

관리자는 빼마가 할 수 있는 작은 일을 찾아 그날그날의 작업을 할당했다. 라벨을 붙이거나 보리빵을 굽거나 야생에서 잣을 채취하는 등의 일이었을 것이다. 빼마는 가끔 다른 사람들과 나무 벤치에 둥글게 앉아 농담으로 침묵을 깨기도 했지만 보통은 조용히 자신에게 할당된 일을 했다. 나는 그녀가 1초도 망설이는 것을 보지 못했다. 그녀는 국제적으로 인정받는 법사지만, 자신보다 맡겨진 작은 일을 먼저 고려했다. 내가 처음 도착했을 때, 나는 그 광경에 약간 말문이 막혔다. 심지어 관리자에게 한마디 내뱉고 말았다. "당신은 이 멋진 베스트셀러 작가를 2시간 동안이나 보리빵을 굽게 하고 있어요. 그녀의 글쓰기와 강의 능력을 발휘할 다른 일을 맡길 수는 없나요?"

"오랜 세월 동안, 린뽀체는 그런 일을 경험하지 않으면 큰 명성을 유지할 수 없다고 늘 강조했습니다."라고 뻬마는 고백한다. 하지만 그녀는 "아니에요. 린뽀체, 솔직히 저는 그것이 사실이라고 생각하지 않아요."라고 대꾸하곤 했다. 뻬마는 그가 이것만은 결코 내버려 두지 않으리라는 점이 괴로웠다. 마침내 그가 노동에 대해 언급했을 때 그녀는 "그저 놀라울 뿐이었죠. 일을 하러 가면, 저는 완전히 아무도 아니었습니다. 사실 저를 싫어하는 사람들이 많아서 굉장히 힘들었어요. 그것은 제게 거대한 평형 장치였어요. 제게 '너 내가 누군지 몰라?' 하는 오만한 마음이 있다는 것을 보여 줬지요. 정말 좋은 경험이었습니다. 정직하게 말할 수 있어요. 안거가 끝날 무렵에는 그것이 무엇이든 사라졌어요. 무시 받는 고통을 극복해 냈지요."[3]라고 말했다.

육체적으로 해야 할 일이 없으면, 작업 관리자는 그녀에게 빗자루로 샘물 주위에 있는 바위의 먼지를 털어 내는 일을 맡겼다. 이 일을 두고 뻬마와 우리 모두 크게 웃었다. 건조한 산 한가운데서 바위의 먼지를 터는 일은 참으로 쓸데없는 일이기 때문이다. 그러나 그녀는 묵묵히 빗자루를 집어 들고 샘으로 갔다. 그녀는 후에 잠시 기대했다고 고백했다. 그러나 안거 중에는 누구나 같은 대우를 받는다. 텔레비전 진행자, 목수, 베스트셀러 작가와 마트 계산원 모두가 동등하다. 그것은 우리 모두가 근본적으로 동등하기 때문이고, 그것은 꽁뚤 린뽀체가 의도한 방식이기도 했다. 그는 자주 '지위를 가진 자의 태도'와 '우월감'에 대해 주의를 주었다. 뻬마가 그를 스승으로 여기는 많은 장점 중의 하나는 그가 세속적인 자격 어느 것에도 흔들리지 않는다는 점이다. 전통적인 가르침에 따르면 법 제자는 편안한 벨트와 같아서 누구와도 편히 앉을 수 있어야 한다. 뻬마도 정확히 그와 같다. 많은 성취에도 불구하고, 그녀에게서 거만함이라고는 찾아볼 수 없다. 그녀는 "제자와 스승이라고 부르는데, 스승이 된다는 생각은 실제로 굉장히 위협적입니다. 물론 저를 그렇게 생각하는 사람들이 있으니 제가 책임을 져야 합니다. 하지만 스승이라는 자부심 뒤에 일종의 거짓 겸손이 자리잡을 수 있어요."⁴라고 솔직하게 말한다. 자신의 가르침 대로 살면서, 항상 고요하고 친절할 수 있는지 묻자 "제 아이들이 제 가면을 어느때고 벗길 수 있다"고 고백하면서 웃음을 터트렸다.

나는 뻬마에 대해 부정적으로 말하는 사람을 본 적이 없다. 그녀는 자신의 영적인 삶의 핵심 요소인 호기심에 관해 종종 가르친다. 그녀는 정말로 아이와 같은 호기심과 열린 마음으로 삶을 끊임없이 탐구하는 것처럼 보인다. 누구보다 경험이 많은 사람이지만 가장 질문을 많이 한다. 내가 힘든 시간을 보내면서 그녀에게 조언을 구했을 때, 나를 비판한다는 느낌 없이 친절과 배려만 있었다. 그녀는 작은 호의를 베푼 누구든 절대 잊지 않고 감사를 표한다. 내가 수행 오두막으로 몇 통의 프로판 탱크를 가지고 갔을 때, 그녀는 내게 즐거운 비구니를 그린 채색화 한 점을 선물로 주었다. 그 그림에는 그녀가 가장 좋아하는 붓다의 가르침이 쓰여 있었다. '항상 즐거운 마음만을 가져라!' 내 책상에 걸어 둔 그림을 보면서 그녀를 떠올린다. 요통이나 다른 슬픔으로 삶이 짓눌릴 때조차 그녀는 그 슬로건처럼 즐거운 마음을 지니면서 살아가고 있다.

희박한 가능성을 뛰어넘는 예측

물론 과거의 뻬마는 지금 우리가 알고 있는 그 뻬마 최돈의 모습은 아니다. 뻬마의 삶은 대략 두 부분으로 나눌 수 있다. 두 번째 남편이 불륜을 털어놓기 전과 그 후 40년의 삶. 뉴 멕시코에서 비참한 가을을 맞이하기 전까지, 뻬마의 삶은 완전히 평범했다. 뻬마는 1936년 뉴욕시에서 태어나 디어드리 블롬필드 브라운Deirdre Blomfield Brown이라는 이름으로 자랐다. 가톨릭교였던 가족은 그녀가 3개월 때 뉴저지로 이사했다. 막내였던 그녀는 오빠, 언니와 함께 시골 농장에서 보낸 어린 시절을 즐겁고 평화로웠다고 기억한다.

코네티컷주 파밍턴에 있는 유명한 미스 포터 학교Miss Porter's School 에 다닐 때까지 가족과 함께 오래된 전통 농가에서 살았다. 엘리트, 불굴의 정신을 강조하는 그 여자 사립 학교는 건전한 자신감과 인류에 대한 봉사의 중요성을 학생들에게 일깨워 주는 것을 자랑스럽게 여겼다. 재키 오나시스Jackie Onassis와 글로리아 반더빌트Gloria Vanderbilt가 그곳의 졸업생이다. 학교 기숙사에 거주하던 뻬마는 그곳의 교사들이 '보다 더 깊은'[5] 공부에 파고들도록 장려한 것을 기억한다.

스물한 번째 생일 직전에 그녀는 젊은 변호사와 결혼해 곧 딸 알린과 아들 에드워드를 낳았다. 가족은 캘리포니아로 이사해 뻬마는 버클리의 캘리포니아 대학교에서 영문학 학사와 초등 교육 석사 학위를 취득했다. 그녀는 초등학교 교사로 부임한 첫날부터 남다른 강의 실력을 뽐냈다. 전부터 그녀를 알았던 친구 바시아 툴잔스키Basia Turzanski는 "뻬마는 정말 타고난 교사"로 기억한다. "그녀는 매우 활기차고 개방적이며 현실적이었습니다. 교사가 천직이었어요." 그러나 몇 년 만에 디어드리와의 결혼 생활은 끝이 났다. 얼마 후 그녀는 작가와 재혼했고, 뉴멕시코로 이사해 첫 결혼에서 태어난 아이들을 키우며 교사로서의 삶을 이어갔다.

디어드리 블롬필드는 스님이 되겠다는 바람을 가진 적이 없다. 그러나 돌이켜 보니 자신의 미래를 예측한 한 가지 일이 떠오른다. 뉴멕시코에서의 어느 날, 연보라색 원피스 차림의 그녀가 긴 머리카락을 바람에 휘날리며 맨발로 꽃밭을 걷고 있었다. 뉴멕시코 태양을 배경으로 비친 그녀의 실루엣을 한 젊은 랍비가 멀리서 보고 있었다. 그가 다가와 "제가 방금 당신이 스님이 되는 환영을 봤습니다." 하고 가능성이 전혀 없는 예언을 해 몹시 놀랐던 것. "우리는 히피족이었고, 말도 되지 않는 일이었어요." 가톨릭 가정에서 성장하면서 스님이 된다는 것은 "꿈에서조차 생각하지 못한 일"이었다. 그녀가 한 자, 한 자 강조하며 빠르게 대꾸했다. "비구니에 대한 나쁜 경험이 있어서가 아니라, 저는 스님을 꿈-꿔-본-적-이-결-코-없-습-니-다."[6]

두려움, 분노 그리고 혼란

그러나 그 후 그녀의 국제적인 베스트셀러 『모든 것이 산산이 무너질 때』의 도입부처럼 그녀의 세계가 무너진 그날이 왔다. 30대 중반이던 그녀가 벽돌집 앞에 서서 차를 마시고 있을 때, 자동차가 들어오고 차 문이 닫히는 소리를 들었다. 잠시 후 남편이 가까이 걸어오더니 예고도 없이 자신이 외도를 하고 있으니 이혼하자고 말했다. 그녀의 마음은 산산조각 났고, 시간이 멈추었다. "그날의 하늘을 기억해요. 얼마나 크던지. 그날 강이 흐르던 소리와 컵에서 모락모락 올라오던 김을 기억해요. 시간도 없고, 생각도 없고, 아무것도 없었답니다. 단지 빛과 심오하고 끝없는 정적만이 흘렀지요."[7] 그러자 분노가 치밀어 올랐다고 한다. "돌을 집어 들어 그에게 던졌어요."[8] 빼마는 당시의 분노가 기억나 웃음을 터뜨렸다. 그 상처를 극복하느라 수년이 걸렸다. 이유를 찾기 위해 고전하면서 영적인 방랑을 떠났다. 한동안 힌두교 아쉬람에서 살았고, 주말에는 사이언톨로지에서 집중 교육을 받았으며, 신비주의자 모임인 수피 워크숍을 예약하기도 했다. 이 중 어느 것도 오래 가지 않았고, 도움이 되지도 않았다. "고통이 정말 엄청났어요. 완전히 좌절하고 말았죠."그 일 이후 그녀는 현실을 더 이상 버텨 낼 수 없었다.[9]

끔찍했던 첫해가 끝나갈 무렵, 누군가가 펼쳐 놓은 잡지를 우연히 보게 되었다. '부정성과 함께 일하기'라는 제목의 기사가 그녀의 주의를 끈다. "내 안의 분노와 증오, 엄청나게 깊고 확고한 근거 없음(무근거성, 무상)에 관해 스스로 두려움과 거대한 혼란을 느끼고 있을 때였죠. 사람들은 저를 영화관에 데려갔고, 멋진 식사에도 초대했어요. 그들은 모든 것을 해 줬습니다. 그렇지만 어떤 것도 그 깨진 조각을 원래대로 맞출 수 없었죠."[10] 그 당시 디어드리는 불교와 그 기사의 작성자인 초걈 뜨룽빠 린뽀체에 관해 전혀 몰랐다. 하지만 그 기사의 첫 문장을 기억한다. "부정성은 아무 문제가 없다." 그녀에게 직접적으로 말하고 있었다. "첫날부터, 저는 지금 여기에 일어나고 있는 일에 매우 심오한 무언가가 있을 거라는 생각이 들었습니다. 우리 중 많은 이들이 실제로는 어떤 타당한 근거나 이유를 찾을 수 없는 데도, 그런 척하며 쳇바퀴만 돌고 있습니다. 근거 없음, 불안, 불확실성을 두려워하지 않는 것을 배울 수 있다면, 어떤 상황에서도 개방적이고, 자유롭고, 자애롭고, 연민을 가질 수 있는 내면의 힘을 불러올 수 있을 것입니다. 그렇지만 공허함, 불안, 불확실성, 모호함, 역설에 관한 불편한 느낌을 피하거나 위험을 감수하면서까지 발버둥 치는 한, 그것이 무엇이든 전쟁은 계속될 것입니다."[11]

진범과 맞서다

결혼 파탄에 대한 공포와 그녀가 느꼈던 황폐함은 무근거성에 관한 탐구를 촉발시켰고, 결국 자기 성찰에 일생을 바치게 된다. 그녀는 어느 정도 필연적인 '고통'과 그 위에 켜켜이 쌓이는, 정신적이고 감정적인 '번뇌'인 '괴로움'을 구분한다. "고통을 피할 수 없는 것이라고 해 봅시다. 그리고 괴로움을 우리의 삶에서 줄이고, 해소할 수 있는 것이라고 해 봅시다. 삶에서 일어나는 일이 우리를 고통스럽게 하는 것이 아니라 일어나는 일과 관계 맺는 방식이 우리를 고통스럽게 합니다."[12] 그녀는 남편을 잃은 후 상심은 피할 수 없었지만, 그 후 여러 해 동안 자신의 근원적인 의존성, 자기중심적인 희망과 두려움이라는 더 큰 문제를 파악할 수 있었다.

어떻게 불교에 입문하게 되었는지 묻자, 반쯤 농담으로 자신을 배신한 남편을 향한 분노 탓으로 돌렸다. "진실은 그가 내 삶을 구했다는 것입니다. 결혼 생활이 파탄 났을 때 저는 일종의 위안, 안심, 친숙한 안식처로 돌아가기 위해 열심히, 아주 아주 열심히 노력했습니다. 다행히도 저는 성공할 수 없었어요. 본능적으로 저는 의존하고, 집착하던 과거의 제 자아를 소멸시키는 것이 유일한 길이라는 것을 알게 되었죠."[13]

자신의 집착이 진짜 범인임을 확인한 그녀는 우연히 잡지를 읽다가 그것을 뿌리 뽑을 수 있는 꼭 맞는 스승을 발견했다. 며칠 뒤, 한 친구가 프랑스 알프스에 있는 수피 캠프에 그녀를 초대했다. 순간적인 기분에 동의하고, 1개월 간 자녀를 전남편에게 맡기고 떠났다. 프랑스 알프스에서 처음으로 티벳 불교의 치메 린뽀체Chimé Rinpoche(1914-1999)를 만났다. 익숙함과 '강력한 인연'을 즉시 느꼈다.

치메 린뽀체는 그 기사의 작성자인 초걈 뜨룽빠 린뽀체에게 연락해 보라고 제안했다. 초걈 뜨룽빠 린뽀체는 결국 그녀의 근본 스승이 되었다. 뜨룽빠는 미국에 티벳 불교의 기반을 다진 중추적인 인물이다. 1972년 어느 겨울날, 뉴멕시코 타오스에서 처음으로 초걈 뜨룽빠를 만났다. 그녀는 자신의 초등학교 반 아이들에게 그의 자서전『티벳에서 태어났다Born in Tibet』를 읽게 했다. 우연히 그가 근처에서 강의를 하는 것을 알고 자동차 3대에 아이들을 태워 그를 만나러 갔다. 한 아이가 두려움에 대해 묻자 뜨룽빠 린뽀체는 사나운 경비견이 지키고 있는 사원 이야기를 들려주었다. 뜨룽빠 린뽀체가 막 마당에 들어섰을 때, 그 사나운 개의 목줄이 풀렸다. 그를 제외하고 모두 얼어붙었다. 그는 그 개를 향해 최대한 빨리 달리기 시작했다. 방심해 있던 개가 다리 사이에 꼬리를 넣고 다른 방향으로 내달렸다.

이것이 뻬마가 그의 스승에게서 얻은 교훈 중 하나다. 리치몬드에서 이 이야기를 인용한다. "두려움 없음의 기본은 두려움을 진정으로 아는 것이다." 처음에 그에게 끌린 것은 치메 린뽀체에게 느꼈던 것과 같은 따뜻함이 아니다. "그러나 뜨룽빠 린뽀체의 존재를 통해 저 자신이 발가벗겨진 기분이 강하게 들었고, 완전히 종료되지 않은, 여전히 제 인생의 문제로 여겨지는 것들을 볼 수 있었습니다. 후에 정식으로 그의 제자가 되겠다고 요청한 이유는 그가 저를 무척 곤란하게 만들었고, 그에 관한 모든 것에 마음의 동요가 일어났기 때문입니다."[14]

뻬마는 초걈 뜨룽빠를 매우 짜증나고 불편한 스승으로 표현한다. 서양 티벳 불교계에서 멋진 '나쁜 남자'로 유명한 쵸걈 뜨룽빠는 성취를 이룬 스승에 대한 일반적인 관념을 완전히 산산조각 낸 인물이다. 그의 책『영적 유물론을 끊어라Cutting Through Spiritual Materialism』에서, 그는 영적 친구의 역할은 '제자를 모욕하는 것'이라고 밝혔다. "그는 그런 사람이었습니다. 일이 순조롭게 흘러가면, 혼란을 불러일으켰죠."[15] 뻬마는 그의 행동에서 지혜를 보았다. "저는 휘둘리고 화내는 것이 싫었지만, 제게 필요했던 일이었어요. 그것을 통해 저 자신이 얼마나 습관적인 패턴에 갇혀 있는지 알게 되었습니다."[16]

2년 만에 그녀는 자신이 꿈꿔 온 마지막 일을 해냈다. 1974년, 영국에서 16대 깔마빠는 치메 린뽀체에게 가르침을 받고 있던 뻬마에게 수계를 내리고, 뻬마 최돈Pema Chödrön 즉 '법의 연등'이라는 법명을 주었다. 그녀는 "아주 아주 이상해요. 어떤 생각이 들면, 저는 이것이 미래에 관한 것이고, 따라야 한다고 말하곤 했어요. 이런 일들이 매우 자주 일어났고 무슨 연유인지 수계를 받는 것 역시 예상했습니다."[17] 하고 인정한다. 당시 그녀의 자녀들은 어린 10대였다. 그 결정에 죄책감을 느꼈냐고 묻자 그녀의 얼굴이 구겨지며 한숨을 내쉬었다. "네, 네, 그래요. 돌이켜 보면, 시기상조였죠. 아이들이 성장할 때까지 기다렸으면 더 좋았을 거예요."[18], "좀 더 적절한 시기였을 수도 있었지만, 그것을 했다는 관점에서 살펴보면, 제 인생에 다른 결정은 없어요. 깊은 의미를 부여하는 사라지지 않는 무언가를 인생에서 찾았을 때, 사람들은 매우 매우 행운이라고 느낍니다."[19] 그리고 마침내, 그녀의 가족은 그녀의 특별한 길을 지지해 주기로 했다.

단판 승부가 아니다

수계를 받고 미국으로 돌아온 뻬마는 샌프란시스코의 다르마다투

센터the Dharmadhatu Center로 이사했다. 한동안 낮에는 평상복을 입고 사립학교에서 아이들을 가르치고, 밤에는 가사를 입고 센터에서 불교를 가르쳤다. 깔마빠가 미국 방문 중 그녀를 다시 만났을 때, 그는 전례 없는 움직임을 보였다. 그는 단체 관람 중에 그녀를 똑바로 바라보며 말했다. "당신은 정식 수계를 받아야 합니다."[20] 깔마빠는 그가 직접 귀의계를 주겠다고 제안했다. 그렇지만 이것은 불가능했다. 그의 법맥은 여성에게 정식 수계를 내리지 않기 때문이다. 대신 깔마빠는 그녀에게 뉴욕 브롱스에 있는 중국인 스승의 전화번호를 건넸다. 마침내 정식 수계를 받을 수 있는 사원으로 가게 된 것이다.

뗀진 빨모가 다녀간 지 몇 년 후인 1981년, 뻬마 역시 홍콩으로 떠났다. 그녀는 미국인 여성으로는 처음으로 정식 수계를 받았을 것이다. 이 책에 실린 다른 법사들처럼 그녀의 삶을 급진적으로 변화시킨 속도에 관해 질문했을 때, 그녀는 "깊은 소명과 지난 전생의 흐름에 재접속한 후, 발을 들였고 앞으로 나아가기 시작했다"[21]고 답했다. 그녀는 스승인 뜨룽빠 린뽀체의 말을 인용했다. "이것은 단판 승부가 아니다. 재경기가 많다." 이번 생만을 놓고 볼 때, 사원에 급하게 들어간 것을 쉽게 이해할 수 없었다. 그녀는 가톨릭 가정에서 자라면서, 수녀를 다소 억압된 존재로 생각했기 때문이다.[22] 스님이 되고자 했을 때 '삶에 대한 열정, 깨달음에 대한 욕구를 발견했고 그 길로 가고 싶다는 생각만으로 결정한 것'[23]이다. 그 당시는 그녀가 가정주부로서 성취감을 느끼고 있을 때다. 수계를 받기 직전, 모든 상상할 수 있는 성적·정신적 욕망이 그녀를 괴롭혔다. 습관적인 갈애는 마지막으로 남은 강력한 전투였지만 결국 다르마가 승리했다. 두 번의 결혼과 2명의 자녀를 두었기에 또 다른 연애를 시작하는 것에 관심이 거의 없었다. 그녀 표현대로 '진리와의 연결'에 모든 에너지를 쏟아붓기로 결심했다. "그것은 자신을 한 개인이나 상황에 한계를 두는 것이 아니라 자신을 모든 사람과 실제로 공유하는 것입니다."[24]

숨을 곳이 없다

뻬마 최돈은 현재 노바 스코셔Nova Scotia의 감뽀 사원Gampo Abbey에 거주하고 있다. 이곳은 초걈 뜨룽빠의 샴발라 국제 사원으로 세인트 로렌스Saint Lawrence만의 깎아지른 듯한 61m 높이 절벽에 자리 잡은 3층 목조 건물이다. 케이프 브레턴the Cape Breton 해안 끝자락에 있는 24만 5천 평의 땅이 영성을 탐구하는 성지로 변신했다. 그녀는 이곳을 '바다와 하늘이 서로 녹아드는 광활한 곳'으로 설명한다. "수평선은 끝없이 펼쳐져 있고 이 광활한 공간에 갈매기와 까마귀가 날고 있어요. 이 풍경은 마치 어디도 숨을 곳이 없다는 느낌을 분명하게 보여 주는 거대한 거울 같습니다. 또 이곳은 사원이기 때문에 탈출 수단이 거의 없어요. 거짓말, 도둑질, 술, 섹스, 비상구가 없답니다."[25] 뻬마 최돈은 이 사원의 원장으로 있으면서 수십 년간 베스트셀러를 써서 명성을 이어가고 있다. 또 뻬마 최돈 재단[26]을 설립했다. 책과 오디오 강연의 모든 로열티를 이 재단이 소유하고 있으며, 이를 통해 수행에 전념하는 이들을 위한 기금을 마련한다.

바샤 터잔스키Basia Turzanski는 초기에 뜨룽빠 린뽀체의 사무국에서 뻬마와 가까이 지내면서 긴밀하게 협력했다. 그녀는 뻬마가 감뽀 사원을 위한 기금을 모금할 때 얼마나 두려워했는지 생생하게 기억한다. 뻬마는 자신의 불안함에 대해 이렇게 결론 내렸다. "무엇을 두려워하든지 간에 앞으로 나아갈 거야." 바샤는 "이 말이 저를 일깨웠습니다. 이것은 뻬마가 가는 길의 원칙이며, 뻬마가 자신을 발전시켜 온 방법입니다."라고 들려준다. 당시 공동체에서 수계를 받은 사람은 뻬마가 유일했지만, 바샤는 어떠한 거리감도 느끼지 않았다고 회상한다. "그녀는 거의 혼자 있었지만 다가가기 쉬웠어요. 뻬마는 매우 강한 사람입니다." 한번은 뻬마에게 70년대의 자유로운 히피 문화 한가운데 수계를 받는 어려움에 대해 물었다. 뻬마는 조용히 고개를 저으며 말했다. "그것은 제가 해야 할 일이었습니다. 그리고 뜨룽빠 린뽀체의 적극적인 지지가 있었죠."

소멸할 때까지 계속해서 자신을 노출시켜라

환생자로 인정받은 소년 뜨룽빠 린뽀체는 가족의 품을 떠나 전생자가 지냈던 사원에서 성장했다. 린뽀체는 중국이 티벳을 침공해 인도로 탈출할 때도 자신의 승복을 지켰다. 그러다 1969년 영국에서 자동차 사고로 영구적인 장애를 갖게 되었다. 그 사고가 변곡점이 되었다. 그는 이 사건을 승복과 같은 도구를 완전히 버리고 자신과 제자의 구분을 없애야 한다는 메시지로 받아들였다. 귀의계를 반납하고, 서양인 제자들처럼 옷을 입고, 술을 마시고, 파격적인 방법으로 가르치기 시작했다. 뜨룽빠 린뽀체가 한 법회에서 그의 주장을 증명하고자 성행위를 예로 들었을 때, 뻬마가 손을 들어 질문했다. "저는 어떻게 하면 좋을까요? 저는 정말이지 그 가르침을 따를 수 없을 것 같은데요."[27] 린뽀체는 순수한 귀의를 지속하다 보면, 참 의미를 이해하게 될 거라고 조언했다. 그때 그녀는 놀라고 말았다. 뜨룽빠 린뽀체는 자신의 자유로운 삶의 방식과 달리 그녀에게 그녀를 따르는 모든 수행자들의 롤 모델이 될 수 있도록 계율을 엄격하게 지켜야 한다고 강조했던 것이다. 나중에 그는 자신의 첫 번째 비구니에게 이렇게 말했다. "너도 알다시피, 사람들은 모두 너를 주목할 것이다. 네가 걷는 방식, 말하는 방식, 행동하는 방식을 지켜볼 거야. 그러니 제대로 하는 게 좋아."[28] 그녀는 사원을 세우는 문제로 그와 나눈 대화를 회상한다. 아이러니하게도, 뜨룽빠는 침대에 누워 있었다. 아마도 벌거벗은 채로 담요를 덮고 있었을 것이다. 뻬마는 귀의계를 매우 순수하게 지켜야 하며, 동시에 마음이 지극히 개방적이고, 유연해야 한다는 의미로 그 상황을 이해했다.[29] 뜨룽빠 린뽀체는 "세상과 담을 쌓기 위해 계율을 사용해서는 안 된다. 요점은 우리의 마음과 생각을 세상을 향해 더 열 수 있는 방법으로 계율을 보는 것"[30]이라는 점을 계속 강조했다.

샴발라Shambhala는 티벳 불교에서 독특한 전통을 확립했다. 감뽀 사원은 평신도에게 일시적인 수계를 허용한다. 즉, 영원히 사원에 머물 것인지 아니면 일상으로 복귀할 것인지 결정하기 전에 사원의 삶을 경험해 보는 기회를 제공하는 것이다. "사람들이 세상으로부터 숨거나 도피하기 위해 사원을 선택하는 것은 대중적인 개념"이라고 뻬마는 말한다. "사실 단순하지만 강도 높은 사원의 삶은 개인적인 관심과 습관적인 경향에 삶이 영향을 받지 않도록 요구합니다. 계율에 맞춰 자애롭게 살아야 하는 공동체의 고강도 삶은 우리가 깨어날 것을 요구합니다. 사원의 삶은 처음에는 목가적으로 보입니다. 그러나 시간이 흐르면서 마음에서 거부하는 것들이 수면 위로 올라옵니다. 사원의 삶은 매우 소박하고 매우 충만합니다."[31] 1984년 뜨룽빠 린뽀체가 그녀를 이곳의 책임자로 보냈을 때, 이를 직접 경험했다. 소와 닭 냄새가 풀풀 나는 오래된 농가인 그곳을 구입한 바로 직후였다. 감뽀 사원은 서양인 남녀를 위한 캐나다 최초의 티벳 불교 사원이다. 그곳의 초대 책임자인 뻬마 최돈은 아시아의 사원 문화를 서양의 정신과 융합하는 방법을 강구한 진정한 개척자였다.

"그곳에 있는 것은 사랑이라는 좋은 도전을 시험하는 초대였습니다." 뻬마는『모든 것이 산산이 무너질 때』에 "첫 5년 동안은 살아 있는 채로 삶아지는 듯 했다"고 적었다. 사원에 들어갔을 때 그녀에게 일어난 일은 "자신을 보호하는 모든 방법, 자신을 속이는 모든 방법, 잘 다듬어진 자아상을 유지하는 모든 방법, 이 모든 것이 무너졌습니다. 아무리 애를 써도 그 상황을 조작할 수 없었습니다. 제 방법은 모두를 미치게 만들었고 저는 숨을 곳을 찾을 수 없었습니다. 저는 항상 자신을 거의 모든 사람이 좋아하는 부드럽고 친절한 사람이라고 생각했습니다. 그런 이미지에 너무 많은 것을 투자했지만 더 이상 유지하지 못했습니다. 아직 끝나지 않은 모든 일이 선명한 총천연색으로 저뿐만 아니라 다른 모든 사람에게 생생하고 정확하게 투영됐습니다."[32] 다른 사람들은 그들의 의견을 거침없이 말했다. 그녀는 '우리 안에서 파괴되지 않는 것을 찾아 제거하기 위해 우리 자신을 계속해서 드러내야 한다.'라고 적힌 액자를 벽에 걸었다. 이것이 그녀가 배우고 가르치는 핵심 메시지이다. "모든 것을 놓아 버리는 거야."[33]

그녀는 또한 이러한 정신에 기반해 전통적이지 않은 용어로 "보살의 서원"을 새롭게 설명한다.

보살의 서원은 어떤 두려운 상황이 당신을 찾아와도 즉시 멈추고, 당신이 어떤 사람들을 미워하는지, 사람들이 당신을 어떻게 자극하는지, 어떤 방식으로 참아 내기를 원하는지, 어떻게 정리하고 해결하기를 원하는지를 보는 것과 관련이 있다. 이 모든 것을 보는 것만으로도 인간적인 상황에서 자비심이 증가한다. 우리는 우리 자신이 완벽하지 않음에도 불구하고 타인을 위해 마음을 열고 함께하려고 한다.[34]

고통 없는 치료인 척해도 아무 소용이 없다는 것을 아는 친절한 치과 의사처럼, 뻬마는 『당신을 두렵게 하는 곳들Places That Scare You』에서 수행을 이렇게 정리한다.

수행의 핵심은 동일하다. 복수나 자기 혐오의 연쇄 반응에 빠지는 대신 우리는 점차 감정적인 반응을 알아가면서 따라가지 않는 것을 알게 된다. 그런 다음 우리는 육체적인 감각을 오롯이 느낀다. 이렇게 하는 한 가지 방법은 호흡을 마음으로 하는 것이다. 감정을 인정하고, 그와 관련한 이야기를 멈추고, 그 순간의 에너지를 느끼는 것으로 우리는 우리를 위한 자비심을 함양한다. 그 후 한 단계 더 나아갈 수 있다. 우리는 우리와 같은 수백만 명이 있다는 것을 인식한다… 자비심의 범위를 넓힌다.[35]

보금자리가 사라지다

뻬마의 스승은 그녀에게 정확히 그렇게 가르쳤다. 뜨룽빠 린뽀체에 대한 그녀의 헌신은 10년에서 15년에 걸쳐 천천히 발전했다. 그가 죽기 약 4년 전에 망설임은 사라졌고 자신의 헌신이 '흔들리지 않음'을 인식했다. 그녀는 법사에 대해 만감이 교차하는 신입생들을 위로한다. "헌신이 바로 일어난다는 것은 새엄마나 새아빠가 생겨 아늑하다고 느끼는 감각일 수 있습니다. 그러나 불자가 되는 것으로 새 가족이 생기는 것이 아닙니다. 불자가 된다는 것은 보금자리가 사라지는 것입니다."[36]

초캄 뜨룽빠가 1987년 세상을 떠났을 때, 그는 높이 깨달은 스승으로 많은 동료의 존경을 받았지만 지극히 파격적인 그의 행보는 종종 제자들을 당혹스럽게 만들었다. 뗀진 빨모와 조안 할리팩스를 포함하여 이 책에 나오는 몇몇 법사들은 그가 어떻게 자신들을 유혹하려 했는지 기억한다. 뜨룽빠 린뽀체의 영국인 아내인 다이애나 묵뽀는 자서전에 많은 여자 친구와의 관계, 자유분방한 파티, 권위적인 가정생활 등을 기록했다. "뜨룽빠 린뽀체는 항상 불안과 무근거성 속에서 긴장을 푸는 법을 가르치려고 노력했습니다. 저는 이유를 막론하고 그에게 감사를 드립니다." 뻬마는 그가 사망하고 몇 년 후 헬렌 트워코프Helen Tworkov와의 인터뷰에서 이렇게 밝혔다. "저는 그에게 화가 많이 났습니다. 그를 속일 수 없었고, 그런 사실이 불편했죠. 그렇지만 제게 꼭 필요했던 감정이었습니다."[37]

섹스와 스승

헬렌 트워코프가 뻬마 최돈에게 뜨룽빠 린뽀체의 여성 편력에 대해 몰아세울 때 뻬마는 "린뽀체는 여성을 사랑했습니다. 그는 매우 열정적이었고 많은 여성을 만났습니다. 다른 여성 제자들에게 그와 엮이면 문제가 생긴다고 알려주기도 했습니다. 실제로 그와 가까워질 수 있는지 알아보려면 그의 모든 책과 강연을 읽고 들어야 합니다. 동침하자는 초대를 받을 수 있다는 것도 알고 있어야 합니다. 그래서 어리숙하게 굴면 안 돼요. 받아들여야 한다 또는 받아들일 필요 없다 생각하지 마세요, 대신 이 남자를 누구라고 생각하는지는 스스로 결정해야 합니다."[38] 여성으로서 그녀는 "자신의 지위를 악용해 여성 제자에게 접근하는 많은 법사를 좋아하지 않습니다. 그렇지만 저는 법사가 정말 깨달았다면 그렇지 않은 것과는 실제로 다르다고 말하고 싶습니다. 하지만 그것을 누가 결정할까요? … 제 스승은 윤리적 규범을 지키지 않았지만 그에 대한 저의 헌신은 확고합니다. 그래서 제게 큰 숙제가 남았어요.''라고 말한다. [39]

뜨룽빠 린뽀체는 알코올 중독으로 사망했다. 그러나 수행 공동체가 직면한 최대 위기는 그의 사망 이후에 찾아왔다. 그가 임명한 계승자가 문란한 사생활로 에이즈HIV 양성으로 판명되었다. 하지만 이것을 비밀에 부치고, 수년간 다수의 제자가 감염된 것이다. 잇단 충격으로 샴발라 상가는 산산조각이 났다.

혼란에서 벗어난 후, 뻬마는 그녀의 핵심 수행인 '무근거성과 함께 머물기'에 의지했다. "여기서 걱정은 제자들이 상처받는 것을 보고 싶지 않다는 것입니다."[40] 그러나 뻬마는 계속해서 '나쁜' 스승이나 '좋은' 스승의 목록, 성인과 죄인의 분명한 구분을 하고 싶지 않다고 말한다. "100퍼센트 옳은 것, 100퍼센트 나쁜 것으로 나누는 것을 사회 관념으로 받아들이는 사람이 많습니다. 모호함 속에서 살아가는 용기로 천천히 긴장을 푸는 것이 위안이 되었습니다. … 그것을 맞다고, 틀리다고 할 수 없습니다. 저는 완전히 맞고 완전히 틀린 사람을 만난 적이 없습니다."[41] 뻬마는 다른 사람을 통해 자신을 보라는 견해를 가지고 있다. "제가 알고 있는 것은 저 자신뿐입니다. 사람들이 매우 가혹하게 비판하는 것을 들을 때, 제것인양 그들의 고충을 듣고 있다고 느낍니다. 저는 그들 스스로 언급할 수 없는 것도 듣고 있습니다."[42] 이것은 잘못된 행동을 보는 것과 혼동해서는 안 된다고 말한다. "이렇게 말하세요. 하지마! 화나게 만들지 마."[43] 여성들이 분노와 배신감, 남성 스승에 대한 불만을 가지고 그녀를 찾아올 때, 그녀는 결코 "해가 되지 않아요. 그냥 체험이에요."라고 말하지 않는다. 대신 "정말 치유하기를 원합니까? 아니면 단지 누군가가 잘못되기를 바랍니까? 다른 사람을 비난하고 복수하는 것은 어떤 것도 치유할 수 없습니다."[44]라고 되묻는다.

그녀는 스승에 관한 문제는 결론을 내지 않을 생각이다. "제가 그를 사랑한다는 것을 압니다. 그러나 저는 그가 누구였는지 모릅니다."[45] 선 전통과 관련하여 뻬마는 그것을 '모르는 마음'이라고 부른다. "뜨룽빠 린뽀체에 대한 저의 영원한 헌신은 그가 할 수 있는 모든 방법으로 저를 가르친 데서 비롯됩니다. 절대 옳다, 그르다 할 수 없어요."[46]

성공과 투쟁

뻬마의 법문을 기록해 둬야 한다고 주장한 사람은 초걈 뜨룽빠였다. 그러나 그녀가 법문 경력을 꽃피운 시기는 스승이 떠난 후다. 그녀의 주요 저서인 『탈출 없는 지혜The Wisdom of No Escape』, 『지금 있는 곳에서 출발Start Where You Are』, 『모든 것이 산산이 무너질 때』 등은 모두 90년대 중반에 베스트셀러가 되었다. 그녀의 지혜는 각계각층의 사람들에게 깊은 반향을 일으켰고 순식간에 수천 명의 학생들이 그녀의 수련회에 참석하기를 원했다. 편지와 초대장은 세탁 바구니에 담아 배달할 정도로 많았다. 명성이 치솟는 동안 몸이 따라갈 수 없었다. 뻬마 최돈은 몸이 말이 듣지 않아 멈추라고 할 때까지 손상된 면역 체계로 수년 동안 씨름했다. 결국 만성 피로와 화학 물질 민감증을 진단받았다. 만성 피로에 대한 기적적인 치료법은 없다. 기분을 좋게 만들어 가르침을 기다리는 많은 사람들 앞에 서게 만드는 그런 알약도 없다. 실제 근본 원인은 알 수 없었지만 깊은 피로가 예기치 않게 발생해 때때로 그녀는 전혀 거동할 수 없었다. 뻬마는 어떤 경험이든 특유의 쾌활함으로 받아들인다.

리벳공 뻬마: 다른 시대의 페미니스트 아이콘과 눈에 띄는 비교

콜라주 노아 P. 카플란 ©Noa P. Kaplan

언젠가 그녀가 나에게 이렇게 말했다. "일어날 만한 분명한 이유가 있습니다. 과잉 성취자에게 항상 일어나죠." 그리고 윙크를 하더니 "하지만 적어도 그것은 에고를 납작하게 눌러 버립니다."라고 덧붙였다.

뻬마는 돌연 모든 일정을 취소하고 10년 넘게 매우 제한적이고 엄격한 식단을 지켰다. 또 화학 물질 잔류물이 그녀의 면역 체계를 무자비하게 공격할 때, 멋진 호텔 방을 서둘러 떠나야 했다. 고통과 좌절을 견디며 혼자 방에 누워 있는 것 외에 할 수 있는 게 없을 때가 많았다. 하지만 『모든 것이 산산이 무너질 때』에 언급한 자신의 가르침대로 수행에 전념했다. '지금 이 순간이 완벽한 스승이다'라는 말은 책에 쓴 문장 중하나이다.[47] "모든 순간은 마음을 열든지 닫든지, 깨어나든지 도망가든지 할 수 있는 기회입니다." 한번은 내가 그녀에게 그렇게 쇠약해진 몸을 회복하려면 어떻게 해야 하는지 물었는데, 그녀는 뜨룽빠 린뽀체의 조언을 적용하려고 노력한다고 말했다. "완전히 받아들이세요. 현재에 머뭅니다. 호기심을 유지합니다. 한 번도 들어본 적 없는 사람에게 아주 자세하게 설명을 하는 것처럼 세심한 주의를 기울이며 관찰합니다."

티벳 불교에서 가장 간결하고도 함축적인 가르침 중 하나는 '행복과 괴로움을 깨달음으로 바꾸다'이다. 좋은 것이든 나쁜 것이든, 아름다운 것이든 추한 것이든 모든 상황을 깨어날 기회로 삼는 것이다. 뻬마가 바로 그랬다. 그녀는 또한 자신에게 진실하지 않을 때마다 찾아오는 피로가 자신을 망칠 것이라는 것을 알아냈다. 그녀는 "저는 남의 눈치를 보고 비위를 맞추려 합니다. 다른 사람들의 기대에 부응하려고 하는 즉시 피로가 몰려오죠."라고 설명한다.

티벳 스승인 직메 링빠Jigme Lingpa(1729-1798)는 "병을 스승으로 알고, 그들에게 기도하라"고 말했다. 불교의 근본적인 문제는 괴로움이 있느냐 없느냐가 아니다. "괴로움을 다루는 방법에 관한 것이기 때문에 괴로움으로 마음을 일깨우고, 끊임없이 계속되는 습관적인 견해와 행동을 넘어서는 길로 나아가는 것입니다. 고통을 실제로 어떻게 사용해야 나와 주변 사람들을 변화시킬 수 있을까요? 어떻게 하면 도망치거나 서로를 망치는 방식으로 고통에 대항하는 것을 멈출 수 있을까요?"[48] 이것은 뻬마가 줄곧 전하는 메시지다. 그래서 사람들은 '사랑하는 이들의 말을 진심을 다해 경청해야'[49] 한다.

건강 탓에 그녀의 삶이 단순해졌을 때, 안거의 기회가 찾아왔다. 그녀는 전통적인 3년 간의 무문관 수행을 감뽀 사원에서 마쳤다. 끝날 즈음 몸이 상당히 아팠지만, '무문관 수행의 묘미'를 알게 되었다. 심지어 1년 동안, 말을 전혀 하지 않는 완전한 침묵 속에 들어갔다. 빌 모이어스가 그 침묵의 공간에서 무슨 일이 일어났냐고 물었을 때, 그녀는 장난스럽게 "어, 첫 번째 일어난 일은 벽을 기어오른 거예요."라고 답했다. "이것은 개인적인 일입니다. 누구에게나 일어나는 일이 아니랍니다. 하지만 디톡스는 꽤 격렬했어요. 일종의 감각 상실이라고 할까요? 인생에서 당신을 산만하게 했던 것 속으로 차츰 깊이 빠져들기 시작합니다. 무문관 수행의 목적은 산만함을 없애는 거랍니다."[50]라고 재빨리 분명하게 덧붙인다.

뻬마는 "산만함을 가져오는 방해 요소는 전화나 이메일 등 외부 현상만이 아니라는 것을 금방 알게 되었다"고 한다. "우리의 마음, 동경, 갈망 그리고 환상 역시 주요한 방해 요인입니다. 시간이 지날수록 침묵하고 있기 때문에 이것의 영향력이 약해집니다. 점점 더 깊이 산만하지 않는 상태로 들어가게 됩니다. 그러면 그동안 삶이 항상 완전한 현존에서 멀어지고 있다는 것을 깨닫기 시작합니다."[51]

뻬마가 장기 안거 중 빠져든 심연에 대해 많은 사람들과 경험을 공유하는 자리를 가졌다. 매번 수행을 위해 앉을 때마다 우울증이 그녀를 덮쳤다. 주의를 돌리기 위해 산책을 하고, 잡지를 읽기도 했다. 그렇지만 명상 방석으로 되돌아가는 순간, 오랜 친구인 우울증이 동행했다. 질병, 우울, 상실에 대한 경험이 원동력이 되어 수행을 심화시켰다. 그녀는 나에게 이런 조언을 한 적이 있다. "괴로움과 고통이 있을 때, 뭔가 잘못됐다고 말하면서 부정적인 카르마를 쌓는 대신 이를 정화의 기회로 받아들이세요." 매 순간, 특히 상황이 불편해지면 "습관대로 할 것인지, 낡은 습관을 버릴 것인지 선택할 수 있습니다. 바로 그때, 우리는 엉망이라는 느낌에 다시 사로잡히지 않고 수행할 기회를 인식할 수 있습니다."[52]

완전히 존재한다는 것은 "제가 따르는 전승에서, 기본적으로 완전히 깨어 있는 상태로 감각 인지력이 활짝 열리는 것입니다. 당신과 당신의 경험 사이에 어떤 여과 장치도 없이 보고 듣는 것, 맛보고 냄새 맡는 것 등을 상상할 수 있다면, 그것은 작고 좁은 구멍 같던 당신의 모든 감각 인지력이 갑자기 바깥 경계가 존재하지 않는 것처럼 전부 열리는 것과 같습니다.”라고 설명한다.[53] 그녀는 자신이 법을 만나기 전에 “불행이 끊임없이 흐르고 있었다”고 기억한다. “큰 위기는 없었습니다. 단지 꾸준히 드러나지 않는 불행이 있었을 뿐, 그래서 제가 있던 곳의 본질과 결코 연결될 수 없었습니다.” 그에 반해 이제는 ‘지복감, 행복, 확고한 웰빙’을 느끼고 있다.[54]

스승의 진정한 가치

수행하고 강의하고, 저술 활동을 하느라 몇 년을 보내고 나서야 그녀는 본래 제자의 자리로 돌아가야 할 필요성을 깨달았다. 뜨룽빠 린뽀체에 이어 그의 아들이자 법 계승자인 싸꽁 미팜 린뽀체Sakyong Mipham Rinpoche의 가르침을 받고 나서, 지갈 꽁뚤 린뽀체의 제자로 들어가 새롭고 어려운 도전을 시작했다. 그녀의 말을 그대로 옮기면 이렇다. “그는 그 후로 죽 저를 골탕먹였습니다.”

1995년 그녀는 샌프란시스코에서 열린 불교 강사 회의에 초대받아[55] 하루 일찍 도착해 쉬고 있었다. “정말 아파서 하루 종일 잠만 잤어요.” 그녀가 산책을 하기로 결정하고 문을 연 순간, 꽁뚤 린뽀체가 복도 건너편 방에서 나왔다. 그들은 서로를 알아봤다. 그에게 차 한 잔을 마시자고 권했다. 그녀는 무슨 대화를 나눴는지 잘 기억하지 못하지만, “기분이 좋아지기 시작하면서 아픔이 사라졌다”는 것은 매우 분명하게 기억한다. 뜨룽빠 린뽀체가 떠난 후, 그녀는 줄곧 질문에 답해 줄 누군가를 간절히 찾고 있었다. “그의 말에 감동받아 조금 전보다 육체적으로 더 강해지기 시작했습니다. 저는 강력한 인연을 느꼈고, 나중에 그와 인터뷰를 하면서 저의 근본 스승인 초걈 뜨룽빠 린뽀체와 대화를 나누던 때의 그 느낌이 아주 선명하게 떠올랐습니다."[56]

약 1년 뒤, 그들이 다시 만났을 때, 뻬마는 더 수승한 특별한 가르침을 전수받고 싶다고 청했으나 꽁뚤 린뽀체는 거절했다. 그녀는 "약간 충격을 받았다"고 고백한다. 그래서 그에게 이유를 설명해 달라고 요청했다. 그는 그녀가 먼저 처리해야 할 몇 가지 장애를 언급했다. "나중에 제가 장애를 없애고 진정으로 공부할 수 있는 확신이 생겼다고 말하자 허락해 주었습니다." 결국 그녀는 2000년 삼뗀 링에서 처음으로 100일 수행을 시작했다. "제 문제의 근원을 아는 뜨룽빠 린포체를 만난 이후, 저는 그 누구도 만나지 않았습니다. 그 당시 이 사실을 깨달았어요. 저는 휘둘리지 않을 거라 자신 했는데 어찌된 일인지 그는 저를 사로잡는 대단한 매력이 있었습니다. 우리는 전생부터 이어져 온 오래된 인연이 분명했습니다. 그를 만난 것에 감사하며 제자로 받아 달라는 청을 올렸고, 그가 승낙했습니다."[57]

수많은 경험에도 불구하고 스승을 만나는 것이 왜 그렇게 중요할까? 뻬마는 이에 대해 "스승님과 함께 있으면 그들의 지혜가 당신의 지혜와 공명하게 됩니다. 두 사람의 인격을 초월하는 것입니다."라고 설명한다. "스승과 함께하는 것은 당신의 불성과 연결되는 것입니다. 스승에게 요구되는 가장 중요한 조건은 제자를 잘 아는 것입니다. 제자의 문제를 파악해서, 드러나게 하는 것입니다. 제자가 자신의 약점을 볼 수 있도록 문제 상황들이 나타납니다. 스승과 함께하기 때문에 모욕당하고 불편한 상황이 발생하더라도 제자는 도망가지 않습니다. 이것이 스승의 진가입니다. 제자는 견뎌내고, 스승은 극복하도록 돕습니다."[58]

예스! 예스! 예스!

보통 우리는 스승을 현명한 어른으로 여기지만, 이 경우에는 역할이 뒤바뀐다. 그녀의 스승은 그녀보다 서른 살쯤 어리다. 꽁뚤 린뽀체가 가르침을 주면, 뻬마는 자주 손을 들어 질문한다. "정확히 말하면, 스승이 제자를 난처하게 만드는 것이 아닙니다. 스승과 있으면, 고통을 주는 자신의 문제가 강하게 부각됩니다. 이때 제자는 문제를 회피하지 않습니다. 스승에 대한 헌신 때문입니다. 결국, 스승은 제자를 포기하지 않는다는 것을 알게 됩니다."[59]

첫 만남 당시, 그녀는 여전히 감뽀 사원을 책임지고 있었다. 법사와 작가로 빡빡한 일정을 소화하면서도 그녀의 삶은 매우 충만했다. 그녀의 염원은 수행에 더 많은 시간을 할애하는 것이었지만 촉박한 약속들 탓에 늘 밀려났다. 꽁뚤 린뽀체가 해마다 백일 수행을 할 것을 제안했다. "예스! 예스! 스스로 하지 않을 일에 소소한 참견이 늘 따라붙었습니다. 린뽀체가 한마디 하면, 저는 언제나 예스였죠." 결국 그녀는 자신의 책무를 조금 줄이기로 결심했다. "이런 소소한 자극 모두가 제게 아주 귀한 선물을 주는 것과 같았습니다. '스스로 할 수 없었던 걸까?' 하고 생각해 봤는데 혼자서는 결코 하지 않았을 겁니다. 린뽀체 없이는, 하지 않았을 거예요. 당신을 점검하는 누군가가 있다는 것은 좋은 일입니다."라고 그녀가 말한다. "지갈 꽁뚤 린뽀체는 제가 많은 변화를 겪을 수 있도록 지도했습니다. 묘하게도 제 문제의 근원을 정확히 파악하는 그의 능력에 경외심이 들었습니다. 저는 그의 동기가 제가 깨달을 수 있도록 돕는 것이라고 전적으로 믿습니다."[60]

뻬마는 관습에 얽매이지 않는 매우 자유로운 영혼이라는 인상을 남겼다. 승복을 입든, 알몸이든 그녀는 지극히 편안해 보인다. 언젠가 그녀가 다르마 센터의 공용 욕실을 사용한 적이 있다. 욕실 문이 잠겨 있어 안에 비구니가 있다는 사실을 인지하지 못한 꽁뚤 린뽀체의 멋진 젊은 시자가 그곳 복도에서 옷을 벗기 시작했다. 그러다 곧 법회가 시작된다는 것을 알고 서둘러 옷을 입고 있던 찰나, 뻬마가 나왔다. 속옷 차림의 시자는 뻬마를 보고 당황해 얼어붙었다. 그 순간을 놓칠 뻬마가 아니었다. 반쯤 벗은 젊은 청년을 향해 그녀는 휘파람을 크게 불었다. 즐거운 미소를 지으며 차분히 그를 지나쳐 법당으로 들어갔다.

06

콜로라도주 크레스톤에서 엘리자베스 매티스 남겔

사진 사샤 마이어로위츠 ⓒsasha Meyerowitz

엘리자베스 매티스 남겔

Elizabeth Mattis-Namgyel

놀라운 여성 은둔자

열린 질문을 통해 삶의 모든 것을 탐구한
마르크스주의자의 딸이자 라마의 아내 [1]

해 질 무렵, 나는 갑작스럽게 현관문을 두드리는 활기찬 소리에 몽상에서 깨어났다. 어떤 방문도 기대하지 않고 있던 터라 몇 번 더 문을 두드리는 소리를 듣고서야 벌떡 일어났다. 오두막 산장의 주방 창으로 늦은 시간에 나타난 방문객을 언뜻 내다보았다. 음식을 찾아 다니는 검고 꾀죄죄한 어미 곰의 거대하지만 마른 등이었다. 아마도 이 곰은 엉성하게 만들어진 나무문을 밀치고 들어올 수 있을 것이다. 몇 년 전 한 방문객이 재미 삼아 곰에게 연어 먹이를 준 적이 있다. 그 방문객은 자신이 도시로 돌아간 오랜 후에도, 곰들이 그 별미를 다시 먹으러 올 것을 전혀 예상하지 못했을 것이다. 프라이팬을 쾅쾅 내리치면서 귀청이 떨어질 만큼 큰 소리를 내자 곰은 숲으로 달아났다. 엘리자베스는 자신이 미국에서 가장 외딴 지역에 살고 있다며 내게 조심하라고 했다.

크레스톤Crestone은 92명의 주민이 사는 인적 드문 산골 마을로, 중요한 종교적 교차로이다. 만약 녹슨 포드 픽업트럭과 곧 무너질 듯한 오래된 광부의 오두막, 작은 주유소를 치워 버리면 이 험한 툰드라는 티벳의 고원 같을 것이다. 크레스톤은 약 4,200m 높이의 로키산맥과 상그레데 크리스토산맥에 둘러싸여, 한여름에도 만년설로 덮인 세계에서 가장 넓은 고산 계곡에 자리잡고 있다. 수천 년간 나바호족Navajo과 호피족Hopi은 계곡 끝에서 하늘을 향해 뻗어 있는 날카로운 백색 봉우리를 가장 신성한 산의 하나로 숭배해 왔다.

무속인들은 계곡을 신성한 땅으로 숭배한다. 계곡 아래 물이 펄펄 끓을 정도의 뜨거운 붉은 땅을 상서롭게 여기기 때문이다. 태양과 사막의 뜨거우면서 차가운 정반대의 층은 깨달음의 불꽃을 일으킬 수 있다. 10여 명의 다른 영적 스승과 마찬가지로 유명한 티벳 불교 스승들이 우주에 있음직하지 않은 막다른 골목에 사찰을 설립한 것은 단지 우연이라고 할 수 없다. 목장주들이 사는 조그만 마을과 그 주변에는 최소한 티벳 불교 센터 7곳과 명상 센터, 힌두교 아쉬람, 남녀 공학 갈멜 승원Carmelite monastery이 1곳씩 있으며 다양한 타로 전문가, 치유자, 점술가가 형형색색의 무지개처럼 있었다. 마을 사람들은 어느 방향으로 돌을 던지건 심령술사가 맞게 될 것이라는 농담을 한다. 한때 광부들이 광석을 캐려고 몰려들었던 이곳에서 이제는 영적인 보물을 캐낸다. 엘리자베스도 "사람들은 미쳐 가고 있어요."라고 덧붙인다. "왜냐하면 이곳의 에너지는 마음을 휘젓고, 땅의 힘을 영적 수행으로 바꾸는 데 이용하기 때문이에요. 이것은 부드럽지 않고 오히려 어떤 규율을 강요하는, 단호한 성격의 것입니다."

소녀의 힘으로 수행하기

영적인 노다지를 뒤로하고, 산으로 죽 뻗은 아찔한 비포장도로를 따라 꽁뚤 린뽀체의 거대한 수행처 삼뗀 링으로 올라간다. 이 수행처에는 뻬마 최돈의 안거 오두막이 있다. 수직으로 뻗은 바위는 극적으로 떨어져 하늘에 자리를 내어 주고 있다. 태양은 3km 위에서 불타오르고 엘리자베스의 안거 오두막으로 가는 길은 너무나 가팔라서 끝없는 광경을 감상하는 척하며 몇 번이나 멈추어 숨을 돌려야 했다. 엘리자베스는 동요하지 않고 전력 질주했다. 그녀는 이 등반을 수백 번이나 했던 것이다!

엘리자베스는 태양광 전기만 들어오고, 수도도 없는 나무 오두막에서 7년간 안거 수행을 했다. 그러나 이곳 풍경은 5성급 호텔이다. 사막 평지의 거친 아름다움이 그녀의 명상 방석 아래 펼쳐져 있다. 고요 속 심장 박동을 엿듣는 것은 불가능하다. 자동차 소리도 나지 않고 비행기도 풍광을 가로지르지 않는다. 오직 까마귀와 독수리만이 있다. 오두막 창문에서 지갈 꽁뚤 린뽀체와 여러 해 같이 살아 온 2층 가정집의 갈색 발코니를 내다볼 수 있다. 이곳은 산등성이에서 걸어서 단 1시간 정도 거리에 있다.

현대판 은둔자는 어떤 모습일 거라고 생각합니까? 이 질문에 아마 누구도 "소녀의 힘"이라고 새겨진 핑크색 원더우먼[a] 티셔츠를 입은 활기차고 탄탄한 작은 요정을 떠올리진 못했을 것이다. 이 작은 궁전에서 마실 차를 찾는 동안 엘리자베스의 가슴에 주먹을 불끈 쥔 근육질의 슈퍼 영웅이 나타났다. 그녀의 왼쪽 콧구멍에는 다이아몬드가 반짝이고 커다란 황금색 귀걸이가 우아함의 격조를 더한다. 만약 여러분이 설법을 위해 전 세계를 여행하는 그녀를 보게 된다면 민낯에 어깨 기장의 갈색 머리카락을 하나로 묶고, 우아한 검정 수트에 흰 셔츠를 입은 모습일 것이다. 명상 자세를 취하고 자비심에 대한 설법을 하지 않는다면 성공한 여성 기업가로 보일 것이다.

에고가 좋아하는 것으로부터의 자유

나무로 만든 법상, 그녀 앞에 놓인 일인용 침대와 명상 의자를 가리킬 때면 그녀의 녹갈색 두 눈은 기쁨으로 빛난다. "집중 안거 수행에서 우리는 자신과 자신의 모든 경험이 어떻게 온전히 관련되어 있는지 배울 수 있습니다." 그녀가 함박웃음을 웃으며 설명한다. 티벳 밖에서, 마음을 다잡을 수 있는 가장 좋은 장소로 이곳 아닌 곳을 상상하기 어렵다. 커다란 창문을 통해 빛이 가득한 하늘이 들어온다. 그녀의 뒤편 액자 속 춤추는 불타는 붉은 바즈라요기니 곰인형들은 이 방에서 그녀가 행한 셀 수 없이 많은 관상과 수백만 번의 만뜨라 염송을 목격했을 것이다. 엘리자베스의 남편인 꽁뚤 린뽀체와 아들 둥쎄 잠빨 놀부는 창틀에 놓인 가족사진을 응시하고 있다. 그녀는 "나는 많은 이들이 안거를 책임으로부터의 도피 그리고 자신을 모른 척하는 것이라고 생각하는 것이 참 재미있다고 생각해요. 집중 수행에서는 억눌려 있던 모든 것이 표면으로 올라옵니다. 그것을 무시할 수 없는 위치에 자신을 둡니다. 집중 수행을 통해서 마음이 거칠고 따분하고 날뛸 때조차도 그런 경험을 실제로 즐길 수 있게 되었습니다. 너무 많이 애쓰지 않아도 되고 또한 생각과 감정이 활발하게 나타나도 겁낼 필요가 없었어요. 수행을 통해 믿을 수 없는 마음의 평화를 얻게 되었어요."

그녀는 다르마를 실천하는 삶을 살아가는 꽁뚤 린뽀체의 가르침을 단지 명상 방석에서만이 아니라 매 순간 명료하게 구체화하고 호흡한다. 오랜 집중 수행으로 배운 것은 "두려움과 두려움 없음을 앎"이라고 말한다. "우리는 원함과 원치 않음에 많은 두려움이 있습니다. 나는 회피하려는 것들에 민감한 관심을 두기 시작했습니다. 사물의 본성을 보는 것은 우리가 흔히 갖는 모든 욕심 집착에서 우리를 해방시킵니다. 즉 수행의 열매는 자유입니다. 두려움으로부터의 자유, 에고가 좋아하는 것으로부터의 자유입니다. 이것은 존재에 대한 매우 큰 가르침의 길을 알려 주는 것입니다. 그 통찰이 한순간이라 할지라도 그 가능성을 잊을 수 없습니다."

엘리자베스는 수행자, 다르마 제자, 아내 그리고 어머니로서 자신이 책무를 묘기 부리듯 애쓰시 않고 꾸려 나가는 것처럼 보인다. 물론 티벳 마스터와 결혼하고 정규직을 가진 것은 아니지만 그녀의 헌신은 감동적이다. 엘리자베스는 가족과 일, 자아실현 사이의 균형을 맞추려고 하는 많은 여성에게 주저하지 않고 솔직한 조언을 준다. "당신은 '의도'와 제대로 된 '일정'이 필요하고, '창조적'이어야 합니다. 만약 수행하는 시간을 갖지 못한다면 세 가지 중 하나가 빠진 겁니다."

맹신과 의심을 넘어서

나는 엘리자베스를 15년 이상 알고 지내 왔다. 우리는 그녀가 남편의 설법 투어를 끝내고 유럽으로 가는 여행길에서 처음 만났다. 한참 후에 그녀는 쌈뗀 링에서 명민하고 자애로운 수행 스승으로서 나를 지도하게 되었다. 나는 그녀가 제자에서 편집자로, 작가로, 스승으로 역할을 변화시키는 것을 지켜보았다. 그녀는 가끔 남편의 가르침에 도전적인 질문을 던진다. 그래서 그녀와 함께하는 집단 토론은 항상 활기가 넘친다. 프랑스에서 그녀의 첫 번째 국제적 법문을 들었을 때 나는 깜짝 놀랐다. 구루에 대한 헌신이라는 매우 도전적인 주제를 선택했기 때문이다.

조심스러운 난제에 직접적으로 뛰어든 것이다. 그녀는 금강승 수행에서 '스승을 붓다로 보라'는 핵심 개념을 오랫동안 고심해 왔음을 고백했다. 티벳 불교에서 제자의 길은 스승에 대한 무한한 헌신과 신뢰에 기반한다. 스승은 보통의 인간이 아니라 인간의 몸을 가진 온전히 완전하고 깨달은 존재이다. 돌아가신 훌륭한 스승 빼놀 린뽀체는 엘리자베스에게 "스승을 결코 평범하게 보지 말라"는 조언을 주었다. 엘리자베스는 "이 조언에 깊이 감동받았어요. … 그러나 여전히 마음에 많은 분별심이 있는데 어떻게 완전하다고 볼 수 있는지 의문스러웠습니다. 이를 어떻게 할 것인가?" 엘리자베스는 가장 중요한 전통적인 수행 지침 중 하나인 『위대한 스승의 가르침The Words of My Perfect Teacher』에서 다음과 같은 가르침을 따른다. [2]

> 당신은 실제 붓다처럼 받아들이는 스승에게 강력한 확신을 가져야 한다. … 완벽한 말이 되어라, 모든 상황에서 언제나 스승의 기대에 따라 행동하고, 스승을 기쁘게 하지 않는 어떠한 일도 능숙하게 피하고, 그가 심하게 꾸중을 할 때도 결코 화내지 않고 원망하지 않아야 한다. 스승이 우리에게 요구하는 것이 즐겁든 즐겁지 않든 간에 강가의 다리처럼 견딜 수 있어야 한다. 대장간의 모루처럼 그의 모든 요구에 복종해야 한다. … 스승이 아무리 이해되지 않는 행동을 하더라도 언제나 순수한 지각을 유지하라.

부부 사이에 식사 후 설거지 담당을 정하는 토론을 조화롭게 할 수 있을까? 그녀는 깊은 감사와 함께 갈등, 외로움, 실망감을 드러냈다. "이것은 어떤 의심이나 미해결된 문제를 이야기하지 않는다는 불문율과 같은 것이에요. 나는 그것을 질문합니다." 오래된 기록에 등장하듯 제자가 절벽에서 뛰어내리고, 가시로 손톱 밑을 찌르고, 커다란 대탑을 세웠다가 무너뜨리고 다시 세우는 이런 일들은 모두 스승의 명령에 따른 것이다.[3] 엘리자베스는 이것을 "인상적이고 감동적입니다."라고 말한다. 그렇지만 이러한 전례가 우리의 여정에 무엇을 제시하는가? "이 것은 우리의 판단 능력을 제쳐 두고 단지 하라는 것이 무엇이든 해야만 한다는 의미일까요? 제자에게 그것은 진정 무엇을 의미할까요?"

믿음에 대한 재미난 수수께끼

그녀는 몰랐고 누구도 그녀에게 답해 주려 하지 않았다. "'믿음을 이해하는 중도는 무엇인가? 자신의 재량을 활용해서 믿음을 가질 수 있을까?'라는 이 재미있는 수수께끼를 해독"해야만 했다. 그녀의 스승이 강조한대로 "맹목적 추종과 의심"을 넘어서는 길이 있는가? 인간의 몸을 가진 꽁뚤 린뽀체를 어떻게 진심으로 붓다로 받아들일 수 있는지에 대해서 다른 제자들은 수년간 아우성치며 그녀를 계속 괴롭힐 것이다. 그녀는 그가 훌륭하지 않다고 생각하는 것이 아니라 자신의 지각이 완전히 청정하지 않다고 느꼈다. "그리고 우리는 궁금합니다, '나의 헌신에 무슨 일이 일어났는가?' 실제로 일어난 일은 우리가 우리 자신에 대해서 의문을 갖기 시작했다는 것입니다. '나는 왜 그 기록에서 읽은 제자들처럼 될 수 없는가?' 이것은 스승은 누구인가라는 아주, 아주 작은 관점에서 나온 큰 딜레마입니다." 스승과 제자 간의 관계는 오로지 신뢰에 기반하고 상식적인 개념을 내려놓아야만 작동한다. "이렇게 평범한 관점으로 스승을 완전한 붓다로 생각한다면 매우 제한적이고 부자연스러운 생각을 가지게 되는 것입니다. 우리가 이해하지 못하는 뭔가를 스승이 행할 때, 우리는 이런 웅장하고 굳건한 관점을 견지할 수 없게 됩니다. 완전함은 무너지기 시작하고, 곧이어 헌신을 속이기 시작합니다."

그녀는 자신의 첫 번째 저서인『열린 질문의 힘The power of an Open Question』에서 한 장 전체를 '완전한 스승'에 대한 도전을 다뤘다. 나는 엘리자베스가 그 부분을 꽁뚤 린뽀체에게 펼쳐 보여 줄 때 함께 있었다.

바늘과 고리

꽁뚤 린뽀체가 설법을 끝낸 어느 오후였다. 엘리자베스는 콜로라도 볼더Boulder의 햇빛 비치는 숲에서, 은빛 이동식 주택의 조그만 테라스에 앉아 노트북을 열었다. 그러곤 아들과 남편을 향해 큰 소리로 읽기 시작했다. "나의 스승인 지갈 꽁뚤 린뽀체에 대해서 생각할 때", "나는 깊은 감사, 사랑과 고독, 슬픔과 온화함, 이 모든 것을 동시에 느낀다. 그러나 누군가 진실로 나의 스승이 누구인지, 무엇인지 묻는다면 나는 말할 수 없을 것이다. 나는 그를 이해하기 위해서 많은 시간을 보냈다. 그러나 '나는 지금 그와 함께 있다, 나는 그가 누구인지 안다'고 생각할 때마다 문제에 부딪힌다. 스승은 다른 모든 것처럼 어떤 규정이나 객관화를 넘어선다."[4] 엘리자베스는 스승과의 관계를 그녀의 영적인 탐구를 풀어내기 위한 역설적인 질문, 선문답으로 받아들이기로 결정했다. 이 질문은 모든 불제자들이 평생에 걸쳐 반드시 탐색하게 한다. 스승을 갖는다는 것은 무엇을 의미하는가? 기꺼이 나아가고자 하는 마음과 얼마나 거리가 있는가, 당신의 신뢰는 얼마나 무조건적인가?

엘리자베스는 대답을 찾았다. "여기서의 주제는 스승인 것처럼 들립니다.[5] 그러나 스승을 탐구하는 일은 진정 우리 자신에게 되돌아가게 합니다." 스승을 다룸으로써 우리는 자신의 마음이 가지고 있는 동일한 본질적 딜레마에 부딪힌다. "우리는 좋은 수행자가 되기를 원하기 때문입니다. 그것은 아주 고상합니다. 그러나 우리의 인간성, 열정, 공격성, 무지 이런 것들은 어떻게 하죠? '깨달음'과 '나'를 어떻게 조화시킬 것인가요? 스승이 뛰어나지 않다고 말하는 것이 아니라는 것을 이해해 주세요. 나는 단지 우리의 평범한 인지 방식으로는 스승을 알 수 있다고 생각하지 않는다는 것입니다."

그녀는 스승과 제자의 관계를 설명하기 위해 바늘과 고리라는 전통적인 비유를 들었다. "우리는 이것을 듣고 생각할 수 있습니다. '오, 잘 됐다. 스승과 함께 많은 시간을 보내면 스승은 나를 물고기처럼 낚아서 나를 절망에서 빼내 주겠지.' 그러나 그렇게 되지 않죠." 그녀에게 바늘과 고리는 상호의존을 의미한다. "스승을 받들어 모시고 환상을 갖는 것은 아주 안전합니다. 왜냐하면 자아 성찰을 할 필요도, 변화할 필요도 없고 에고를 포기하지 않아도 되니까요. 스승은 바늘입니다. 그러나 우리가 고리가 되지 않으면 스승은 그 바늘에 걸 것이 아무것도 없습니다." 그녀는 이런 통찰로 그 장을 마무리한다.[6]

우리가 완전한 스승을 만날 때 우리는 모든 것을 완전하다고 본다. 이것은 우리의 습관적인 객관화 너머의 세상을 볼 수 있기 때문이다. 무한하고 경계 없는 본성을 보는 것이다. 이것은 이러한 특별한 관계에서 나오는 결과이다. … 이 같은 일은 다른 무엇에도 없다. 우리가 완전하다는 진정한 의미를 깨달을 때까지 스승은 단지 기다리고 기다리고 또 기다릴 것이다.

그녀가 설명을 마치자 꽁뚤 린뽀체는 조용히 고개를 끄덕였다. 끝이 없는 듯한 정적 후에 그는 인정했다. "좋습니다. 이것은 정말로 좋습니다."

온전히 인간적이고, 용감하고, 정직한

엘리자베스는 돌연 의도적으로 읽기를 그만두고, 가족 소풍을 피스타치오 전쟁터로 바꾸어 놓았다. 과자 그릇에서 한 움큼 꺼내 쥐고 아들의 입속을 겨냥했다. 세 사람은 곧 서로 던지고 깔깔거리며 몸을 휙휙 수그린다. "우리에겐 일상적인 순간들이 있어요. 가족으로서 함께하는 시간이 아주 재미있어요." 이 모든 세월 뒤에 그녀를 가장 감동시키는 것은 린뽀체의 인간성인 솔직함, 용감함, 자아에 대한 깊은 불만족, 원함과 원치 않음이라고 인정했다. "온전히 인간이 된다는 것, 매 순간의 활동에 온전히 현존하는 것은 위대한 성취입니다."

그녀는 확실히 자신의 자유와 독립성을 사랑했다. 꽁뚤 린뽀체는 가끔씩 그녀를 사랑스럽게 놀리곤 한다. 그녀가 진실을 캐기 위한 질문 하나를 꺼냈을 때 "그녀는 일을 벌이길 좋아합니다."라고 말하곤 했다. 나는 그녀가 깊은 영감을 주고 있음을 알았다.

나는 가끔 아시아계 아내들이 남편의 태도나 결정 어떠한 것에도 문제를 제기하지 않고 지극히 헌신적이고 순종적인 태도로 일관하는 것을 보곤 했다. 젊고 미혼인 서양 여성으로서 나는 이 태도가 당황스러웠을 뿐만 아니라 믿을 수 없었다.

자신감이 가득한 서양 여성을 보는 것은 놀랍다. 헌신이라는 아시아의 전통적 개념을 서구에서 번역하는 데 있어, 엄밀한 조사와 전적인 신뢰간의 적절한 균형을 유지하는 모습은 티벳인 스승의 아내로서뿐만 아니라 모든 영적 추구자에게도 활기를 북돋아 주는 일이다. 심지어 중요해 보이기까지 하다.

공작새를 따라 네팔까지

엘리자베스는 가장 믿기 어려운 상황 속에서 자신의 소명을 찾았다. 마치 거부할 수 없는 목소리에 이끌리듯 자신에게 예정된 방향에 들어섰다. 곰, 퓨마들과 어울리며 7년을 고독하게 지내는 것은 히말라야 오지에서는 당연한 일일지도 모르겠으나, 현대 미국에서는 특이한 시도이다. 특히 아이들의 어머니로서 더 큰 의문을 갖게 한다. 그녀는 어떻게 이곳에 오게 되었을까?

콜로라도주에 있는 안거 오두막에서,
엘리자베스 매티스 남겔

사진 미카엘라 하스 ⓒMichaela Haas

그녀의 어머니 나오미 매티스Naomi Mattis는 대학교 2학년 때 엘리자베스와 친구들이 개발 도상국 현지 조사를 결정한 일을 기억한다. 제안서를 제출하기 전날 밤 엘리자베스는 자신이 전혀 모르는 작고 분쟁에 찌든 아시아 국가, 네팔의 공작새가 나오는 꿈을 생생하게 꾸었다.

"엄마, 나는 네팔에 갈 거예요." 잠에서 깬 그녀는 자신의 확고한 결정을 알렸다. 그녀의 학교는 네팔과는 어떠한 관계도 없으니 그런 세세한 일은 상관하지 마시라. 학과장은 중국, 멕시코, 아프리카를 제안했으나 엘리자베스는 버텼다. 그녀의 어머니는 "네팔에 못 가게 한다면 학교를 떠날 거라고 협박했어요."라고 회상하며 당시 엘리자베스의 분노를 흉내 내듯 초록색 눈을 거칠게 떴다. "그렇게 진지했어요!" 엘리자베스는 그녀의 주장을 펼치기 위해 남성으로만 이루어진 학교 이사회 앞에 서기까지 했다. 그녀의 어머니는 "엘리자베스는 그 계획만을 위해 2학년 전 기간을 보냈고, 다른 일은 전혀 하지 않았어요."라고 웃으며 이야기한다. 물론 엘리자베스는 결국 자신의 길을 가게 되었다.

칼에 찔린 얼굴의 흉터

영적인 갈증은 아마도 그녀가 스물한 살 때 샌프란시스코에서 당한 습격 사건과 관계가 있는 것 같다. 모르는 사람이 아무 이유 없이 그녀의 얼굴을 칼로 찔렀다. 칼은 그녀의 오른쪽 뺨을 뚫고 들어갔다. 급히 이송된 응급실에 운 좋게도 성형외과 의사가 당직을 서고 있었다. 지금은 희미한 흉터만이 폭행의 흔적을 드러내고 있다. 엘리자베스에게 그 일은 보호와 지침이 필요하다는 인식을 고조시켰다.

"나는 아주 무신론적인 환경에서 자랐어요." 지금은 철저하게 다른 길을 걷고 있는 그녀가 웃으면서 과거를 회상한다. "사회주의자인 나의 조부모님은 러시아에서 이민을 왔어요. 급진적 사회주의자인 아버지는 캘리포니아 지하에서 활동하던 공산주의 신문에 기고했어요."레코드 회사의 최고 경영인이 된 아버지 덕에 산타모니카에 있는 그의 거실에는 유명 록가수와 예술가가 줄을 서서 몰려들었다. 무정부주의적 토론을 하는 가운데 엘리자베스는 갈망하는 의문에 사로잡혔다. '나는 나의 인생을 어떻게 살 것인가? 나는 의미 있는 무언가를 하고 싶다. 그러나 그것이 무엇인지 모른다.' 그녀의 어머니는 매우 따뜻하고 쾌활한 심리 치료사로서 이미 티벳 사람들과 불교를 공부하고 있었다. 나오미 역시 죽어 가는 환자를 돌보고 있었다. 임종 침상에서 그녀는 가끔 무상을 다급하게 느끼기도 하고 매 순간의 귀중함에 대한 긴요한 알아차림을 뼈저리게 느꼈다. 그러나 엘리자베스는 그녀 자신의 길을 찾아야만 했다.

마침내 네팔에 간 그녀는 오직 자신의 직관에 이끌려 혼자 국립공원을 돌아다녔다. 강둑에서 농부의 아내를 만나 그녀의 집에 초대받았다. 전기도 수도도 없이, 이들의 단순하면서도 거칠고 소박한 자연적 삶을 함께하면서 정글에서 3개월을 머물렀다. 집에 돌아온 후 그녀는 다시 되돌아가길 원했다. 나오미는 그녀가 "엄마, 엄마가 네팔에 오기 전에는 정말로 나를 알지 못할 거예요."라고 말한 것을 기억한다. "와우, 그거 대단한 말이네, 우선 졸업부터 해라. 그러고 나서 가자."

조작되지 않은 알아차림에 쉬다

어머니와 함께한 두 번째 여행에서 엘리자베스는 보다나트에 있는 불교 공동체를 주의 깊게 탐색하기 시작했다. 카트만두의 거대한 돔 주변에 티벳 자치구가 둥지를 틀고 있었다. 그곳에 망명 중인 수천 명의 티벳 사람들이 사원과 소박한 집을 재건하려 애쓰고 있었다. 딜고 켄쩨 린뽀체, 뚤꾸 울겐 린뽀체와 같이 그 당시 뛰어난 스승들은 그들의 가르침에 관심을 갖는 서양인과 관광객에게 문을 열었다. "그러나 당시 왜 그런지 모르겠지만, 내가 어디에 있는지 아무도 가르쳐 주지 않았어요. 지금 와서 돌이켜 보니, 그분들의 깊은 가르침이 이해돼요."

카트만두 밸리의 고지대에 있는 조그만 비구니 사찰에서 뚤꾸 린뽀체와 함께하는 집중 수행이 있었다. 가죽 재킷과 흰색 전통 인도 사롱을 몸에 두른 젊은 남자가 그녀에게 다가와 명상에 대해 이야기했다. 그동안 아시아 남자가 연락처를 물을 때는 피했지만 이번은 다른 것 같았다. "나는 이 같은 스승을 만날 수 있기를 바랐어요. 그의 두 눈은 너무나 맑았습니다. 그는 나에게 연락했고, 그의 말은 나에게 깊은 울림을 주었지요."

그녀는 곧 그가 누구인지 알았다. 지갈 꽁뚤 린뽀체였다. 그는 19세기 가장 현명하고 가장 영향력 있는 무종파[b] 스승 중 한 사람인 위대한 잠곤 꽁뚤 린뽀체Jamgon Kongtrul Rinpoche의 환생자로 지대한 존경을 받았다. 이 젊은 남자는 그해 초 비구계를 반납했다. 그는 길을 잃었다고 느끼고 승복을 돌려 준 후유증에서 회복하기 위해 그리고 어디로 가야 할 지에 대한 혼란스러움을 자세히 살펴보고자 은둔처를 찾았다.

그가 그녀에게 한 첫 번째 강설은 간단하면서도 당혹스러웠다. "창작하지 마라." 그는 수행이란 생각과 감각을 조작하지 않고, 생각과 환상의 끝없는 성을 만들지 않고, 마음을 자연스러운 상태로 내버려 두는 것을 뜻한다고 가르쳤다.

이 조언은 엘리자베스에게 아주 도발적이었다. 예술적인 그녀의 가족에게는 창작성이 높은 사람들이 가장 존경받기 때문이다. 하지만 그 가르침은 진실로 다가왔다. 근본인 마음으로 돌아가 알아차림을 조작하지 않도록 내버려 두는 것은 오늘날까지도 그녀에게 통찰력을 주고, 그녀를 이끄는 가장 간단하고 심오한 명상 가르침이다. 한순간에 그녀와 꽁뚤 린뽀체는 불가분한 관계가 되었다. "이건 바로 그녀를 위한 일이었지요."라고 나오미가 말했다. 나오미는 휴대폰이 없던 그 시절, 미래의 사위가 매일 아침 게스트하우스 계단에 성실하게 나타나는 것을 믿을 수 없다는 듯 지켜보았다. 엘리자베스는 "나는 그의 첫 번째 제자가 되는 것과 동시에 그의 아내가 되었습니다."라고 회상했다. 그들이 만나 결혼할 때 그녀는 스물세 살이었고 그는 스물한 살이었다. 엘리자베스는 그녀의 성을 붙여서 티벳어로 '모두가 승리하는'의 뜻인 '남겔'로 이름지었다. 나오미가 당시 이 부부를 찍은 몇 장의 사진을 보면 그들은 10대처럼 깡마르고 싱그러운 눈을 가졌다. "그 나이 때는 자신이 누구인지 모릅니다."라고 엘리자베스는 고백한다. "결혼한다는 게 무슨 의미인지도 몰랐어요. 나는 모든 것을 생각해 봐야 했어요."

이 신혼부부는 신성한 붓다의 유물을 보유한 위대한 보다나트 스투파의 귀퉁이에 있는 조그만 방으로 이사했다. 그 스투파를 보는 누구라도 지역 사람들이 믿는 대로 신성한 지복의 일곱 가지 특성 즉 고귀한 탄생, 아름다움, 행운, 덕성, 지성, 힘, 재물의 축복을 받을 것이다. 엘리자베스는 붓다와 눈을 마주치며 살았기 때문에 신성한 지복은 홈런 같은 것이어야 했다. 붓다의 눈은 실제보다 더 크게 중앙 기둥에 색칠되어 있어 실제로 그녀의 주방을 들여다보았다.

자신의 마음을 알아야 한다!

네팔 유적지 주변은 밤낮없이 밀고 밀쳐내는 셀 수 없이 많은 순례자와 걸인들로 신성모독과 신성함이 뒤섞여 있다. 스투파는 네팔의 소녀들이 사리를 허리까지 떨어뜨리고 자매에게 등을 밀어달라고 하는 공중목욕탕이다. 다리가 부러진 걸인들은 몇 루피라도 받으려고 곪은 궤양을 드러낸다. 열혈 신도들은 버터 램프를 켜서 사랑하는 사람들의 복된 삶을 위해 기도한다.

북적이는 틈에서 엘리자베스는 티벳 존댓말을 외우고 전통 관습을 흉내 내며 열심히 맞추려고 노력했다. 너무나 진지해서 꽁뚤 린뽀체의 어머니 마윰 쩨왕 빨덴Mayum Tsewang Palden은 그녀를 한쪽으로 데려가 부드럽게 조언했다. "얘야, 티벳 사람이 되려고 하지 않아도 된다. 물론 미국인이 되지도 말아야 한다. 단지 너의 마음만 알아라." 이 말은 엘리자베스에게 진정한 수행의 방향을 가르켜 주었다. "내가 씨름하고 있는 외국 문화의 형태를 넘어서서…" 꽁뚤 린뽀체의 어머니는 지극한 성취를 이룬 수행자였다. "그녀는 보통 여성이 아니라 진정한 요기니였어요."라고 엘리자베스는 설명한다. 빨덴은 열세 살 때 안거에 들어가 10년을 수행했으며 위대한 스승 초끄링 린뽀체Chokling Rinpoche와 결혼하면서 안거처를 떠나야 했다. 5명의 자식 중 4명은 널리 알려진 스승이다. 큰 성취를 이룬 자비로운 수행자들이지만 사람들은 그들의 무한한 자비심 밑에 있는 특별하고 강력한 힘을 느낀다. 이것은 불안하기도 하고 혹은 겁이 나는 것일 수도 있다. "당신은 당신의 근본을 꽉 잡아야 합니다.", "나는 캘리포니아에서 이 이상한 새로운 세상으로 걸어 들어온 순진한 어린 소녀였어요. 내가 그에 맞는 나의 길을 찾는 데는 얼마간의 시간이 걸렸어요."

초대박 생일 선물
엘리자베스는 카트만두의 한 학교에서 영어를 가르치기 시작했지만, 곧 임신하게 되었다. 출산이 가까워 오자 엘리자베스는 큰 병원에서 출산하기 위해 꽁뚤 린뽀체, 자신의 어머니와 함께 태국 방콕으로 떠났다. 꽁뚤 린뽀체는 엘리자베스가 1988년 10월 23일 꽁뚤 린뽀체의 23세 생일에 맞춰 출산하려고 어떤 결정을 했는지, 얼마나 강한 의지를 갖고 있었는지를 보여 주려는 듯 생생하게 이야기했다. 어떻게 초대박 생일 선물이 아닐 수 있겠는가? 꽁뚤 린뽀체는 "이것은 거의 불가능하다"고 생각했었다는 것을 기억한다. 아기는 나오지 않았다. 산통을 5시간이나 더 겪자 당직 의사는 참지 못하고 집에 가 버렸다. 자정이 되기 15분 전 엘리자베스는 기급이 및 시나고 틀었고 꽁뚤 린뽀체는 시간을 알려 주었다. 그리고 생생하게 기억하기를 "그녀는 진짜로 미쳤어요! 일어나서 방을 걸어 다녔고, 10분이 지나지 않아 아기가 나왔죠!" 그것은 '좋은 선물'인 것 같았다. 그녀는 조금 수줍게 말했다. "그는 그것을 감사하게 생각하는 것 같았어요."

그들은 아들을 잠빨 놀부, 즉 '귀중한 부드러운 목소리를 가진 자'라고 이름 지었다. 앞의 이름은 만주시리Manjushiri, '지혜의 붓다'라는 티벳 이름이다. 딜고 켄쩨 린뽀체가 아기를 축복할 때 그는 잠빨이 꽁뚤 린뽀체의 법맥 수지자가 될 것이라고 예언했다. 잠빨은 현재 23세의 알쏭달쏭한 유머 감각을 가진 겸손하며 마른 신사이다. 그는 현재 다르마 후계자로서 미래의 역할을 준비하면서 북인도 비르의 티벳 정착지에서 꽁뚤 린뽀체 가족 전용 좌석에 앉아 아버지와 함께 공부하고 있다. 보통 뚤꾸의 부모가 수행을 위해 사원을 물려주는 것과 달리 꽁뚤 린뽀체는 그를 곁에 가까이 두었다.

꽁뚤 린뽀체는 엘리자베스 때문에 서양에 왔다는 것을 인정한다. 잠빨이 아직 아기일 때 그들은 콜로라도 볼더행 비행기에 올랐다. 꽁뚤 린뽀체는 초감 뜨룽빠 린뽀체가 설립한 불교 대학인 '나로빠 세계 지혜 The World Wisdom Chair at Naropa'의 학과장직을 제안받았다. 엘리자베스는 엄격한 스케줄을 따랐다. 낮에는 서양 제자로 구성된, 작지만 신심 있는 모임을 구축해 가는 남편과 함께 공부하고, 석사 학위 과정도 추진해 갔다. 때로는 잠빨이 아직 자고 있는 새벽 3시에 일어나 꽁뚤 린뽀체 전통에서 예비 수행 과정으로 명시된 10만 번의 절, 귀의, 보리심 기도, 참회, 공양, 구루 요가ᵉ 수행을 완수하기 위해 예불을 올리기 시작한다.

그런데 꽁뚤 린뽀체는 하룻밤 사이에 크레스톤으로 이사하기로 결정했다. 라마인 남편은 매번 '왜'라고 묻는 질문에 만족스러운 답을 할 것 같지 않았다. 그래서 엘리자베스는 짐을 꾸려 정신없이 바쁜 도시와 대학을 떠나 외딴 작은 마을로 갔다. 확실히 이것은 극단의 은둔으로 가는 첫 번째 단계일 뿐이었다.

광활한 공간에서 두려움 없는 집중 명상

백만장자이자 유엔 부사무총장인 모리스 스트롱Maurice Strong과 그의 예지력 있는 파트너 한느Hanne는 불교 스승과 다른 스승들에게 다양한 땅을 공양했고, 이로써 크레스톤은 영적인 안식처로 바뀌었다. 꽁뚤 린뽀체는 소나무와 향나무로 덮인, 산의 가장 외지고 가파른 거친 야생의 장소에 푹 빠졌다. 이제 그곳은 그의 안거 센터, 롱첸 직메 쌈뗀 링 Longchen Jigme Samten Ling으로, '광활한 공간 속 두려움 없는 집중안식처'를 뜻한다. 첫 번째 나무 오두막을 짓자마자 그는 몇 안 되는 가장 가까운 제자에게 전통적인 3년 안거를 시행했다. 그러나 엘리자베스에게 그 3년은 7년이 되었다. "이것은 내가 법문을 하지 않고 피하는 방법이었습니다."라고 엘리자베스는 농담한다. 꽁뚤 린뽀체는 그녀가 안거에서 나올지 법문을 시작할지 물었고 그녀는 매년 또 한 해를 머무는 것을 선택했다.

엘리자베스는 삶의 그 부분을 분명히 즐긴다. 안거의 아름다움은 정확하게 무엇일까? "가끔 도망가거나 경험을 조작할 수 있는 세상에서 살고 있을 때, 주의를 딴 데로 돌리는 다른 방법들이 있습니다. 우리는 언제나 우리가 원하는 것을 얻고자 혹은 우리가 원하지 않는 것은 얻지 않고자 애를 씁니다. 혹은 우리가 원하는 것을 얻으려 애를 썼는데 그것이 결국 우리가 원하는 것이 아니라는 것을 발견하게 됩니다."라고 그녀는 말한다. "안거 중에 당신은 오랜 경험 속에서 씨름할 수 있습니다. 궁극의 수행은 당신의 경험, 당신 자신의 마음을 즐기는 것에 관한 것입니다. 그것이 수행의 아름다움입니다."

안거에서 아이의 놀이

그녀가 안거에 들어갔을 때 잠빨은 겨우 아홉 살이었다. 어떻게 아들을 양육하는 동시에 안거를 할 수 있었을까? 잠빨은 자신이 동의하지 않았다면 어머니는 떠나지 않았을 거라고 확신한다. 그는 그의 부모님이 매일 많은 시간 명상하는 것을 보며 성장했고 자연스레 명상이 유익한 것임을 알게 되었다. 어머니를 필요로 하느냐는 질문을 받았을 때 웃으면서 말했다. "나는 꽤 독립적입니다. 그리고 나는 언제나 어머니가 어디 있는지 알고 있다는 것을 좋아했답니다." 엘리자베스는 가까운 친구들이 그녀의 집에 살면서 아들과 집안일을 보살펴 주는 점에서 운이 좋았다. 그녀의 집은 안거 오두막에서 몇 km밖에 떨어져 있지 않아서 밤에는 아들과 같이 시간을 보내며 책을 읽어 주기도 하고, 잠을 자기 위해 집으로 가곤 했다. 한 친구는 아침에 아들을 깨워 같이 차를 마시고 학교에 데려다주었다. 어떤 때에는 잠빨이 안거 오두막에 찾아와 머물기도 했다. 이것은 정말로 특이하다. 서양이든 동양이든 부모가 안거를 오래 하기 위해서는 자녀를 떠나야 한다. 그 때문에 대부분의 부모들은 그렇게 하지 않는다. 지금까지 꽁뚤 린뽀체는 그들 가족을 위해서 뿐만이 아니라 상당히 수용 가능한 방법을 채택했다. 전통적으로 3년 동안 엄격하게 은둔하며 안거 수행에 들어가는데 그의 제자들은 이 기간 동안, 백일 또는 한달 간격으로 방문이 허락되는 수행을 했다.

그들이 필요하다고 느낄 때 아이들이 방문할 수 있다. 오두막은 멀찍이 흩어져 있어서 웃거나 놀아도 다른 안거 수행자를 방해하지 않는다. 그리고 수행자들 스스로도 개방성이 그들의 수행과 가족생활 모두를 풍요롭게 한다는 것을 알게 된다.

몇몇 아주 전통적인 티벳인들은 이것을 엄격한 안거로 칭하지 않을 수도 있다. 그러나 엘리자베스는 안거가 무엇인지에 대해 자신만의 통찰을 제시한다. "내가 언제 수행을 하고 있는가와 나는 언제 수행을 하지 않는가?" 이것은 가장 중요한 핵심 질문으로 떠올랐다. 어떤 이는 명상 방석에서 진정한 수행의 순간 없이 24시간을 보낼 수 있을 것이다. 반대로 겉보기에 평상시의 활동을 좇으면서 수행을 할 수도 있다. 마음은 언제 분리되는가? 우리는 언제 경험을 밀쳐 내는가? 수행에 몰두하고 있는 것과 아닌 것 간의 차이를 우리는 어떻게 경험하는가? 이것은 마음을 어떻게 해방시키는가? 이것은 엘리자베스가 명상 방석 위에서나 밖에서 궁구하기 좋아하는 질문들이다. "이것은 진정한 내면의 경계를 찾는 것입니다."

그녀의 첫 번째 3년 안거는 외부의 경계를 엄격하게 지켰다. 1년 반 동안 말조차 하지 못했다. "나는 정말로 꽉 조였었습니다. 다른 안거자들에게 말하고 싶지 않기조차 했어요."라고 인정했다. "그건 좋았어요, 그러나 거기엔 신경증이 좀 있었어요." 어느 날, 꽁뚤 린뽀체는 은둔처에서 그녀를 끌어내 차에 태우고 근처에 있는 나체 온천으로 갔다. 전통적인 안거에서는 안거자가 다른 사람들에게 보이지 않도록 보호 공간을 만들어 내는 것이 아주 중요한데, 이것은 정확히 그 반대의 완전한 노출이었다. 그들은 엘리자베스가 왜 오두막에서 나왔는지 의심스럽게 캐묻는 지인들과 마주쳤다. "나는 안에서 발로 차고 소리지르고 있었지요." 라고 엘리자베스는 기억한다. "그러나 꽉 조임을 내려놓는데 아주 도움이 되었어요." 이것은 부분적으로 티벳 불교가 무엇인지에 관한 것이다. 어떠한 개념도 지나치게 붙들지 않는 것, 심지어 '옳다'고 여겨지는 개념조차도.

남편을 붓다로 보는 도전 과제

엘리자베스는 스승과 이처럼 가깝고 친밀한 유대를 갖고 있다고 느끼는 것이 얼마나 행운인지 강조한다. 그러면서도 평범하지 않은 관계의 직면 과제를 얼버무리고 넘어가지 않는다. 금강승 스승 누구라도 특이한 꼬리표가 달릴 수 있기 때문이다. "그렇게 젊은 나이에 결혼하고 동시에 제자이자 아내가 된 것은 도전 과제였지요."라고 엘리자베스는 매우 솔직하게 큰 소리를 냈다. "조언을 구할 수 있는 쌍윰sangyum이나 웹사이트가 있지도 않았어요. 쌍윰은 절대로 이러한 일에 대해 서로 말하지 않습니다."

그녀의 복잡한 감정에 대해 이야기했던 스승들의 아내 2명이 있었다. 한번은 그녀가 전에 만난 적 없었던 한 쌍윰이 꽁뚤 린뽀체와 함께 있는 그녀를 보았다. "그녀는 나를 아주 세게 잡아 끌며 방으로 데리고 가서 말했어요. '당신이 다른 이들을 돕지 않으면 당신은 심하게 고통받을 것입니다. 다른 이들을 도우면 행복할 수 있을 것입니다.' 이런 종류의 관계에 어떤 어려운 과제가 있다는 것을 모두 다 알고 있는 것 같았어요. 그러나 아무도 이것을 토론하지 않아요."

한 불교 모임에서 엘리자베스는 아주 이례적인 티벳 스승과 인연이 된 또 다른 서양인을 만났다. 그녀는 1970년 당시 열여섯 살이었을 때 뜨룽빠 린뽀체와 결혼한 다이애나 묵뽀이다.[7] 자서전에서 그녀는 힘겹게 애쓰고 있는 문제들에 대해 공개적으로 토론했다. 초감 뜨룽빠의 알코올 중독, 다르마 센터이자 가정집으로써 끊임없이 많은 제자가 주거하는 프라이버시의 결여 등. 다이애나는 수많은 여자 친구가 있는 남편을 어떻게 받아들이게 되었는지도 솔직하게 말했다. "린뽀체는 일부일처에 얽매여 있기에는 너무 유명했어요."[8]

다이애나 묵뽀는 엘리자베스를 만나자마자 단도직입적으로 의례적인 질문을 던졌다. "어렵지요?" 엘리자베스는 본능적으로 이것은 티벳 스승과의 결혼에 관한 질문이라 생각해 눈물이 솟아나는 것을 느끼며 머리를 끄덕일 뿐이었다. 다이애나 묵뽀가 계속 말했다. "그러나 이세상 어느 것과도 바꾸지 않을 거죠? 단 1초라도?"

그녀는 재빨리 지극한 축복을 받았다고 느낀다고 하면서 "적어도 꽁뚤 린뽀체는 한 인간으로서 아주 열려 있고 아주 진취적이기 때문"이라고 덧붙였다. 그녀는 이제 자신의 투쟁에 대해 위엄 있게 말할 수 있다. 왜냐하면 공들여 의문을 풀어 왔기 때문이다. "스승들은 본성의 힘과 같아요. 때로는 그들이 왜 그런 방식으로 행동하고 말하는지 이해하기 어렵습니다. 만일 당신이 이성적으로 또는 에고가 원하는 것에 따라 이해하려고 한다면 당신은 어떤 곳에도 도달할 수 없을 것입니다. 이것은 정말로 일체 사물을 보는 방식을 보다 크게 하도록 요구합니다. 이는 에고를 포기하기를 갈망하는 것을 뜻하지요." 스승의 말과 행동은 그녀에게 여러 번 도전 과제를 던졌다. "나는 불공평한 것에 대한 모든 종류의 정당성을 찾아낼 수 있었습니다. 그렇다면 나의 개념적인 마음의 한계에는 누가 도전할 것인가? 만일 우리가 제자와 스승의 관계를 정확하게 이해한다면 모든 것을 수행의 길로 가져갈 것입니다. 가끔 나는 오랫동안 그 혜택을 볼 수 없기도 해요. 그러나 마침내는 봅니다, 결코 실패하지 않습니다. 그리고 그에 대한 나의 감사함과 사랑은 계속해 자라날 것입니다."

바위 위의 자유

그녀는 이제 더 이상 엄격한 안거를 하지 않지만 드넓은 대지에 드문드문 서 있는 소박한 나무 오두막에서 같은 길을 가고 있는 안거 수행자들을 안내하며 가끔 안거 지역을 방문한다. 그 외에는 집 주방에서 블로그의 글을 쓰고, 공부를 하거나 인터넷 설법을 한다. 엘리자베스는 고대 불교의 지혜를 현대 미국어로 번역하는 소명을 찾았다. 확고한 마르크스주의자인 그녀의 아버지조차도 그녀의 가르침을 감사하게 여긴다.

그녀의 부모님인 나오미와 마빈 매티스는 그녀의 집 바로 아랫길에 살고 있다. 마빈은 "나는 정치적인 것이 된 나에게서 자신을 지우는 것을 시작했습니다. 나는 나 자신을 스탈린에게 바쳤어요. 그것을 상상할 수 있겠습니까? 사람들이 구루에게 자신을 바치는 것을 봤을 때 정말 끔찍했어요."라고 회상한다. 20여 년이 지난 지금, 그는 자신의 인생을 "마치 열일곱 살 소녀처럼 마음이 열렸습니다."라고 극찬한다. 자신의 영적인 부활은 사위의 덕분일 뿐만 아니라 딸의 변화와 가르침 덕이라

균형을 찾고 있는 엘리자베스

사진 버디 프랭크 ©Buddy Frank

고 한다. "엘리자베스는 나와 직접 소통합니다. 그리고 그녀는 황금 연꽃을 그리지 않습니다."

엘리자베스는 그녀의 부모님이 딸을 자랑스러워하며 찬사할 때 크게 소리를 내어 웃다가 약간 당황해서 시선을 떨어뜨린다. 엘리자베스는 언제나 다정해서 호탕한 웃음을 터뜨리면서도 모호한 태도를 취하기도 한다. 그녀가 크레스톤 주변의 거친 산으로 뛰쳐나갈 때 내성적인 면의 겹겹을 보여 준다. 그녀는 여러 해 동안 사람들이 거대한 콜로라도 사막 평원의 뾰족 바위를 정복하는 것을 봐 왔다. "이것이 어떻게 가능한지 놀라워요." 아니나 다를까, 그녀는 그것을 스스로 알아내려고 했다. 그녀가 안전 용구를 착용하고 절벽을 타는 것은 또 하나의 다르마 수업을 탐구하는 것을 의미한다. 미끄러운 바위와 돌출부에 매달려 다르마와 삶 그 자체의 유사함을 발견한다. "바위에 매달려 위든 아래든 움직일 가능성이 없다는 것을 경험하는 것은 모르는 것에 직면한 경험과 같습니다."라고 엘리자베스는 말한다. 이렇게 흥분되고 무섭고 활기찬 순간에 발 디딜 곳을 발견할 수 없을 때 "우리의 마음은 열린 고요함으로 빠져들어갈 수 있어요. 익숙한 기준을 잃은 상황을 마주했을 때와 같은 열린 고요함입니다."[9] 이것은 바로 다르마에 관한 것이다. 현재에 열린 채로 머물면서 탐색하는 상황에서조차 여유를 가진다. "모든 종류의 새로운 패턴과 모양이 바위에서 나타나기 시작합니다. 전에는 보지 못했던 균형의 장소를 볼 수 있게 됩니다."

그날 오후 늦게 마굿간을 방문했다. 이 일은 산타 모니카에서 10대 시절부터 이어온 그녀의 유일한 취미일 것이다. 방목장에서 자신의 암말을 부르면서 바로 불을 켰다. 물론 그 누구도 탈 수 없는 말을 고른다. 브래번이라는 혈기왕성한 흰색 암말은 무리 중에서 강력한 의지를 가진 리더다. 나는 엘리자베스가 말에게 부드럽게 속삭이고 쓰다듬으며 안장을 얹는 것을 보았다. 그녀가 올라타자 마자 브래번은 경주로를 뛰기 시작했다. 브래번은 들판을 가로질러 전속력으로 질주한다. 로키의 눈부신 배경으로 이들의 위험천만한 경주가 아름답게 보인다. 나는 엘리자베스가 말을 잘 부릴 수 있을지 걱정스럽다. 그녀가 돌아왔을 때 그녀는 조금 긴장했었다는 것을 인정한다. 그러나 크게 웃음지으며 "나는 자유로움을 느낍니다." 그리고 바람에게 속삭이듯 한숨을 쉬며 말했다. "나는 그저 자유롭게 느낄 뿐입니다."

주

a 원더 우먼wonder woman은 대중적인 코믹 여성 영웅이다. 윌리엄 몰튼 마스턴 william moulton maston 박사가 힘과 재치, 사랑에 성공한 강하고 파격적인 새로운 캐릭터로 1941년 창작했다.

b 무종파 운동(티벳어 rimé)은 티벳 불교의 모든 주요 전통을 똑같이 유지하는 것을 추구한다.

c 요가yoga는 문자적으로 '결합하는'의 뜻이다. 구루 요가는 스승의 마음에 자신의 마음을 계학하는 수행이다.

07

브라질 카도 링Khadro Ling에서 착둡 카도

사진 로나이 로차 ©Ronai Rocha

착둡 카도

CHAGDUD KHADRO
(JANE DEDMAN)

자석에 달라붙은 쇳가루처럼
저명한 티벳 스승과 깐깐한 결혼 생활을 시작한 텍사스 출신 전 언론인

예리한 눈으로 관찰하면, 이 책에 나오는 다른 이들은 가사나 티벳 복장 혹은 목에 두른 염주 등을 보고 즉시 불자임을 알아볼 수 있다. 그러나 세련된 이 금발 여성은 로스앤젤레스에서 만날 때, 회색 치마와 흰색 카디건의 비즈니스 캐주얼에 진주 목걸이를 착용했을 뿐 어떠한 법구도 하지 않았다. 착둡 카도는 유난히 밝은 파란색 눈과 친근하지만 불편할 정도로 따갑게 탐색하는 눈빛을 지녔다. 그녀는 매우 부드럽게, 거의 최면에 걸린 것처럼 천천히 말한다. 반면 나는 그녀가 질문을 이해할 수 있도록 거의 외쳐야 한다. 착둡 카도라는 이름은 고인이 된 그녀의 남편 착둡 린뽀체Chagdud Rinpoche(1930-2002)[a]가 결혼 몇 년 후에 제인 데드먼 Jane Dedman에게 준 법명이자 칭호다. 착둡 린뽀체가 사망한 2002년은

그들의 결혼 생활 23년이 되는 해였다.

60대가 된 착둡 카도는 대부분의 시간을 브라질 동부 해안 근처 '착둡 카도 링Chagdud Khadro Ling'에서 보낸다. 이곳은 그녀의 이름을 딴 불교 센터다. 그녀는 죽는 동안 일어나는 의식 전이에 관한 티벳 전통의 포와phowa가르침으로 유명하다. 제자들에게 물어보면 모두 그녀의 완벽한 직업 윤리와 겸손함을 칭찬한다. 그녀의 브라질 제자 중 한 명인 벨 페드로사Bel Pedrosa는 몇 년 전 착둡 카도 링을 처음 방문한 날을 선명하게 기억한다. 당시 그녀는 센터 외부 청소에 참가했는데, 그때 착둡 카도도 나란히 벽을 닦았다. 착둡 린뽀체의 아내임에도 불구하고 "그녀는 무엇이든 했고, 또 아무도 하고 싶어 하지 않는 일에는 솔선수범했다"고 말을 이어갔다. 착둡 린뽀체의 부탁으로 센터를 위해 조언해 준 종살 켄쩨 린뽀체는 그녀를 "라마의 아내로서 완벽한 본보기다. 다른 모든 사람들, 심지어 티벳인까지 부끄럽게 만들었다"고 말했다. 인터뷰하는 3시간 동안 착둡 카도가 반복한 대표적인 말은 "저는 정말 아주 평범합니다."라는 것이었다. 그러나 그녀의 삶은 놀라운 이야기를 들려준다.[1]

미카엘라 텍사스 출신의 소녀가 어떻게 브라질에서 영적 지도자가 되었습니까?

착둡 저는 서른한 살이 될 때까지 다르마를 만나지 못했습니다. 아주 평범한 어린 시절을 보냈고요. 재니스 조플린Janis Joplin의 고향이자 거대한 정유 시설로 유명한 텍사스 포트 아서Port Arthur에서 자랐습니다. 정유소가 있었기 때문에 밤하늘은 사랑스러운 녹색이었습니다. 나는 그곳을 좋아했어요. 부모님은 모두 창의적이고 지적인 분들이었습니다. 아버지는 엔지니어였는데, 나중에는 텍사코Texaco의 초대형 유조선 건설 및 유지 보수 책임 자가 되었지요. 어머니는 사회성이 좋아 아버지가 기업을 발전 시키는 데 활력을 가져다주었고, 현명한 투자로 재산을 형성했 어요.

제가 열다섯 살 때 아버지는 일 때문에 뉴욕으로 갔고, 저희 는 코네티컷 교외로 이사했습니다. 고등학교를 졸업하고 버지 니아에 있는 대학에서 영어를 전공했어요. 그 후 평화 봉사단 에 입단해 서아프리카 시에라리온으로 갔습니다. 시골 초등학 교에서 영어를 가르쳤는데, 특히 독서 수업을 좋아했습니다. 방과 후에는 끔찍한 열대성 피부 감염 환자들을 돌봤습니다. 1970년에 서아프리카와 동아프리카, 터키와 유럽을 거쳐 미국 으로 돌아왔습니다. 그런 다음 뉴욕으로 가서 조사원, 사실 확 인팀을 거쳐 다양한 잡지의 프리랜서 작가로 일했습니다.

미카엘라 활발한 뉴욕의 삶을 그만둔 이유는 무엇인가요?

착둡 어느 날 케이크를 만들다가 오븐이 폭발했어요. 얼굴에 2, 3도 화상을 입었습니다. 그 순간 제 인생 전체가 바뀌었습니다. 꽤 매력적인 외모의 여성에서 아무도 지하철 옆자리에 앉고 싶어 하지 않은 사람으로 변했죠. 그것은 무상에 대한 큰 가르침이 었습니다. 안팎으로 충격을 받았고 붕 떠 있는 듯 불안한 상태 였습니다. 항상 여성 여행자에 관심이 많았는데, 화상을 입자 마자 아프리카와 아시아를 여행한 매력적인 여성들의 책을 읽 기 시작했죠. 그러다 1924년에 티벳 수도 라싸에 도착한 최초 의 서양 여성, 알렉산드라 데이비드 닐Alexandra David Neel에 관 한 기사를 썼습니다. 그 기사로 2,000달러를 받아 세계 일주 티켓을 사서 아프가니스탄으로 혼자 떠났습니다. 그 전에 몇몇 잡지와 여행 관련 원고 계약을 맺어 두고요.

미카엘라　여행을 마친 후, 뉴욕으로 돌아올 거라 생각했나요?

착둡　돌아올 거라고 생각했죠. 그러나 한편 그러지 않을 수 있다는 직감도 있었습니다. 뉴욕을 떠나기 전 5만 달러 상당의 생명 보험에 가입했어요. 학업을 뒷바라지해 주신 부모님께 보답하고 싶었고, 제가 죽으면 큰 잔치를 벌이겠다고 친구들에게 말해 두었죠. 아프가니스탄에서 프랑스 관광객들과 함께 버스를 타고 바미안Bamyan[b]으로 갔습니다. 그중 한 명은 저희가 도착한 다음 날 살해당했습니다. 신문 1면에 보도될 만큼 충격적이라 주요 소재가 될 수 있는 사건이었지만 기사화하지 않았습니다. 대신 그 사건으로 상황이 얼마나 쉽게 변할 수 있는지, 또 죽기가 얼마나 쉬운지 그런 생각이 떠나질 않았어요. 몇 주 후 드디어 인도에 도착했을 때, 저는 이슬람 국가를 혼자 여행하는 여성이 나만이 아니라는 사실에 크게 안도했습니다. 그리고 이끌리듯 인도의 불교 성지인 라다크와 다람살라 그리고 초 뻬마 Tso Pema[c]로 순례를 떠났습니다. 초 뻬마는 제가 성취자와 요기를 만나 결국 정식 불자가 된 곳인데, 그곳에서 일산화탄소를 내뿜는 히터 때문에 거의 죽을 뻔한 사고가 있었습니다. 이 역시 무상함에 관한 또 하나의 교훈이었죠.

연민의 바다로 나아가다

미카엘라　착둡 린뽀체는 어떻게 만났습니까?

착둡　인도 비자가 만료되어 떠난 네팔 보다나트에서 저는 깜제 딜고 켄쩨 린뽀체의 관정 법회에 참석했습니다. 착둡 린뽀체는 고위 라마들을 이끌고 있었습니다. 그를 보자마자 마음을 뺏겼습니다. 누군가에게 "저 사람은 누구죠?"라고 물었습니다. 그를 만나기 위해 많은 노력을 기울였어요. 처음 만났을 때 그에게 카다와 꿀 한 병을 올렸습니다. 그로부터 약 2주 후, 제가 먼저 청혼했습니다. 표면적으로는 린뽀체가 미국에 오는 문제를 두고 대화했지만 속으로는 그와 함께하고 싶다는 매우 강한 소망이 생겼습니다. "저랑 결혼하지 않을래요?" 하고 제가 청했죠.

미카엘라   당신이 그런 말을 했다니 믿을 수가 없군요!

착둡   린뽀체가 저를 근엄하게 쳐다봤습니다. 결국 받아들였는데 이런 식으로 말한 것 같습니다. "이것은 미국 여권을 위한 결혼은 아닙니다."

미카엘라   그를 처음 본 순간 느낀 감정을 기억하나요?

착둡   개념적이지 않아요. 그것은 가르침에서 말하는 것처럼 쇳가루가 저항하지 못하고 자석을 향해 끌려가는 것과 같습니다. 보드가야에서 네팔로 여행 가기 직전에 저는 사원의 따라보살 벽화 앞에서 발원문을 올렸습니다. 남녀 간의 최상의 자비와 최고의 사랑을 깨닫기를 발원했습니다. 나흘 뒤 그 기도의 두 관점을 아우르는 길을 제공한 착둡 린뽀체를 만났습니다.

미카엘라   린뽀체는 영어로 말했나요?

착둡   아주 약간요. 자신만의 영어를 구사했어요. 엄청난 어휘력으로 유창하게 말했지만 항상 티벳어 구문을 사용했습니다. 제자들은 그의 말투를 좋아했지만 린뽀체는 제대로 된 영어를 구사하지 못해 유감스러워 했어요.

미카엘라 그를 만난 적이 없는 사람에게 그를 설명한다면 어떻게 표현하겠어요?

착둡 한 친구는 그를 만난 것을 '자비의 바다로 흘러가는 것'으로 묘사했습니다. 그는 따뜻하고 훌륭한 청취자였습니다. 존재감이 대단했죠. 그의 방은 예술품과 경전으로 가득 차 있었고, 보통 한두 마리의 작은 개가 있었습니다. 그는 노래하고, 바느질하고, 조각하는 것을 좋아했고 끊임없이 할 일에 둘러싸여 있었습니다. 무한한 지혜에서 나오는 현명한 조언과 가르침 때문에 그의 곁에서 우리는 늘 풍요로운 충만감을 느꼈습니다. 그는 서양 수행자에 대한 확신이 있었고 어떤 수준의 가르침도 주저하지 않았습니다. 그는 '동기를 부여하는 라마'로 불리고 싶어 했어요. 그의 핵심적인 가르침은 '순수한 의도'였으며 그는 우리에게 몸과 말과 마음의 행위에 대한 동기를 살피도록 끊임없이 상기시켰습니다.

미카엘라 그의 자서전에 따르면[2] 그는 청중 속에서 당신을 처음 발견했을 때 붉은 빛, 눈을 뗄 수 없을 정도의 강력한 빛으로 둘러싸여 있는 것을 보았다고 언급했습니다. 다른 전생의 인연으로 감정이 다시 살아난 그런 느낌이 들었습니까?

착둡 나중에 그가 그 빨간 빛은 분노의 표시인 것을 알아차려야 했다고 농담처럼 말한 적이 있습니다. 그것이 과거의 인연이 되살아난 것이든, 단순히 좋은 까르마가 이 생에 꽃피운 것이든, 우리가 만난 후 모든 일들이 아주 빠르고 강력하게 일어났습니다. 그리고 그 관계는 지속되었습니다.

허니문과 지독한 현실

미카엘라 　결혼 초기, 그와의 관계는 어땠나요?

착둡 　네팔에서 약 6개월 동안 스승과 제자의 '허니문'이 시작되었습니다. 린뽀체는 제가 그를 보필하는 데 능숙하지 못해도 나무라는 법이 거의 없었고 매우 평화로웠습니다. 아침에는 보통 각계각층의 요청에 따라 의식을 진행하고 저녁에는 밤늦도록 강의를 했습니다. 그의 에너지는 고갈되지 않는 것처럼 보였지만 저는 자주 진이 다 빠졌죠. 허니문 기간이 지나고 린뽀체가 점점 더 어려워졌습니다. 스승으로서 그는 저의 부정적인 습관을 끊어 내고 마음 안에서 해탈할 수 있도록 최선을 다해 저를 도왔습니다.

미카엘라 　어떤 방식으로 당신을 가르쳤습니까?

착둡 　정말 첨예한 스승과 제자 관계였습니다. 저는 화가 나면 독한 말을 뱉는 성격이 있었거든요. 제가 떠나 온 뉴욕 언론인의 세계는 거칠고 냉소적인 화법이 인정받기도 합니다. 그런데 린뽀체에게는 통하지 않았습니다. 제가 화를 내면 그는 완전한 분노를 표출했습니다. 자비롭지만 압도 당해 모든 생각이 마비되는 그런 분노 말이죠. 그래서 말을 적게, 조심스럽게 하는 법을 배웠습니다. 그 후 제 말과 목소리가 다른 사람들에게 상처를 주고 있다는 것을 분명히 알게 되었고 순수한 동기로 의사소통하는 기술을 익혀 나갔습니다. 시간이 오래 걸렸습니다. 뿐만 아니라 영어와 티벳어, 양국의 문화 차이로 인한 불통도 있었습니다. 그럼에도 폭풍은 지나갔고 그의 명료한 분노는 번개 같았습니다. 분노의 흔적이 사라지고 나면 분위기가 청정했습니다. 힘든 변화의 과정에도 불구하고 관계를 끊을 생각은 결코 한 적이 없습니다. 저는 그의 지혜를 존경했고 그가 없으면 지루할 거라는 것 외에는 아무것도 상상할 수 없었어요,

미카엘라 린뽀체는 변덕스러웠나요?

착둡 순수한 동기를 가지고 있다는 측면에서 예상할 수 있었고 깊은 자비심이 있다는 측면에서 전적으로 그를 신뢰할 수 있었습니다. 그러나 종종 그의 방법들이 놀라웠습니다. 그의 동기를 어떻게 이해해야 할 지 종잡을 수 없었습니다.

미카엘라 첫 만남부터 뗄 수 없는 사이였나요?

착둡 저는 린뽀체보다 약 4개월 먼저 네팔을 떠나 일본으로 갔습니다. 그곳이 대단히 흥미로웠거든요. 거기서 린뽀체의 메시지를 받았습니다. "로스앤젤레스 공항에서 나를 기다리세요." 날짜도, 항공기 번호도, 아무것도 알려 주지 않았어요. 그러나 따랐습니다. 늦은 밤에 도착했어요. 2년 이상 아시아에 있다 돌아온 터라 몇 곳에 전화를 걸었습니다. 마침내 한 친구와 연락이 닿았고, "린뽀체는 내일 밤에 도착할 거야. 공항에서 기다려."라고 알려 주었죠. 저희는 곧바로 샌프란시스코로 가서 인도에서 알게 된 미국인 친구 집에 머물렀습니다. 첫해는 불확실성과 경제적 문제로 힘들었습니다. 대신 린뽀체와 함께 많은 시간을 보낼 수 있어 좋았습니다. 그 후 린뽀체가 마음의 제자들을 오리건으로 불러들였고 모든 일이 점차 나아졌습니다.

미카엘라 그는 왜 미국으로 가고자 했을까요?

착둡 1960년 티벳에서 탈출한 직후 그는 꿈에서 미국이라는 단어를 들었습니다. 다른 티벳인들에게 "미국이 어디 있습니까?"라고

묻자, 그들은 "저 멀리, 바다 건너, 이상한 파란 눈을 가진 사람들이 있습니다."라고 알려 주었죠. 그 후 그는 인도에서, 나중에는 네팔에서 미국 사람들을 만났습니다. 그는 자신이 하는 일로 미국에 가게 될 것이라는 것을 예감했습니다. 1979년 그가 미국에 도착하자 일이 빠르게 풀리기 시작했습니다.

도박장에서의 결혼 피로연

미카엘라　티벳 전통 결혼식을 올렸나요?

착둡　꼭 그렇지는 않아요. 우리는 사우스 레이크 타호에서 결혼식을 올렸습니다. 하트 모양의 입구가 있는 예배당이었는데 근처에 카지노가 있었어요. 예식을 마치고 린뽀체는 블랙잭 테이블에 가서 결혼 피로연을 위한 충분한 돈을 딸 때까지 게임을 했습니다. 낯선 사람들이 저희와 함께했어요. 그 후 다시 돌아가 정확히 그가 쓴 만큼 돈을 딸 때까지 게임을 반복했습니다. 그는 제가 아는 한 다시는 도박을 하지 않았습니다. 결혼식은 파격적이었고 심지어 유머러스했어요. 서로의 내면이 안정적으로 연결되었습니다. 여권용 결혼이 아니었거든요. 2002년 11월 17일, 23주년 결혼기념일에 린뽀체가 사망할 때까지 결혼이 지속되었죠.

미카엘라　부모님은 결혼식에 참석하셨나요?

착둡　아니요. 처음에는 인정하지 않으셨습니다. 하지만 나중에 린뽀체가 저 없이 동부 해안으로 여행을 갔고 부모님이 그를 집으로 초대했어요. 부모님은 그를 존경했습니다. 특히 어머니는 그를 매우 아꼈고 그 역시 어머니에게 그랬지요. 어머니는 어린 시절 장로교 신도로 성장해 온 것과는 다른, 그녀만의 영적인 길을 가고 있다는 생각을 저는 했습니다. 확실히 그녀는 직감이 뛰어났어요. 아버지는 불교에 마음이 끌린 적은 없었지만, 린뽀체가 이뤄 낸 것을 자랑스러워했어요. 린뽀체 사후, 제가 남미 센터의 영적인 책임자라는 것을 알았을 때 아버지는 두꺼운 남부 억양으로 "글쎄, 제인. 네가 그 정도의 역량을 지닌 라마인 줄 몰랐구나." 하면서 웃었습니다. 아버지는 린뽀체의 활동을 지키고 있는 저를 자랑스러워했어요.

미카엘라 형제자매는 어떻습니까? 그들은 관심을 보였습니까?

착둡 앤Ann이라는 여동생이 한 명 있는데, 동생은 저나 다른 라마의 강의에 참석한 적이 있어요. 그녀는 사실 저보다 명상을 잘합니다. 뉴욕에서 요리사로 일하고 있어요. 요리사들이 요리하는 모습을 지켜볼 기회가 있다면 한곳에 오롯이 집중하는 것이 무엇인지 알게 됩니다.

미카엘라 그런 가정 환경에서 어떻게 그렇게 빨리 불법의 세계로 뛰어들었습니까? 텍사스에서 관정과 환생이 넘쳐나는 세상으로 말이죠.

착둡 가르침은 저를 매료시켰고 완전히 이치에 맞았습니다. 특히 사성제와 무상ᵈ에 관한 명상 말이죠. 명상은 경험이 없었기 때문에 도전이었습니다. 계속 수행하는 과정에 있습니다. 처음부터 타고난 명상가는 아니예요.

미카엘라 왜 그렇게 생각하죠?

착둡 린뽀체는 위대한 족첸 성취자였습니다. 그러나 그의 제자 중제가 가장 우둔했습니다. 강한 믿음을 가졌지만 마음이 어떤

지, 어떻게 작용하는지에 관한 그의 가르침을 헤아리기까지 오랜 시간이 걸렸어요. 법문을 듣고 사유했지만 깊은 명상 없이 직접적인 경험을 하는 것에 한계가 있었습니다. 저의 여정은 큰 도약 없이 한 걸음씩 차근차근 진행 중입니다.

미카엘라 린뽀체의 가피가 전해지는 것을 느끼나요?

착둡 그랬으면 좋겠어요. 가끔 앉아서 전승 기도를 하면 마치 전기에 연결된 코드 같아요. 전승의 가르침이 흐르기 시작합니다. 제가 가르침을 완벽하게 전수할 수 있다는 의미는 아니에요. 한계가 있어요. 저는 린뽀체가 특별히 허락한 것만 가르칩니다. 족첸은 포함되지 않습니다. 다만 제 강의를 들은 누구라도 이롭기를 간절히 바랍니다.

성취자들의 활동 영역

미카엘라 제인 데드먼Jane Dedman에서 착둡 카도가 된 것은 언제인가요?

착둡 린뽀체와 결혼한 후, 새로운 이름을 받지 못했습니다. 그의 모든 이름이 직위였기 때문입니다. 저는 여전히 제인 데드먼이라는 사실에 짜증이 난 상태였어요. 몇 년 후 그가 제게 가족의 성인 똠게Tromge를 주었습니다. 그의 가족은 매우 특별하기 때문에 이것은 큰 영광이었죠. 그 후 1997년 그가 저를 라마로 수계해 주었고 그때 분명하게 밝혔습니다. 그를 승계해 남미 착둡 곤빠ᵉ 센터의 영적인 책임자가 될 것이라고 말이죠. 어떤 라마의 이름을 따를지 의논했어요. 그가 "음, 전통적으로는 당신을 착둡 카도라고 불러야 합니다."라고 말했습니다. 더욱 더 명예로웠습니다. 그 이름은 더 막중한 책임이 뒤따른다는 것을 시

착둡 린뽀체(왼쪽)와 착둡 카도(오른쪽)

사진 제공 착둡 곤빠 브라질 사진 보관소Chagdud Gonpa Brazil Photo Archive

사했죠.

미카엘라 칸도가 된다는 것은 어떤 의미입니까?

착둡 다키니의 본질은 불보살의 활동 영역과 관련이 있습니다. 그것이 제게 의미하는 바는 라마, 즉 착둡 린뽀체의 마음을 전달하는 손이 되고 목소리가 되는 것입니다. 그의 마음과 같은 마음이 되고자 하는 염원과 함께요. 제 바람은 더 이상 여기에 없는 린뽀체의 목소리를 글로 써서 더 명확하게 전달하는 것입니다.

미카엘라 전통적으로, 제자들은 당신을 린뽀체와 동일하게 생각하나요?

착둡 아마도 그런 인식을 가지고 느끼며 수행하는 것이 그들에게 유익할 것입니다. 그러나 제 자신이 스스로 그렇게 생각했다면 저는 큰 곤경에 처했거나 깊은 미혹에 빠졌을 겁니다. 칸도로서 자기 정체성은 숙명적입니다. 모든 개념은 자기 정체성을 넘어서는 것이죠.

미카엘라 어떻게 당신은 제자와 아내로 양립할 수 있었나요?

착둡 저는 아내의 역할에 기대기보다 제자의 역할을 유지하려고 노력했습니다. 티벳인들은 가족 간에 유대가 깊습니다. 린뽀체의 가족은 공동체 전체였습니다. 그는 깔마 돌마라는 티벳인 전처와 두 자녀가 있었습니다. 린뽀체는 그들의 결혼이 파탄 나 매우 고통스러워했지만, 나중에 그녀는 그의 가족 내에서 다른 중요한 역할을 찾았습니다. 그녀는 훌륭한 의사였고 그녀가 없었다면 린뽀체가 장수하지 못했을 거라고 생각합니다.

각자 린뽀체와 특별한 관계를 가지고 있었습니다. 어떤 자격으로든 그와 가까웠다는 것은 행운이었거든요. 아내로서의 제 역할 때문에 그와 함께한 특별한 순간이 많았습니다. 그의 삶에서 제게 맞는 자리가 있었고, 다른 사람들 역시 그들의 자리가 있었어요. 누군가 더 원한다고 해서 다른 사람을 그 자리에서 밀어낼 수 없어요. 그가 시간과 관계를 조율했습니다.

미카엘라 질투도 좀 있었나요?

착둡 아, 예. 때로는 질투가 났어요. 몹시 질투했어요. 예를 들어 티벳어를 할 수 있는 사람들은 린뽀체와 함께할 수 있는 특별한 방법이 있었습니다. 저는 티벳어가 부족해 듣는 것도 어려웠어요. 그것이 제 질투의 대상이었습니다.

미카엘라 제가 질문한 의도는 라마를 공유한다는 점도 포함해서입니다.

착둡 그는 자신의 삶이 제자들과 함께하며 제가 그들 모두에게 봉사해야 한다는 것을 분명히 했습니다. 이따금 그들이 가르침을 받게 되면, 저는 긴 하루 끝에 지쳐 쓰러져 잠들곤 했습니다. 환상 같은 것은 없었습니다. 그는 그런 정보를 숨기지 않았어요.

방대한 통찰력과 순수한 관점

미카엘라 초감 뜨룽빠 린뽀체의 아내인 다이애나 묵뽀는 남편을 결코 평범하다고 생각해 본 적이 없다고 썼습니다. 그가 너무 비범했기 때문이죠. 당신은 착둡 린뽀체를 어떻게 파악하고 있나요?

착둡 저는 그를 결코 평범하다고 여긴 적이 없어요. 그럼에도 불구하고 그와 싸우려 했지요. (웃음)

미카엘라 남편을 스승으로 본다면 싸울 때 어떻게 화해합니까?

착둡 때로는 그의 분노를 불러일으킨 사건에 대해서 그가 옳았던 점도 있고, 때로는 어떤 일이 꼭 벌어졌다기보다 그동안 축적된 것이 분노를 일으켰어요. 작은 실수로 인해 크게 폭발하기도 했습니다. 저는 자신을 강력하게 방어하기보다 여러 수준에서 경청하는 법을 배웠습니다. 그러나 가끔은 반응을 보이기도 했습니다!

이 모든 것이 사납게 들리겠지만 솔직히, 특히 초기에는 인내심을 가지고 저를 상대할 라마가 있었겠나 싶어요. 라마가 항상 가장 좋은 사람과 결혼하는 것은 아니랍니다. 아마 어떤 결혼은 그들의 인도가 필요한 최악의 사람과 했을 거예요. 저는 제가 가장 훌륭한 아내라고 생각하지 않습니다. 믿어 주세요!

미카엘라 그럼에도 불구하고 당신은 그의 사명과 임무를 성취하도록 도왔습니다.

착둡 그가 정말로 제게 원했던 일은 그의 가르침을 기록하고 편집하는 것이었습니다. 그를 돌보고, 요리하고, 청소하고, 물건을 정리하는 등 저는 그의 명령을 수행하는 위치에 있는 것이 더 편했습니다. 하지만 그는 저에게 글을 쓰도록 했지요. 제가 글을 통해 중생들에게 이익을 줄 수 있는 잠재력이 있다고 했습니다. 그러나 그것은 말에게 불붙은 고리를 점프해 통과하도록 만드는 것과 같아요. 제 작가적 한계 때문이지요.

한번은 따라보살 논서[3]를 작업하다가 그에게 연달아 질문했습니다. 지연작전이었죠. 그가 몹시 화를 내며 "당신은 결코 이것을 완성을 하지 못할 것입니다!" 하고 말하면서 원고를 반으로 찢어버렸습니다. 거기 있던 모두가 경악했습니다. 저는 침실로 가서 침대에 몸을 던지고 이 코믹 드라마를 생각하며 울고 웃었습니다. 평정을 되찾은 후 그에게 갔습니다. 그러자 그가 각 페이지를 테이프로 붙인 원고를 다시 내밀었습니다. 우리 둘 다 크게 웃었죠.

어느 때는 그의 가르침을 모은 왼도ngon-dro[4] 논서를 작업 중이었습니다. 그런데 모든 공로를 제게 주기 위해 제 이름을 그 책에 넣어야 한다고 고집했습니다. 린뽀체는 아주 일찍부터 저를 스승으로 만들고자 심혈을 기울였고, 제 잠재력에 대한 그의 자신감은 저보다 훨씬 더 높았습니다.

미카엘라 그가 당신이 가르칠 수 있도록 허가한 수행 중 하나가 죽을 때 의식 전이를 하는 포와입니다. 포와를 가르치는 일은 어떻게 되고 있습니까?

착둡 1978년 네팔에서 처음으로 포와를 배웠습니다. 좋은 징조들이 있었죠. 제가 명상을 잘 해서가 아니라 린뽀체의 수행력 덕분이었습니다. 그런 이유로 포와 수행에 호감이 생겼죠. 죽음과 사후 단계에 대한 그의 가르침에 매료되어 제가 매뉴얼로 엮었습니다.[5] 나중에 포와를 가르치는 꿈을 꾸고 린뽀체께 말씀드렸습니다. 기회가 생겼고 처음으로 포와를 가르쳤습니다. 단 한 사람이 참석했는데 행사가 열린 바로 그 집의 여성이었죠. 텍사스 오스틴이었는데, 어머니가 저를 그곳까지 데려다 주셨어요.

미카엘라 어머니께도 포와를 가르쳤습니까?

착둡 어머니는 제 가르침을 들었지만 수행하지는 않으셨습니다. 2005년 돌아가실 때 그녀를 위해 포와를 해 드렸어요. 다행이었죠.

미카엘라 당신이 줄 수 있는 다른 관정이나 법이 있나요?

착둡 저는 금강승 예비 수행인 왼도와 몇몇 본존 수행에 관한 관정을 줄 수 있습니다. 금강승의 길은 매우 분명하고 체계적이라 광대한 통찰력과 청정한 인식에 대한 문을 열 수 있게 해 줍니다.

미카엘라 착둡 린뽀체는 서양 여성을 법사로 인가한 최초의 티벳 스승 중 한 사람입니다.

착둡 그가 인가한 첫 번째 법사는 잉에 산트보스Inge Sandvoss로 지금은 라마 예세 장모Lama Yeshe Zangmo로 알려져 있습니다. 3년 동안 매우 부지런하게 무문관 수행을 마친 후였습니다. 그 후 린뽀체는 6명의 여성에게 수계를 주었습니다. 티벳과 서양의 차이점은 그들의 계급 체계에서 여성 사원의 주지인 비구니를 제외하고는 큰 공동체의 수행과 가르침을 이끄는 여성이 많지 않다는 것입니다.

그보다는 무문관 수행자로서, 한 집안의 가장으로서 수행했던 훌륭한 여성 요기니들이 있었죠. 이제는 착둡 곤빠뿐만 아니라 여성이 센터를 운영하는 경우가 많아졌습니다. 여성학자들과 번역가, 라마의 전통을 계승한 개별적 요기니들도 서양에 있습니다. 저는 동서양 간에 유익한 교류가 일어나고 있다고 믿습니다. 그리고 티벳 비구니 학자들도 더 많이 보게 될 거예요. 정식으로 교육받으면 그들이 켄뽀가 되지 못할 이유가 없어요. 게다가 비구니계를 받은 서양 여성들은 지금 더 큰 지지를 받고 있습니다.

거칠고 예측할 수 없는 다키니

미카엘라   티벳에 가 본 적이 있습니까?

착둡   1987년 티벳이 개방하고 얼마 지나지 않아 린뽀체와 그의 아들 직메 뜸게 린뽀체Jigme Tromge Rinpoche와 함께 처음으로 갔습니다. 우리 모두에게 힘들고 격정적인 여행이었는데, 나중에 린뽀체의 자서전에 그 이야기를 모아 기록했습니다.

미카엘라   티벳에서 린뽀체의 어머니와 여동생을 만났습니까?

착둡   린뽀체는 특별한 가정에서 태어났습니다. 그의 어머니인 다와 돌마Dawa Drolma는 다키니, 힐러 그리고 죽음의 세계를 경험하고 되돌아온 델록delog[f]으로 널리 알려져 있었습니다. 그녀는 린뽀체가 열한 살 때 사내아이를 낳다 돌아가셨습니다. 그는 어머니의 죽음으로 무상과 실재의 허상을 직접 경험했으며, 그로 인해 영적 수행이 심화되었다고 말했습니다. 그 아기는 오래 살지 못했지만 린뽀체의 여동생인 띤레 왕모_{Trinley Wangmo} 는 거칠고 예측할 수 없는 다키니로 여전히 살아 있습니다. 그 녀는 좀 기이하게 생겼어요. 저는 그 여행을 하면서 연속으로 셔터를 눌러 그녀의 모습을 담았습니다. 그 짧은 시간 동안 그 녀의 얼굴은 평화로웠다가 분노에 차 있고, 매력적이었다가 섬 뜩하게 변했습니다. 티벳 미술에서 보던 그런 다키니와는 전혀 다른, 멈출 수 없는 감정의 유희가 일어나고 있었습니다. 게다 가 그녀는 불쑥 주거를 옮기고 불가능한 요구를 하는 등 여러 사원의 스님들을 당황시켰습니다. 그녀가 신통력과 초자연적 인 행위와 같은 선정의 힘을 보여 주지 않았다면, 그러한 혼란 과 산만함은 아무 가치 없는 일로 여겨졌을 겁니다.

미카엘라 착둡 린뽀체의 자서전에 그녀가 공산주의 침략자들에게 저항 한 내용이 있더군요.[6]

착둡 그들은 적어도 세 번 그녀를 처형하려고 했습니다. 수백 명이 목격한 사건이 있는데 경비원이 그녀의 옷을 허리까지 벗겨 가 슴에 표적을 그려 넣었습니다. 집행자가 방아쇠를 두 번 당겼 지만, 총알이 발사되지 않았습니다. 그는 이상이 없는지 확인 하기 위해 허공에다 한 발을 쐈고, 세 번째 다시 그녀에게 총구 를 겨눴지만, 또 발사되지 않았습니다. 실망한 그가 무기를 땅 에 던지고 그녀에게 수갑을 채웠어요. 그런데 갑자기 군중 앞 에서 수갑이 산산조각이 났습니다. 그들은 그녀를 하룻밤 동안 감옥에 가두고 다음 날 아침 "이 미친 여자야, 여기서 나가!" 하 면서 그녀를 돌려보냈습니다.

전생에 그녀는 다리 밑에 살던 노파였는데 먹을 것이 없어도 건강해 보였습니다. 그녀에게 개가 한 마리 있었는데 마찬가지로 음식을 먹지 않았지만 잘 먹고 사는 것처럼 보였습니다. 그때 그 지역에 기근이 닥쳤습니다. 마을 사람들은 그녀가 악마이며 불행의 근원이라고 판단했어요. 사람들은 그녀를 붙잡아 얼음같이 차가운 세찬 강물에 던졌습니다. 그런데 그녀가 물살을 거슬러 상류로 흘러가는 모습을 본 사람들은 놀라움에 가득 찼습니다. 자신들이 심각한 실수를 저질렀다는 것을 알고, 그녀를 꺼낸 이후 공손히 대했습니다. 이번 생에 공산주의자들 역시 똑같은 실수를 했고 이번에도 그녀는 상류로 흘러갔습니다. 그들 역시 그녀를 꺼냈고, 그 후 그녀를 피해 다녔습니다.

미카엘라 범상치 않은 가족의 일원이 되는 것이 두렵지는 않았나요?

착둡 저는 린뽀체의 자비심을 결코 의심한 적이 없습니다. 두 번째로 티벳에 갔을 때 말을 타고 다녔습니다. 저는 말과 별로 친하지 않는데, 티벳 사람들은 삼각형 안장을 얹은 작고 사나운 조랑말을 가지고 있었습니다. 그들이 제게 마지막 조랑말을 주었습니다. 그 말은 마부가 오기도 전에 저를 태운 채 가파른 산골짜기를 따라 도망쳤어요. 당시 저는 의문이 들었습니다. 그 여동생이 이 작고 못된 말을 줘서 저를 죽게 했다고 생각한 거죠. 저를 좋아하는 것 같지 않았습니다. 하지만 그런 게 아니었어요. 사람들이 그저 주의를 기울지 않았던 거죠.

깨달음을 위한 열여섯 번의 생애

미카엘라 당신은 지금 대부분의 시간을 브라질에서 보내고 있습니다. 어떤 이유로 그런 건가요?

착둡   저도 스스로 의아하게 여기고 있습니다. 어떻게 이 모든 일이
일어났을까? 1990년대 초 린뽀체가 브라질에서 꽤 자주 법문
을 했고, 1994년 그와 함께 여행했습니다. 그 후 카도 링이 된
지금의 땅을 샀습니다. 작은 집 두 채와 약한 전기선, 가끔 마르
기도 하는 작은 샘이 전부인 황무지에 가까운 땅이었죠. 베풀
줄 아는 제자의 도움으로 1995년 첫 공사를 시작했습니다. 7년
후 착둡 린뽀체가 돌아가셨을 때 멋진 기반 시설을 갖춘 크고
전통적인 티벳 양식의 사원이 완성되었습니다.

미카엘라   사원의 이름을 카도 링이라고 지은 것을 보면 그가 당신에게 준
것으로 이해됩니다. 그곳에 거주하나요?

착둡   린뽀체가 '다키니의 장소, 카도 링'으로 명명한 이유는 저 때문
이 아니라 다키니가 보살의 활동을 상징하기 때문입니다. 제가
받은 것은 집이나 부동산 같은 것이 아니라 많은 사람이 기여할
수 있는 공덕의 밭이었습니다. 다른 라마, 수행자, 예술가, 자
원봉사자, 유급 직원까지 모두의 지속적인 협력과 노력 덕분에
남미의 착둡 곤빠가 계속 이어지고 번성할 수 있는 것입니다.
린뽀체는 깨달은 존재로 열여섯 번의 생을 겪었습니다. 염원과
깨달음을 향한 수많은 생애였죠. 우리 중 누구도 이 모든 것을
지니고 있지 않아요.

미카엘라   당신은 자신만의 활동 영역을 개발하고 있습니까?

착둡   다르마의 관점에서, 저는 착둡 곤빠를 현명하게 관리하고, 제
수행을 계속하고, 저를 찾아오는 제자들을 도울 수 있기를 염
원합니다. 가끔 미국으로 장기 자동차 여행을 가거나 사람들의
이야기를 듣고 글을 쓰거나 유럽에서 정원 투어를 하고 싶은 바

람은 있지만 이뤄질지 확신이 없습니다. 저는 이제 65세입니다. 늘 무상과 죽음을 가르칩니다. 다르마가 최우선이기에 다른 것은 생각하기 어렵습니다. 다만 포르투갈어나 스페인어를 유창하게 구사하기 위해 정말로 노력할지 몰라요. 어렸을 때 하지 못했던 일을 해냈다는 성취감을 느낄 수 있겠죠.

미카엘라 린뽀체가 세상을 떠났을 때 당신은 무문관 수행 중이었습니다. 갑작스러운 죽음이었나요?

착둡 린뽀체는 심장 질환과 당뇨병이 있었고 저희는 항상 그의 건강을 염려했습니다. 죽음 바로 직전에 그는 무문관 수행 중이었는 데도 불구하고 약 300명의 사람들에게 포와에 대한 가르침을 주고자 나왔습니다. 처음에 그는 "우리는 이틀 동안 함께할 것입니다."라고 말했습니다. 제자들이 정정했습니다. "아니요. 우리는 사흘 동안 함께합니다." 하지만 이틀 뒤, 그는 떠났습니다. 심장 전문의에게 모셔 갈 준비를 마쳤지만 그가 거부했고 그는 그 전에 사망했습니다. 그는 마지막 숨을 거둔 후 5일하고 반나절을 명상 자세로 앉아 있었고, 사망 징후를 보이지 않았습니다.

미카엘라 그가 여전히 당신과 함께 있다고 느끼나요?

착둡 (머뭇거리며) 네, 그래요. 남들처럼 제가 환영과 꿈을 보는 것은 아닙니다. 저는 단지 저의 동기가 에고가 결합된 편견으로 인한 것은 아닌지 늘 점검하면서 그의 의도에 제 자신을 맞추려고 노력할 뿐입니다. 비슷한 상황에서 린뽀체라면 어떻게 했을까를 생각합니다. 제자들은 때때로 그가 실제로 어떻게 처리했는지 기억해 냅니다. 또 저는 그에게, 살아 있는 라마들에게, 전승

조사들께 기도합니다. 가피가 내려온다는 것은 무더운 날에 신선한 공기를 마시는 것과 같습니다. 그렇지만 저는 수많은 불확실성을 안고 살아가고 있습니다.

주

a 착둡 린뽀체는 착둡의 열여섯 번째 화신으로 인정받았다. 착둡은 문자 그대로 '철 매듭'을 의미하며 맨손으로 철검을 접어 매듭을 만든 1대 착둡에서 유래했다고 전해진다.

b 아프간 수도 카불의 북서쪽에 있는 바미안 계곡Bamyan Valley은 유서 깊은 실크 로드에 자리잡고 있으며, 6세기부터 2001년 탈레반이 파괴할 때까지 2개의 기념비적인 불상이 있던 곳이다.

c 문자 그대로 '연꽃 호수'를 뜻한다. 티벳 불교의 선구자인 빠드마삼바바가 8세기에 기적을 행하고 수행했다고 전해지는 인도 북부의 작은 마을이다.

d 착둡 린뽀체는 그의 자서전에 이렇게 썼다. "거의 모든 사람들은 네 가지 명상을 시작하는 것으로 티벳 불교의 길에 들어섭니다. 1.인간으로 태어나는 것의 귀중함, 2.무상과 죽음, 3.인과라는 까르마의 법칙, 4.망상, 집착, 혐오로 조건 지어진 존재의 영역에 갇혀 있는 모든 중생에게 만연한 고통이 바로 그것입니다." 『춤의 제왕Lord of the Dance』, p.39.

e 곤빠Gonpa는 티벳어로 사원을 의미한다. 1131년에 설립된 최초의 착둡 곤빠는 중국 침략 이후 파괴되지 않고 남아 있는 동부 티벳의 몇 안 되는 사원 중 하나다.

f 델록Delogs은 티벳어로 '지나가다 되돌아갔다'는 뜻으로, 죽었다가 인간의 몸으로 돌아와 사후 세계에 대한 모습을 기록하는 것으로 여겨진다.

08

말리부에 있는 저자의 집에서, 존경하는 깔마 렉셰 쪼모

사진 게일 랜즈 ©Gayle Landes

깔마 렉셰 쪼모

KARMA LEKSHE TSOMO
(PATRICIA ZENN)

깨달음을 향해 파도타기

말리부 해변의 한 여자아이는 어떻게 "붓다의 딸들"의 어머니가 되었나[1]

라다크까지 가는 것은 쉬운 편이었다. 지나고 보니 다람살라에서 찬디가르에 있는 공항으로 가기 위해 부서질 듯한 낡은 버스를 타고 극심한 열기와 극도의 갈증을 견디며 12시간이나 간 것은 호화판 여행인 것 같다. 버스는 단 두 번 고장이 났다. 공항 직원은 깔마 렉셰 쪼모의 수하물을 보며 멈칫거리고 있다. 가방은 이미 43kg으로 무게가 초과되었다. 방콕에서 비구니들에게 보낸 183여m의 밤색, 노란색의 옷 때문이다. 직원들은 그녀의 인내심과 동요하지 않는 친밀함에 매료되어 수그러들었다. "우리는 관광객에게 관대합니다."

찬디가르에서부터 옛 라다크 왕국의 구 수도인 레Leh로 가는 장엄한 비행 중에 빛나는 히말라야의 눈 덮인 산봉우리가 조그만 비행기와 거의 맞닿아 있었다. 렉셰는 경외의 눈으로 바라보면서 "샹그릴라에 있는 것 같습니다."라고 말했다. 이윽고 아래로 레의 북적이는 상점가가 있는 에메랄드 빛 계곡이 드러나면서 비행기가 착륙했다.

그러나 레에서 장스까르Zangskar로 가는 것은 완전히 다른 일이었다. 지구의 많은 외딴 지역에 여성 불자들이 살고 있지만, 히말라야의 서쪽 지대를 따라 북인도 사막에 위치한 장스까르 계곡만큼 외딴 곳은 거의 없다. 몇백 년 전, 이곳 달의 풍광은 티벳의 일부였다. 여기는 렉셰가 자란 캘리포니아 말리부와 멀리 떨어져 있다. 하지만 그녀는 자신이 20여 년 전 그곳에 세운 젊은 비구니 승원을 다시 방문하기로 결심했다.

마치 또 다른 행성처럼

"라다크는 다른 행성 같습니다." 렉셰는 열정적으로 말했다. "높은 고도와 희박한 공기, 척박함, 지구 밖 세계 같은 지형은 기이한 분위기를 만듭니다." 동물 가죽 옷을 입고 길게 땋아 늘인 머리카락에 커다란 터키석을 단 여성들이 손을 흔들었다. "쥴레Jullay!" 라다크 식으로 왁자하게 소리치며 환영 인사를 한다. "당신은 라마입니까?" 그들은 그녀의 밤색 모직 옷을 가리키면서 의심스러운 듯 캐묻는다. "나는 조모jomo입니다."라고 유창한 티벳말로 대답한다. 조모는 '존경받는 여성'이라는 뜻으로 비구니에 대한 존경을 나타내는 지방 언어이다. 20년 이상 아시아에서 살고 여행하며 지낸 터라 이런 말 한 마디는 쉽게 잘 어우러졌다. 평평하게 깎은 머리에 밤색 옷을 두른 160cm정도의 렉셰는 북적거리는 시장에서는 눈에 잘 띄지 않지만, 궁금증을 유발시키는 백인 방문객에 대한 소식은 재빠르게 퍼져 가고 있었다. 다음날 군중들이 약간 혼란스러워하며 레의 시장 대로를 따라 그녀 주변에 모였다. 서양 비구니는 왜 똑같은 빨간 양말 30켤레를 사고 있을까? 품질을 확인하고 공정한 가격으로 흥정한 물건들이 가방에 담겼다.

렉셰는 티벳어, 일본어와 같은 아시아어를 현지인처럼 말한다. 부드러운 얼굴에 회색 빛 맑은 눈은 아시아인 같은 모습이고 여기에 평정심, 고도의 예리한 지성, 심각하지 않은 태도가 잘 어우러져 보인다. 예정보다 1시간 앞서 버스가 떠나 버려도 쉽게 동요하지 않는다. 그녀 주변을 왁자지껄하게 둘러싸고 꼬치꼬치 캐묻는 마을 사람들, 세상의 가장 외딴 지역을 여행하는 중에 걸린 불가피한 질병 그 무엇에도 흔들리지 않는다. 그녀는 자신이 살았던 나라들의 가장 좋은 특성, 즉 말리부 서퍼의 태평한 자유방임주의, 하와이 사람들의 활달한 즐거움, 일본인들의 규율과 간소함, 태국인들의 겸손함 그리고 인도인들의 완전한 무질서를 행복하게 견뎌내는 능력 등을 모두 한데 모은 것 같다.

샌디에이고 근처에 있는 그녀의 소박한 집에서 처음 만났을 때 재미있고 진지한 표정의 농담은 순식간에 내 마음을 끌어당겼다. 그녀를 화내게 할 수 있는 게 뭐가 있을지 거의 상상할 수 없었다. 봄날의 그림처럼 완벽한 날의 말리부 해변처럼 고요하고 맑아 보였다. 캘리포니아 소녀는 지구 한 바퀴를 돌아 다시 캘리포니아에 산다. 샌디에이고 근처 퍼시픽 비치에 1인용 침대가 있는 오두막에 살면서 샌디에이고 대학교에서 불교 철학을 가르치고 있다. 그러나 언제라도 "그녀의" 비구니들을 보러 갈 수 있다. 히말라야 전역에 흩어져 있는 15개의 교육센터는 그녀의 지칠 줄 모르는 노력 없이는 존재할 수 없을 것이다.

힘겨운 투쟁

약 25년 전 렉셰는 비구니가 교육받을 기회를 주기 위한 운동을 단

독으로 시작했다. 당시 이 아이디어는 남들이 시간 낭비로 여기면 다행이었고 기존의 사원들에 의해 좌초되기까지 했다. "그들은 비구니들에게 '당신은 아주 겸손해서 서양인처럼 권위와 권력을 얻는 데는 관심이 없군요'라고 말했어요." 렉셰는 의아한 표정으로 조용히 말한다. "나는 그들이 왜 비구에게는 그렇게 말하지 않는지 궁금합니다. 여성들이 계속해서 불리한 위치에 처한다면 이대로 끝이 납니다. 조사 결과 비구니들은 어느 집단보다 최악의 건강 상태를 보여 줍니다. 교육 수준 역시 최악입니다. 이뤄져야 할 일이 너무 많고 이에 대해 특히 여성들 간에 알아차림이 높아지고 있습니다."

현재 히말라야 중턱의 작고 외딴 비구니 사원에 식량을 제공하는 일은 문자 그대로 힘겨운 싸움이다. 장스까르 계곡은 날이 좋은 때조차도 1년에 3개월만 자동차가 달릴 수 있다. 그러나 최근 강설과 눈사태로 7월이 되었는데도 다닐 수 있는 유일한 길이 막혔다. 식량, 등유, 보급품과 기타 필수 생활용품은 귀하고 비싸다. 유일하게 구할 수 있는 트럭 운전기사들은 흥정의 힘을 잘 알아 버려서 터무니없는 여행 금액을 요구한다. 하루 동안 운전하는 데 라다크 사람들이 대략 3년간 받는 임금과 동일한 금액을 받으려고 한다.

"고속도로 강도!" 렉셰 쪼모는 훅 하고 숨을 내쉬고 가방을 뒤지기 시작한다. 그녀와 비구니 도반은 등에 모든 것을 짊어지고 4~5km가 넘는 눈길을 며칠이나 걸어야 할 수도 있다는 사실을 알고 있었다.

그녀는 따뜻한 옷, 침낭, 미국산 그래놀라, 분유, 비구니에게 줄 의료품, 그들의 생활을 기록할 카메라 등 필수품만 챙겼다. 길고도 험한 산길을 가로지르는 데에는 보통의 결심 이상이 필요하다. 장스까르 신세대 여성들에게 교육 기회를 줄 희망에 차서 그 목표를 달성하는데 노력을 아끼지 않을 준비가 되어 있다. 물론 많은 사람이 아시아 여성들이 처한 불리한 처지를 주목했다. 그러나 렉셰는 주목하는 것에만 머무르지 않았다. 그녀는 자신의 인생과 건강을 다 바쳐 지지자들의 네트워크를 개발했다. 돌아가신 스승 프레다 베디는 도반인 뗀진 빨모와 함께 티벳 비구니들의 교육을 위해 강력하게 힘쓴 최초의 옹호자들이다. 서양 비구니 선구자의 한 사람으로서의 경험은 그녀의 결심을 형상화시켰다.

우연 같은 선의 유산

렉셰는 가족 유전자에 불교의 씨앗을 가지고 있다. "나의 길은 꽤 분명했어요. 왜냐하면 가족의 성이 젠Zenn이었거든요." 3세대 전에 온 가족이 미국으로 이민 왔을 때 입국처에서 잘못 쓰는 바람에 주석을 뜻하는 독일어 '진Zinn' 혹은 양치기를 뜻하는 '센Senn'으로 읽어야 했다. 말리부의 학교친구들은 "젠? 너는 불교도니? 아님 뭐니?" 하며 놀렸다. 6학년 때 이러한 놀림이 무엇인지 알기 위해 젠에 관한 책을 신청하러 도서관에 갔다. 도서관 사서는 그녀에게 앨런 와츠Alan Watts[a]가 쓴 『선의 길The Way of Zen』과 스즈키 선사D. T. Suzuki[b]의 『선불교Zen Buddhism』를 건네주었다. "나는 이 책들을 처음부터 끝까지 읽고 말했습니다. '이 거야!' 이 책들을 펼치자마자 모든 것이 사실처럼 들려 왔습니다. 그렇게 직접적이었어요." 어느 학생을 놀린 일이 몇 십 년 후 혁명을 불러일으킬 것이란 것을 누가 알 수 있었겠는가?

남부 침례교도인 그녀의 어머니는 패트리샤가 새로운 신앙을 갖겠다고 통보했을 때 충격을 받았다. "그녀의 신념 체계에서는 단 하나의 진정한 길만 있었죠. 다른 모든 이들은 지옥에 갈 것이라고요." 렉셰는 말한다. 그렇다면 아버지의 종교는? "자본주의"라고 렉셰가 쏘아붙인다. 그녀의 아버지는 더글라스 항공 회사의 항공기 엔지니어로, 굉장한 이야기꾼이면서도 엄격하고 군림하는 남성이었다. 그는 "거액의 돈을 벌지 않는 사람은 인생을 낭비할 뿐이다."라고 생각했다. 딸의 영성에 대해 약간의 이해조차 없었던 그는 딸과 몇 번 의절다. 렉셰는 아버지를 몇 년간 만나지 않았다. 그녀는 어깨를 으쓱하며 "그는 사라졌습니다."라고 말한다. "아버지는 내가 박사 학위를 땄을 때에야 다시 대화하기 시작했어요. 우리는 미국의 전형적인 해체 가정이었습니다." 현재하와이의 섬, 몰로카이의 어부인 남동생 필립은 약물 중독에 휩쓸렸으나 불교에 약간 관심을 기울였다. "그것은 말하자면, 타고난 권리죠. 이름 때문이에요.", "하지만 완전히 몰두하지는 않았어요." 그녀의 어머니가 몇 번 재혼했을 때 패트리샤는 뒤로 물러나 책읽기에 몰두했다. "나는 아주 은둔적이었고 어머니는 나를 정말로 걱정했습니다. 나는 어렸을 때부터 관조적 삶에 대한 강력한 성향을 가졌습니다. 내가 만약 사원옆에서 자랐다면 이미 오래전에 비구니가 되었을 것입니다. 그러나 자유분방한 말리부여서…"

천국 또는 지옥

그녀의 어머니는 일요일마다 아이들을 교회로 끌고 갔다. "나는 예수의 가르침, 소박함, 가난한 자를 위한 연민 그 모든 것을 언제나 사랑했습니다." 설교가 그녀 마음에 진심으로 다가왔는지에 대한 질문에 그녀는 웃으며 "내가 자란 곳에는 분명 위선이 있었습니다. 예수는 훌륭한 교리를 가르쳤어요. 그러나 사람들이 이를 실행하는 것을 보지 못했어요. 어린 아이들은 그것을 알지 않나요?"라고 말했다. 가족들의 기독교적 가치는 음주와 잔인함에 제압당했다. 어느 날 밤 그녀의 어머니는 패트리샤의 토끼 플롭시를 오븐에 구워서 저녁으로 내 왔다. "어떻게 어린 아이에게, 내가 가장 좋아하는 반려동물에게 그런 짓을 했을까요?"라고 회상했다. 신에 대한 생각은 패트리샤를 비켜 갔다. "왜냐하면 그에 대한 어떠한 증거도 찾을 수 없었으니까요. 나의 의문에 대한 대답을 얻을 수 없었습니다. 우리가 죽은 뒤에 무슨 일이 생길까? 우리가 태어나기 전 우리는 어디에 있었나? 내가 얻은 대답은 너무나 간단했습니다. 천당 아니면 지옥."

당시는 50년대였다. 붓다의 지혜를 옹호한 뜻밖의 인물은 미국인 코미디언 레니 브루스Lenny Bruce였다. 그의 레코드 앨범에 들어 있는 "우리는 두 손이 손뼉을 치는 소리를 압니다. 한손으로 손뼉을 치는 소리는 무엇입니까?"라는 이 유명한 선문답은 학생들이 보통의 논리적인 마음을 넘어 심오한 의미의 사유를 이끌도록 개발된 것이지만 레코드 구매자들은 그저 재미있다고만 생각했다. "그는 몇 가지 선문답을 농담처럼 녹음했습니다. 사람들은 그것을 가려내기 시작했습니다."

그녀가 10대였을 때에는 스승도, 관련 서적도 거의 없었다. "선과 테라바다 등 여러 전통 간의 차이를 구별하기 어려웠습니다. 이때 나는 잭 케루악Jack Kerouac의 책을 읽었고 일본행을 꿈꾸었습니다."

서핑 신, 헐리우드 배우, 비트 제너레이션 [d]

말리부에서 성장한 렉셰는 또 하나의 종교를 발견했다. "서핑과 불교는 나에게 가장 주요한 두 가지입니다. 나는 연애 같은 것에는 전혀 관심이 없었어요. 그러나 캘리포니아에 살면서 서핑을 피하기는 어려웠어요." 그녀는 말리부 서핑 협회에 가입했다. 당시 말리부는 서핑의 신, 헐리웃 배우, 비트 제너레이션의 진원지였다. 렉셰는 서핑을 영적 추구로 간주한다. "바다에 나가 자연이나 다른 존재들과 연대감을 느낄 때 당신은 인간의 경험에 대해 전적으로 다른 관점을 갖게 됩니다. 광활한 대양 앞바다에서 인간이 얼마나 작은지 너무나 분명해집니다. 일정한 간격을 두고 무리지어 들어오는 파도를 평화롭게 기다리면서 삶을 성찰하는 때가 있습니다. 서핑은 불교의 모든 면인 자신의 마음과 연결하는 굉장한 방법입니다." 그러나 다른 모든 것과 마찬가지로 결정적인 요인은 다음에 다가오는 파도를 잡기 위해 어떻게 갈 것인가에 있음을 바로 가리켰다. "그것이 '나'의 파도에 관한 것일 때 서핑은 경쟁적이고 공격적이 됩니다. 그렇게 되면 확실히 영성과는 아무런 관계가 없습니다."

사이먼 앤 가펑클과 함께한 일본

렉셰는 19세 때인 1964년 옥시덴탈 대학Occidental College을 중퇴했다. 서핑을 위해 일본을 여행할 때 자신이 일본의 첫 번째 국제 서핑 대회에 참가한 유일한 여성이라는 것을 알았다. 여름 내내 그녀는 치바 반도Chiba Peninsula에서 파도를 쫓아다녔다. 눈과 물이 섞이는 겨울에는 명상하기 위해 선사 가까운 곳으로 이동했다. 그녀는 1년 동안 체류했지만 불교 스승을 찾지는 못했다.

요코하마에서 싱가포르로 가는 배에서 그녀는 승복을 입고 사랑하는 사람들에게 둘러싸여 있는 지극히 즐거운 자각몽을 꾸었다. 하지만 어디서 그런 공동체를 찾을 수 있을지 몰랐다. 그녀는 스승과 여성 사원을 찾기 위해 태국, 캄보디아, 인도, 네팔, 스리랑카 등 아시아 각국을 여행했지만 성과 없이 돌아왔다. 당시 그녀는 비구니 사원이 아주 드물다는 사실을 알지 못했다. 몇 년 후 외딴 곳에 감추어진 보석처럼 몇몇 덕망 있는 비구니들이 모여 있는 일본의 조그만 비구니 사원들을 발견했다.

"아마도 인생을 충분히 경험하지 못했던 것 같습니다."라고 추측하며 그녀는 "그냥 모든 것"을 해 보려고 했다. 그녀는 그림을 그리고, 시를 쓰고, 요가 강사를 하고, 합기도를 수련하고 심지어 친구들과 포크락 밴드도 시작했다. 딸기색 금빛 머리를 허리까지 늘어뜨리고 손가락과 발가락에 링을 끼고서 오토하프와 기타를 연주했다. "내 목소리가 좋지 않아서 보잘 것 없었죠. 블루스를 노래할 수는 없었습니다. 너무 실망스러웠죠." 그녀는 독일의 길거리에서 놀고 아프가니스탄의 클럽에서 연주했다. "집시의 생활을 즐겼지요. 재미있었어요. 사람들은 놀고 노래하라며 항상 나를 초대했습니다." 그녀의 밴드는 일본에서 사이먼 앤 가펑클Simon And Garfunkel의 일본어 앨범을 녹음했다.

그녀는 사찰을 방문해 자비의 진언인 '옴마니 빼메 훔'을 염송했다. 그리고 중국어로 된 반야심경을 여러 번 사경했다. 그러면서 여전히 불교를 깊이 있게 공부할 기회를 찾고 있었다. 그녀는 캘리포니아로 돌아와 캘리포니아 버클리 대학에서 일본어를 공부했고, 하와이에서 아시아학 석사 학위를 받았다. 1971년 다시 인도 다람살라에 가서 달라이 라마의 '티벳 도서관'에서 자신의 길을 찾았다. 티벳어 연구를 위한 이 센터는 번역가 쌍게 칸도 역시 공부한 곳으로써 최초로 서양과 아시아인에게 철학과 언어를 가르친 획기적인 기관이었다.

렉셰는 티벳 도서관으로 향하는 언덕을 뛰어 내려간 첫날을 기억한다. 너무나 기쁘게도, 막 교실에 걸어 들어갔을 때 티벳 스승이 죽음의 과정을 설명하고 있었다. 그녀가 아이 때부터 흥미로워 했던 죽음에 관한 모든 질문에 대한 답이 그곳에 있었다. "스승 게셰 나왕 달개는 죽음 후에 어떤 일이 벌어지는지 과정별로 '정확하게' 설명했습니다. 내가 항상 배우고 싶었던 바로 그것이었습니다."

렉셰는 이 도서관을 마음에 대한 과학인 티벳 불교에 빠져들게 된 "환상적인" 기회로 극찬했다. "우리는 전통 티벳 스승과 함께 유익한 환경에서 언어와 수행을 배울 수 있었습니다." 렉셰는 스님이자 학자인 게셰 나왕 달개가 자신의 인도자임을 알게 되었다. 너무나 열정적인 그녀는 경비가 떨어져 잠시 중단했을 때를 제외하고 15년을 머물렀다. 첫 해에는 하와이의 양로원에서 일본인 노인을 돌보면서 저축한 돈으로 살았다. 두 번째 해에는 기타를 팔았다. 값나가는 기타였겠지? "250달러였어요." 그녀는 회상했다. "1년은 버틸 수 있었어요." 세 번째 해에는 상황이 힘들어졌다. 한 미국인 여성이 그녀에게 매일 점심을 제공했다. 그리고 와이키키에서 관광객들에게 일본 통역가로 일하며 인도와 하와이를 오갔다.

빼어난 말솜씨가 있는 호수

선상에서 수계 받는 꿈이 내내 떠나지 않았다. "나에게 그것은 정상적인 진전 과정이었습니다. 만약 당신이 다르마 수행에 진지하다면 관계 때문에 산란해지기를 원치 않을 겁니다. 물론 관계는 즐거울 수 있습니다. 그러나 나는 그것을 이미 다 거쳤고 그것을 만족스럽게 보지 않았습니다. 사실상 이것은 지겹습니다.", "오, 10대였을 때조차 나는 전혀 관심이 없었어요. 나는 서퍼였어요." 그녀가 단호하게 말한다. 말리부에 사는 나도 요즘 시대에 서핑과 연애는 상호 배타적이지 않은 것 같다는 말을 하고 싶었지만 삼켰다.

렉셰는 1977년 마침내 비구니가 되고자 하는 꿈을 실현했다. 뻬마 최돈은 그녀에게 첫 번째 승복을 주었다. "물론 독신 생활이 모두에게 맞지는 않습니다. 그러나 나에게는 이상적이었습니다." 16대 갤와 깔마빠Gyalwa Karmapa는 프랑스에서 그녀에게 수계를 내렸고 깔마 렉셰 쪼모라는 법명을 주었다. '깔마'는 깔마파 법맥을 가리키며 '렉셰'는 매우 적절하게 '빼어난 말솜씨'를 뜻한다. 그리고 '쪼모'는 '호수'라는 뜻으로 티벳어로 광대함을 가리킨다. 그녀는 눈을 깜빡하며 남성은 종종 '대양'을 뜻하는 갸초Gyatso 라는 이름을 짓는 반면 여성은 호수처럼 좀 더 작은 의미의 이름을 갖는다고 말했다. 그녀는 "나는 아주 순진했습니다."라고 회상한다. "내가 수계를 받았을 당시 티벳 전통에서는 정식 비구니 수계가 여성에게 주어지지 않는다는 것을 몰랐어요." 교육도, 웹사이트도 없고, 가야 할 비구니 사원도 없었다. "우리는 붓다와 함께 순조롭게 출발했습니다.", "비구와 비구니는 거의 동등합니다. 그러나 가부장제가 영향을 미쳤어요."

우연처럼 그녀에게 수계와 의례를 설명해 준 비구니와 친구가 되었다. 프랑스에서 사미니계를 받고 5년이 지난 후 타이완의 전설적인 비구니인 휴 완Hiu Wan°은 그녀가 비구니 구족계를 받을 수 있도록 타이완으로 초청했다. 렉셰는 많은 불교 국가에서 비구니 수계가 결여된 것은 심각한 문제점이라고 생각한다. "여성들은 왜 동등한 기회를 갖지 못할까요?", "이것을 점점 더 인권 문제로 보게 됩니다. 당신은 종교적 권리를 포함한 인권이 있기도 하고 아니면 없기도 합니다. 그리고 오늘날 많은 여성들은 완전한 종교적 권리를 갖지 못합니다. 이것은 21세기에 용납할 수 없는 일이라고 생각해요."

서두에서 설명한 것처럼, 티벳의 비구니들은 현재 전 생애 동안 사미니로 남아있다. 렉셰 쪼모는 한숨을 쉬며 "몇몇 비구들의 엄청난 저항이 있습니다."라고 말한다. 원로 비구 모두 비구니 수계를 위한 한 가지 모델에 동의할 필요가 있다. "우리 모두는 인내해야만 해요." 결국에는 상황이 균형을 맞출 것이라는 자신감에 차서 말한다. "이것은 결국 멈출 수 없는 엄청난 파도와 같은 것입니다. 비구들도 그에 올라탈 것입니다. 그렇지 않는다면 역사의 그릇된 방향으로 떨어지게 될 것이니까요." 여성은 정식 스님이 되는 구족계뿐만 아니라 공부를 마칠 수 있는 최종 시험을 치를 수도 없었다. "우리 사원의 비구니 중 6명은 몇 년간 아주 열심히 공부하며 준비해 왔습니다. 그러나 그들은 구족계를 받을 수 없었기 때문에 계세 시험을 칠 수 없었고 비구니가 아니었기 때문에 율장 공부를 완성할 수 없었습니다." 그녀는 자신이 수학했던 불교 변증원에서 최근 독일 여성을 최초의 여성 게세로 임명한 일이 있었기에 히말라야 비구니들에게도 그와 같은 학위를 받을 수 있는 문호가 열릴 것이라 희망한다.

성별 불균형은 대단한 경제적 차이를 만든다. "불자들은 공덕이라는 개념을 믿습니다. 구족계를 받은 비구, 비구니 상가에 기부하는 것은 공덕을 쌓는 일로 여깁니다. 그래서 기부자들은 더 많은 공덕을 얻는다고 느끼며 지원하는 일을 기뻐합니다." 물론 계율을 다 지키는 것 자체가 더 큰 공덕이다. 그녀는 조심스럽게 이어 말하길 "이것은 서양인들에게는 어려운 것일 지도 모릅니다. 그러나 불교 수행은 가장 넓은 의미로 가능한 한 산란함을 닦고 가능한 한 알아차림을 갖는 것입니다. 이렇게 많은 계율을 갖는 것은 곤경에서 벗어나게 합니다." 그녀는 웃으면서 말한다. "당신은 계를 지킬지 지키지 않을 것인지 절충할 상황에 처해 있지 않고, 더 나아가 계를 지키겠다는 서약에 매일 필요도 없습니다."

너무나 어리석어 글을 배울 수 없는

다람살라에서 공부할 당시 인도의 첫 번째 티벳 비구니 사원은 달루지Dalhousie의 영국인 피서지 가까이에 있었다. 역설적이게도 이것은 인도인이나 티벳 사람이 아니라 영국 이민자인 프레다 베디가 설립했다. 또 하나의 비구니 사원은 1970년대 중반 다람살라에 설립되었다. 그런데 이 두 곳은 완전히 사람들로 넘쳐났다. 거의 매일같이 비구니들이 머물 자리를 찾아 문을 두드렸다. 렉셰는 이러한 상황이 뭔가 심각하게 잘못되었다는 것을 깨달았다. "상황은 너무, 너무 슬펐습니다. 티벳에서 빠져나온, 문맹에다 병들고 돈 한 푼 없는 너무나 많고 많은 비구니들이 있었습니다." 당시 그녀는 달라이 라마 사원 가까이 있는 맥그로드 간지McLeod Ganj의 불교 변증원에서 공부하고 있었다. 조빠 린뽀체Zopa Rinpoche는 더 이상 쓰지 않는 숲속의 토굴 몇 개를 그녀에게 빌려 주었다. 렉셰는 서양 비구니들에게 멋진 사원이 될 것이라고 생각했다. "그러나 결국엔 히말라야 비구니들이 들어왔습니다. 그들은 정말로 배우기를 열망하고 있었습니다." 그녀는 비구니들을 위해 글자를 익히는 프로젝트를 시작했다. 티벳을 탈출한 많은 이들은 읽을 수도 쓸 수도 없었기 때문이다. "너무나 헌신적이고 의욕이 충만한 그들은 아주 빨리 배웠습니다.", "두 달 후에 이들 모두 읽을 수 있었고 간절하게 더 많이 배우고 싶어했습니다." 그녀가 자랑스럽게 말했다.

처음에는 상심한 비구니들이 자신감이 없는 것을 여러 번 표현했다. "오, 우리들은 너무나 어리석어서 읽을 줄도 몰라요." 렉셰는 궁금했다. "여성들이 법상에서, 법맥도에서 또는 책 표지에서 남성만 보는 것이 여성에게 어떤 영향을 미칠까요?" 그러나 비구니들은 공부에 대한 동기 부여가 되어 있었고 굉장히 빠른 속도로 달라이 라마의 가르침을 이해하기 위해 몰두했다. "그들이 성심으로 공부해 궁극에는 철학을 토론하는 꽃을 피우는 것을 지켜보는 일은 정말 멋졌습니다. 티벳어를 배운 다음에는 문법을 배우기를 원했습니다. 그래서 나는 문법 선생님을 데려왔고 오래지 않아 철학, 영어까지 완벽한 학습 프로그램을 갖추었습니다."

16명으로 시작한 사원에 더 많은 비구니가 문을 두드렸다. 그녀는 "그들이 머물 공간도 방도 없고 재정도 전혀 없었습니다."라고 회상했다. 간절한 비구니들을 외면해야 하는 것은 너무 고통스러웠다. 그녀는 히말라야의 스피티Spiti에 또 하나의 교육 센터를 만들기 시작했고 히말라야 불교 여성들에게 교육을 제공하는 것을 중점 사업으로 하는 잠양 재단과 15개의 학습 센터를 설립했다. "비구니들을 위한 불교학은 그 당시 전례가 없었습니다. 사람들은 비구니들이 공부에 관심이 없다고 생각했지요. 나는 가끔 이런 말을 들었어요. '비구니들은 자비의 진언 옴마니 빼메 훔을 말하는 것으로 충분하다.' 한밤중에 이 비구니들은 가슴이 터지도록 울곤 했습니다. 그들은 천사처럼 염송할 수 있었습니다. 하지만 염송하고 있는 뜻은 전혀 이해하지 못했습니다."

렉셰와 비구니 도반 몇 명은 불교 여성이 직면하고 있는 어려움을 의논하기 위해 모이기로 했다. 그들은 1987년 첫 번째 모임 장소로, 인도에서 붓다가 깨달음을 얻은 보드가야로 정했다. "나는 회의 개최에 힘을 모으기 위해 최선을 다했습니다. 내 일생에 이와 같은 일을 결코 해본 적이 없습니다. 색인 카드에 주소를 정리하고 초청장을 일일이 손으로 썼던 기억이 납니다." 이때는 인터넷 시대 이전이었다. 인도 우편 시스템을 통해 초청장을 보내면 미국까지 한 달, 회신을 받을 때까지 또 한 달이 걸렸다.

여성 성자를 찾아서

당시 렉셰는 비구니가 된 지 이미 10년차였다. 어떤 지원도, 자급할 식량도, 수도나 난방도 없이 오직 이따금씩 전기가 들어오는 토굴에서 살았다.

어느 늦은 밤, 다람살라 숲속의 토굴에 앉아 있는데 남부 억양의 가느다란 목소리를 들었다. "구해 주세요! 길을 잃었어요!" 위험을 무릅쓰고 플래시를 들고 나가 보니 겁에 질려 비틀거리는 나이든 여성이 있었다. 렉셰는 그녀를 걸어서 호텔까지 데려다 주고 바로 잊어버렸다. 그런데 다음날 마을 시장에서 그 여성과 다시 마주쳤다. 알고 보니 선구적인 영적 영화감독이자 하트리 영화 재단Hartley Film Foundation의 설립자 엘다 하트리Elda Hartley였다. 엘다는 티벳에서 막 돌아온 참이었다. 그녀는 중국의 점령 하에 살고 있는 티벳인들과 갈기갈기 찢긴 문화의 비참한 상황에 환멸을 느끼고 좌절했다. 렉셰와 차를 마시다가 엘다는 순간적으로 화제를 바꾸었다. 테이프 레코더를 켜서 이 특이한 비구니에 대한 영화를 찍을 수 있을까? 하는 생각을 했다. "그녀의 프로젝트는 '남성 성자를 찾아서In Search of a Holy Man'였죠." 렉셰는 웃으며, "그런데 성스러운 남자 대신 나를 발견한 거예요." 보드가야에서 예정된 비구니 회의로 화제가 옮겨가자 엘다 하틀리가 물었다. "이 회의를 조직하는 데 필요한 자금을 얼마나 갖고 있습니까?" 렉셰는 대답했다. "아무것도 없어요. 완전히 비어 있습니다."

엘다 하틀리는 자발적으로 그녀에게 5,000달러를 빌려주겠다고 제안했다. 렉셰는 망설였다. 내가 이 비용을 충당하지 못하면 어떻게 하지? "그런 경우에는, 기부금이 될 것입니다."라고 엘다가 말했다. "그러나 당신은 나를 알지도 못합니다." 렉셰는 거절했다. "나는 당신을 압

여러 문화에 걸친 공통된 이해: 히말라야에서, 라다크 여성 2명과 깔마 렉셰 쪼모

사진 제공 깔마 렉셰 쪼모

니다." 엘다 하틀리는 확신에 차서 대답했다. 이것으로 정리가 되었다. 놀랍게도 렉셰는 정확하게 비용을 만들어 엘다에게 돌려주었다. "샤카 디타 대회The Sakyadhita Conferences는 늘 그런 식이었습니다. 우리는 0에 서 시작해서 각자 비용을 지불하고, 어떠한 지원금도 없지만 어쨌든 매 회 이익도 손해도 없습니다. 놀라운 일입니다." 그녀는 흐뭇하게 웃는 다. 이렇게 소박하게 시작한 샤카디타 대회는 전 세계 불자 여성 운동을 만들어 냈다.

각양각색의 무지개 색 가사들

샤카디타는 '붓다의 딸들'을 뜻한다. 달라이 라마는 1987년 보드가야에서 1,500명의 참가자 앞에서 제1차 대회를 열었다. 각 텐트 안에 빽빽하게 들어 찬 모임에서 살아 있는 무지개 승복들이 이리저리 휘날린다. 티벳의 노랑과 어두운 적색, 한국과 타이완의 회색과 검정, 스리랑카의 노랑과 주황, 미얀마의 분홍, 태국의 하양.

2년마다 각국에서 수 천 명의 비구니와 비구, 남녀 재가 신도들이 주제를 토론하기 위해 샤카디타 대회에 모인다. 가장 큰 장애는 무엇인가? "성차별입니다." 라고 렉셰는 솔직하게 말한다. 그녀는 단어를 사용하는 것을 두려워하지 않는다. "페미니즘은," 그녀가 수줍은 미소로 급소를 찌르는 말을 한다. "여성도 완전히 인간이라는 급진적 이론으로 불려 왔습니다." 성별 불균형은 전 세계 여성 불자들에게 영향을 미쳤다. "우리는 평화, 정직함, 자비와 연민에 헌신하는 3억 명 이상의 여성에 대해 말하고 있습니다. 분명히 이 훌륭한 여성들은 재능과 잠재력을 발휘할 수 있기를 바랄 것입니다. 서양에서는 더욱 많은 스승들이 이러한 잠재력을 인식합니다." 그러나 "아시아 불교 제도권에서 여성들은 거의 목소리를 내지 않습니다. 여성이 지도자 위치에 이르려면 충분히 교육받고 훈련받을 필요가 있습니다."

신들이시여 승리하게 하소서

렉셰가 라다크를 여행하는 이유가 바로 이것이다. 때로는 비구니 도반과 함께 눈 속을 힘들게 헤치며 나흘 내내 걸어야 했다. 모든 것을 등에 짊어지고, 눈길과 숨쉬기도 어려운 고도와 싸우면서도 가축과 야크를 모는 유목민, 쾌활한 마을 사람들과 이따금씩 마주치면 인사한다.

환상적인 사원, 고색창연한 절벽, 군대 호송차, 갈라진 틈, 구불거리는 강들의 목가적인 파노라마를 헤치며 나간다. 그녀는 약 4.3km 높이의 길을 걸으며 "라 갸로Lha gyalo! 신들이시여 승리하게 하소서!"라며 등정을 축하하는 현지인처럼 크게 소리쳤다.

높은 고도와 희박해진 대기 때문에 태양은 어떤 자비심도 없는 것처럼 이글대고 있다. 이 산악 사막에는 나무도 없고 자외선 차단제도 없다. 튀겨지는 듯하다. 그러나 바람이 윙윙 불기 시작하는 늦은 오후가 되면 거의 얼어붙을 정도로 기온이 떨어진다. 그래서 밤에는 오히려 화상을 입은 곳이 따뜻하게 느껴져 고마움을 표하게 된다. 아무 것도 없이 근근이 살아가는 위태로운 이들에 대한 지극한 연민이 가슴에 몰려든다. "가난이란 놀라운 것입니다." 렉셰는 말한다. "그들의 삶은 너무나 힘듭니다. 그러나 그들의 얼굴은 웃음을 띠고 빛납니다. 모든 집에서 달라이 라마의 사진 한 장이 가장 귀중한 재산입니다. 재단에 올려진 그의 환한 존재는 그들에게 위안과 희망을 줍니다."

그들은 차도, 주방 도구도, 가구도 없다. 등에 걸친 옷과 달라이 라마의 소중한 사진뿐이다. 날마다 연한 차에 구운 보리가루나 맨 빵 혹은 요구르트를 먹으면서 짧은 생장의 한 계절에서 다음 계절까지 생존한다. 수확 전인 여름에 비축해 두었던 식량이 고갈된다. 놀랍게도 그렇게 궁핍한 장스까르 사람들은 항상 농담을 하고 웃고 온화하며 평온하고 호기심을 갖고 있는 것처럼 보인다.

독사에게 물리다

"당신 팔에 무슨 일이 있었나요?" 마을 여성들이 렉셰 오른 팔의 심한 상처를 가리키며 묻는다. "뱀에게 물렸어요." 그녀가 대답했다. 그들은 깜짝 놀라 헉하고 숨을 막는다. 처음에는 공포의 표정으로, 그러고 나서 자비로운 관심의 표정을 짓는다.

"이것은 전생의 결과인 까르마입니다." 그녀는 그들을 안심시켰다. 그들은 "과거 행동 외에 다른 이유가 뭐가 있겠어요? 이제 당신은 비구니로서 이번 생에 공덕을 지을 것입니다. 그래서 후생에는 확실히 모든 일이 더 좋아질 것입니다." 라고 말한다. 이 4세대 여성들은 글자도 모르고 교육도 받지 않았지만 심오한 진리를 이해한다. 심지어 치아도 없이 가죽 옷을 입고 여러 가닥으로 꼰 머리를 한 앞선 2세대도 복잡한 서양 사회에서 보기 드문 단순함과 명료함으로 붓다 가르침의 핵심 교리를 알고 있다. 그들은 부득이하게 헤어졌지만 언어와 문화를 뛰어넘어 서로를 이해하는 연대를 구축했다.

뱀에 물린 일은 1989년 다람살라 근처에서 일어났다. 많은 비구니가 그녀의 학습 프로그램에 참가하기를 원했기 때문에 렉셰는 시골 근처에 적당한 토지를 찾으러 갔다. 좀 낮은 나뭇가지 밑을 걸을 때 독사 한 마리가 나무에서 떨어져 그녀를 물었다. 렉셰는 뱀을 보지 못했기 때문에 응급 상황임을 알아차리지 못했다. 병원에 가기까지 8일이나 걸렸다. 괴저가 시작되어 팔이 심하게 손상되었고, 그녀는 거의 죽음에 이르렀다. 몇 주간 움직일 수 없었고 그녀 주변의 세상, 의사들, 다른 환자들이 내는 소음 모두가 멍한 흐릿함 속에 녹아 들었다. 빈곤 그 자체인 시골의 인도 병원은 부족한 장비, 부적절한 위생으로 독사에 물리지 않았어도 살아남기 힘들었다. 렉셰는 구조 요청을 보냈다. 샌디에이고에 있는 친구가 긴급 전화를 받고 그녀를 데리러 왔다. 사실 독사한테 물렸기 때문에 지금 미국에 살고 있는 것이다. 아시아로 돌아가기엔 너무 심하게 아파서 하와이에서 공부를 다시 시작하게 되었고 박사 학위를 받았다. "의심이 날 때면 학교로 돌아가라, 그렇지?" 그녀는 항상 아시아에 머무르며 그곳에 있는 비구니들을 지원할 것이라고만 생각했다. 그러나 뱀에 물린 것은 그녀의 인생에 전환점이 되었다.

그녀는 노련한 수행자 특유의 평정심으로 완전히 전환했다. 불자들은 원인 없이는 어떠한 일도 일어나지 않는다고 믿는다. 결국 뱀에게 물려 캘리포니아의 신의 영역으로 다시 돌아오게 된 것이다. 샌디에이고 대학교의 종교학 부교수 제안이 도움이 되었다.

책이 빽빽이 꽂힌 서가 옆 조그만 나무 책상 위에 놓인 학생들의 과제 더미를 가리키며 약간 재미있다는 듯 한숨을 쉰다. "모든 일을 다 처리하기에는 시간이 부족해요." 아시아에서 경험했던 불교적인 환경에서 동료 비구니들과의 연대감을 그리워하는 것일까? 샌디에이고에서 그녀는 붉은 법복을 입은 특이한 존재다. "이것은 아주 좋은 삶이고 아주 행복한 삶입니다." 그녀는 직접 답을 피하면서 "어떤 사람들은 외롭다고 느낄 수 있습니다. 나는 사람을 좋아해요. 몇 주고 몇 달이고 혼자서 아주 행복하게 머무를 수 있습니다."

해탈에 이르는 보편적인 길

깔마 렉셰 쪼모는 가톨릭 대학교의 자유로운 분위기를 소중하게 생각한다. "그들은 영적인 길을 진지하게 따르는 사람을 존중합니다." 학생들의 호기심과 개방성을 칭찬하면서 말했다. 그녀는 학생들이 명상을 배울 수 있게 한국과 베트남의 사원으로 보낸다. 그들은 다양한 전통에 열린 마음으로 스스로를 돌아보게 된다. 렉셰는 내가 만난 티벳 불교 스승 중 어떤 구분도 두지 않고 모든 전통에 편한 마음을 갖는 유일한 스승이자 모든 불교 종파의 제자이다. 이름의 첫 자는 깔마빠의 제자임을 뜻하지만 그녀는 닝마, 까규, 겔룩, 싸꺄의 4개 주요 티벳 불교 전통으로 분류하는 것을 거부한다. 티벳 불자라는 것도 거부하며 "나는 그냥 불자라는 것만으로도 충분합니다."라고 조용히 말한다.

"나는 한국, 티벳, 미얀마 혹은 태국 사원 어디를 가도 편안한 마음을 갖습니다." 그녀는 아시아 성지 순례를 통해 다양한 전통을 가진 많은 스승들과 공부했다. 고엔카S.N. Goenka(1924-2013)는 그녀가 크게 감동한 미얀마 위파사나 전통의 중요한 재가 스승 중 한 사람이다. 붓다는 종파의 종교를 결코 가르치지 않았으며 해탈의 길은 보편적이라는 고엔카의 신조에 동의하며 이를 받아들였다. "당신이 당신의 계보나 스승에 너무 집착하게 되면 또 다른 집착이 되겠지요?" 그리고 재빨리 묻기를 "티벳 불교의 주요 전승 수지자는 거의 모두 남성입니다. 그런데 여성에게, 계보가 대체 무엇을 의미합니까?"

장스까르산맥 여행을 거치며 여성들은 성취의 증표를 가리키는 것을 절대 놓치지 않는다. "그 험한 바위 절벽에서 비구니들은 수백 년 간 명상해 왔습니다." 이러한 산의 신성한 고독이 왜 수세기 동안 성자들을 길러 냈는지 금방 알 수 있다. 전화 혹은 텔레비전, 산란하게 하는 요란한 소리는 영적 수행을 방해한다. 렉세 쪼모가 살을 에는 추위 속에 노숙을 하면서 나흘동안 걷고 있을 때 그녀 앞에 고대 불교 유물로 뒤덮인 계곡의 바닥이 한없이 펼쳐졌다. 장라Zangla 비구니 사원에 도착할 즈음 어스름한 황혼이 어둠 속으로 오래 녹아들었다. 바람이 수그러들지 않고 계속 불어 대며 두렵게 한다. 그러나 환영하는 따뜻한 마음의 온기가 밤의 차가움을 상쇄시켰다. 그녀는 칠흑같이 까만 어둠 속에서 창춥 최링Changchub Chöling 사원으로 가는 길을 비틀거리며 가다 환영하는 마을 사람들의 그림자를 알아보았다. 곧 한 무리의 비구니들이 상록수 가지에서 나는 향기를 풍기며 인사했다. 20명의 비구니가 100년 된 이 사원에 거주하고 있다. 비구니들은 그녀를 객실로 안내해 뜨겁고 짠 버터차를 한 사발 채우고 최근 소식을 한꺼번에 전하려 했다.

렉셰가 그들을 후원할 때까지 비구니들은 주거 공간이 없었다. 그래서 마을의 친척들과 함께 머무를 수밖에 없었다. 요리, 양육, 들일을 하면서 이상적인 사원 규칙에는 부응하지 못했지만 이것은 어떻게 운영해 가느냐의 문제이다. 1988년 학습 프로그램이 개설되었을 때 비구니들의 생활은 급격하게 변했다. 그들은 후원을 받기 위해 멀리, 가까이 특별 구호 물품을 구하고 탁발을 나갔다. 공동체에서 함께 살기 위해 맨손으로 돌과 진흙으로 작은 오두막을 지었다. 그녀들은 원로 티벳 라마인 게셰 뗀빠 룬돕Geshe Tenpa Lundrup이 자신들에게 불교 경전을 가르치기 위해 안거 오두막을 떠날 것이라고 믿었다.

역사적으로 보면 여성이 사원의 철학 교과를 공부하는 것은 일반적이지 않다. 특히 대부분의 여성이 정규 교육을 받지 않는 이곳 장스까르에서 이러한 시도는 혁명적이다. 이런 혹독한 환경에서 고된 집안일과 영적인 강화 간의 대조는 극명하다. 이론적으로는 여성의 영적 깨달음에 장애가 없다 해도, 렉셰는 히말라야 여성들의 문화적이고 현실적인 상황에 아주 민감하다. 성차별에 대한 서양인들의 반응을 전체적 시선으로 고려해야 한다는 것도 잘 알고 있다. 렉셰는『문화를 가로지르는 불자 여성Buddhist Women across Cultures』[2]에서 이렇게 서술하고 있다. "히말라야 사회에서 불교가 카스트를 인정하지 않는다 해도, 젠더, 계급, 교육, 재물, 수계 지위, 심지어 카스트까지 총망라한 위계가 존재한다. 이들 사회의 구성원들은 평등한 척 속이지 않는다. 그러나 사회 체계의 불평등함에도 불구하고 공정하고, 유연성 있고, 효과적이라고 믿고 있다." 현재 비구니들은 여전히 농사짓고 수확을 돕지만 명상과 공부에 좀 더 집중한다. 마을 사람들은 비구니들에게 보릿가루와 차를 주면서 고마움을 나타낸다. 그 관계는 양쪽에 선의와 존경을 키우며 공생적인 성과를 가져왔다.

"교육이 중요합니다."라고 렉셰는 강조한다. "수행의 기초로서도 교육은 중요합니다. 그리고 스승이 되는 데 필수적입니다. 알지 못하는 것을 가르칠 수는 없습니다." 여성에게 문을 열지 않는 많은 사원과 불교 기관이 여전히 많다. 그리고 여성 기관은 보통 남성 기관과 동등하지 않다. 예산과 훌륭한 스승이 모자라기 때문이다. "서양에서 조차도", "비구니를 위한 기부금을 모으는 데 더 큰 어려움을 겪습니다. 나는 종종 기부자들이 구호금을 가지고 돌아다니는 걸 봤는데 그들은 비구니에게 도착하기 전에 멈춥니다." 그러나 여기 세계의 지붕에서 그녀의 노력은 변화를 만들고 있다. 다음날 다같이 입을 모아 경전을 암송하는 옛날 방식을 행하고 있는 어린 비구니 교실로 그녀를 초청했다. 비구니들이 우선 경전을 외운 후에 라마는 뜻을 설명할 것이다. 제자의 기량을 자랑할 때 그의 자비는 친절하고 감동적이다.

종이 울리자 비구니들은 지체 없이 마당에 모여 학습한 내용을 토론한다. 예리한 지능과 집중으로 그들은 '깨달은 이의 마음 상태'라는 주제를 모든 각도에서 열렬히 검토한다. 라마가 도착하기 전까지 장라에는 비구 몇 명을 제외하고는 글자를 아는 이가 드물었다. "오늘날 배우고자 하는 여성의 힘에 대한 그의 능숙한 방식과 자신감 덕분에 불교 철학의 신비로움이 꽃을 피우는 것 같습니다." 그녀의 동그란 얼굴이 함박웃음으로 빛난다. "내일, 이 여성들은 다른 사람들과 다르마의 빛을 나눌 수 있을 것입니다."

주

a 앨런 와츠(1915–1973) 영국 작가. 1960년대 후반과 1970년대 초반 동양의 사고를 서구에 전한 베스트셀러 번역가이자 유명한 반체제 인사이다.

b D. T. 스즈키(1870–1966) 일본의 뛰어난 작가이자 평신도. 대승불교 특히 선에 관한 많은 저서를 남겨 유럽과 미국에 큰 영향을 미쳤다.

c 존 케루악(1922–1969). 미국의 소설가이며 시인. 비트 제너레이션 선구자 중 한 명으로 1950년대 불교에 심취하여 『길 위에서 On the Road』, 『다르마 행자들the Dharma Bums』을 썼다.

d 비트 제너레이션은 1920년대 대공항 시대에 태어나 제 2차 세계 대전을 직접 체험한 세대로 획일적인 사회에 저항한 문학가와 예술가 그룹을 의미한다.

e 비구니 쉬 휴완(1912–2006) 시인, 화가. 타이완에서 수준 높은 교육기관을 이끈 사람 중 한 명으로 국제 불교 학회를 추진하고 이후 화범 대학을 설립했다.

09

툽뗀 최돈 스님(Venerable Thubten Chodron)

사진 제공 스라바스티 사원 Sravasti Abbey

툽뗀 최돈

THUBTEN CHODRON
(CHERRY GREENE)

가사를 입은 반란군

캘리포니아 유대인이 미국에서 가장 혁신적인
티벳 불교 사원을 시작한 이유를 찾아[1]

새벽 5시, 알람이 울렸다. 태양은 이제 막 지평선의 눈 덮인 산을 가
로질러 희미한 빛을 드리우고, 광활한 파노라마를 역광으로 비춘다. 욕
실 거울에 붙어 있는 문장이 얼굴을 때리는 차가운 물처럼 나를 깨운다.

모든 고통은 자신만의 행복을 바라는 것에서 온다.
완전한 붓다는 다른 이를 돕겠다는 생각으로 태어난다.
그러므로 자신만을 위한 행복을 다른 이들의 고통과 바꾸어라.

5시 39분이 되니 비구니 2명, 일반 신도 거주자 2명, 자원봉사자 3명
그리고 피곤한 나까지 거실 크기의 명상 홀에 차례로 입장한다. 통나무

274

집의 소박한 벽은 동양에서 온 비단, 광택 있는 유리 물그릇, 우아한 불상이 있는 사원과 대조를 이루고 있다. 먼저 서로의 선한 마음과 불성을 공경하기 위해 예를 갖춰 절한다. 그다음 기도문을 읽고 마침내 원목 마루의 방석에 앉아 척추를 바로 세우고 45분 동안 고요히 앉아 있는다. 평온하게 집중한 확고한 마음으로 현재에 확실히 머물기 위해 노력하면서. 당연히 나의 마음은 여기저기 떠돌아다니고 있다. 이 유대인 여성은 어떻게 서양인을 위한 최초의 미국 티벳 사원을 시작하게 되었을까? 그녀는 왜 하필 워싱턴주에서도 보수 성향이 짙은 지역에서 이 모험을 시작했을까? 자금은 어떻게 마련했을까?

쉿! 아침 식사 중에는 징이 울릴 때까지 모두 침묵해야 한다. 스라바스티 사원Sravasti Abbey의 모든 순간, 모든 활동, 모든 세부 사항은 방문자를 마음 챙김으로 안내하도록 설계되어 있다. 모든 문에는 '부드럽고 조용하게 닫아 주기를 바란다'는 부탁을 작게 인쇄해 붙여 놓았다. 본관 사무실에는 붓다가 설법한 팔정도 중 '정어正語'와 '정념正念'이 붙어 있다. 나는 요청하기도 전에 필요한 것을 즉시 알아차리는 사람들이 있는 장소에 가 본 적이 없다. 따뜻한 담요, 차 한 잔, 식사 전에 외우는 발원문 한 장을 건네는 도움의 손길 말이다. 함께 기도문을 낭독하는 것을 제외하고, 이 모든 일이 고귀한 침묵 속에서 벌어진다. 완벽하게 구성된 공동체의 삶이 무용 공연처럼 조용히 펼쳐지고 있다. 단 36마리의 야생 칠면조가 한 스님의 애정을 얻기 위해 요란하게 길을 가르며 달리는 것을 제외하고 말이다. 마치 가피를 받기 위해 기다리는 것처럼 큰 새들이 줄을 맞춰 서 있다. 셈꼐Semkye 스님은 칠면조들을 "내 제자들"이라고 농담 삼아 불렀다.

뱀 소굴은 없다

이 모든 것을 가능하게 한 여성은 로스앤젤레스 토박이인 체리 그린Cherry Greene으로, 티벳 법명 '툽뗀 최돈'으로 더 잘 알려져 있다. '불교의 가르침, 법의 등불'이라는 뜻이다. 그녀가 천장부터 바닥에 이르는 대형 창문이 있는 밝은 식당에 들어서자 모두가 일제히 일어나 예를 표한다. 툽뗀 최돈의 짙은 갈색 눈동자가 호기심으로 매우 날카롭게 반짝인다. 민머리에 적갈색 가사로 가녀린 몸을 가리고 있지만, 그녀는 진짜 탁발승 같은 중성적인 외양을 지녔다. 그러나 그녀의 말은 캘리포니아 소녀처럼 유창하고 빠르며 유머러스하다. 때때로 사람들은 그녀의 붉은 가사를 독특한 패션으로 착각해 머리 모양과 의상을 칭찬할 때도 있다. 또 암환자로 안타깝게 여겨 화학 요법이 언제 끝나는지 물어보는 사람도 더러 있다.

"우리는 BBC를 들을 거랍니다." 한 비구니가 말한다. BBC는 영국 방송공사British Broadcasting Corporation가 아니라 '보살의 아침 공양 코너 Bodhisattva's Breakfast Corner' 즉, 툽뗀 최돈이 중점을 두는 다르마의 견해를 매일 10분간 듣는 시간이다. 오늘은 성공을 거둔 그녀의 많은 서적 중 하나인 『마음을 자유롭게 하는 법How To Free Your Mind』에서 발췌한 질투에 관한 구절을 읽어 주었다. "질투는 다른 사람의 행복을 파괴하는 것이 우리를 행복하게 할 것이라는 어리석은 생각을 하게 만듭니다. 독으로 건강한 사람을 죽게 만드는 사악한 뱀처럼, 질투는 우리와 다른 이들의 행복과 선함에 해악을 끼칩니다."[2]

아침 식사 후 붉은 뺨의 큰 스님이 징을 울리면, 말할 수 있다. 대부분 50대인 9명의 반가운 얼굴이 차례대로 내 곁으로 와 자신들의 이름을 한 번 더 알려 주었다. 9명의 비구니 스님은 파르스름한 까까머리 때문에 얼굴은 훈훈한 빛이 나고, 붉은 가사를 입고 있어 서로 닮아 보인다. 미숙한 눈으로 그들을 구별하기는 쉽지 않다. 그들의 이름만이 큰 도움이 되는데, 모두 툽뗀으로 시작한다. 툽뗀 최돈이 그들에게 수계를 준 스승이기 때문이다. "붓다께서 공동체를 시작하셨습니다." 툽뗀 최돈은 이에 대해 "많은 사람이 스스로 깨달을 것을 기대하면서 홀로 떠나 지내는 꿈을 꿉니다. 하지만 이것은 그들이 자기중심적인 습관을 바꾸지 않고, 심지어 '나를, 나는, 나의, 내 것'이라는 측면에서 세상을 바라보는 습관적인 경향을 눈치채지 못한 것일 수 있습니다. 공동체에서 생활하면 우연히라도 서로 만나게 되므로 자신을 정말 열심히 관찰해야 합니다."라고 설명한다. 여기에 뱀의 소굴이 되지 않고 함께 살아갈 수 있다는 것을 증명할 지도 모르는 공동체가 있다.

다음 3억 겁을 계획하다

툽뗀 최돈이 약 30만 평의 땅이 표시된 지도를 가리킨다. 지금 스라바스티 사원은 수도 시설 없이 아주 작은 안거용 오두막, 명상 홀, 최돈의 스튜디오(역시 수도 시설이 없다), 아난다 홀Ananda Hall(사무실, 부엌, 식당, 도서관, 남성용 침실 등을 갖춘 본관), 새로 지은 비구니 스님를 위한 숙소 그리고 낡고 큰 헛간만이 자리 잡고 있다. 툽뗀 최돈은 손가락으로 지도 위에 웅장한 사원, 새 주방과 식당, 게스트 하우스 그리고 비구 스님을 위한 숙소를 그린다. 즉 완전한 사원을 구상 중이다. 다음 300년을 바라보며 계획하느냐는 질문에 그녀는 진하게 울려 퍼지는 웃음을 터뜨렸다. "아뇨. 다음 3억 겁을 위해서요!"

툽뗀 최돈은 물론이고 어떤 비구니도 많은 것을 소유하지 않는다. 사원, 토지, 곧 멈춰 버릴 듯 위태로운 스바루 자동차, 컴퓨터 등 모든 것이 공동 재산이다. 3개의 다리로 절뚝거리며 돌아다니는 만주시리(문수보살, 지혜의 붓다)라는 이름의 검은 고양이마저 누군가를 특별히 편애하지 않는 듯 툽뗀들의 무릎을 번갈아 가며 올라가 뒹군다. 툽뗀 최돈은 "이 중 어느 것도 우리만을 위한 것이 아닙니다."라고 알려 준다. 또 "이곳은 서양 사원 공동체의 미래입니다. 불교가 서양에서 실제로 뿌리내리기 위해서는 '출가 스님과 사원'의 역할이 아주 중요합니다. 붓다는 출가승이었습니다. 그것을 잊어버린다면, 붓다께서 예로 제시한 삶과 수행의 방식을 포기하는 것입니다."라고 설명한다.

'스라바스티'는 역사상 실존한 석가모니가 출가자로 대부분의 삶을 보낸 인도 북부 고대 도시의 이름이다. 달라이 라마가 사원의 이름을 직접 결정했으며, 그의 추천서가 입구 옆에 걸려 있다. 달라이 라마의 메시지는 이렇다. "서양에 사원이 흔치 않아 서양 스님들의 상황이 매우 어렵습니다. 가장 최선의 해결책은 서양 스님들이 자체 교육 프로그램을 개발하고, 우리 아시아인들은 여기서 할 수 있는 일을 돕는 것입니다. 사원이 전통 티벳 불교의 가르침과 혁신적 문화 형태가 공존하는 곳으로 새로운 길을 개척해 나갈 것을 알게 돼 매우 기쁩니다."

모든 비구니 스님들은 그들의 직업, 가족, 재산, 이름을 뒤로하고 이곳으로 떠났다. 툽뗀 최돈은 "출가[a]의 핵심은 네 가지 근본 계율을 바탕으로 합니다. 살생(불살생), 도둑질(불투도), 성적인 관계(불사음) 그리고 영적 깨달음에 관한 거짓말(불망어)을 피하는 것입니다."라고 설명했다.[3] 다른 계율은 조화로운 관계를 유지하고, 마음 챙김을 방해하는 산만함의 원인이 되는 노래, 춤, 오락 등을 금지해 스님들을 보호하는 것이다. 스님들은 텔레비전을 시청하지 않는 대신 세계에서 일어나고 있는 중요한 이슈를 놓치지 않을 만큼만의 웹 서핑을 한다.

이러한 목가적인 환경에도 불구하고 게으름뱅이에게 사원은 조용한 안식처에 불과하다. 이곳에는 직원이 없다. 9명의 비구니와 2명의 일반 신도가 상주하면서 모든 일을 처리한다. 매주 수십 시간의 가르침을 기록하고, 수백 명의 학생과 연락하고, 3개의 웹 사이트를 관리하고, 안거 수행을 준비하고, 명상 그룹을 안내하고, 법문을 주고, 영상을 녹화하고, 편집하고, 청소하고, 요리하고, 장작을 패고, 물이 새는 지붕을 고치고… 무엇이든 말만 하면, 항상 할 일이 더 있다. 아침 공양 후 덕망 있는 툽뗀 딸빠Thubten Tarpa는 욕실에서 시멘트를 바른다. 그녀는 시애틀 출신의 전직 운동 트레이너이자 물리치료사였다. "우리는 이것을 일이라고 하지 않아요." 그녀는 샤워기 위쪽을 바르면서 "우리는 이것을 봉사 공양offering service이라고 표현하죠. 사람들은 일을 고되고 하찮은 것으로 여기지만 봉사 공양은 우리 자신보다 더 큰 어떤 것에 기여할 수 있는 기회입니다. 사람들은 우리가 하는 일을 보면서 영감을 얻습니다." 라고 말해 준다.

툽뗀 딸빠는 자신이 "조직화된 종교에 합류하게 될 줄은 상상도 못했다"고 언급했다. 도덕성, 결단력 그리고 이상을 갖춘 최돈의 영향력이 서서히 커지면서, 딸빠는 6년 전에 스라바스티 사원으로 옮겨 왔다. 티벳인 법사 사이에서 언어와 문화 장벽을 경험하고 나서 "서양인에게서 가르침을 들을 필요가 있다는 것"을 깨달은 것이다. 스라바스티 사원의 스님들은 거의 대부분 영어로 된 경전을 읽는다. "최돈 스님은 한 부대가 처리할 수 있는 것보다 더 많은 아이디어와 환상적인 이상을 가지고 있습니다. 그녀는 제가 만나 본 사람 중에서 가장 똑똑한 편에 속해요. 끊임없이 가르침을 나누거든요. 그 매력의 일부는 팔정도[b]에요. 팔정도가 어느 단계에 이르면, 빛이 납니다. 그래서 사람들을 끌어당겨요." 모든 스님은 원장 스님의 학식과 노련함을 극찬한다. "그녀는 린뽀체, 게셰, 교수 등 공식적인 직위가 없습니다." 휴식 시간에 전 레이키 강사였던 툽뗀 최니Thubten Chönyi 스님이 알려 준다. "하지만 티벳 스승들은 우리가 그녀를 그와 같은 스님의 지위로 대우해야 한다고 말해 주었습니다. 겸손한 그녀도 티벳 용어나 가르침을 물어보면 거침없이 답을 줍니다."

와우, 이거 이상하네요!

스무 살까지, 체리 그린은 '착한 유대인 소녀'였다. 그녀가 성장한 코비나 Covina는 현재 로스앤젤레스 교외 지역의 모습과 달리 거대한 오렌지 과수원에 가까웠다. 그녀는 전과목 A를 받던 우등생으로 의대 진학을 고민했다. 아버지는 치과 의사, 어머니는 가정주부이자 경리로 일했다. 최돈은 어머니를 "자식을 보호하는 전형적인 유대인 엄마"라며 "제가 통금 시간을 1분이라도 어겼다면, 어머니는 아이가 납치됐다고 울부짖으며 경찰에 신고했을 겁니다."라고 설명한다. 어머니는 멜로드라마로 유명한 프랑스 여배우의 이름을 따서 체리를 '사라 번하트Sarah Bernhardt'라고 부르곤 했다. "제가 감정을 꽤 과장되게 표현해서 그런 거 같습니다."

베트남 전쟁 중에 성장한 그녀는 답을 찾을 수 없는 질문들이 많았다. "왜 사람들은 평화롭고 안전한 세상을 만든다는 명목으로 서로를 죽이는 걸까? 왜 피부색이나 성별로 서로를 판단할까? 누군가를 사랑한다는 것은 무슨 의미일까? 왜 사람들은 서로 사랑했다가, 곧 말도 섞지 않는 관계가 되는걸까?" 그녀는 모태 종교인 유대교를 시험했고 나중에 그녀의 부모는 딸이 가족 신앙에서 멀어진 이유로 재미없는 랍비 탓을 했다. 체리는 가톨릭 남자 친구를 사귈 때 기독교를 탐구했다. 그러나 "어떤 대답도 저를 만족시키지 못했습니다. 긍휼히 여기는 하나님이 왜 사람을 벌하시는지, 전능하신 분이라면 왜 고난을 멈추지 않으시는지 이해할 수 없었습니다. 그리고 그가 온 세상을 창조하셨다면 왜 고통을 창조하셨을까요?" 그녀는 확실히 하기 위해 다음의 말도 덧붙인다. "이러한 종교가 수백만 명의 사람들에게 혜택을 주는 것은 분명합니다." 그렇지만 "그들은 나의 영적인 갈망을 충족시키지 못했습니다."[4]

그녀는 대학에서 종교를 포기했다. "그때는 남들이 하던 대로 했습니다. 나머지는 알아서 상상하세요."라는 고백을 하면서 웃는다. 졸업 후 그녀는 큰 노란색 빵집 밴을 타고 전국 일주 중이던 두 친구를 따라 국립 공원에서 캠핑하고, "별의별 일을 다 했다"면서 윙크한다. 스물한 살에 체리는 한 혁신 학교의 선생님으로 일하기 시작했고, 변호사 밥Bob 과 결혼했다. 그녀의 부모가 통통 튀던 딸이 정착했다고 생각한 바로 그 때, '인생은 독서가 아니라 경험을 통해 배워야 한다'는 강한 바람이 생겨 두 사람은 결혼 선물 대부분을 현금으로 바꿨다. 그들은 배낭을 메고 유럽으로 가서 1년 반 동안 유럽, 북아프리카, 이스라엘을 거쳐 육로로 터키에서 인도, 네팔까지 여행했다.

네팔에서 트레킹을 하면서 몇몇 불교 사원을 방문했다. 화려한 벽화는 좋아했지만 불교의 가르침은 그녀의 관심을 끌지 못했다. 그녀는 주요 스승 중 한 사람인 툽뗀 조빠Thubten Zopa 린뽀체°의 생가를 방문했다는 사실을 한참 지난 후에 알게 되었다. 당시 그곳은 그녀에게 예스러운 셰르빠Sherpa마을에 불과했다. 히말라야에서 달라이 라마가 존경하는 원로 스승인 뚤식 린뽀체Trulshik Rinpoche(1923~2011)를 만나기까지 했다. 그때의 무지를 설명하기 위해 툽뗀 최돈은 볼멘소리로 이렇게 회상한다. "무슨 이유인지, 그들은 저를 그의 방으로 데리고 갔습니다. 저는 그를 완전히 무시했고 방 안에 있는 대단히 흥미로운 예술 작품만 감상했습니다. 어떤 스님이 방으로 들어와 그에게 절하는 것을 보고 저는 거의 쓰러질 뻔했어요. 이전에 단 한 번도 인간이 다른 인간에게 그렇게 절하는 모습을 본 적이 없었거든요." 그녀는 자신의 어린 시절을 놀리면서 질색하는 표정을 지었다. "제가 이랬어요. 와우, 이거 이상하네요!"

그녀는 예술을 사랑했다. 값싼 화선지에 인쇄된 작품을 구입했고, 로스앤젤레스 아파트 벽을 불교 회화로 장식해 여행을 기억나게 했다. "믿음은 없었지만 친구들이 그림을 보고 '와, 저 먼 인도와 네팔에 다녀왔구나?'라고 물으면 자랑스럽게 웃어 주었죠." 그녀는 다시 학교 선생님으로 돌아갔다. 그러나 끊임없이 "인생의 의미를 열심히 찾고 있었습니다. 인생은 즐기고, 돈 벌고, 가정을 꾸리고, 늙고, 죽어 가는 것보다 더한 무언가의 의미가 있어야 했습니다."[5]

무엇이 된다는 것은?

그녀가 막 세미프로 포크 댄스 그룹에 합격하고, 갈색 곱슬머리를 허리까지 늘어뜨리고 다닐 때였다. 로스앤젤레스의 보디 트리Bodhi tree 서점에서 라마 예셰[d]와 조빠 린뽀체가 지도하는 3주의 명상 과정을 홍보하는 전단지가 눈에 들어왔다. "제가 입고 다니던 헐렁한 치마가 바닥에 닿을 정도로 길기도 하고, 엉덩이 바로 아래에 올 정도로 짧기도 하고 그랬을 거예요."라고 그 시절을 회상한다. 서점에서, 모든 것이 낯설게 느껴졌다. "치마를 입은 남자(가사를 입은 비구)"와 "머리를 깎은 여자(비구니)"라니. 그러나 "설법은 정말 제 마음에 닿았습니다. 타당했거든요. 붓다의 가르침을 참 진리라고 하지 않고 그것을 스스로 확인하라는 말을 들었습니다." 두 라마는 자신의 세계와 자신을 철저히 연구하는 분석적인 명상을 가르쳤다. "저는 무언가를 이해하기 위해서는 연구해야 한다는 생각을 가지고 있습니다. 누군가 그렇게 말한다고 해서 그냥 받아들일 수는 없습니다. 때문에 이 모든 명상은 제가 불교의 가르침을 이해하는 데 정말 큰 도움이 되었습니다. 아주 깊은 체험이었죠." 그녀는 불자들이 믿는 환생과 업의 원리가 그녀의 뇌리에 박혀 있던 의문을 효과적으로 설명한다는 사실에 놀랐다. 두 라마가 무지, 집착, 분노가 모든 고통의 원인이라고 설명했을 때, 정말이라고 생각했다. 그래서 자신의 마음에 그 가르침을 적용했더니 차분해지는 기분을 느꼈다. 무지를 제거하고, 영성을 추구하는 길에 대한 가능성은 그녀가 오랫동안 찾고자 했던 삶의 목적이었다.

가능한 결론은 하나뿐이었다. 그녀는 더 배워야 했다. 다음 학기가 코앞으로 다가왔지만 네팔로 돌아가기로 결정했다. 남편은 주저했으나 동의했고, 다시 한 번 부모에게 큰 실망을 안기며 짐을 꾸렸다. 그들이 네팔에 있는 라마 예셰의 사원인 코판Kopan에 도착했을 때, 그녀는 정식으로 라마가 되고 싶다는 것을 알았다. 잠깐만, 왜 이렇게 빨리? 만약 1년 전 누군가가 그녀에게 당신은 독신의 비구니가 될 것이라고 말했다면 그녀는 그들에게 미쳤다고 말했을 것이다. "독신 비구니? 절대 아냐!" 그러나 그녀가 말하듯 "강력한 인연이 있고 인생은 생각했던 것과 달리 때로 매우 다르게 흘러가기도 한다." 다르마는 그녀에게 이치에 맞았다. 사실 이것은 갑자기 "'이치에 맞는 유일한 삶의 방식'이 되었습니다. 그전에는 아파트, 직업, 남편 등 모든 것이 제자리에 있었음에도 불구하고 행복하지 않았습니다."라고 털어 놓는다. 그녀는 "좋아, 나는 늙어 죽을 거야. 그리고 무얼 이루었다 한들 무슨 소용 있을까?"라고 생각했던 것을 기억한다. 그녀는 자제력이 크게 부족하고 집착이 너무 강해 사원의 수계와 같은 확실한 체계와 계율 없이는 불법을 따르는 삶을 살 수 없을 것이라고 느꼈다.

가사가 흘러내리지 않기를!

달라이 라마의 스승이던 꺕제 링 린뽀체Kyabjé Ling Rinpoche(1903 – 1993)는 1977년 전통적인 티벳 의식을 통해 그녀에게 사미니계를 주었다. 그녀는 특유의 유머로 그 티벳 기도에 어리둥절했다고 털어놓는다. "저는 '워워, 여기서 무슨 일이 벌어지고 있는 거지?'라고 생각했어요. 제 주된 관심사는 옷을 고정시키는 것이었죠. 옷이 벨트 하나로 묶여 있었거든요." 그녀는 도움을 청하듯 하늘을 바라보며 웃는다. "절할 때, 저는 간절히 기도했습니다. 가사가 흘러내리지 않기를!"

그녀는 자신의 결정으로 힘들었던 적이 결코 없었다고 했다. "그것은 논리적으로 할 수 있는 유일한 일이었습니다. 보통의 삶을 영위하는 것에는 목적, 가치, 의미가 없었습니다. 그러나 이 삶은 모두 있었습니다." 남겨 두기 아까운 것은 없었을까? 최돈은 "제 머리카락요!"라고 바로 답한다. "몇 년 동안이나 머리카락을 길렀습니다. 몇 년을 말이죠!" 그녀의 긴 곱슬머리는 무척 아름다웠다. 그것을 자른다는 생각만으로도 속이 뒤틀리는 것 같았다. 그녀는 자신에게 내재된 죽음을 명상함으로써 그 공포를 치유했다. "아름다운 긴 머리를 하고 관에 누워 있는 모습이 어떨지 상상해 봤어요. 이미 죽었는데, 아름다운 머리카락이 무슨 소용이 있겠냐는 생각이 들더군요."

나는 그녀가 남편보다 먼저 자신의 머리카락을 언급하는 것에 놀랐다. "그는 상처받았습니다.", "그러나 그는 제가 왜 그랬는지 이해했고 저를 지지해 주었습니다. 그는 매우 친절했고 제 영성을 제한하려고 하지 않았습니다." 심지어 밥은 첫해, 그녀에게 약간의 돈을 주기까지 했다. 물론 힘들었다고 최돈은 털어놓는다. "그렇지만 저는 그와의 관계에서 상당 부분 제 이기심이 있다는 사실도 깨달았습니다. 그는 저를 편하게 해 줬습니다. 사랑과 집착은 큰 차이가 있어요." 그들은 좋은 친구로 남았다. 로스앤젤레스를 방문할 때면, 그녀는 밥과 그의 아내 셰릴Sheryl 그리고 그들의 세 자녀와 함께 지낸다.

아메리칸 드림을 포기하다

모두가 그녀의 결정을 받아들인 것은 아니다. 그녀가 부모님께 스님이 되고 싶다는 바람을 말하자 그들은 집을 나가라고 했다. "가족은 몇 년 동안 저와 말을 섞지 않았습니다. 그들은 그것을 감당할 수 없었죠."라고 털어놓는다. "당신이 유대인이라면, 유대인으로 남으세요. 부모님은 제가 문화를 포기한 것으로 받아들였어요. 신앙심이 없어서 제 영적인 관심을 이해하지 못했습니다. 나중에 어머니는 제가 신앙심 깊은 유대교 신자가 되었다면 그것 또한 그들에게 힘든 일이었을 거라고 하시더군요." 그들이 힘들었던 것은 개종뿐만 아니라 딸이 직업과 가정을 포기하는 것을 보는 것이 두려웠기 때문이다. 최돈의 조부모는 동유럽에서 자행된 유대인 학살을 피해 달아났다. 그녀의 부모는 이민 1세대다. "부모로서 자녀가 당신이 누리지 못한 모든 것을 누리기를 바랐습니다. 제 부모님은 아메리칸 드림을 이루기 위해 열심히 일했는데 첫째 아이가 그것에 관심이 없다는 것을 이해하기 힘들어 하셨어요."

그녀는 착한 딸이 되고자 매달 그들에게 편지를 썼지만 한 번도 답장을 받지 못했다. 몇 년 후 오빠의 결혼식이 화해의 물꼬를 터 주었다.

어머니가 그녀를 초대하기 위해 전화를 걸었고, 냉랭한 어투로 "평범하게 입고 와! 평범하게!"라고 당부했다. 라마 예셰는 그녀가 부모님과 함께 있을 때 "캘리포니아 소녀가 되라!"고 말하며 이에 동의했다. 당시 상황을 회상하며 최돈은 웃으며 고개를 숙인다. 그녀는 머리카락이 2~3cm 정도 자라도록 그냥 두었다. 가사를 입고 미국행 비행기에 탔고, 착륙 직전 화장실에서 꽃무늬 드레스로 갈아입었다. 그녀의 부모가 입국장에서 기다리고 있었다. "바꿔 입어 다행이었죠. 삭발한 채 가사를 입고 나왔다면, 어머니는 국제공항 한복판에서 히스테리를 일으켰을 거예요."

그는 이 일을 이렇게 이해했다. "제가 할 수 있는 일이 없었습니다. 제가 원하지 않는 결혼을 해서 아이를 갖고, 돈을 벌고 그들이 원하는 인생을 살았다면, 부모님은 반쯤 행복했을 거예요. 우리는 누구에게도 완전한 행복을 가져다 줄 수 없어요. 그러다 다음 생에 우리 모두 낮은 세상에 태어날 수 있답니다." 그녀는 환생과 육도[•]에 관한 불교 신앙을 인용했다. "그러고 나면 우리 중 그 누구도 다른 사람을 도울 수 없습니다. 그분들이 슬퍼하는 모습을 보기 힘들지만, 저는 장기적으로 최선이라고 생각하는 일을 했습니다. 서로 다른 세계관을 가지고 있기 때문에 그들이 이해할 수 없다는 것을 알면서도 말이죠." 그녀에게 수계는 가족을 거부한다는 의미가 아니다. "오히려 저는 모든 중생을 향한 사랑과 자비를 발전시켜 가족을 확대하고 싶었습니다."

그녀는 왜 의사나 변호사가 되어 사람들을 돕는 것이 충분하지 않다고 생각했을까? 최돈은 자신의 심장을 가리키며 "행복은 여기에서 온다"고 말한다. "불교를 만나기 전에, 저는 모든 것이 바깥에서 온다고 확신했습니다. 고통은 무지, 집착, 분노에서 온다는 가르침이 저를 완전히 사로잡았습니다. 보리심에 관한 가르침은 자기중심적 사고를 골칫덩어리로 인식하고, 남을 돕는 일이 해야 할 일임을 아는 것입니다. 이 모든 것이 매우 합리적이라고 생각했어요. '할레루야, 믿습니다!'와 같은 것이 아니었죠." 그녀는 늘 하던 대로 날카롭게 추론했고 "오직 이치에 맞는 일을 해야만 한다"는 결론을 내렸다.

그녀의 부모는 딸의 선택을 어느 정도 받아들이기까지 수년 간 헤아릴 수 없이 많은 눈물 젖은 밤을 보냈다. 그들은 그녀의 새로운 믿음과 그 길에서 무엇을 찾았는지 결코 묻지 않았다. "그 일부는 '맙소사, 우리 친구들은 어떻게 생각할까? 너는 대학에서 공부를 아주 잘했어. 지금은 수세식 변기조차 없는 제삼 세계에 살고 있구나. 그러는 사이, 누구 누구의 딸은 변호사가 됐던데…. 우리 딸은 뭐라고 해야 하지?' 정도였습니다."

시간이 지남에 따라, 툽뗀 최돈은 세계 많은 국가에서 명상을 가르쳐 달라는 초청을 받았다. 그녀의 급성장은 부모의 실망을 다소 누그러뜨렸다. 최돈은 가족을 통해 어머니가 자신의 딸이 델리에서 싱가포르, 예루살렘, 시애틀에 이르는 전 세계의 초청을 받는다는 사실을 자랑스러워 한다는 소문을 들었다. "부모님은 불교가 세계의 위대한 종교 중 하나라는 것을 몰랐어요. 설명하기가 어려웠죠. 당신이 누군가와 아주 가까운 사이라면, 그들에게 새로운 정보를 전달할 수 있는 사람은 당신이 아닌 경우가 종종 있습니다."

툽뗀 최돈의 최대 강점 중 하나는 풍부한 유머와 유쾌함을 섞어 불교 가르침을 단순하고, 현실적인 용어로 설명하는 능력이다. 그녀는 저서 『초심자를 위한 불교Buddhism for Beginners』에 부모를 위해 할 수 없는 일을 정확하게 썼다. 그것은 호기심 많은 비불교도인과 초심자들이 그녀의 종교에 대해 가지고 있는 일상적인 질문에 답하는 것이다. 이 작은 책은 베스트셀러가 되었고, 심지어 불교 신자도 아닌 각계각층의 많은 독자에게 영감을 주었다.

국제적인 탁구공 신세

툽뗀 최돈은 1977년 티벳 전통에 따라 사미니가 된 서양인 1세대 중 한 명이다. 1986년, 중국의 다르마굽따까Dharmaguptaka[f] 전승에서 구족계를 받아 정식으로 비구니가 되었다. 그녀는 수계를 받은 삶이 '확실한 출항은 아님'을 기꺼이 인정한다. "머리를 밀었다고 해서 불안한 감정들이 간단히 사라지는 것이 아닙니다." 하지만 그녀는 금욕을 포함한 계율이 산만함을 줄이고, 알아차림에 모든 에너지를 집중하게 만들고, 그녀가 '마음의 쓰레기'라고 부르는 것과 함께 수행할 수 있게 해 준다고 생각한다. 그러나 사실대로 말하면 서양 비구니로서 생활 환경은 힘든 점이 많았다. 그리스도교의 수사와 수녀는 보통 특정 교단에 들어가면 수도원에서 방과 식사를 제공한다. 서양 불교 사원에는 그런 것이 없다.

그녀는 "수계를 받았을 때, 티벳인들은 우리를 어떻게 해야 할지 전혀 알지 못했다"고 밝힌다. "그들은 망명 중인 자신들의 공동체를 재건하고 유지하기 위해 고군분투하는 난민들이었습니다." 약 15년 동안 스승들은 그녀를 '국제적인 탁구공'처럼 지구를 돌며 아시아와 유럽의 다르마 센터에서 일하도록 보냈다. 프랑스의 신생 사원에서 몇 년을 보내면서 비구니들이 마구간을 숙소로 제공받을 때 비구들은 몇 km 떨어져 있는 비교적 호화로운 날란다 승원Nalanda Monastery에 거주했다는 사실에 주목했다. 비구니들은 식비와 난방비를 지불해야 했고, 돈이 없던 그녀는 겨울 동안 몸을 따뜻하게 유지하기 위해 열심히 오체투지를 했다. "우리는 마구간을 수리했는데, 정말 멋진 시간이었죠."라고 회상하는 동시에 당시 상황을 지적한다. 그들 모두 완전히 초보 스님이었는데 지도해 줄 선배 비구니가 없었던 것이다. "우리끼리 나가서 경제적으로 살아남아야만 했습니다. 생계를 위해 열심히 일해야 할 때는 계율을 지키기가 매우 어렵습니다. 수계를 받을 때 저는 취직을 하지 않겠다고 맹세했습니다. 때때로 극도로 가난했지만 절망에 빠지기 전에 누군가가 항상 도움을 주었습니다." 한동안 기부를 받기 위해 가사를 수선하는 바느질을 했다. 이 경험은 그녀에게 스라바스티 사원를 설립하는 자극제가 되었다. "이제 미래 세대는 우리가 경험한 불안을 겪지 않아도 됩니다."

프랑스 비구니 사원에서 보낸 시간을 통해 그녀는 '많은 것'을 배웠다. 조직, 규율 그리고 예비 회원 심사 기준의 필요성 등이다. 티벳 스승들은 발원을 세우는 것을 가피로 여기고, 스님 지망생을 거의 거부하지 않는다. "왜냐하면 그들은 이미 체계를 갖추고 있기 때문입니다. 반면 우리는 공동체에 가입하려는 이에게 '안 된다'고 거절하는 어려운 일을 해야만 해요. 지원자의 정신적·정서적 안정을 고려하지 않은 채 다 받아들일 수는 없어요. 일이 잘 돌아가질 않거든요." 이 관찰 결과는 그녀가 스라바스티 사원을 설계하는 데 큰 영향을 미쳤다.

한 줄기 희망을 갖고

수년 동안 그녀는 직업을 갖지 않아도 수행할 수 있는 서양식 사원을 세울 장소를 찾고자 했다. 다른 사원들과 협력한 초기 두서너 번의 시도는 더 이상 진행되지 못했다. 그러나 포기하지 않았고, 적당한 땅을 계속 찾아 다녔다. 처음으로 그녀의 부모가 감격했다. "오, 우리 딸이 이제 뭔가 유용한 일을 시작하는구나!" 그녀가 부모님의 기쁨을 흉내 낸다. "저는 차도, 아파트도, 그 어느 것도 결코 소유한 적이 없습니다. 그들은 제가 땅을 보러 다니는 것과 같은 평범한 일을 한다는 사실에 아주 기뻐했어요."

거의 50만 달러에 달하는 워싱턴주 북동부의 특이한 땅을 부동산 중개인의 홈페이지에서 발견했다. 사실 그녀가 감당할 수 있는 수준을 훨씬 뛰어넘는 가격이었다. 그녀는 총액의 반만 지급할 수 있다는 사실을 분명히 알고 있었지만, 그저 재미 삼아 확인해 보기로 했다. 언덕 위 360도 전망의 시골 풍경에 푹 빠지고 말았다. 순조롭게도 판매자는 담보 대출을 제안했다. "한 줄기 희망을 가지고 그냥 그렇게 했습니다. 돈이 나올 곳이 어디 있겠어요? 저를 지원해 줄 큰 단체도 없었죠." 그녀는 강연으로 받은 기부금과 초기의 기금 마련 행사에서 얻은 약간의 수익금을 저축했다. 그뿐이었다. "큰 후원자가 없었습니다. 그러나 많은 사람이 우리가 하고자 하는 바에 믿음이 있었고, 그들이 할 수 있는 것을 해 줬습니다." 지금까지 많은 사람이 소액을 기부하고 있으며, 믿기 힘든 후원이 모자이크처럼 촘촘히 채워지고 있다.

어떻게 그녀가 수천 명의 사람을 하나로 묶을 수 있었는지 놀라울 따름이다. 그녀는 고양이 2마리를 데리고 혼자 이사했다. 이웃들은 그녀를 어떻게 대해야 할지 몰랐다. 80년대에 인기 있던 그러나 논란을 불러일으킨 인도의 구루, 바그완 라즈니쉬(나중에는 오쇼Osho로 불림)가 오리건에서 그리 멀지 않은 곳에 자유분방한 공동체를 세웠다. 섹스 파티, 호화로운 생활, 고급스러운 롤스로이스 그리고 지역 주민들과 벌였던 추한 땅 분쟁 등의 사건이 여전히 사람들의 마음 깊이 자리 잡고 있기도 했다. 이곳은 인구가 적고, 드문드문 농장이 있는 뿌리 깊은 보수주의 성향의 미국 시골이다. "우리의 철학은 다정하고 친절하게, 제때 비용을 지불하며 지역 공동체에 천천히 스며드는 것이었습니다. 우리는 카운티의 토지 관련 부서에 가서 도움을 요청했습니다. 사람들이 법을 회피하려고 할 때 우리는 법규를 준수하고자 했기 때문에 그들이 기꺼이 도와주었지요." 그녀는 또한 지역 공동체에서 '스트레스를 위한 명상'에 관한 일련의 수업을 진행했고 그런 식으로 안면을 넓혀 나갔다.

서서히 일부 불교 수행자들이 사원에 머물려는 마음을 냈다. 이제는 명상 집중 수련과 다르마 과정에 매년 1,000명의 방문자가 찾아온다. 가끔 수 km 떨어진 곳에 있는 가르멜회 수녀들까지 집중 수련에 참석한다. 간단하게 말하면, 그들은 불교 수행을 자신의 신앙에 맞게 고쳐 쓴다. 예를 들어 약사여래불 대신 예수를 치유자로 시각화한다. 툽뗀 최돈이 스승으로부터 받은 만뜨라는 절대적인 것으로 종교를 초월한다. "당신은 다른 이들을 위한 봉사자입니다."

구호품으로 살다

2,500년 전 붓다의 공동체와 마찬가지로 스라바스티 사원은 도움이 필요한 모든 사람에게 가르침과 지도, 상담을 기꺼이 제공한다. 지난해 3명의 비불교도 지역 주민이 암 진단을 받고, 영적·정서적인 지원을 받고자 스님들에게 의지했다. 스라바스티 사원은 지상의 모든 사람을 환영한다. 이곳은 숙식 비용을 청구하지는 않지만, 보시의 실천을 강조한다. 모든 방문자는 그들이 할 수 있는 것을 제공한다.

전통적으로 아시아 사원은 음식을 사지 않는다. 지역 사회는 식사와 기타 생필품을 사원에 기쁜 마음으로 기부한다. 태국, 스리랑카, 캄보디아 등을 방문한 적이 있다면, 일출 직후 이른 아침에 스님들이 바루(공양 그릇)를 손에 들고, 집집을 오가는 행렬을 볼 수 있다. 이것은 실제 붓다의 삶의 방식으로, 그의 제자들도 따랐다. 탁발은 좋고 싫음을 분별

스라바스티 법당에서 의자에 앉은 툽뗀 최돈 원장과 그녀의 스님들

사진 제공 스라바스티 사원

하는 마음을 버리는 수행으로 명상과 자비에 공헌하는 사원의 공덕에, 평신도가 지원하고 참여할 수 있는 반가운 기회다. 이 원칙이 수 세기 후 기독교인이 대부분인 워싱턴주에서 작동하는 것은 놀라운 기적임에 틀림없다. "처음 이곳으로 이사했을 때, 사람들이 정말 시대에 뒤처졌다고 생각했다"고 여전히 욕실에서 시멘트를 바르고 있던 툽뗀 딸빠가 털어놓는다. "저런, 내 태도가 잘못되었군!"

스라바스티 사원의 스님들은 탁발을 나가지 않지만(적어도 아직까지는), 음식을 사지 않고 공양받은 것만 먹는다. 최돈은 과거를 회상하면서 "제가 이와 같은 방침으로 사원을 설립했을 때 사람들은 우리가 굶어 죽을 것이라고 했습니다. 그러나 보세요, 우리는 여전히 이곳에 있고 건강해요!"라고 말한다. 인근 도시인 스포캔Spokane, 쾨르 드알렌Coeur d'Alene, 샌드포인트Sandpoint 사람들이 빵, 곡물, 과일, 채소 등의 공양물을 가지고 정기적으로 방문한다. 그들 중 많은 사람이 이들 도시에서 진행하는 명상 수업으로 이곳 스님들을 만났다. 이후 그들은 빛나는 스님들에게 점차 매료되어 불법을 더 배우고자 사원을 찾아오고 있다. 너무 멀리 살고 있어서 음식을 가져올 수 없는 사람들은 음식 기금에 기부를 한다. "이사하기 전에, 이곳에 대해 걱정했다"는 딸빠는 "굶어 죽지 않을까?" 하면서 그때의 공황 상태를 흉내 낸다. 그럼에도 그녀는 이곳에서 6년 동안 살고 있다. "음식이 부족한 날은 아마 반나절 정도였을 거예요."라면서.

식사 때마다 스님들은 다른 사람들의 고된 노동으로 받은 모든 채소를 감사하게 생각하고 묵언과 알아차림을 하며 먹는다. 그들은 보시자들의 안녕을 위해 기도한다. "이것은 아주 작은 부스러기에도 감사할 줄 알게 만든다"고 툽뗀 직메Thubten Jigme가 말한다. 둥근 얼굴을 지닌 그녀는 시애틀 출신의 전직 정신과 간호사다. 또 "우리는 다른 사람들이 우리에게 제공하는 것에 대해 매우 감사하고 있습니다."고 덧붙인다.

붓다의 가르침 중 하나는 상호 의존이다. 비구니들은 환경 문제에 그것을 적용한다. 그들은 세심하게 재사용하고, 소비를 줄이고, 재활용한다. 사람들이 이웃에 대해 이야기하고 관심 가질 때 그들은 사슴, 무스, 다람쥐 그리고 다른 생명에 대한 대화를 나눈다. 전형적인 미국인의 생활 방식과 달리 그들은 필요한 것이나 원하는 것이 있을 때마다 차를 운전해 시내로 가지 않는다. "용건이 모이면 1명 또는 2명이 가서 한번에 해결한다"고 삼뗀 스님이 설명한다. "우리는 심지어 병원 예약도 같은 날로 잡아 휘발유 소비를 줄입니다." 한편 그곳 치과 의사는 스님들에 대한 큰 존경심으로 무료로 치료해 주고 있다.

눈에 띄지 않는 행보

튭뗀 최돈은 천천히 눈에 띄지 않으면서 지역 주민의 호감과 지지를 얻었다. '큰 소란을 피우지 않는 것이 좋다'는 것을 그녀는 배웠다. 수년 동안 그녀는 조용히 땅을 준비했다. 최돈은 독립적인 사원을 구상했다. "당신이 만약 큰 조직의 일원이라면, 여기 살지 않는 사람들이 당신이 따라야 할 정책을 수립합니다." 그녀가 다양한 센터를 거치면서 법을 전하는 동안 살펴본 결과다. "그렇게 되면 어려운 점들이 생길 수 있습니다." 일을 시작하는 방식에 있어 그녀의 몇 가지 아이디어는 티벳인 스승들이 보통 하던 것과 달랐다. 그녀는 그러한 것들을 시도해 보고 싶었다. "일반적으로 서양에 있는 티벳인 기구는 고위직 스님을 중심으로 운영됩니다."라고 말하며 천장을 가리킨다. "그리고 그 밖의 모든 사람은 여기 아래에 있죠. 사람들은 그들이 열렬히 존경하는 스승의 말만 듣는 경향이 있어요. 그래서 협력하는 법을 배우지 않습니다."

그녀는 민주적 구조를 가진 '참' 공동체를 상상했다. "경험이 풍부한 선배 스님들이 사원이 나아갈 방향에 대한 중요한 결정을 내리지만 실질적인 문제에 관해서는 합의를 목표로 합니다." 원장 스님은 전통과 혁신 사이에서 아슬아슬하게 협상해야 한다. 그녀는 에세이 『당신은 무엇이 되고 있는가? You're Becoming a What?』에서 "나는 서양인으로서 민주주의와 평등을 믿는 사람으로 컸다"고 썼다. 그러나 서양의 "어떤 사람들은 저를 보고 위계질서를 떠올리고, 부정적인 시선으로 바라봅니다. 여기에 두 가지 과제가 있습니다. 하나는 어떻게 내가 위계질서와 관련이 있는가, 다른 하나는 계층적 기관의 일원으로 보는 서양인들로부터 나는 어떤 영향을 받고 있는가입니다."[6] 진정한 영성의 길은 궁극적으로 문화, 성별, 지리와 같은 모든 경계를 초월한 방향으로 나아간다. 그러나 한편으로는 동양인과 서양인 모두 그들만의 계층과 공정성에 관해 뿌리 깊이 내린 편견과 신념을 가지고 산다. 최돈은 "서양인들은 가끔 불교에서 그들 자신만의 위계질서를 만들어 낸다"고 관찰한 바를 전한다. "어떤 서양인들은 그들은 평범하고, 동양인은 성스럽다고 여깁니다. 당신과 저처럼 미키 마우스를 보면서 성장했기 때문입니다. 외국이나 이국적인 것에 매료되는 것은 불법의 길을 이해하는 데 방해가 됩니다. 영성을 위한 수행은 친절하고 현명한 사람으로 자신을 변화시키는 것입니다. 스승을 우상화하고 다른 문화를 받아들이는 것이 아닙니다."[7]

자신의 핵심적인 부분을 죽이다

최돈은 다음과 같이 회상한다. "저는 수년간 수줍음 많고, 겸손하고, 다정한 티벳 비구니처럼 행동하려고 애썼습니다. 그러나 소용 없었어요."[8] 또 "저는 서양에서 대학 교육을 받고, 직업을 가졌던 사람입니다. 아닌 척하는 대신에 있는 그대로의 저 자신을 인정하고, 재능을 발휘해야 합니다." 그녀는 오만하고 독선적인 개인으로 불교의 길에 들어섰다고 단박에 고백한다. 일부 자신을 낮추는 것이 에고를 없애는 데 도움이 되지만 티벳 사회의 성 편견은 그녀의 자신감을 어느 정도 꺾어 버렸고, 몇 년 후 미국으로 돌아갈 때까지 그녀는 이 사실을 알아채지 못했다. 티벳인들이 여자는 열등하다는 생각을 공개적으로 말하지는 않았지만 그것은 확실히 최돈에게 내재화된 암묵적인 메시지였다. 그녀는 남성과 여성은 동등하다고 믿는 가정에서 성장했다. 그리고 자신의 넘치는 개성을 단속하려 애쓴 여러 해가 지나고 나서야 그녀는 가장 핵심적인 자신의 일부분을 죽이고 있다는 사실을 깨달았다. 지금 그녀는 "두 세계의 장점을 지니기 위해 서양에서 존중하는 직접적인 의사소통과 주도권, 동양에서 존중하는 겸손과 온화를 통합하려 노력 중"[9]이라고 말한다. 예를 들어 전통적으로 비구니는 나이와 자격에 관계없이 비구 뒤에 앉는다. 법랍[g]이 가장 오래된 비구니조차 갓 출가한 어린 사미가 자리에 앉을 때까지 기다려야 한다. 그렇지만 스라바스티 사원은 성별에 따르지 않고 연장자 순으로 앉고 대기한다. 사소한 부분이지만, 중요하다. 최돈은 "남성과 여성은 신체 구조적으로 어느 부분이 돌출되었느냐에 따라 붙인 꼬리표일 뿐입니다."라고 재빨리 덧붙인다.

그녀는 전통적인 티벳 사회에서 자신을 페미니스트 반항아로 인지하고 있는 아이러니에 직면했다. 반면 일부 서양인들은 그녀가 입고 있는 가사 때문에 그녀를 '성차별적이고 위계적인' 승가의 일부로 여기고 자연히 홀대한다. "이상하게도 서양 불교에서 여성 문제는 논의의 가장 최전선에 있지만 여성이 스님이 되면 불교 수행을 하는 일부 서양인들이 업신여기는 '보수적이고 전통적인' 성격으로 비춰집니다."[10] 최돈은 동요하지 않고 "사람들이 당신을 어떻게 생각하든 상관없이 사는 법을 배우고 계속해서 자신의 삶을 살면서 법을 수행하면 된다"는 견해를 밝힌다.

진정한 불법과 티벳 문화를 분별하는 방법이 있을까? 툽뗀 최돈은 이 질문을 오랜 시간 숙고했다. "그래서 나는 어디 있나? 그 한 가운데에 서 있나?" 티벳인 비구니를 모방하려고 애쓴 후 1976년, 그녀는 타이완으로 가서 정식 비구니계를 받았다. 이것으로 그녀는 문화 차이에 대한 견해를 넓혔다. 예를 들어 타이완에서는 염불 수행을 앉아서 하지 않고 서서 한다. 소매 없는 티벳의 가사 대신 여러 겹의 옷을 껴입는다. 염불도 다르다. "비슷한 점도 있지만 동시에 모든 것이 무척 다릅니다. 이 경험을 통해 진정한 불법이 무엇인지 보다 명확하게 알 수 있었습니다. 사원의 조직 구조나 어떤 언어로 수행하느냐 하는 것은 불법이 아니라 관습적 문화입니다. 무지, 분노, 집착에서 벗어나기 위해 마음을 닦고 사랑, 자비, 지혜를 기르는 것. 그것이 '다르마'입니다." 그녀는 각자의 모국어로 수행하도록 사람들을 지도한다. "싱가포르에서 저는 티벳어로 수행하도록 중국인을 가르쳤습니다. 둘 다 이해하지 못하는 언어로 말이죠. '이건 뭔가 잘못됐어. 붓다는 티벳어로 말하지 않았어. 그런데도 그는 깨달음을 얻었잖아'라고 생각했습니다." 그 후 그녀는 이해할 수 있는 언어로 수행하라는 달라이 라마의 조언을 알게 되었다.

긴밀하게 연결된 공동체의 도전

서양에는 또 다른 도전들이 남아 있다. 예를 들어 서양은 개인주의를 찬양한다. 툽뗀 최돈은 "많은 서양인이 스스로 선택하는 것을 선호하고 누구에게 설명하는 것을 반기지 않는다"며 "그렇지만 동시에 그들은 외로움을 느낍니다. 개인적으로 저는 단순히 같은 주거지를 공유하는 개인들의 집단이 아니라 진정으로 공동체에 살고 싶은 사람들과 같은 영적 의도를 가진 한 공동체 안에서 살고 싶었습니다."라고 말했다.

스라바스티 사원의 환경은 처음에는 목가적으로 보인다. 그러나 밀접하게 연결된 사원 공동체의 삶은 머물고자 하는 사람들에게 꽤 많은 것을 요구한다. "'큰 감명을 받았다. 당신의 공동체에 참여해 즉시 수계를 받고 싶다'는 편지를 자주 받아 봅니다. 글쎄, 그렇게 이뤄지는 일이 아닌 데도 말이죠." 강렬한 열정이 순식간에 사라지는 모습을 많이 봐온 최돈이 경각심을 일깨운다. "우리는 사람들을 1달 정도 머물도록 초대해요. 그 후 그들은 이곳을 떠나 자신들의 경험을 소화합니다. 그래야 나중에 다시 돌아올 수 있습니다. 점진적으로 그들이 준비되면 8계를 따릅니다. 살생, 도둑질, 거짓말을 삼가는 것이 포함됩니다. 1년 동안 8계를 지키면 사미니계를 받을 수 있습니다. 그 후 2년이 지나면 정식 비구니계를 신청해도 됩니다."

사랑과 자비에 관한 전통적인 마음 훈련 외에도 최돈은 마샬 로젠버그Marshall Rosenberg[h]가 지도한 비폭력 의사소통을 도입했다. 이 방법은 정직한 자기 표현과 공감의 균형을 추구한다. 전직 간호사인 툽뗀 직메는 "이제 우리는 서로에게 상처를 주지 않고 소통하는 방법이 생겼다."고 말한다. 그녀는 한정된 소규모 그룹이 온종일 함께 생활하는 것이 힘들다는 것을 인정하지만, 이것이 바로 그녀가 합류하게 된 동기다. 이곳을 방문하는 오랜 친구들은 그들의 친구가 더 온화하고 자비롭게 변한 모습을 보고 놀라움을 금치 못했다.

직메는 "공동체 안에서 우리는 너무 가깝고 투명해 숨길 방법이 없다"고 설명한다. "자아의 마음을 계속해서 부드럽게 하기 위해 지속적으로 노력해야 합니다. 비폭력 의사소통은 상대방의 기분을 상하지 않게 하면서 피드백을 주는 도구로 사용하기 때문에 매우 유용합니다. 자제하면서 감정과 요구를 표현하지 않는 대신 이제 우리는 자신과 타인에게 공감하는 법을 배우고 있습니다. 우리 모두는 존중하고, 사랑하며, 친절한 방식으로 서로를 지킵니다. 멋진 일이죠. 다른 어떤 곳에서도 이런 경험을 한 적이 없습니다."고 덧붙인다.

툽뗀 최돈은 또한 섹슈얼리티에 대해 터놓고 말함으로써 동서양의 또 다른 차이를 지적한다. "언젠가 당신의 섹슈얼리티를 다루어야 합니다. 그것을 항상 피하기만 할 수 없어요." 티벳 사원에서는 여성과 남성이 완전히 따로 떨어져 있다. "성적 끌림을 다루는 한 가지 기술은 당신이 매력을 느낀 상대의 나쁜 면을 보는 것입니다. 그래서 비구들은 여성의 몸은 불결한 물질로 만들어졌다고 배웁니다. 이는 사실이지만 그들도 마찬가지죠! 그들은 여성은 음탕하고 마음을 홀린다고 배웠습니다. 그러므로 여성을 피해야만 합니다. 그것이 적합할 수도 있습니다. 그러나 저는 성적으로 끌리는 사람을 명예 훼손의 대상으로 만들지 않고 성에 관해 편하게 대해야 그것을 다룰 방법을 찾을 수 있다고 생각합니다."

살인자도 우리와 다르지 않다

툽뗀 최돈은 나긋나긋한 목소리의 비구니로 변장한 반군이다. 그녀의 감미로운 목소리는 거의 어린아이 같다. 항상 농담을 꺼낼 준비가 되어 있지만 결정적인 대목에서 당신을 얼어붙게 만들 수 있다. 어느 날 저녁 나는 그녀가 쾨르 드알렌에서 대학생들에게 연설하는 것을 봤다. 다음 날 그녀는 스포캔Spokane의 유니테리언(유일신교) 교회에서 설법을 했다. 2곳에서 그녀는 몇 개의 정치적 폭탄을 떨어뜨렸다. 지역 주민의 70퍼센트가 공화당에 투표한다는 것을 잘 알고 있는 그녀는 국방비로 인해 교육 예산이 삭감되는 것에 반대하며 목소리를 높였다. 그리고 그녀가 본 대로 비인간적인 교도소 시스템에 대한 자신의 생각을 들려주었다. 두 번 모두, 사람들은 숨을 참고 들었다. 지역 주민들은 겸손한 비구니 스님의 정치적인 발언을 전혀 기대하지 못했다. 최돈은 "저런, 저는 단지 우리 주변의 세계에 친절과 자비를 베푸는 방법을 명확하게 하는 중입니다. 사람들에게 투표하는 방법을 알려 주는 게 아니에요." 하며 눈을 깜빡인다.

이런 정치적 견해는 그녀가 감옥에서 본 것의 영향이다. 수백 명의 수감자가 그녀의 책과 CD, 뉴스레터를 통해 멀리서 그녀의 가르침을 따르고 있었다. 최돈은 "교도소를 방문할 의도가 전혀 없었다"고 고백한다. "그냥 갑자기 시작되었어요. 어느 날, 오하이오에 있는 수감자의 편지를 받았고 답장을 보냈습니다. 그렇게 시작된 거랍니다." 불교 수행 중 한 부분은 편견을 갖지 않고 사랑과 자비를 함양하는 것이다. "보통 우리는 사람을 사랑하는 사람, 좋아하지 않는 사람, 관심 없는 사람으로 나눕니다.", "그러나 불교 수행자의 목표는 모든 사람에게 공평하게 마음을 여는 것입니다. 그들이 고통에서 벗어나 행복하고 자유롭기를 바랍니다."

미국 교도소는 엄청난 고통이 있는 곳이다. 그녀에게 편지를 쓴 수감자들은 스스로 짊어진 큰 괴로움 탓에 문제를 일으키고 있었다. "우리는 수감자들은 사악하고, 구제불능이라 사회의 안전을 위해서 가둬야 한다고 생각합니다." 미국, 멕시코, 아시아 전역의 많은 교도소를 방문하면서 그녀의 시각이 달라졌다. "수감자들 역시 우리와 별반 다르지 않습니다. 우리 모두 실수를 하죠."

물론 일부 수감자들은 우리보다 더 심각하고 해로운 실수를 저질렀을 것이다. 최돈은 "많은 사람이 우리는 결코 그들이 저지른 것과 같은 일을 하지 않을 거라고 생각합니다.", "하지만 그것을 어떻게 압니까?"라고 묻는다. 그녀는 로드니 킹의 참변the Rodney King fiasco을 꺼낸다. 로스앤젤레스 경찰이 고속 추격전을 펼친 후 킹을 붙잡아 구타하는 비디오가 공개되었다. "제가 만약 킹과 같은 환경에서 성장했다면 저 역시 그처럼 행동했을 겁니다." 그녀 자신뿐만 아니라 누구나 무지, 분노,

집착의 씨앗을 인지할 수 있다. "내가 남들보다 우월하다고 생각해 잘난 체하고 자기도취에 빠져 있으면 안 됩니다." 그녀의 학생 일부는 우리가 가장 두려워하는 살인, 강간 등 무자비한 만행을 저질렀다. "그러나 그들의 인생과 특히 아동기 경험에 대해 깨달은 후 저는 그들을 '악마'로 표시된 상자에 넣을 수가 없습니다. 그들이 일으킨 한 번의 행동으로 누군가의 인생을 정의할 수 없어요."

툽뗀 최돈은 재소자 학생 중 그녀가 본 가장 놀라운 변화 사례를 떠올린다. 각각 16세, 17세에 분노로 살인을 저지른 2명의 젊은 남성에 관한 것이다. "자신의 행동에 책임이 따른다는 것을 깨달은 그들을 지켜보는 일은 매우 보람 있습니다. 재소자들은 자비와 보리심에 대해 듣는 것을 좋아합니다. 그들은 다른 사람을 위해 그들의 삶을 의미 있게 만들 수 있다는 것을 알고 기뻐합니다. 다른 사람을 위한 자비의 중요성을 말이죠." 그녀의 많은 재소자 학생들이 자신의 마음을 깊이 들여다보고 있다. 삼엄한 경비의 교도소에 다른 탈출로가 없다는 점은 마음을 훈련하고 주인이 되는 방법을 배워야 하는 절박함을 더욱 고조시킨다. 재소자가 다른 재소자나 교도관에게 위협을 받거나 모욕을 당해도 보복하지 않고 평정심을 유지했다는 편지를 보면, 툽뗀 최돈은 축하를 보낸다.

도움은 서로 주고받는 것이다. 사원 후원자 가족이 최근 마약 문제에 휘말렸다. 최돈은 로스앤젤레스에서 유죄 선고를 받은 마약 딜러에게 필요한 조언을 구했다. 잔인하다 싶을 정도로 솔직한 그의 편지는 그 청년에게 경종을 울렸다. 재소자와 최돈의 관계는 더 이상 편견과 공포에 기반한 것이 아니다. "그들은 선고를 받은 사건 그 이상의 존재입니다. 그들은 제가 존경하는 중생입니다."

결국 툽뗀 최돈의 최대 관심은 자신을 용서하는 것을 포함해 용서를 가르치고, 자비와 편견 없는 자애심을 개발하는 것이다. 티벳 불교에서 모든 중생은 인생 어느 시점에서 얼마나 많은 혼란과 분노를 겪었는지와 상관없이 깨달을 수 있는 잠재력인 '불성'을 지니고 있다. 그녀는 희망의 메시지를 품고 교도소로 향한다. 그녀는 그들이 몇 년 만에 처음 본 다정한 얼굴이다. "누구는 가족에게 버림받았고, 또 누구는 수십 통의 편지를 영성 단체에 보냈지만, 답장을 받지 못했다고 합니다."

나치를 어떻게 용서합니까?

불교 비구니로서의 삶은 그녀를 아시아 국가, 교도소, 워싱턴 북동부 등 예기치 못한 많은 장소로 이끌었고, 모든 것을 포용한다는 정신으로 그녀는 마침내 자신의 뿌리와 화해하게 되었다. 자신의 모태 종교와 화해하고 그것이 그녀에게 가르쳐 준 것에 감사하는 것은 중요한 문제였다. 1950년 그녀가 태어났을 때, 나치의 유대인 학살의 그림자가 여전히 가족을 덮고 있었다. 연락이 두절된 유럽의 일가친척은 목숨을 빼앗긴 듯하다. "유대인으로 자라면서 저는 약자를 방어하도록 배웠습니다. 학교에 다른 유대인이 거의 없었기 때문에 달라도 괜찮다는 것을 배웠습니다. 옳은 일을 위해서는 일어서야 합니다. 깊이 질문하고 자신의 가치관에 따라 살아야 합니다." 사회적인 측면에서 유대교 메시지는 자비와 돌봄이라는 불교적 가치관을 떠올리게 한다. "저는 이러한 가치와 함께 유대인 공동체에서 성장했습니다. 그것에 무척 감사합니다. 하지만 동시에 유대교는 영적인 만족을 주지 못했습니다. 저는 또한 피해자의 마음으로 살아가기를 거부합니다."

친구인 제쭌마 뗀진 빨모와 함께 그녀는 폴란드 아우슈비츠에 남아 있는 포로수용소를 방문했다. 거기서 가스실로 들어간 사람들이 두고 간 여행 가방을 쳐다보다, 이상할 정도로 친숙한 유대인의 이름이 새겨져 있는 것을 발견했다. 그녀는 이스라엘에서 불법을 가르친 첫 티벳 불자 중 한 사람이다. 용서에 관해 설법했을 때, 한 이스라엘인이 같은 출신의 스님인 그녀에게 곤혹스러운 질문을 던졌다. "당신은 어떻게 나치를 용서합니까?" 그녀는 치유의 빛이 과거 유대인 거리(게토)와 가스실에 퍼지는 관상을 하면서 자비의 화신인 관세음보살을 명상하도록 그들을 이끌었다. 또 한 번은 팔레스타인 가자Gaza 지구를 방문해 사랑에 관한 명상을 지도했다. 이스라엘과 가자 지구 모두에서 희생자와 가해자를 위해 자비를 수행했다. 이것은 가장 강력한 경험 중 하나로 남았다.

그리고 이러한 시간을 지나 마침내 용서에 대한 수행은 마법처럼 그녀의 부모에게도 영향을 미쳤다. 그녀의 아버지는 지난해 처음으로 사원을 방문했다. 다른 방문자처럼 그 역시 기도에 참석해 염불을 함께 하면서 자연스럽게 즐거운 비구니 스님들에게 빠져 버리고 말았다. 그는 로스앤젤레스로 돌아가 이 사실을 그의 이웃에게 자랑하다 딸에게 들켰다. 툽뗀 최돈은 "내 딸은, 사원의, CEO야!"라며 한 자 한 자 힘 주어 자랑스럽게 말하는 아버지를 즐겁게 흉내 낸다.

주

a 역자 주: 한국의 경우 구족계, 별해탈계.

b 역자 주: 원서에서는 규범이었으나 문맥을 참고해 팔정도로 번역해 실었다.

c 툽뗀 조빠 린뽀체Thubten Zopa Rinpoche는 1946년 에베레스트산 부근 네팔 솔로 쿰부Solo Khumbu 지역의 타미Thami 마을에서 태어났다.

d 라마 툽뗀 예셰Lama Thubten Yeshe(1935~1984)는 티벳에서 태어나 1959년에 부탄으로 탈출했다. 1969년에 라마 예셰와 조빠 린뽀체는 카트만두Kathmandu 위쪽에 코판Kopan 사원을 설립했다. 그곳의 교육 과정에 점점 더 많은 서양인이 빠르게 모여들었다.

e 역자 주: 삼악도와 삼선도를 일컫는 말. '지옥, 아귀, 축생'의 삼악도와 '아수라, 인간, 천신'의 삼선도 여섯 세계.

f 초기 불교 부파인 법장부Dharmaguptaka는 중앙아시아와 중국에 큰 영향력이 있었다. 이 부파의 율장은 여전히 중국, 베트남, 한국, 타이완을 포함한 일부 동아시아 국가에서 통용되고 있다. 그들은 티벳이 채택한 필사본 설일체유부Mulasarvastivada와 상좌부Theravada 경전과 함께 현존하는 삼장(논장, 율장, 경장) 중 하나인 율장Vinaya을 보유하고 있다.

g 역자 주: 출가한 이후 나이.

h 로젠버그Rosenberg(1934~)는 갈등을 조화롭게 해결하기 위해 의사소통 기술 훈련을 개발한 미국 심리학자다.

10

결혼 축복을 하고 있는 로시 조안 할리팩스

사진 크리스 리처드Chris Richards ©Joan Halifax

로시 조안 할리팩스

ROSHI JOAN HALIFAX

대담하고 맹렬한 그리고 섬세한

불교에 귀의한 진정한 영웅은 삶과 죽음
그리고 자신의 마음이 하는 일을 성찰한다.[1]

하늘을 찌를 듯 위협적으로 뻗은 티벳의 산들은 불안감을 일으킬
정도이다. 로시[a] 조안 할리팩스는 "티벳의 풍경은 광활함으로 특징할
수 있는 마음의 전형"이라고 말한다. "그 풍경은 마치 영원히 지속되는
심연의 푸른빛 같습니다. 낮에도 거의 모든 별을 다 볼 수 있고, 구름에
닿을 듯하지요." 로시는 티벳의 성스러운 산, 카일라쉬로의 일곱 번째
순례를 끝내고 막 돌아왔다. 그녀는 "풍경은 바로 마음이며 마음은 그
풍경입니다."라고 말한다.

"티벳의 풍경은 사람을 완전히 편집증적으로 만들기도 하는데, 어
떤 사람들은 그곳에서 큰 두려움을 느끼거나 자기중심적으로 변하기도
합니다. 또 무언가 깨지고 나면, 지평선과 같은 광활함으로 자유로워지

게 됩니다.”

로시 조안이 티벳 고원을 건넌 것은 그 누구도 경험하지 않은 아주 다른 경험이다. 끝없이 뻗은 툰드라에는 야크들이 먹는 식물 외에는 자라는 것이 많지 않다. 여행자들은 극적인 기온 변화와 산소가 부족한 고도, 찌르는 듯한 햇볕과 바람, 먼지, 극심한 피로와 발가락의 물집에 맞서야 한다. 로시는 이러한 여과되지 않은 날것의 경험이 깊은 영적 전환을 가져올 수 있다고 믿는다.

하루하루가 에베레스트

로시 조안은 일본 선종의 계보를 잇는 수행자이긴 하지만, 1970년대 초부터 함께 공부해 온 티벳 스승들과 넓은 유대 관계를 맺고 있다. 티벳으로 열 번의 여행을 했는데 최근 다시 티벳 원정을 다녀왔다. 사람들을 돕는 일과 명상을 접목하고자 하는 자신의 사명에 진실한 그녀는, 의사와 임상의를 그 여행에 초대했다. 로시는 고립되고 척박한 지역 사람들의 건강관리를 위해 '밑빠진 독'이라 불릴 수도 있는 유목 진료소 Nomad Clinics를 30년 더 전부터 시작했다.

그녀는 "그곳에 도착했지만 우리는 아무도 도울 수 없었어요. 이곳을 통과해서 힘겹게 카일라쉬 산에 오를 수 있었어요. 고통을 줄일 수 있는(의약품을 줄여 무게를 덜 수 있는) 기회가 온 겁니다. 그래서 그렇게 합시다! 했죠."[2] 31명의 순례자는 네팔의 홈라Humla산에 나눠 줄 약 23kg가량의 의약품을 가져왔다. 그들은 거의 1,000여 명의 환자들을 치료했는데, 그중 대다수는 치료를 받을 수 있다는 희망으로 먼 거리를 걸어온 사람들이었다. 한 남자는 팔이 부러진 채 사흘을 걸어서 왔다. 거의 눈이 먼 남자는 안경을 얻기 위해 이틀을 걸었다. 이 순례자들은 홈라를 떠나 티벳 국경을 향하는 길에 있는 마을에 들러 임시 진료소를 설치하고 '즉석 진료'를 운영했다. 등산하던 무리 중 한 여성이 넘어져 다리가 골절되었을 때, 로시 일행 중 의사가 길가에서 바로 뼈를 접합하기도 했다.

티벳으로 들어온 여행자들은 세상에서 가장 높은 담수호인 마나소르바Manasarovar호수 남쪽에서 야영했다. 그곳은 너무 신성하여 그 지역 사람들은 산꼭대기에 오르는 것이 금지되어 있다. 이 지역은 빙하로 덮인 카일라쉬의 산그늘 아래로 들어서기 전에 있다. 로시 일행은 6일 넘게 약 5.7km의 고개를 넘어 야영지 주변에서 순례를 마쳤다. 로시가 지난 4년간 직면했던 신체적 어려움을 고려했을 때, 70대인 로시가 이 여행을 할 수 있다는 사실은 놀라운 일이다.

2008년 6월 토론토를 여행하던 중 로시 조안은 욕실 바닥에 미끄러져 대퇴골 상부 돌기가 산산조각 났다. 그녀는 응급실의 간이침대에 묶여 30시간을 보냈고, 수술을 기다리며 이틀을 더 보냈다. 사고가 난 지 2달이 지난 후에야 목발을 짚고 조심스럽게 걸을 수 있었다. 다시 하이킹을 할 수 있을지, 더군다나 그 위험한 산으로 또 순례에 나설 수 있을지 분명하지 않았다. 그녀는 뉴멕시코의 쁘라쟈나 산정 센터에서 창밖의 언덕을 가리키며 말했다. "저 산들은 아름다운 예술품입니다. 다시 걸을 수 있을 거라고 확신하지만 예전처럼 걸을 수 있을지는 모르겠어요. 이제는 하루하루가 에베레스트입니다."

마스터의 동굴로 가는 위험한 길

뉴멕시코의 가장 험준한 지역에 위치한 쁘라쟈나 산정 센터로 가는 길은 폭풍우가 지나간 후에는 통과할 수 없다. 미끄러지면 바퀴 옆으로 큰 웅덩이가 넓게 파이는데 이 때문에 차가 휘청이거나 기울기 때문이다. 로시 조안이 산타페 시내에서 불과 5분 남짓 떨어진 선 센터가 아니라 자신의 '안거처'에서 인터뷰하기를 요청한 것은 이상해 보였다. 이것은 마스터의 동굴로 가는 험난한 여정에 대한 선문답 혹은 일종의 시련인 걸까?

하지만 한때 폭스바겐의 VW밴을 타고 혼자 사하라 사막을 건넌 로시가 방문객에게 이런 요청을 한 것은 그야말로 말이 되는 일이다. 65세의 로시는 신발인지 눈인지 모를 것을 신고 있었다. 안거처에 오기 위해 4시간 동안이나 어둠 속 눈보라를 뚫고 왔기 때문이다.

2008년 3월 도겐 젠지Dogen Zenji[b]의 발자취를 따라 중국과 일본을 하이킹하던 로시는 한쪽 발이 부러진 것도 모르고 다녔다. 도요타 4륜차를 운전해 준 그녀의 조수 페그 머레이Peg Murray는 "그녀는 제가 만나 본 사람 중 가장 두려움이 없는 사람입니다."라고 말했다.

바퀴 자국이 깊게 파인 길을 능숙하게 누비며, 머레이는 그녀가 처음 운전을 맡게 된 시절의 이야기를 해 주었다. 당시 로시 조안은 그녀의 승객이었다. 봄비에 도로는 미끄러운 진흙 길이 되어 버렸다. 마찰력이 없어진 산악용 바퀴는 길을 가로질러 미끄러졌다. 로시가 밖의 상황을 확인하기 위해 나올 때마다 몸의 절반이 진흙에 빠질 정도였다. 머레이가 "저는 돌아가고 싶어요."라고 말했다. 하지만 "그녀는 그것을 허락하지 않았습니다. 그녀는 계속해서 '당신은 할 수 있어요!'라고 말했고, 심지어 본인이 운전하겠다고 했죠." 도전적인 것을 받아들이고 심지어 위험한 상황까지도 수용하는 로시는 "내 안에 놀라운 낙관주의자가 있다"고 설명했다. 그러나, 로시의 오랜 제자이자 동료인 마리아 듀얼Maia Duerr은 다소 다른 견해를 가지고 있다.

"저는 로시 조안을 이해하기 위해서는 그녀의 두려움뿐만 아니라 연약함까지 보아야 한다고 생각합니다. 그녀는 지금 연약하고 뼈는 부러졌습니다. 그녀의 마음은 빛나고 가슴은 넓었지만 몸은 한계에 다다랐어요. 그녀는 스스로를 너무 혹사하고 있어요."

대담함과 맹렬함 그리고 연약함이 바로 학자이자 활동가, 황야를 누비는 거친 아이이자 60대 독신 수행자인 이 복합적 여성의 핵심이라고 볼 수 있다. 로시는 재치 있고, 불손하기도 하고 대담하고, 변덕스럽지만, 가끔은 열망에 이끌리고, 규율에 길들여져 어렵기도 하다. 우리는 그녀를 블랙베리나 아이패드, 맥북에 전념한 모습이 아닌 산길이나 명상실에서만 만나볼 수 있다. 하지만 그녀는 말기 환자를 돕는 명상 치료를 개척한 것으로 가장 잘 알려져 있다.

2008년 출판한 『죽음과 함께 하는 삶Being with dying』은 이 분야 리더로 40년간 강의한 내용을 종합한 책이다. 그녀는 사고를 겪은 후 장기 돌봄 제공자는 어떻게 존재하는지를 배워야 했다. 그녀의 표현대로 "더 나은 돌봄 수용자"가 되는 방법도 배워야 했다.

안거처에 도착하자 로시가 왜 이곳을 인터뷰 장소로 고집했는지 분명해졌다. 쁘라쟈나의 흐드러진 야생화들과 거대한 사시나무 숲의 평안함 속에서 그녀는 더없이 광대했다. 로시는 명상 방석에 등을 받치고 무릎 위에 노트북을 올려놓은 채 통유리창 옆에 기대어 있었다. 갓 삭발한 그녀의 머리는 높은 광대를 돋보이게 했고, 파란 눈은 강렬함과 유머로 빛났다. 그녀는 움직이는 것을 멈추고 삶의 과업에 대해, 어디에 있었는지 그리고 그 중요한 시기에 자신이 누구였는지 이야기했다.

"저는 일종의 '맨밥plain rice' 불자입니다." 그녀는 "맨밥" 불교를 일상생활의 명상으로 설명했다. 명상할 때가 되면 명상을 하고, 자야 할 때가 되면 잠자리를 정돈합니다. 별로 신나는 일은 아니지만 사실 신나는 일이죠. 일종의 격렬한 흥분감이지만 흥분이 없는 흥분. 이것은 살아 있음에서 오는 것입니다."

부상당한 힐러

관절이 산산조각 나 구급차를 타고 토론토 병원으로 가는 중에 구급대원이 죽어 가는 아내에 대한 마음을 로시에게 토로했다. 그때 그녀는 "저는 제 몸이 저만의 것이 아니라는 것을 깨달았습니다.", "항상 다른 사람들을 위한 것이었죠."라고 말했다.

수술을 기다리는 사흘간 로시는 응급실을 드나드는 "무수한 존재"를 위해 똥렌 수행을 했고 더 심각한 환자를 우선순위에 두었다. 로시는 부탄의 딜고 켄쩨 린뽀체로부터 신성한 연민을 배웠다. 똥렌은 티벳어로 "보내고 받는 것"이라는 뜻이다. 수행자는 들숨에 다른 이들의 고통을 들이마시고, 날숨에 치유와 기쁨, 연민을 보낸다. 고통과 기쁨은 모두 실체가 없고 덧없는, 상상적인 것이라는 사실을 인정하면서.

로시는 병원에서의 좌우명이 "두려움을 넘어 승리"였다고 회상했다. 그녀는 60년대 평화의 표시처럼 손가락 2개로 'V'를 만들어 보였다. 그녀는 두렵지 않았고, 통증이 너무 심해서 수술을 반겼다고 한다. 하지만 다리 위쪽에 금속판을 삽입하는 수술을 하는 동안 너무 많은 피를 흘려서 수혈이 필요했다. "말 그대로 가슴이 철렁해지는 것을 느낄 수 있었습니다." 로시는 모든 혈액형에게 수혈할 수 있지만 오직 자신의 혈액형만 받을 수 있는 O형이었다. 이것은 돌봄 제공자에게 적절한 은유이다.

"저는 극도로 연약한 상태였습니다. 일종의 중간 상태인 저는 아주 편안했어요. 저는 친절과 감사를 느꼈습니다." 그녀는 잠시 가르침을 중단하고 속도를 늦추었지만 결국 몸이 괜찮아지자마자 다시 속도를 냈다. 그녀는 한 가지는 확실하다고 말했다. "저는 다시는 넘어질 수 없습니다. 나는 그 두려움을 계속 활성화시키고 싶어요. 왜냐하면 두려움이 굉장히 유용할 수 있다고 생각하기 때문입니다. 그때 내 뇌리에 깊이 박힌 것이 있습니다. 바로 마음챙김이지요."

그녀는 자신이 "놀라운 추진력과 많은 정신적·신체적 에너지를 가지고 있다"며 "그래서 나는 히말라야와 또 다른 산맥을 넘으며 나 자신을 밀고 갈 수 있었습니다. 나는 좀 더 균형 잡힌 시각을 갖도록 변해야 했습니다."라고 인정했다.

그 추진력은 그녀에게 신체적인 손상을 입혔다. "저는 제 삶에 적절한 자비를 베풀지 않았어요. 제 몸을 잘 관리하지 못한 거죠."

삶과 죽음에 대한 조기 교육

독일 하노버, 미국 뉴햄프셔와 플로리다에서 자란 어린 시절, 조안 할리팩스는 삶과 질병, 죽음에 대한 조기 수업을 받았다. 그녀는 "2차 세계대전 중에 해군 병원의 기독교 집안에서" 태어났다.[3]

로시는 자신의 사업가 아버지를 친절하고, 인정 많고, 창의적이며 내성적인 사람으로 묘사했다. 그녀의 어머니는 주부였는데, 마흔네 살에 대학으로 돌아가 자원봉사를 하며 큰 만족감을 느꼈다. "어머니는 남은 인생을 병원 사람들에게 책과 음식을 가져다주며 보냈습니다."라고 회상한다.

하버드대 신학대학원 강연에서[4] 그녀는 "역사는 한 세대의 특징을 만들어 냅니다. 전쟁 중 태어난 우리들의 삶은 이타주의, 동정심, 인권에 대한 관심을 가지고 있습니다."라고 말했다.

그녀가 네 살 때, 눈 근육이 바이러스에 감염되어 2년 동안 눈이 멀었다. "아이들은 4~6세에 사회화되고 우정을 쌓죠."[5], "하지만 병으로 인해 저는 이 시기에 대부분을 병상에 누워 보냈고, 유년기 동안 전통적인 우정을 쌓지 못한 일은 제 삶에 꽤 영향을 미쳤습니다."[6]

그녀는 부모님의 침대에 누워서 언니와 친구들이 노는 소리를 듣곤 했다. 그녀는 다른 아이들과 뛰어노는 대신 "고독과 장애를 보상하기 위한 내 안의 세계"를 만들어 냈다.[7] 부모의 보살핌을 받았지만 병약함을 느꼈고, 침대맡에서 이야기를 들려 준 아프리카계 유모 릴라Lilla를 소중한 친구로 생각했다. 릴라의 어머니는 노예였다. 릴라는 정규 교육을 받지 못했지만 어린아이였던 로시에게는 현명하고 따뜻한 친구였다. 로시는 "나는 그녀를 하인으로 생각했지만 결국 나의 스승이라는 사실을 알게 되었다"며, 이 우정이 사회적 불의와 차별의 뿌리를 이해하려는 평생의 탐구를 촉발시켰다고 덧붙였다.

"이러한 감정들은 제 어린 시절의 고통과 아버지의 삶에서 배운 강한 윤리 의식, 어머니의 삶에서 배운 봉사 정신 그리고 릴라와의 관계에서 생겨난 것이라고 확신합니다."[8]

통과 의례

이러한 관계를 통해 조안 할리팩스는 시민 권리 운동을 열렬히 받아들였고, 1963년 뉴욕에 도착했을 때에는 베트남 전쟁 반대 시위에도 끌리게 되었다. 그녀는 스즈키 선사와 앨런 와츠의 책을 읽으며 책으로 불교를 공부하는 "책 불자"가 되었고, 그녀 스스로 명상을 독학했다. 의학 인류학 박사 학위를 받은 후, "문화의 더 깊은 뭔가를 이해하기 위해" 사력을 다했다. 그리고 "실험실에 앉아 있거나 국방부에서 총검에 국화를 꽂는 것은 더이상 적절하지 않다"는 것을 깨달았다.[9]

그녀는 "죽음과 재탄생이라는 통과 의례 중에 있는" 아프리카의 도곤Dogon 사람들과 살기 위해 사하라를 가로질러 운전했다. 그녀는 나중에 "내가 어떤 상황에 처할지 알았더라면 결코 그것을 시도하지 않았을 겁니다."라고 말했다.[10] 거의 4주 동안 사막을 가로질러 운전하는 것은 통과 의례였고 이는 헤아릴 수 없는 풍경의 고독함과 모험적인 여행에 대한 평생의 열정을 불러일으켰다.

조안은 아프리카에서 꽤 깊은 병이 들어 돌아왔고 대체 치료와 전통 치료를 결합하는 새로운 방법을 탐구하기 시작했다.[11] "기존의 의학 훈련은 연민에 바탕을 두고 있는 것 같지 않다"는 점을 관찰하면서, "우리 문화에서 치유란 무엇을 의미할까?"라는 질문을 탐구하기 시작했다.[12]

조안의 할머니 베시Bessie는 그녀의 롤 모델이었다. 할머니는 조지아에서 종종 죽어 가는 친구 옆에 앉아 그들을 돌봐 주었다. 로시 조안은 "나는 할머니 덕분에 죽음을 당연한 것으로 받아들이게 되었어요."라고 기억한다. 하지만 할머니가 요양원에서 돌아가신 것은 길고 힘들고 외로운 과정이었다.

"나는 할머니가 아버지에게 자신을 죽게 해 달라고 간청하던 것을 결코 잊을 수 없습니다. 할머니는 우리가 곁에 있어 주기를 원했지만 우리는 할머니의 고통 앞에서 물러났습니다." 장례식 날 마침내 평안한 할머니의 얼굴을 본 로시는 『죽음과 함께 하는 삶』에 이렇게 썼다. "결국 가족들이 할머니의 죽음을 두려워했기 때문에 할머니가 불행했다는 것을 깨달았습니다. 그 순간, 나는 다른 사람들이 죽을 때 그곳에 있어 주는 연습을 하기로 마음먹었습니다."

의식 세계로의 탐험

조안은 마이애미 의과대학에서 죽어 가는 사람들을 위해 일하기 시작했다. 1972년 그녀는 체코슬로바키아 출신의 정신과 의사 스타니스라브 그로프Stanislav Grof와 결혼했다. 그는 국립 정신 건강 연구소 National Institute of Mental Health의 죽어 가는 사람들을 위한 부수적인 심리 치료로 LSD 환각제를 사용하는 프로젝트의 의료 소장이었다. 이 커플은 몇 년간 결혼 생활을 하며 협력했지만 헤어졌고, 조안은 자신의 친구인 유명한 신화학자 조셉 캠벨Joseph Campbell과 함께 일하기 위해 뉴욕으로 갔다. 미국과 티벳의 토착 문화를 연구하고 이 외딴 산악 지역의 치료 체계를 탐구하기 위해 인류학자들을 초빙했다. 멕시코의 후이촐 Huichol 인디언들과 함께 살면서, 고통을 견뎌 낸 후에 더 현명하고 강력한 "상처 입은 치료사"가 된 무당들이 죽음과 재탄생의 은유적 경험을 하는 것을 목격했다. 그녀는 몇 년간 샤머니즘과 불교 공부를 병행했다. 1993년에 인기 있었던 책 『유익한 어둠The Fruitful Darkness』에서 그녀는 첫 티벳 여행, 미국에서 그녀의 과업을 기록하고 이 세계 간의 연결을 조명했다.

궁극적으로 그녀는 선불교를 자신의 길로 선택했다. "수행의 본질은 고요함과 침묵 속에 앉아 커다란 고통 속에서도 당신의 척추에서 움직이지 않는 단단한 중심축을 찾는 것입니다. 나는 그 고요를 맛보았고, 그것이 약이 된다는 것을 알게 되었습니다."[13] 조안은 1970년 중반부터 한국 선사인 숭산 스님ᶜ과 함께 십 수년간 공부했고, 1990년에 베트남 틱낫한 스님ᵈ에게서 다르마 전승을 받았다.

틱낫한 스님을 만난 후 그녀는 사회 행동으로서 평화에 대한 그의 신념을 탐구했다. 그는 대립적이고 도발적인 활동가에서 좀 더 온화한 급진주의자로 변모했다. 조안은 "양쪽의 고통을 보고 느낄 수 있고 어느 한쪽을 취하지 않는 한 남성이 있었습니다.[14] 나는 그가 행동으로 명상을 가르치는 것을 보고 모든 것이 수행 경험이 될 수 있음을 깨달았습니다. 우리의 일상은 자신과 타인을 고통으로부터 해방시키기 위한 깨어 있음의 수레입니다.[15]" 그녀는 그녀의 삶에서 빠진 부분을 봉사와 명상 수행 간의 관계로 규정했다.[16]

외유내강

그녀는 1979년 불교에 기반을 둔 캘리포니아 수련회 오재 재단Ojai Foundation을 설립했다. 11년 동안 전기도, 수도도, 배관도 없는 텐트는 그야말로 "땅 위에서"의 삶이었다. 그녀는 빡빡하고 실험적인 공동체 생활을, 얇은 투명막으로 사생활이 거의 없는 "뚫린 삶"으로 설명한다. 이 재단은 조안이 초빙한 토착 스승부터 서양 학문에 이르는 특별한 교수진들로 인해 "마법사 캠프"라는 별명으로 불렸다.

오재 재단은 미국에서 카오스 이론, 민속 식물학, 신경 과학 및 꿈 연구에 대한 워크숍을 개최했을 뿐만 아니라 틱낫한 스님의 첫 명상 수련회도 열었다. 젠과 병행하여 로시가 "모범적인 인간이자 강력한 스승"이라고 묘사한 닝마파의 거장 착둡 린뽀체와 함께 티벳 불교를 가장 집중적으로 공부했다. 그녀는 그에 대해 "굉장한 친밀감을 느꼈으며 그의 투명함을 사랑했습니다."라고 말했다.

42세에 로시는 양쪽 눈의 종양을 제거해야 했다. 그 과정에서 방사선 사고로 눈에 심각한 화상을 입어 몇 달 동안 안대를 착용해야 했다. 이 일로 그녀는 다시 내면의 세계로 들어갔다.[17] 어머니의 죽음과 함께 반강제적으로 고립되면서 고독을 갈망하고 "아무도 아니고 아무것도 하지 않는" 것을 원하면서 자신이 공동체에 계속 관여하는 것에 의문을 갖게 되었다.[18] 그럼에도 불구하고, 2년의 여정 동안 어느 곳에서도 5일 이상 머물지 못하자 그녀의 사명은 다시 한 번 분명해졌다. 바로 죽어 가는 사람들과 함께하는 것이었다.

목격자가 되다

그 후 몇 년 동안, 조안은 죽어 가는 사람들과 침묵 속에서 대화하는 수행을 오늘날까지 이어오고 있다. 그녀는 어떤 감정과 경험이 발생하든 간에 자신과 환자 모두 "목격"할 수 있도록 알아차림을 가지고 어려움을 맞닥뜨리도록 도왔다.

그녀는 돌봄 제공자를 지원하기 위해 죽음과 함께 존재하기 프로젝트the Project on Being with Dying를 설립하고 17년간 삶의 마무리 돌봄을 할 수 있는 전문가들을 훈련해 왔다. 그녀가 쓴 책 『죽음과 함께 하는 삶』의 핵심적 주제 중 하나는 '외유내강' 즉 '강한 뒷모습, 부드러운 앞모습'인데 이것은 평정심과 연민 사이의 관계라고 설명했다. 강한 뒷모습 즉 '내면의 강함'은 평정심이며 실제 자신을 지탱하는 능력이다. 부드러운 앞모습은 '있는 그대로에 열려 있는 것'이다. 대부분의 괴로움은 두려움에 뿌리를 두고 있다는 것을 인정하면서, 그녀 삶의 과업 중 하나는 "두려움에서 자유로워지는 것이 어떤 것인지 보여 주는 일종의 롤 모델이 되려고 노력하는 것"이다.

그녀는 "연민을 실현할 수 있는 유일한 방법은 두려움 없는 중도를 통해서입니다."라고 말한다. "왜냐하면 다른 사람의 괴로움을 진정으로 느끼고 괴로움을 변형시킬 수 있도록 섬기고자 결심하는 깨어 있는 마음을 허용하는 것은 엄청난 용기가 필요하기 때문이죠."

로시는 다른 사람의 괴로움에 열린 마음을 갖는 심오한 불교 수행에 대해 말한다. "그들이 어떤 질병과 괴로움을 겪고 있든지 간에, 우리도 역시 경험하고 있습니다. 비록 그것이 직접적으로 우리 몸을 괴롭히지는 않을지라도 말이죠.[19] 우리는 함께 여행하고 있는 겁니다."

로시가 말한 두려워하지 않는 마음은 자신의 약점을 인정하는 용기를 포함한다. "때론 나도 내가 더 연약하다고 느낄 때가 있습니다."라는 것을 받아들인다. "제 삶은 여러 면에서 어려웠습니다. 대부분의 경우 그 어려움이 나의 내면을 튼튼하게 해 주고 나를 유연하게 만들어 주었다는 것은 놀라운 일이 아닙니다. 하지만 우리 대부분은 '강한 앞모습, 부드러운 뒷모습'이기 때문에 고통받습니다. 여기에 저도 포함됩니다. 저도 피곤할 때 뱉은 말이나 행동이 옳지 않다고 느낍니다."

그녀의 오랜 친구인 작가 나탈리 콜드버그Natalie Coldberg는 이렇게 말한다. "그녀는 겁이 없어요, 맞아요. 하지만 저는 그녀의 깊은 곳도 알고 있죠. 그녀는 다른 사람들처럼 약하고 부드러우며 또한 겁을 먹습니다. 이것이 그녀를 두려움 없게 합니다. 그녀의 두려움 없음은 벽돌처럼 단단한 것이 아닙니다. 그것은 세상에 대한 온정에서 나오는 것이지요."

속세로 내려와 더러워진 불교

1992년 자선가인 로랑 록펠러Laurance Rockefeller와 리처드 베이커 로시Richard Baker Roshi[e]는 뉴멕시코의 산타페 강과 체로 고르도Cerro Gordo 산 사이에 있는 집을 조안에게 주었다. 그녀는 황폐한 사막의 땅에 새 수행 센터를 짓기 시작했다. 센터 이름을 '숙련된 방편'이라는 뜻의 산크리트어, 우빠야Upaya로 이름 지었다. 지금 우빠야 협회Upaya institute와 젠 센터Zen center는 넓은 명상 홀과 화려한 정원이 있는 어도비

벽돌 건물로 지어진 복합 건물이다.

우빠야에 있는 그녀의 거실은 그녀가 여러 문화와 유대를 갖고 있다는 것을 잘 보여 준다. 두꺼운 어도비[g] 벽은 정교한 티벳 천 그림으로 장식되어 있고 대나무 뿌리를 깎아 만든 중국 보살상이 미국 원주민의 키바 벽난로에 우뚝 서 있으며, 벽난로 옆에는 캄보디아의 고대 동상이 있다.

우빠야 명상 홀에는 일본인 예술가 마유미 오다Mayumi Oda가 그린 그림이 걸려 있다. 자비로운 야생의 따라보살처럼 흩날리는 금발 머리와 선명한 파란 눈을 가진 로시 조안이 노견 도밍아를 옆에 두고 지혜의 땅에 둘러싸인 그림이다. 조안은 우빠야 공동체가 성장하는 동안 틱낫한 스님과 그의 공동체와 함께 수행을 계속했다. 그러나 1995년 그녀는 로시 버니 글래스만Roshi Bernie Glassman[f]에게 자신의 주 스승이 되어달라고 부탁했다. 그것은 많은 면에서 큰 변화였다. 유대인 뉴요커인 글래스만은 브론스 노숙자들 속에서 몇 주씩 생활하는 '길거리 안거 수행'을 이끄는 것으로 유명하다. 조안은 "틱낫한은 세상의 선과 불교를 위한 특별한 힘을 갖고 있습니다. 나는 그의 가르침으로 더 깊이 성장했습니다. 그는 멋집니다. 하지만 나는 '멋진' 불자가 아닙니다. 나는 '속세로 내려와 더러워진' 그런 종류의 불교에 더 관심이 많습니다."라며 변화한 이유를 설명한다.

그녀는 길고 두꺼운 머리카락을 잘랐다. 글래스만은 선종의 피스메이커Zen Peacemakers 계율에 따라 로시에게 수계를 내렸다. 이 법맥은 수행자들의 금욕을 요구하지 않는다. 그러나 로시는 "90년대 중반, 선종 수행자 수계를 준비하던 시절, 오로지 가르침을 섬기는 것에 전념하고 싶어서 독신자가 되는 것"을 선택했다. "젠 센터의 선원장으로서 전 세계 사람들을 가르치는 사람과 일차적인 관계를 갖는다는 것은 개인에게도 나의 파트너에게도 부담이 될 겁니다." 그녀가 금욕 서약을 공식화한 것은 더 이상 구속되지 않은 방식으로 움직일 수 있게 만들었다. "제게 다가오는 남자들은 제가 독신주의자라는 것을 알고 있습니다. 왜냐하면 세상 모두가 알고 있기 때문입니다. 그러면 문제는 더 간단해집니다. 상대는 '당신의 삶을 세상에 바치고 있군, 당신은 모든 존재를 위해 사는 사람'이라는 것을 다시 한 번 알게 되죠."

우빠야의 선원장으로서 로시는 자비로운 보살핌의 가르침을 다문화적, 정치적 요소와 결합한다. 그녀는 부족의 지도자, 출소자, 환경 운동가, 가톨릭 사제, 제인 폰다처럼 다양한 스승을 초대한다. 그리고 자신이 인터넷 뉴스의 '중독자'이자 소셜 미디어를 활발하게 사용하는 사람임을 인정하며, 종종 현재의 사건을 그녀의 법문에 포함하기도 하고 미국이 이라크와 아프가니스탄을 점령한 것에 반대하는 목소리를 높이기도 한다. 그녀는 몇몇 티벳 불교 스승을 강연자로 우빠야에 초대했다. 애틀랜타에 있는 데풍 로셀링Drepung Loseling 승원의 스님들은 휴가철마다 명상실을 가득 채우고 태고의 옴 진언을 한다. 로시는 "불교가 거대한 뿌리를 갖고 있고 8만 4천 개의 가르침으로 가는 문이 있다는 것을 이해하는 것은 매우 유용하다고 생각합니다."라고 말한다. 덧붙여 그녀는 또 다른 불교 종파에 발을 들여놓는 것이 "우리 종파를 다른 시각으로 보는 데 도움이 된다"고 했다.

나탈리 골드버그Natalie Goldberg는 "그녀가 가진 풍부한 배경을 젠으로 가져옴으로써 수행을 최신의 상태로 생생하게 만듭니다."라고 말한다. 로시 베르니는 로시 조안을 특별하게 만드는 것이 "시대와 장소에 필요한 새로운 형태의 수행을 창조하는 그녀의 능력"이라고 말한다.

네팔 훔라의 유목 진료소에서, 네팔 남성과 그의 아이와 함께

사진 제공 조안 할리팩스

로시는 의료 돌봄 제공자들에게 바르도에 대해 가르칠 때 불교 신자가 아닌 사람들도 알아듣기 쉬운 언어를 사용한다. 그녀는 "잠이 드는 것만으로도 의식이 전환되는 중간 상태를 경험할 수 있습니다.", "우리가 들이쉬고 내쉬는 모든 숨이 바르도입니다."라고 설명했다. 그러나 "저는 죽음 후 바르도와 죽음의 순간을 구별할 수 있다고 생각하지 않아요. 진짜인지 모르기 때문이지요. 그러나 그런 순간들을 실신, 마취, 잠드는 과정 등에 비유할 수는 있습니다."라고 덧붙인다.

그녀는 유대인이나 기독교 돌봄 제공자들이 죽음을 위한 전통적인 티벳 매뉴얼인 『티벳 사자의 서』를 문자 그대로 받아들이는 것을 권장하지 않는다. 모든 문화는 고유한 문화적 이미지에 따라 좌우되기 때문에, 죽음 이후 전환하는 시기에 대한 설명에서 피로 가득 찬 해골을 들고 있는 신과 같은 것이 서양인들에게 나타날 수 있는 것을 우려한다. 그녀의 의견에 따르면 이 책에서 눈에 보이는 것들은 "실제로 나타나는 특정한 신이 아니라 마음의 상태를 나타내는 것"이다.

'좋은 죽음'에 대한 잘못된 신념의 해체

로시는 지난 몇 년 동안 친구와 환자를 잃는 일을 조금 더 쉽게 감당할 수 있게 되었다. "저는 죽음을 삶의 일부로 봅니다. 나와 아주 가깝거나 특별한 사람들을 위해 슬퍼합니다. 저는 슬픔을 전혀 거부하지 않아요. 나에게서 슬픔을 단 한순간도 떨어뜨리지 않을 겁니다." 그녀는 일부 사람들이 부정, 저항, 심지어 고통스러워 하며 떠나는 것을 지적하며, '좋은 죽음'에 대한 믿음을 해체하고자 한다. "저는 '좋은 죽음'이라는 용어가 큰 문제라고 생각합니다. 모든 죽음에는 저마다의 이야기가 있고, 죽음이라고 부르는 목적지로 가는 각자의 독특한 여정을 존중해야 한다고 생각합니다."

죽어 가는 사람들과 함께 일하면서 로시는 테라바다 불교나 선불교 그리고 티벳 수행을 함께 공유했다. 특히 로시는 티벳 불교가 선불교보다 더 세분화된 방식으로 자비롭고 깨어 있는 마음 수행인 보리심을 표현한다는 점에 주목하면서 보리심 수행을 강조한다. 티벳, 미얀마, 난징에서 병원 및 교도소의 열악한 환경에서도 연민의 지혜가 그 일을 계속하는 데 도움이 되었듯이, 의료 돌봄 제공자들도 연민의 지혜를 활용해 자신이 하는 일에 대한 깊은 의미를 깨닫고 그들만의 회복성을 높일 수 있다. "보리심은 제가 이 세상에서 계속 나아갈 수 있는 힘을 주었습니다.", "또 부지런함과 큰 사랑으로 일하는 것 그리고 어려운 상황에서도 다르마를 향해 나아갈 수 있는 큰 기쁨도 알게 해 주었죠."

무덤 너머의 유머

오재 재단에서 착듭 린뽀체는 의료 종사자들을 위해 심오하고 효과적인 포와 수행 워크숍을 이끌었다. 린뽀체 자신이 체득하고 있었기 때문에 그들은 "전승 방식으로" 수행을 배울 수 있었다고 말한다. 포와 수행에서는 죽어 가는 사람의 의식은 몸의 중심 기맥을 따라 머리 꼭대기로 옮겨진다. 로시를 포함해서 린뽀체의 포와 수업을 듣는 모든 학생이 "천문이 부드럽게 부어오르고, 머리에 약간의 물방울이나 이슬점이 맺히며, 때로는 정수리에 피가 나는" 것과 같은 성취의 징후를 보였다. 로시는 "이러한 성취는 실제 상황에 수행 기술을 적용했기 때문입니다. 이것은 이론적인 것이 아닙니다."라고 언급하며 이러한 수행법에 대한 그녀의 믿음은 수년에 걸쳐 커졌다고 말한다.

사람들이 로시가 불교 스승임에도 거실에 가죽 소파가 있는 이유를 묻자 그녀는 산타페에서 에이즈로 죽어간 젊은 남자 패트릭Patrick의 이야기를 꺼냈다. 그녀는 많은 시간을 그의 머리맡에서 함께 철야 수행을 했다. "그는 어떤 것들은 큰 고통으로 남고, 어떤 것들은 큰 기쁨과 행복으로 다가오는 다양한 단계를 거쳤습니다."라고 회상했다. 패트릭의 집에서 철야 수행을 한 지 거의 24시간이 지난 어느 날 밤 3시 경, 그녀는 잠을 청하러 떠났다. 그녀는 "잠이 들어 깊은 꿈에 빠졌어요. 꿈속에서 패트릭의 방으로 걸어 들어갔고 거기에 그가 있었습니다. 그는 네다섯 살짜리 소년 같았고 그의 정수리에는 콘돔 같은 것이 있었죠. 콘돔에서 나오는 희고 빛나는 가루가 공중으로 올라가고 있었습니다. 이 꿈이 자각몽이라는 것을 알았고 그 순간 그가 죽었다는 것을 깨달았습니다."라고 말했다. 그녀는 깨어났고 전화벨이 울리기 시작했다. 간호사가 패트릭이 방금 사망했다고 말했다. 로시는 차를 몰고 돌아왔다. "나는 그와 다시 포와를 했어요. '다시'라고 말하는 건 내가 꿈에서 이미 그것을 한 것 같아서입니다. 혹은 그가 해낸 것일 수도 있지요." 콘돔의 상징에 대해 그녀는 "그는 성적으로 매우 활발한 젊은이였습니다. 꿈의 상태에서는 사물로 연상될 수 있습니다." 패트릭은 유언으로 우빠야에 안락한 갈색 가죽 소파를 남겼다. "패트릭이 준 선물이었어요."라고 그녀가 말한다. "그건 아마 농담이었을 거예요."

나는 그러지 않을 거야!

때때로 사람들은 그녀에게 죽음에 가까운 사람들과 함께하면서 아픈 몸과 슬픈 마음을 목격하는 것이 힘든지 묻는다. 그녀는 이 일을 시작했을 때 두려움을 느꼈다는 것을 흔쾌히 인정한다. '나는 마치 그분들이 가진 유방암, 대장암, 자궁암, 에이즈와 같은 병을 내가 가지고 있는 것처럼 느꼈어요. 어느 날, 나는 그들이 가진 것과 똑같이 나도 이미 가지고 있다는 것을 깨달았습니다. 나는 암에 걸린 사람, 에이즈에 걸린 사람과 분리되어 있지 않았습니다. 내가 이미 가지고 있는데, 갖게 되는 것을 어떻게 두려워할 수 있겠어요?"[20]

로시는 그녀가 아주 어릴 때 앓았던 질병의 경험을 통해 삶을 일시적인 것으로 보게 되었다고 확신한다. "나는 시간을 낭비하고 싶지 않았어요." 몇 년 전 산타페 강연장에서 강의를 하던 중 로시는 낭랑한 음색으로 작가 애니 딜라드Annie Dillard의 말을 인용했다.

"모든 인생에는 항상 별 볼일 없는 친구를 사귀거나 음식을 먹고,

여행을 하고 그렇게 또 별 볼일 없이 한 해가 가고… 그러다 보면 남은 당신의 날들을 분노에 차서 투덜거리고 싶은 엄청난 유혹이 생깁니다." 그녀의 목소리는 거칠고 높아졌다. "나는…. 그러지… 않을 거야…!" 그 마지막 말은 관객들을 숨 막히는 전율의 순간으로 이끌며 홀 전체에 울려 퍼졌다. 그녀는 청중들이 "나는 그러지 않을 거야!"라고 힘차게 그 말을 반복해서 합창하게 했다.

그녀의 외침은 영감을 주는 동시에 두려움을 안겨 주었고 더 이상 잠들 수 없는 기분이 들게 했으며 위기에 처한 세상을 위해 무언가를 하겠다는 맹세처럼 들렸다. 일부 청중들은 삭발한 머리로 법복을 입은 나이든 여성이, 정제되지 않은 감정으로 그런 말을 하는 것을 매우 놀라워하는 것처럼 보였다. 그들은 얌전하며 부드럽고 평온한 비구니를 기대했을지도 모른다. 그녀는 열정에 불타는 목소리로 말을 이어갔다. "세상은 모든 면에서 더 거칠고, 더 위험하고, 더 쓰디쓰고, 더 화려하고 밝습니다."

어마어마한 불꽃

로시는 자신의 직설적인 성향 때문에 가끔 곤란에 빠진다. 그녀의 조수인 페그 머레이는 처음에 그녀가 "정말 무서운" 사람이라고 생각했다. "그녀 안에는 어마어마한 양의 불꽃이 있어요." 머레이가 말한다. "사람들은 그녀에게 그런 것을 기대하지 않습니다. 여성이기 때문에, 자애로운 강의를 원하고 항상 부드러운 성정을 가진 사람이기를 기대합니다. 물론 그런 면에서 외교적이지 못할 수 있지만 어떤 사람들은 그것을 잘못이라고 합니다. 그녀는 입에 발린 말을 하는 사람이 아니에요. 그녀는 사람들에게 강하게 말했고 그들을 두려움에 떨게 했죠. 하지만 제겐

바로 이것이 중요한 점이에요. 저는 제 엉덩이를 걷어차서 나의 극한을 보여 줄 스승을 원했죠."

몇 년간, 몇 사람이 갈등으로 우빠야를 떠났다. 우빠야의 초기 거주자인 마티 펄레Marty Peale는 "로시 조안은 자신의 판단을 신뢰합니다.", "하지만 우리는 그녀의 의견에 동의할 필요도 없고, 머물 필요도 없습니다."라고 말한다. 1999년, 펄레는 로시 조안과 불화를 겪고 공동체를 떠났다. 그러나 6년 후 그들은 서로 알던 한 친구의 죽음으로 다시 함께하게 되었다. 최근 몇 년 동안 펄레는 '쉼터'의 관리인이자 성직자 프로그램의 멘토였다. 그들의 관계가 껄끄러웠던 동안에도 펠레는 자신에 대한 로시의 사랑이 여전히 강하다는 것을 알고 있었다. 인간으로서의 어려움을 그녀도 인정한다. "우리는 괴로움을 만들어 내는 것이 우리 자신임을 알아야 하며 그녀 역시 마찬가지입니다. 그것 때문에 낙담해서는 안 됩니다."라고 펠레는 말한다. "이러한 우여곡절은 우리에게 도움이 될 수 있습니다. 그것들은 우리가 가는 여정의 일부이기 때문이죠."

로시의 어려운 면에 대한 질문을 받았을 때 나탈리 골드버거는 "한 두 번, 능숙하지 않은 방식으로 저와 대립했습니다. 하지만 우리는 그것에 대해 이야기했고 곧 괜찮아졌어요."라고 답했다. "나는 그녀의 힘이 두렵지 않아요. 나는 여성으로서 그녀가 자랑스럽고 그런 그녀를 응원합니다. 그녀는 스스로를 믿고 우뚝 섰습니다. 여성들은 여성의 성공을 지지하는 방법을 모릅니다. 그것이 그녀를 힘들게 하는 점이지요."

로시는 자신이 꽤 직설적이라는 것에 동의하며 그 접근 방식이 누구에게나 항상 편한 것은 아니라며 웃는다. "게다가 제가 항상 옳은 것은 아닙니다. 약간 직설적으로 행동할 수 있고 정말로 일을 엉망으로 망쳐 버릴 수도 있습니다. 혹은 너무나 명확하지만 타이밍이 정말 나쁠 수도 있죠. 혹자는 나의 반응을 견디기 힘들어 할 수도 있습니다. 어려운 일이지요. 사람들은 그런 여자를 안 좋아하니까요."

로시는 자신이 남자의 몸으로 태어났다면 "나는 부드러운 사람으로 보였을 것입니다. 그러나 나는 결국 여자의 몸으로 태어났죠. 나는 내가 여자의 몸으로 태어나서 기쁘고, 가끔 사람들이 나라는 사람을 받아들이기 힘들다는 것을 알게 되어 기쁩니다. 내 행동에 대해 점점을 많이 할 수 있었기에 여자로 태어나 사는 것이 좋았습니다."라고 말한다.

우상과 악마

로시는 학생들이 종종 그들 자신의 문제를 스승에게 투사하는 것을 언급하면서, 제자와 스승 사이의 관계를 세 단계로 구분한다. "이상화idealization, 악마화demonization 그리고 만약 운이 좋으면 정상화normalization입니다. 누군가가 나를 이상화하면 나는 그 에너지를 그들에게 다시 보냅니다. 자신의 기본적인 선함을 인식하는 한 가지 방법은 실제로 그것을 자신 안에서 느끼는 것입니다. 또 다른 방법은 당신이 얼마나 멍청한 사람인지 그들에게 보여 주는 것입니다. 나는 리슐리유 추기경 Cardinal Richelieu처럼 저의 선 센터 주변을 걷지 않습니다.", "나는 끊임없이 나를 조롱하고, 모두에게 나의 최악의 모습을 보여 주고, 나의 실패에 대해 이야기합니다."라고 그녀는 속삭였다.

그녀는 토론토에 있는 자신의 병실을 묘사했다. 그곳에는 3명의 학생이 그녀의 침상 옆에 앉아 있었다. "병원 환자복의 뒷부분이 활짝 열려 있어서 내가 침대에서 나올 때 엉덩이가 밖으로 삐져나왔어요. 나는 생각했죠. '이 학생들 앞에서 한 달 안에 법복을 입고 앞에 앉아야 할 텐데.'라고요. 말하자면 그들은 정말로 볼꼴 못 볼꼴까지 다 봐야 했던 셈입니다. 이것 때문에 바로 '존엄사'라는 용어를 싫어하게 되었습니다. 그 말은 과대 광고나 다름없지요. 대체 누가 위엄이 있어야 할까요? 질병은 매우 품위 없는 과정인데 말이죠.”

성적인 잘못에 대한 강력한 입장

아마 모든 스승들이 흠을 가지고 있겠지만, 로시의 눈에 성범죄는 또 다른 문제이다. 로버트 아이트켄 로시Robert Aitken Roshi[h]가 보관하고 있던 기록에 따르면 2010년, 선사였던 에이도 쉬마노Eido Shimano[i]가 45년 넘게 제자들과 성관계를 가졌다는 스캔들이 터졌다(시마노는 공개적으로 혐의를 부인했지만 뉴욕 선학회에서 물러났다). 로시 조안은 '경계의 폭력과 신념violation of boundaries and faith'이라 불린 이 사건에 관심을 표명하며 우빠야 웹사이트에 공개적인 글을 올렸다.[21]

그녀는 남성 성직자의 성적 부정행위에 대해 다음과 같이 썼다.

만약 당신이 어떤 종교의 어두운 그늘을 깊게 드리우고 싶다면, 지혜와 연민을 위선으로 바꾸세요. 그리고 여성 대중과 성관계를 가진 남성 성직자들이 여성을 무례하게 대하거나 학대하거나, 강간하거나 비하해서 생기는 갈등을 지지하세요. … 저는 수년 동안 불교계의 여성들에 대한 폭력에 일치된 반응을 기다려 왔습니다. 이러한 문제에 더 큰 공동체가 주목하지만 우리 여성들은 수치와 외면을 받았습니다.

그러나 현재는 이렇게 쓰고 있다.

불자들은 마침내 그것을 받아들이고 있습니다. 당신은 종교인들의 약탈적인 행동에 맞서 강해져야 하고 목소리를 높여야 합니다. 권력에 진실을 말해야 하고, 크게 외쳐야 합니다. 그리고 행동해야 합니다.

이에 대한 응답으로 로시는 엄청난 양의 이메일과 편지를 받았다. 대부분 그녀의 입장을 지지했지만 일부는 페미니즘이 시대에 뒤떨어졌다고 판단하거나 로시가 자기 잇속만 차리는 사람이라고 비난했다. 어떤 메시지는 제자들과 불륜에 빠졌다고 알려진 또 다른 스승인 초걈 뜨룽빠 린뽀체와 관련된 여성(또는 그 여성의 파트너)이 써서 보냈다. 일부 여성들은 뜨룽빠와의 관계가 유익했다고 주장했지만, 그녀의 평가에 따르면 "나에게 편지를 보낸 대부분의 사람들은 이러한 만남으로 깊은 고통을 겪었습니다."라고 말했다.

독을 마시다

로시는 70년대와 80년대에 뜨룽빠와 많은 만남을 가졌다. 그녀는 그가 설립한 나로빠 대학에서 가르쳤고, 그녀도 자신이 만든 프로그램의 교수진으로 그를 초대했으며 그와 함께 일본으로 여행을 갔다. 그녀는 그가 여러 번 자신에게 부적절한 행동을 했다는 것을 공개적으로 알렸다. 로시는 "뜨룽빠는 엄청난 상상력과 사람을 끄는 능력을 가진 비전 있는 사람이었습니다."라고 회상한다. "그는 사유의 선구자였고 당시 미국 무대를 강타한 예술가였습니다. 우리 중 많은 이들이 그의 공동체, 글, 가르침에 매우 흥미를 느꼈고 우리는 그에게 매료되었습니다."

그러나 그녀는 그의 제자가 되지 않기로 결심했다. "저는 그의 가르침이 그가 하는 행동 때문에 망가지는 것을 느꼈습니다. 어떤 사람들은 그것이 가르침이라고 말했습니다만 그것은 제가 원하거나 필요로 한 가르침은 아니었어요." 인권 운동가, 반전 운동가 그리고 페미니스트로서 그녀는 그의 행동이 매우 문제가 많다는 것을 알았다. "저도 꽤 거친 삶을 살았지만", "똑같은 독을 마시고 싶진 않았어요. 알코올 중독에, 섹스 중독자로 보이는 사람과 함께 내 삶을 곧게 할 수 있을 것 같지 않았습니다."

이런 상황을 만들어 낸 요소를 "영적 스승에 대한 우상화와 이상화"로 설명하며 "그것은 현실적이지 않죠."라고 말한다. "결국 나는 어떤 것도 그에게 전혀 도움이 되지 않았다고 생각합니다. 실제로 그는 몇 사람에게 피해를 입히며 그림자를 드리웠기 때문입니다." 그의 많은 학생은 이 점에 대해 그녀에게 동의하지 않을 것이고 그녀에게도 그렇게 말했을 것이다. "하지만 그 일들을 돌아보면 그때 그에게 더 글로벌한 방식으로 세상을 볼 수 있도록 도와줄 친구나 동료, 스승이 없었다는 아쉬움이 남습니다. 한 인간으로서, 한 여성으로서, 나는 내 몫의 실수를 한 것입니다."라고 인정한다.

"하지만 페미니스트로서 나는 스승과 제자 간의 경계를 종교가 침범하는 것을 용납할 수 없다는 사실을 분명히 하고싶습니다.", "신뢰를 바탕으로 한 경계가 무너지면 폭력이 되고 그 일은 불법승 삼보를 직접 공격하는 것이나 다름없죠."

로시는 학생들에게 영적인 스승을 이상화하는 대신, "그들에게 투사한 스스로의 모습을 거둬들이고 자신의 깨달은 본성과 착각에 빠진 본성을 알게 되기를, 그래서 모든 인간의 현혹된 본성, 깨우친 본성을 보게 되기를" 권한다. 그녀는 완벽한 부모에 대한 갈망은 우리로 하여금

달라이 라마와 함께

사진 제공 조안 할리팩스

영적 또는 교육적 상황에서 나타난 잘못된 행동을 정당화하게 만들 거라고 추정한다. "티벳 불교에서 스승에게 삶을 맡기는－사마야 서약－수행은 여러분을 더욱 충실하게 하고 스승의 날개 아래 있도록 합니다. 그런데 이것은 우리 문화에서 사회적으로 옳고 그름을 판단하고 인지하는 판단력을 떨어뜨릴 수 있습니다."

그녀는 자신이 경험한 "문화적 편견"에 대해 동양인 스승들과 솔직하게 이야기한다. "동양의 성향은 조화의 추구이며, 서양은 투명성의 추구입니다." 로시는 이 여정에서 서양인으로서 그리고 여성으로서 "항상 받아들여지지 않았습니다. 불교는 여성을 다소 열등하다고 여기는 성 편견이 있습니다." 그녀는 틱낫한 스님이 많은 여성들에게 권한을 부여했음을 인정하지만, "서양인이 서양인에게로의 직접적인 소통"을 갈망했다. 이런 갈망 때문에 로시는 미국인인 로시 버니 글래스만을 자신의 근본 스승으로 삼기로 결정했다. "많은 동양 스승들은 자신이 항상 옳다고 생각합니다. 반면 버니의 첫 번째 교리는 '항상 모른다'입니다."
그녀는 달라이 라마의 본보기를 따라 스승들이 도덕적으로 건전한 사람이 되어야 할 책임이 있다고 믿는다. 로시는 달라이 라마가 특히 윤리와 보편적 책임에 대해 가르치는 것이 그녀의 삶에 "매우 의미있는 영향"을 주었다고 생각한다. "달라이 라마는 진정으로 종교 간의 차이를 잘라낼 수 있는 세속적 윤리를 원합니다." 그녀는 1987년부터 학자, 과학자 그리고 세계 명상 전통의 대표자들 사이의 대화를 주최해 온 비영리 단체인 '마음과 삶 연구소Mind and Life Institute' 회의에 달라이 라마와 함께 했다. 이 연구소의 설립자 중 한 명인 로시는 이사회 멤버이자 중재자, 발표자로 활동하고 있으며, 이 모임은 종종 다람살라에서 열린다.

"매년, 때로는 1년에 두 번 달라이 라마의 거실에 앉아 친밀한 분위기에서 모임을 갖는 것은 고무적인 일입니다." 그녀는 "신경 과학자와 철학자에게 교육받을 수 있는 기회"를 축복한다. "우리는 이런 대화를 나누며 명상적 신경 과학의 모든 분야를 살펴 왔습니다." 전문가들은 종종 명상의 효과에 대한 새로운 과학적 증거를 제시하는데, 이러한 결과들은 의료 환경에 종사하는 로시에게 깊은 영향을 미쳤다. 이 협회를 통해 활발하게 활동하는 우빠야의 신경 과학자, 심리학자, 철학자들의 연례 모임인 젠브레인Zen Brain이 설립되었다.

'마음과 삶 연구소'는 초기에 남성 중심이었지만, 로시는 달라이 라마 및 이사회와 비공개적으로 대화를 나누며 성평등을 옹호해 왔다. 달라이 라마는 이러한 요청을 받아 주었고, 비구니를 포함하여 더 많은 여성들이 참여할 수 있도록 여성들을 초대함에 따라 성비가 빠르게 변화하고 있다. 여성, 환자, 죄수와 같은 사람들을 옹호하는 일은 로시의 활동 전반에 걸친 실타래이다.

마티 팔레marty Peale는 오늘날 우빠야는 리더 역할을 하는 여성들이 함께하는 여성을 위한 강력한 중심지라고 말한다. 하지만 그녀는 "우리 모두 아마 앞으로 20년 후에는 로시 없이 살아가야 할 것이라는 것을 알고 있습니다. 우리는 그녀의 유산을 어떻게 유지할지 고민하고 있습니다. 우리 중 누구도 그녀가 이룬 것을 할 수 없어요. 팀이 꾸려져야 할 것입니다."라고 말한다.

힘들고 피곤하지만 즐겁고 영감을 주는 일

사고를 겪은 후, 로시는 일의 우선순위를 주의 깊게 살펴보았다. 건강을 되찾고 나서는 더 큰 세상으로 나아가기로 결심했다. 이제 그녀는 거의 끊임없이 전 세계를 여행하고 가르치고 있으며, 이따금씩 안거수행을 이끌기 위해서 우빠야로 돌아온다. 그녀는 스위스에서 열리는 세계 경제 포럼으로 떠날 예정인데, 그곳에서 그녀는 "신경 윤리학: 도덕과 문제의 결합"과 "감정을 다스리는 과학"과 같은 몇몇 토론회의 토론자로 참여할 것이다. 또한 현재 태국, 미얀마, 일본, 인도, 말레이시아에서도 가르치고 있는데 이는 서양의 여성 불자가 본래 지리적으로 시초인 곳에 불교 가르침을 되돌려주는 흥미로운 과정이다.

로시의 머리는 짧고 강철처럼 곱슬거린다. 그녀는 활력이 넘치고 맑은 정신을 갖고 있다. 사고 후 재활 과정을 "힘들고 피곤했지만 즐겁고 영감을 주는" 일이라고 이야기한다. 그녀는 최근 체력을 회복하고자 티벳을 여행했다. "사고와 재활은 아주 긴 터널의 끝, 영적인 빛이었습니다."

사고 이후 그녀는 다양한 강도의 고통을 겪었다. "저는 '고통스럽지만 괴롭지는 않다'는 접근 방식을 취하려고 노력합니다. 나이 든 사람처럼 훨씬 더 천천히 조심스럽게 걷고 있지요." 그녀는 네팔 – 티벳 트레킹을 하면서 오랜 시간 말을 탔는데, 좁은 산길과 말을 탄 남들보다 높은 위치 때문에 "때로는 상당히 무서웠다"고 표현했다. "걷는 것보다 훨씬 무서웠어요. 하지만 말이 죽고 싶어 하지 않았고 나는 그저 내려놓았습니다."

로시는 티벳 고원과 같은 끝없는 풍경에서 에고가 이상한 일들을 저지른다고 말한다. 에고는 기도 깃발이 매달린 오두막이나 멀리 있는 사원과 같이 눈에 보이는 물체에 집착함으로써 스스로를 구체화하려고 한다. "어떤 사람들은 안달하며 짐 가방을 들고 텐트로 돌아가 수행하고 싶어 합니다. 너무나 광활한 공간 속에서 우리는 기준점이 되는 모든 감각을 잃어버립니다. 마음의 풍요로움이란 마음을 천천히 바라보고 천천히 이완하는 것입니다. 어느 곳도 향하지 않은 채 고원 위를 오래 걷고 하늘을 향해 눈을 돌리는 것입니다. 그 광대함에 단지 자기 자신을 여는 것입니다."

주

a 로시는 스승에 대한 일본어 존칭이다.

b 도겐 젠지Dogen Zenji. 13세기 일본의 조동종 선Soto Zen 운동의 창시자.

c 숭산(1927 – 2004) 스님은 미국에서 가르침 활동을 했던 첫 번째 한국 선사이며, 국제 관음선종International Kwan Um School of Zen을 설립했다.

d 틱낫한(1926 – 2022) 스님은 베트남 수도승이자 선사이며 그의 광범위한 글은 서양에서 불교를 이해하는 데 지대한 영향을 미쳤다. 그는 프랑스에 플럼 빌리지 수도원을 설립했으며 상즉종Order of interbeing을 설립했다.

e 젠타츄 리처드 베이커Zentatsu Richard Baker(1936 –), 조동종 미국인 선사로 13년간 샌프란시스코의 선 센터 선원장을 역임했다. 다르마 상가Dharma Sangha 설립자이기도 하다.

f 테츄겐 버나드 글래스만Tetsugen Bernard Glassman(1939 –). 젠 피스메이커의 공동설립자, 미국 선불교 작가.

g 역자 주: 미국 서남부에 분포하는 모래 성분의 점토로 굽지 않고 말려 벽돌로 쓴다.

h 로버트 아이트켄 로시 Robert Aitken Roshi(1917 – 2010) 평신도로서의 삶을 선택한 하라다 야스타니Harada-Yasutani종파의 교리 스승이다. 사회운동가인 그는 부디스트 피스 펠로우십Buddhist Peace Fellowship의 창시자 중 한 명이다.

i 에이도 타이 시마노Eido Tai Shimano(1932 –) 일본 임제종Rinzai 선종 법사로 최초로 미국에 임제종 법맥을 창립했다. 그는 맨하탄에 선 센터를, 뉴욕 캐츠킬스에 사원을 세웠다.

11

콜로라도주 따라 만달라에서, 라마 출팀 알리언

사진 로리 피어스 바우어 ©Laurie Pearce Bauer

출팀 알리언

TSULTRIM ALLIONE
(Joan Rousmanière Ewing)

깨어난 페미니스트
세 자녀의 어머니로, 베스트셀러 저자로
11세기 티벳 성자의 발자취를 따라가다[1]

기품 있는 티벳의 법상은 전통 예술가들이 정교하게 조각했지만, 비단 가사를 입고 법상에 오른 주인은 전혀 전통적이지 않다. 키가 크고, 푸른 눈을 가진 그녀는 곧은 은회색 머리에 뾰족한 붉은 다키니 모자를 쓰고 자신감 있게 종[a]과 양면으로 된 다마루[b]를 연주하고 있다. 라마 출팀 알리언은 '잘라 내기(또는 끊어 내기)'의 의미를 가진 마칙 랍된Machig Labdron의 쬐chöd 관정을 줄 참이다. 출팀이 마칙의 대표적인 수행 의식을 진행하면, 11세기 아주 비범했던 이 티벳 신비주의자를 떠올리게 된다. 그녀는 티벳 역사상 가장 존경받는 요기니 중 한 명이기도 하다.

1947년 메인Maine에서 태어난 할머니 '출팀 알리언'과 1055년 중부 티벳에서 태어난 요기니 '마칙 랍된'은 시간과 공간적으로는 거의 멀어질 수 없는 영적 자매다. 몇 년 전에 출팀 알리언은 마칙의 환생자[c]로 인가를 받았다.

출팀은 울부짖는 듯 기괴한 소리가 나는 대퇴골로 만든 피리 '깡링kangling'을 능숙하게 불어 마칙 수행의 가피를 내린다. 마칙 랍된의 쬐 의식은 상식적인 생각과 반대로 공포의 대상을 다루는 방법론이다. 마칙은 내면의 적에게 달아나는 대신 마음을 열어, 그 악마를 부양하라고 지도했다. 마칙의 정의에 따르면, 악마는 피에 굶주린 괴물이 아니라 우리 안에 함께 거주한다. "악마는 우리의 집착과 공포, 만성 질환 또는 우울, 불안, 중독과 같은 보통의 문제일 뿐"[2]이라고 출팀은 설명한다. "그들은 내면에서 우리가 싸우는 세력입니다."[3] 역설적이게도 포용하면 그 악마의 힘이 약해지면서 통제가 느슨해진다. 사찰에서 출팀은 마칙의 서약을 되풀이한다. "이 관정은 모든 장애를 행운의 길로 바꿔 줍니다. 환자는 질병을 통해 가피를 얻게 됩니다. 역경은 수행의 동반자가 됩니다. 천 번의 '나를 보호하라'보다 한 번의 '나를 먹어라, 나를 끌고 가라'가 낫습니다."

예로부터 전해 내려온 관정 의식은 불법이 마침내 서양에 성공적으로 안착했다는 것을 증명하듯 현대의 앙코르와 함께 끝난다. 잘 생긴 젊은 학생이 또 다른 여성 영웅인 레이디 가가Lady Gaga에게 경의를 표한다. 곧 200명의 학생들이 'Born This Way'의 리듬에 맞춰 손뼉을 치며 랩을 하는데, 영리하게 팝 스타의 노래 가사를 상황에 맞게 수정했다.

우리는 수행할 거야
깨어날 때까지
째째하게 굴지 말고

다키니가 되어 봐!

깨달은 여성을 찬탄하다

출팀은 '깨어난 마음의 원형, 깨달은 여성에 대한 찬탄'이라고 부르
는 자신의 사찰 '따라 만달라Tara Mandala'에서 관정을 준다. 만달라는 신
성한 세계를 상징적으로 표현한 것으로 출팀의 정의는 '마음이 변하는
여정을 보여 주는 최초의 중심 조절 도구Centering tool'다. 만달라는 아직
완벽하지 않은 세계 또는 정리되지 않은 감정과 신성한 이상향의 빛의
차원을 연결시킨다.[4] 21개의 황금 따라 불상이 노랗게 빛나는 18m 높이
의 팔각당을 둘러싸고 있다. 다키니는 모든 출입구 위에서 춤을 추고 있
으며 정교하게 조각된 용이 우아한 붉은 기둥을 감싸며 꿈틀거린다. 그
러나 사찰의 기본 설치물 하나가 빠져 있다. 그것은 바로 남성 불상이다.
내가 남성이 없다고 하자 그녀가 웃으며 "알아요! 달라이 라마가 여기에
오면, 가장 먼저 '붓다는 어디 계시냐?' 하실 겁니다." 그런 이유로 그녀
는 석가모니 불상을 하나 더 의뢰했고 네팔에서 오는 중이다.

'깨달은 여성'이라는 개념을 받아들인 다른 여성 법사가 쉽게 떠오
르지 않는다. 그녀는 "이 전통은 여전히 강력한 가부장제를 고수하고 있
어 상당한 변화가 필요하다"고 깊고 쉰 목소리로 솔직히 말한다. '따라
만달라'를 짓기 전, 여성에게 도움이 되는 사찰은 어떤 모습인지 많은
사람에게 물었다. "모두 둥근 모양을 떠올렸습니다. 여성을 정말로 위한
다면 네모난 사찰을 짓지 않겠죠." 건축가는 실용적인 면을 고려해 팔각
형으로 설계했다.

관정식 다음 날 아침 7시, 그녀와 나는 주변을 돌아보기 위해 길
을 나섰다. 티끌 하나 없는 완벽한 일출 무렵, 출팀 알리언과 그녀의 아

들 코스탄조Costanzo 그리고 20명의 제자가 가슴 모양의 능선에 줄을 섰다. 생김새 때문에 그녀는 그 산을 대원만Great Perfection 가르침의 분노존인, 가슴 하나 눈 셋의 '에카자티Ekajati'라 이름 붙였다. 그녀는 "마음 챙김을 하면서 한 걸음씩 걸어 보라!"고 지도하며 가파른 경사를 따라 걷기 시작했다. "모든 걸음을 아프거나 도움이 필요한 사람에게 바쳐라!" 걷는 동안 부드러운 초록색 구릉이 물결치듯 흐르는 857만 평의 땅이 펼쳐졌다. 관목과 덤불을 헤치며 그녀가 언덕으로 올라가는 동안 길은 없었다. 아마도 이것은 서양에 불법을 전하기 위해 새로운 길을 개척하는 여성에게 딱 어울리는 이미지가 아닐까 싶다.

출팀 알리언은 파고사 스프링스Pagosa Springs 근처의 산 후안the San Juan산맥 남쪽 끝, 콜로라도Colorado 한가운데에 마법과 같은 현대식 티벳 오아시스를 만들었다. 부족한 자금으로 시작했지만 600만 달러를 모아 약 337평 규모의 높이 솟은 사찰을 지었다. 부탄의 목각, 네팔의 회화, 티벳의 풍수지리 그리고 서양의 친환경 생태 기술이 매끄럽게 융합돼 영적 페미니즘을 기념하는 독특한 3층 건물이 탄생한 것이다.

그녀의 인생에서 일어난 많은 일처럼 그 땅과 사찰은 환영으로 찾아왔다. 푸른 가을 하늘에서 사찰이 내려왔고, 난데없이 그 주변이 보였다. 부동산 중개인이 그 땅을 소개했을 때, 그녀는 꿈에서 본 바로 그 땅임을 즉시 알아차렸다고 한다. 붉은 사찰이 부드러운 계곡 아래로 고개를 내밀고 있고 북쪽으로는 반달 모양의 광활한 초록빛 초원이 자궁처럼 둘러싸고 있다.

아메리카 원주민은 이렇게 특별하게 펼쳐져 있는 콜로라도 분지를 신성하게 여긴다. 따라 만달라Tara Mandala의 가장 높은 봉우리에 인디안이 가장 신성하게 여기는 장소가 있다. 하늘을 향해 수직으로 박혀 있는 굴뚝 바위chimney rock다. 출팀 알리언은 처음부터 아메리카 원주민을 의식에 초대했다. "미국에 불법을 정착시키기 위해 원주민의 허가가 필요하다고 항상 느꼈습니다. 그들이야말로 이 땅의 에너지를 잘 아는 진정한 관리자입니다."

그녀는 참석자들에게 떠오르는 태양을 등지고 앉아 원불the primordial Buddha인 보현보살Samantabhadra의 행원품을 큰 소리로 읽게 했다.

나는 헤아릴 수 없는 세계를 정화해
일체 중생을 해탈케 하고
무한한 불법을 배워
한량없는 지혜를 깨달으리

보스로서의 다키니

산에서 돌아와 우리는 사찰 1층의 밝고 작은 노란색 방에서 대화를 나누었다. 그녀가 은둔하며 하루의 대부분을 지내는 곳이다. 21세기에 화신으로 인정받는 것이 어떤 의미인지 어떻게 설명할까? 라마 출팀은 잠시 숙고하더니 웃음을 터뜨렸다. "그것을 알아내려고 여전히 노력 중입니다. 제가 보는 관점은 '나는 그녀를 위해 일하고 있다'입니다." 출팀은 화신을 '어떤 방식으로든 그 전승에 이바지하고자 세상에 온 존재'로 정의하며 그래서 "마칙 랍된이 보스"라고 말한다.

출팀은 2006년 안거 수행에서 "마칙이 백사자를 타고 나에게 오는 환영을 봤다"고 회상한다. "그녀는 제게 가르침을 전수하고는 '나의 전승을 모아 이곳에 따라 만달라를 세워라. 급히 서두르거라' 하고 매우 분명히 강조했습니다. 그 바람에 안거를 끝내지 못할 뻔했습니다." 그

우연한 꿈의 결과 출팀은 2007년 중앙티벳의 장리 깡말에 있는 사찰과 동굴을 방문했다. 마칙 랍된은 이곳에서 37세부터 90대에 세상을 떠날 때까지 살았다.[5] 출팀과 일행이 대웅전에서 쬐를 수행하고 난 후, 깔마 니뙨 꾼꺌 최끼 돌제 린뽀체Karma Nyiton Kunkhyab Chökyi Dorje Rinpoche 가 깜짝 발표를 했다. "저는 모두에게 분명히 하고 싶습니다. 의심할 여지 없이 출팀은 마칙 랍된의 화신입니다." 그 라마는 출팀에게 마칙의 물건 중 몇 가지를 건넸는데, 그 중에는 크리스탈 풀바purba[d]와 유일하게 남아 있는 그녀의 유골로 빚은 작은 탑[e]이 있었다. 그는 자신의 임무역시 출팀처럼 마칙의 전승을 일으켜 세우는 것이라고 말했다. "마칙의 고유한 전승이 있었지만, 다른 전승으로 흩어졌다"고 출팀은 설명한다. "그래서 우리 둘 다 그녀의 실제 전승을 수집하기 위해 노력해야 합니다. 이미 시작했습니다."

출팀이 티벳에 있는 동안 일생을 마칙 랍된의 수행에 바친 카트만두의 한 수행자가 환영을 봤다. 라마 쩨링 왕두Lama Tsering Wangdu에게 마칙 랍된이 나타나 그녀가 사흘 뒤 도착할 것이라 예언한 것이다. 3일 후, 티벳에서 돌아오는 길에 출팀이 예고 없이 그곳에 도착했다. 이 라마 또한 화신 인증서를 썼다. 라마 출팀은 그러한 인증서의 목적은 "자신감을 키우기 위한 것"이라고 말한다. 그녀는 "이 사실을 받아들이기가 정말 힘들었습니다. 알고는 있었지만 의심했습니다. 하지만 이해가 되면서 인정하고 받아들였습니다."

출팀에게 인증은 마칙의 가르침과 평생 밀접하게 연결돼 있다는 것을 의미한다. 화신으로 인증받기 오래 전인 1983년, 그녀는 이미 티벳어로 쓰인 마칙의 자서전을 번역했으며 그녀의 수행 특히 쬐를 받아들이고 가르쳤다. 그리고 마칙과 관련해 찾을 수 있는 모든 문서와 경전을 수집했다. 인증식은 그녀의 노력을 증명했다. "그것으로 저는 제 사명에 대해 더욱 확신을 갖게 되었습니다" 그녀가 마칙의 화신이라면 갑자기 그녀에게 일어난 설명할 수 없는 많은 변화들이 이해가 된다.

11세기에는 붓다의 고향인 인도에서 전해진 가르침만을 정법으로 여겼다. 그런데 마칙의 자서전에 그녀의 가르침은 인도가 아니라 티벳에서 온 것으로 기록돼 있어 고강도의 조사가 이루어졌다. "인도 학자들은 매우 의심하고 있었습니다. 그래서 마칙을 테스트하기 위해 스피드 워커speed-walker인 인도 학자 3명이 서둘러 왔습니다." 출팀은 이어 설명했다. "그들은 논쟁에서 마칙을 이길 수 없었습니다. 그들은 불법과 그들의 역사에 대한 그녀의 통찰에 깊은 인상을 받았습니다. 그 후 마칙은 자신의 부패되지 않은 전생의 시신을 보관한 인도의 한 동굴로 그들을 안내했습니다. 그녀는 그 시신을 화장하고 나면 두개골에 다섯 붓다와 쇄골에 위대한 불모 반야바라밀다Prajnaparamita의 부조 등 특별한 사리가 나타날 것이라고 예언했습니다. 학자들이 인도로 돌아간 후 그녀가 예언한 대로 모든 일이 일어났고, 모든 의심이 사라졌습니다."

마칙의 인생은 기적으로 시작된다. 남자의 몸에 있던 그의 의식이 여성의 몸으로 전이된 것이다. "이러한 종류의 이야기를 이해하기 위해서는 우리는 가능한 것과 불가능한 것을 제한하는 서양식 사고 체계를 완전히 포기해야 합니다." 출팀 알리언은 마칙의 자서전 번역서 서문에 이렇게 썼다. "더 높은 수준의 영적 발달 차원에서 물질 세계는 의식에 의해 조작될 수 있으며 많은 일이 가능해진다."[6]

천 년이 지나, 출팀 알리언 역시 우리에게 비범한 영적 발달을 믿으라 한다. 그녀는 자신의 수행을 기록해 학생들에게 전했고 이 일로 비난을 받았다. 그렇지만 이렇게 해서 새로운 나라에 오래된 전승의 방향성

콜로라도 따라 만달라에서 학생들과 함께한 즐거운 의식

사진 제공 따라 만달라

을 확립할 수 있었다. 이는 서양 여성으로서 거의 전례를 찾아보기 어려운 시도다. 마칙처럼 그녀는 비구니였으나 20대에 가사를 벗었다. 마칙처럼 3명의 자녀가 있다. 마칙처럼 아이들이 기저귀를 뗄 무렵 집중 수행의 필요성을 느꼈다. 마칙처럼 그녀는 자신이 태어난 나라에 맞게 맞춤형 가르침을 펼치고 있다.

모험가 가족

출팀 알리언은 항상 선견지명이 있었고 꿈과 직관에 따라 행동했다. 그녀는 가족의 역사와 함께 이러한 특징이 이어지고 있다고 믿는다. "제 조상들은 현자와 선지자였습니다. 그들은 스코틀랜드로 이주하기 전, 기독교 이전의 이교도가 신성시한 아일랜드의 따라Tara산에 살았고, 이후로도 계속 선지자였고 법률가였습니다.

그녀의 할아버지는 수십 년 전 인도 다즐링Darjeeling에서 출발해 히말라야를 트레킹해 티벳에 가 본 적이 있다. "모험을 하는 가족사가 있습니다. 제 어머니는 19세에 한 친구와 함께 남부 러시아 전역을 걸어 일주했습니다. 몇 년 후 비행기 조종사 면허를 땄고요." 직접 몸으로 세계를 탐험하지 않을 때 그녀의 할아버지와 할머니는 학문으로 자신들을 시험했다. 두 사람 다 철학 박사 학위를 받았다. 할아버지는 하버드 대학교에서 강의를 했다. 할머니는 그 시대 여성으로는 극히 드물게 하버드 대학교에서 박사 학위를 받고 스미스 칼리지Smith College와 마운트 홀리요크 칼리지Mount Holyoke College에서 강의를 했다. 출팀이 15세의 조앤 루매니어 어윙Joan Rousmanière Ewing일 때 할머니가 선시에 관한 첫 불교 책을 그녀에게 건넸다.

그녀의 부모는 모두 자유로운 영혼의 기독교인 유니테리언 신도였다. 아버지는 메인Maine과 뉴 햄프셔New Hampshire에서 작은 독립 출판 신문을 발행했다. 출팀은 그를 "정말 좋은 아버지로 존재감이 강력한, 매우 보호적인 아버지"로 묘사한다. "그와 감정적으로 아주 가깝지 않았지만 항상 자리를 지켰습니다." 이러한 배경을 감안할 때 출팀은 "제가 인도에 간 것이 가족에게는 그리 이상한 일은 아니었습니다. 하지만 불자가 되는 것은 다른 문제였죠."라고 말한다.

19세에 조앤 루매니어 어윙은 가장 친한 친구인 빅트리스 히치콕Victress Hitchcock과 함께 인도 콜카타로 여행을 갔다. 빅트리스의 부모는 외교부에 근무했다. 콜카타의 총영사였던 그녀의 아버지가 '신비한 동양에 대한 환상이 지워지기를 바라며' 그들을 테레사 수녀가 운영하는 고 아원에서 자원봉사를 하도록 주선했다. 그러나 반대의 상황이 발생했다. 부모가 그들을 티벳 난민을 돕도록 카트만두에 보냈을 때다. "1967년 티벳인을 만나자 마자 이것을 진정한 귀향이라고 느꼈습니다. 그들을 만나기 전까지 깨닫지 못한 참 열망을 느끼고, 매우 감격했습니다."

어느 날 아침, 네팔 가족을 방문했는데 그들이 옥상으로 그녀를 데려갔다. 그녀는 저 멀리 섬처럼 뾰족한 언덕에 하얗게 빛나는 구체를 봤다. 스와얌부나트는 네팔에서 가장 오래된 성지 중 하나다. 즉시 마음을 뺏겼다. 365개의 가파른 계단을 올라 처음으로 그 사원에 갔을 때 그녀는 '인생이 완전히 바뀌는' 기분이 들었다.

이른 아침 기도로 시작해 저녁 염불로 끝나는 티벳 순례자들의 일정에 맞추기 위해 그녀는 인근 언덕의 작은 오두막으로 이사를 갔다. 자동차보다 돼지와 염소가 더 많은 길과 산발적으로 들어오는 전기와 끝없이 이어지는 순례자의 행렬은 타임머신을 타고 여행을 온 것 같았다. "그때까지 공백으로 남아 있던 제 일부가 채워지고 있었습니다." 그녀는 『지혜의 여인들Women of Wisdom』에서 그 순간을 이렇게 묘사했다. "가피로부터 명백하게 드러나는 즐거운 현존감이 내게 스며들기 시작했다."[7] 그녀는 여러 달에 걸쳐 히치하이킹하며 인도 전역을 여행했고, 부모가 보내 준 비행기 티켓으로 뉴햄프셔로 돌아가기 전에 달라이 라마를 만났다. 부모의 뜻에 따랐지만 학교로 돌아갈 생각에 비참했다. 가족은 열린 마음을 가지고 있었지만, 그녀의 새로운 길에 매우 회의적이었다. 언니와 남동생을 떠올리며 출팀은 "매우 친한 사이는 아니었어요. 제 여정이 단지 그들에게 굉장히 낯설었던 거죠."

출팀이 되다

네팔에서 배운 만뜨라를 계속 염송하면서 티벳인과의 새로운 관계를 유지하는 방법을 찾던 그녀는 스코틀랜드에 있는 초감 뜨룽빠 센터 삼예 링Samye Ling으로 여행을 떠났다. 당시 그는 자동차 사고에서 회복 중이었던 때라 거의 가르침을 펼치지 않았다. 때문에 그녀는 런던에서 카트만두로 돌아가는 폭스바겐 버스를 탔다. 그녀가 "육로로 터키, 이라크, 이란, 아프가니스탄, 파키스탄을 거쳐 인도와 네팔을 갈 수 있던 때였습니다. 지금이라면 어떨지 상상해 보세요!"라고 말하며 활짝 웃는다. 떠나기 전에 뜨룽빠가 그가 쓴 수행법『모든 성취를 위한 사다나』의 복사본을 주었다. 먼지 가득한 6주간의 버스 여정 동안, 그녀는 이것을 반복해서 읽고 또 읽었다.

상서롭게도 그녀가 카트만두에 있는 스와얌부나트 사원에 도착했을 때 티벳에서 가장 존경받는 스승 중 한 명인 16대 깔마빠가 방문했다. 출팀은 매우 초조해지기 시작했다. "잠을 잘 잘 수도, 많이 먹을 수도 없었습니다. 뭔가 해야 할 일이 있다고 느꼈는데 그게 뭔지 몰랐거든요." 불현듯 뜨룽빠의 사다나 중 한 구절이 목소리를 높였다.

내가 올릴 수 있는 유일한 공양은 당신을 본보기로 따르는 것입니다.

깔마빠에 대한 예경을 수행으로 삼는 스와얌부나트 부근의 스님으로 인해 조안 어윙은 이를 자신 역시 가사를 입어야 한다는 분명한 신호로 받아들였다. 시간을 지체하지 않고, 사원으로 바로 찾아가 깔마빠에게 꽃을 공양하면서 그에게 스님이 되고 싶다고 말했다. 그는 웃었다.

후에 출팀에 따르면, 그는 군중 속에 있는 그녀를 본 적이 있으며 수행원에게 미리 "저 서양 여성이 스님이 될 것"이라고 말했다고 한다. "저는 거침이 없었어요. 항상 생각을 많이 하지 않고 움직였습니다. 저는 불자가 무엇인지 하나도 몰랐고, 스님이 될 때, 심지어 귀의조차 하지 않았습니다."

그로부터 불과 몇 주 후 1970년 1월 보드가야에서 깔마빠는 조안 루매니어 어윙에게 계와 함께 '율법의 등불'이라는 뜻의 법명, 깔마 출팀 최돈Karma Tsultrim Chödron을 지어 주었다. 가족이 그녀의 급진적인 변화를 짐작조차 하지 못할 때, 그녀는 자동 운행 장치가 작동한 것처럼 영성의 길에 들어섰다. 깔마빠는 그녀가 어느 전생에 그의 제자였다고 말했다. 출팀은 침대에 앉으면 사방의 벽이 손에 닿는 아주 작은 방으로 옮겼다. 그 수행방은 스와얌부나트 사원 바로 옆에 있었기 때문에 진지하게 공부하고 집중하면서 수행하기에 완벽한 공간이 되었다. 그녀는 비구니로 보낸 시간을 이렇게 평가한다. "가치를 따질 수 없는 귀중한 경험이었습니다. 결혼하지 않고 홀로 완전체인 순수한 존재로 살아 보는 경험은 여자들에게 중요합니다."[8]

그녀는 이미 미국에 수행 센터를 설립할 꿈을 꾸고 있었다. 오체투지를 하고 전통의 만뜨라를 염송하는 동안 마음은 히말라야와 같은 고독을 발견할 수 있는 장소에 서양인을 위한 다르마 센터를 건설하는 것에 매우 '집착'하고 있었다. 그러나 몇 년 만에 햄프셔에 있는 가족을 만나기 위해 미국에 돌아왔을 때 70년대 문화는 낯선 가사를 입은 머리 깎은 여자아이를 반기지 않았다. "제가 돌아왔을 때 가족들은 무척 긴장했습니다. 작은 마을에 살고 있었거든요." 당시 그녀는 미국 유일의 티벳 불교 비구니였을 것이다. 호기심과 논평을 불러일으키면서 "가사는 축복은커녕 오히려 장애가 될 뿐이었습니다. 저에게 가사는 내면의 발전에 집중할 수 있도록 외모를 단순화하는 도구였습니다. 그러나 미국에서 티벳 가사의 참신함은 오히려 역효과를 불러일으키는 것 같았습니다."[9] 그녀는 네팔에서 계를 받은 직후 간염으로 거의 죽을 뻔했다. 그래서 물도 나오지 않고 난방도 되지 않는 그곳의 판잣집으로 돌아가기가 꺼려졌다. 그래서 버몬트Vermont와 볼더Boulder에 갔지만 뜨룽빠 린뽀체 주변의 난잡한 현장 한복판에서 자신의 가사를 지켜내지 못했다. 게다가 그녀는 젊었고, 삭발한 머리에도 예뻤다. "계를 받았을 때, 저는 겨우 스물두 살이었습니다. 사랑에 휩쓸려 가지 않을 만큼 충분히 성숙하지 않았어요."[10]라고 그때를 돌아본다.

모성이라는 가마솥으로 요리하기

서원을 철회한 지 1년 만에 출팀은 스님이 아닌 결혼한 어머니로, 아침 기도의 침묵을 멈추고 딸아이를 돌보는 것으로, 다소 엄격한 수행 일정을 따르는 대신 자신만의 시간을 가질 수 없는 상황에 놓이게 되었다. 첫째 딸 세랍Sherab이 태어나고 9개월 뒤, 둘째 아이 알로카Aloka를 낳았다. 급격하게 변화된 삶이 출팀에게 의문을 던졌다. 모성은 불교와 정확히 어떻게 부합하는가? 자신이 속한 전승의 위대한 성인들의 인생 이야기를 들여다봤을 때 대부분은 남성이었고, 소수의 여성은 자녀를 버렸거나 독신의 비구니로 살았다. "제 입장에 적합한 여성 롤 모델이나 본받을 이야기가 없었습니다.", "가사를 벗음으로써 길을 잃어버린 것 같았습니다."

대신에 아이들을 돌보는 것을 이타심 훈련으로 여겼다. 편안한 침묵에 집착하던 자신을 드러내는 계기가 되었기 때문이다. 이렇게 그녀는 모성을 수행의 과정으로 바꾸려는 시도를 했다. "모성이라는 가마솥으로 요리를 할 때 아이들을 향해 느낀 놀라운 사랑이 제 마음을 열었고, 보편적인 사랑에 대한 더 큰 이해에 이르렀습니다. 세상의 고통을 훨씬 더 깊이 이해하게 되었지요. 이것은 수행자로서, 인간으로서 중요한 실마리가 되었습니다."[11]

그 즈음 뜨룽빠 린뽀체가 가르침을 펼칠 수 있는 권한을 그녀에게 부여했다. 그녀는 나로빠 대학교와 콜로라도 볼더에 있는 불교 공동체에서 강의를 시작했다. 부엌 식탁에서 시인 알렌 긴스버그Allen Ginsberg 와 함께 웃고 있는 흑백 스냅 사진이 따라 만달라 사원, 그녀의 방 바깥 벽에 걸려 있다. 그녀가 비트 세대 시인의 명상 지도 강사였던 시절을 떠올리게 하는 증거다. 볼더의 공동체 생활은 영감을 주는 동시에 힘든 도전이었다. "불교 공동체에서 사는 것이 즐거웠지만 몇 년 후 저는 그곳의 가부장적이고, 위계적이며, 구조화된 조직이 못마땅해졌습니다."[12]

우울의 소용돌이에 빠지다

알렌 긴스버스가 그녀에게 이탈리아 영화 제작자인 코스탄조 알리언Costanzo Allione을 소개시켜 주었다. 그가 시인에 관한 영화를 촬영하기 위해 콜로라도를 방문했을 때다. 그를 만나고 1년이 채 되기도 전에 출팀은 두 번째 결혼을 하고 로마로 이주했다. 그리고 쌍둥이 코스탄조 Costanzo와 키아라Chiara를 가졌다. 현지어를 전혀 할 수 없는 상태로 이탈리아 외진 농장에 지내면서 그녀는 영적인 뿌리와 단절된 느낌을 받았다. 곧 부부는 때때로 폭력으로 이어지는 결혼 생활로 고통을 겪었다. 힘든 임신과 조산아를 출산한 정신적 충격, 태어난 지 2달 반 만에 돌연사한 키아라로 인해 그녀는 우울과 비탄의 소용돌이에 빠져 버렸다. "아름다운 계시를 받은 이라도 세상 일이 모두 쉬운 건 아니랍니다." 그녀는 30년이 지난 지금에서야 "매우 힘든 시련이었다"고 인정한다.

키아라는 이탈리아어로 '명확성'을 의미한다. 명확성은 출팀 알리언이 가장 놓치고 있는 부분이었다. 아이를 보낸 후, 그녀는 "극한 내리막, 혼란, 상실과 슬픔의 순간에 신성한 여성, 마칙 랍된에게로 되돌아가는 길을 느끼기 시작했다"[13]고 밝혔다. "저는 여성으로서 제 삶을 탐구하는 것이 이전에 했던 수행과 충돌한다고 생각하지 않습니다. 오히려 다른 종류의 알아차림이 있음을 느낍니다. 영성은 제게 있어 전투적으로 통제된 상황에 갇혀 있는 자신을 섬세하고, 즐겁고, 보다 큰 자신과 연결하는 것입니다."[14]

그 어느 때보다도, 출팀은 길잡이가 필요했다. "스승, 이야기, 그 무엇이든 저를 인도해 주는 것이 있다면, 의지해야 했습니다. 아침부터 자정까지 전업 엄마로 아기, 피로, 외로움으로 가득 찬 삶 외엔 어떤 것도 볼 수 없었습니다. 진지한 수행자로서 방향을 잃었거든요."[15] 전통적인 경전이나 가르침에서 그 어떠한 위안도 찾을 수 없었을 때 그녀는 결정을 내렸다. "좋아, 나 자신과 비슷한 상황에 처한 모든 여성을 위해 이것을 만들겠어."[16]

영적인 어머니를 찾아서

과거 여성 불자들의 인생 이야기를 찾으면서 그녀는 자신의 삶을 도울 수 있는 어떤 실마리를 발견하기를 간절히 염원했다. "물론 고대 요기니들의 삶과는 무척 달랐지만 그들의 이야기가 격려가 되기 시작했습니다."[17] 그녀는 자신의 인생에 이익이 될 뿐만 아니라 다른 이들의 장래를 발전시킬 수 있는 '영적인 어머니의 모델'을 찾고 있었다.

마칙은 문자 그대로 '어머니'란 뜻이다. 출팀은 다음 해에 '그녀'를 만났다. 캘리포니아에서 안거하는 동안 그녀의 스승, 남캐 놀부 린뽀체 Namkhai Norbu Rinpoche가 죄를 지도했다. 그는 경전에 묘사된 대로 마칙 랍된을 호출했다. 16세의 춤추는 하얀 다키니. 남캐 놀부 린뽀체가 몇 시간 동안 청원 기도를 반복하고 있던 어느날, 자정을 훨씬 넘긴 시간이었다. "그 밤에, 저는 여성의 형태가 공동묘지 어둠 속에서 나타나는 경험을 했습니다." 출팀은 그녀를 나이 든 십대로 봤다. "그녀는 모유 수유를 끝낸 여자처럼 축 처지고, 흔들리는 젖가슴과 길게 늘어뜨린 백발을 하고, 무량한 자비심의 눈으로 저를 믿을 수 없을 정도로 강렬하게 바라보고 있었습니다. 그것은 마치 초대장과 같았습니다. 동시에 도전이기도 했고요. 보게 될 거라고 생각도 못한 일이어서 충격을 받았습니다. 하지만 그녀가 있었고, 아주 가까이 제게 다가왔습니다."

잠자리에 든 후 출팀은 자신의 산, 네팔 스와얌부나트로 돌아가는 꿈을 꾸었다. 꿈은 며칠 밤 동안 계속 반복되었고 급박함에 짓눌리기 시작했다. 출팀은 마침내 "이것은 아마도 어떤 식으로든 나의 중심으로 돌아가야 한다는 메타포일 뿐만 아니라 실제로 그곳에 돌아가야만 한다"는 것을 깨달았다.

스와얌부나트로 돌아가는 것이 쉽지 않았다. 네팔에서 내전이 일어났고 3명의 어린 자녀를 돌보고 있었다. 남편과 아이들을 남겨 두고 결국 혼자 가게 되었다. 스와얌부나트로 향하는 가파른 계단을 다시 오르며 그녀는 오랜 스님 친구가 자신을 기다리고 있는 것을 발견했다. 여성들의 이야기를 찾고 있다는 그녀의 말을 전해 듣고 그는 오렌지색 천으로 감싼 낱장으로 이루어진 방대한 양의 티벳 서적『마칙 랍된의 전기』를 들고 기쁜 마음으로 돌아왔다. 그와 함께 번역을 하면서 그녀는 6명의 티벳 여성 요기니의 전기를 수록해 베스트셀러『지혜의 여성들』의 초안을 구상했다. 그 연구는 그녀가 오랫동안 바라고 있던 롤 모델과의 연결뿐만 아니라 더 큰 계획과도 연관이 있었다. "다키니를 발견함으로써 저는 힘을 가진 깨달은 여성에 관한 접속점을 찾았습니다."[18]

그녀에 따르면 다키니는 공성을 표현하며 장난스러움이라는 품성을 지녔다. "유혹과 장난이라는 여성성은 불안을 부추기지만 동시에 마음의 빗장을 열게 해 줍니다. 다키니들은 여성의 강력하고 활발한 변화 에너지를 구현하고 작동시키는 존재입니다."고 설명한다. 그들은 그녀가 가장 밑바닥에 떨어졌을 때 딱 맞게 나타났다. "다키니들은 장애를 뚫고 지나가도록 밀어붙이는 경향이 있다"고 출팀은 말한다. "그들은 우리가 다음에 무엇을 해야 할지 모르는 과도기에 나타날 때가 많아요. 다키니들이 장애를 제거해 줍니다. 그 에너지가 강력할 필요가 있기 때문에 때로는 분노로 가득 찬 다키니가 나타납니다. 또한 그 다키니는 전통적으로 현상계와 법계 사이, 삶과 죽음의 경계, 비몽사몽 중에 나타납니다. 황혼처럼 분명하지 않을 때 실제로 다키니의 언어는 불가사의한 비밀한 언어the twilight language, 황혼어라고 부릅니다."[19] 출팀은 선정 상태에서 매우 비밀스런 방법으로 마칙에게서 직접 수행을 전수받았다. 그녀는 마칙을 제1스승으로 받아들여 의지했다. 때문에 마칙의 가르침을 현대 서양 청중에게 적용하는 방법을 깊이 숙고했다. 단박에 끊어 내는 수행은 알리언과의 실패한 결혼이 아기 코스탄조에 관한 치열한 양육권 분쟁으로 바뀌었을 때, 내려놓는 법을 알려 주었다. 또한 그녀는 슬픔에 대처하는 마칙의 비법, 포용하기를 익혔다. "저는 용기를 내려고 노력하는 것, 고통을 느끼지 않고, 울지 않으려고 애쓰는 것을 하지 않겠다고 결심했습니다. 감정을 억누르면 건강을 해친다는 것을 직감적으로 알아챘습니다. 그 감정들이 안으로 파고들어 내 몸 어딘가를 망가뜨리는 거죠."[20]

출팀 알리언은 서양의 심리학과 전통적인 티벳의 의식을 접목시켰다. 만뜨라를 하고 신을 시각화하여 해결할 수 없는 감정적 문제를 무시하거나 억누르는 것을 방지하는 데, 심리학적인 작업이 유용하다는 것을 알게 된 것이다. 쬐를 재해석한 『악마에게 먹이를 주다Feeding Your Demons』에 칼 융의 정신 분석에 관한 자신의 지식을 집어넣었다. 중독, 학대, 우울과 같은 적을 처리하는 간단한 5단계의 과정을 제시함으로써 불자가 아닌 이들도 고대 수행을 받아들일 수 있게 했다.

출팀의 수행 경전은 티벳의 많은 원본 경전에서 발견되는 정밀함을 뺐다. 그녀는 "그러한 것들은 대부분 뼈대"라며 "서양 수행자들에게는 마음의 본성이 핵심"이라고 말한다. 그녀는 자신의 수행 경전을 "일종의 계시"로 부르지만 "그것에 대해 너무 부풀려지지 않기를 바란다"는 입장이다. "경전의 내용들은 체험과 수행이 확장되면서 얻어진 것입니다. 때마침 서양에 수행을 전수할 방법을 찾는 중이었고, 마칙 또한 명상 체험에 근거한 자신의 수행을 기록해 두었습니다."

인증된 신성한 섹스

'깨달은 여성'을 포용하는 것과 거의 동시에, 출팀은 몇몇 라마들이 벌인 성적 학대에 반대하는 입장에 섰다. "무척 힘들었어요. 페미니스트 불자들 사이에서도 잘 알려지지 않았습니다."라고 기억한다. "그것 때문에 많은 비판을 받았지요. 그래서 윤리적으로 가만히 앉아서 지켜볼 수는 없었습니다."

출팀 알리언은 동등하게 영적 권한을 부여받은 파트너와 함께 지혜의 깨달음을 공유하는 '인증된 신성한 섹스'와 '몰래하는 것' 즉, 비밀스럽게 일어나고 유익함이 없으며 권력의 차이로 인해 누군가가 이용되다 버려지는 것과 구분한다. 출팀은 "스승과 제자가 성관계를 맺는 것이 전적으로 나쁜 것은 아닙니다. 상황을 살펴야 합니다."라고 한다. "성 에너지는 아름다운 것이고, 강렬한 만남이기 때문입니다." 그녀는 티벳 전통에서 인증하고 있는 딴뜨라 섹스에 관한 가르침이 덜 비밀스럽기를 바란다. "딴뜨라 섹스가 흥미로운 성장이 될 수 있다고 생각합니다. 왜냐하면 모든 사람들이 섹스를 하잖아요. 섹스는 딴뜨라 수행을 하게 하는 강렬한 체험입니다." 그녀는 이와 관련해 보다 열린 분위기를 만들어 보고자 한다. "세상에 공개해요. 사람들이 훈련을 받게 하자고요. 그래서 오감을 통해 비이원성과 해탈로 들어가는 체험으로 향상시켜 봅시다."

암을 치유하다

그녀는 약사여래불 탱화 아래에 있는 소파 침대에 앉았다. 최근 몇 년 동안, 치유자로 명성을 쌓았다. 몇 년 전 1년 안거 수행을 했을 때, 그녀는 잘 낫지 않는 폐 감염 질환을 앓았다. 숲을 걷던 중 자신에게 도움이 되는 약초를 발견했고 이후 식물들과 교감하기 시작했다. 자신을 위해 차와 액상으로 된 약제인 팅크를 만들었다. 그 혼합물을 마시고 나서 확실히 질병이 치료되었다. 안거 수행을 끝낸 무렵, 그녀의 이웃이 말기 암 진단을 받았다. 차분히 죽음을 받아들이기로 결심한 그는 수술과 화학 요법에 관한 의사의 조언을 거부했다. 출팀은 그에게 도움이 될 만한 약초를 다시 발견했다. 3개월 후 병원에서 돌아오던 그가 감사를 표하기 위해 그녀에게 들렀다. 주치의는 더 이상 그에게서 암의 흔적을 찾을 수 없었다.

그 일이 있고 난 후, 따라 만달라는 본격적으로 약초 요법 프로그램을 개발했다. 전설에 따르면 따라의 땅은 치유력이 있다고 전해진다. 상근 약초 전문가인 앤 해크니Ann Hackney는 대부분의 시간을 발삼 뿌리, 우엉, 버바스컴, 붉은 토끼풀, 매자나무, 민들레와 같은 약초를 구하기 위해 광활한 땅을 누빈다. 돌아와서는 사무실 입구에 줄 서 있는 긴 유리 용기에 약초를 넣어 증류한다. 암에 대한 처방인 콘트라 캔Contra-Can은 그 이후 따라 만달라에서 가장 성공을 거둔 약초 제품이 되었다.

죽음의 악마를 만나다

최근 몇 년 동안은 결실의 시기였다. 사찰이 완공되었고, 강력한 공동체가 형성되었다. 베스트셀러『악마에게 먹이를 주다』로 유명해진 여성은 이제 가장 큰 악마와 대면해야 했다. 수천 명의 학생들을 매혹시키는 매력적인 존재감을 지닌 그녀지만, 눈에 띄게 연약한 이면이 있다. 그녀는 최근에 일어난 일들을 되짚어 보면서 눈시울을 붉힌다. 뜻밖에도 가장 단호한 악마 중 하나인 죽음과 또 다른 만남을 가졌기 때문이다. 2010년 7월 어느 아름다운 여름의 아침, 22년을 함께 한 그녀의 남편이 침대에서 미동도 없었다. 전날 밤 그는 춤을 추고 있었다. 그러던 그가 수면 중 심장마비로 생명력이 끊어졌다.

그녀는 "여전히 그 충격에서 벗어나지 못했다"고 시인한다. 수도 없이 무상을 가르쳤지만 갓난 아기가 죽은 지 31년 후, 가장 사랑한 한 사람의 예상치 못한 죽음으로 또 다시 자신의 강인함이 시험대에 오른 것이다. "언제 죽음이 닥쳐올지 모른다는 말을 정말이지 천 번은 들었지만, 여전히 충격이 가시질 않습니다."

어깨 길이의 백발을 늘어뜨린 데이비드 페터David Petit는 '인간 사자'로 불리며 55세에 전성기를 맞는다. 그는 추상 화가로서의 창의성과 전문 댄서로서의 우아함뿐만 아니라 성취한 족첸 수행자로서의 부드러움과 함께 저돌적인 기수로서의 용기까지 갖추었다. 출팀은 그를 "거칠었죠. 아메리칸 인디언의 피가 흘렀으니까요. 그는 춤추고, 파티하고, 웃고, 좋은 와인을 마시는 것을 즐겼습니다. 대부분의 사람들이 알고 있던 것보다 그는 훨씬 더 수승한 족첸 요기였습니다. 그는 뭐든지 할 수 있었죠."라고 회고한다. 따라 만달라의 12명의 직원 대부분이 그와 함께한 자신만의 추억을 갖고 있다. 데이비드와 승마를 하면서 절벽에서 뛰어내리고, 거친 자연 그대로의 땅을 질주하면서 거의 죽을 뻔한 것 등. '수호자'는 출팀이 생각하기에 그를 가장 잘 묘사할 수 있는 단어다. 그는 그녀와 그녀의 사명, 그곳의 땅을 보호하고 있었다. "그는 야생 동물과 교감하는 능력이 있었습니다. 곰들의 접근을 막았어요."라며 출팀의 며느리인 캐디 알리언Cady Allione이 말한다. "이상했어요. 그는 또 라마 출팀에게 대들거나 그녀를 놀릴 수 있는 유일한 사람이었습니다."

1989년 출팀 알리언은 제짝을 만났다. 그녀와 데이비드는 아메리칸 원주민 의식에 대한 공통된 관심으로 지인의 스웨트 롯지Sweat lodge[g]에 참석했다. 불 지킴이던 데이비드가 뜨거운 돌을 가지고 왔다. "서로를 보자마자, 바로 알아봤던 거죠."라고 출팀은 말한다. "그 이후 쭉 우리는 함께 했습니다." 사실, 데이비드는 딸들에게 연극과 무용을 가르치던 학교에서 출팀의 이름을 처음 들었다. "그가 내 이름을 들었을 때, 온몸의 털이 바짝 섰다고 했습니다. 이전에 없던 경험이라고 했지요. 마침내 저를 만났을 때 그는 상당히 긴장해 있었습니다. 어떤 때는 도망치기까지 했어요. 그는 운명이 자신에게 다가오는 것을 알았대요." 출팀은 그 이야기를 자세히 말하며 웃는다. 그들은 서로를 이번 생에 다시 만난 오래된 영혼의 동반자로 대했다. 그는 기독교인이었지만 곧 출팀을 자신의 스승으로 인정했다. 이후 그는 티벳의 많은 스승들과 함께 공부하면서 천천히 수승한 족첸 수행을 성취해 나갔다.

1999년 데이비드와 출팀이 몇몇 학생과 함께 남서 콜로라도에 있는 황량한 언덕으로 처음으로 이사했을 때 그곳은 건물도, 수도도, 전기도 없는 온통 흙뿐인 땅이었다. "내기를 했어요. 누가 가장 오랫동안 샤워하지 않고 버틸 수 있는지." 관리 책임자인 캐디 알리언Cady Allione이 농담을 던진다. 출팀은 "텐트와 인디언 천막 티피tipi or teepee에 살면서 우리는 땅을 배우기 시작했습니다. 인디언 장로를 초청해 그 지역의 신성한 지형에 대해 가르침을 받았죠. 데이비드 없이는 할 수 없었을 겁니다. 그는 모든 단계의 핵심이었죠."라고 회상했다.

데이비드 페티는 '깨달은 여성의 물리적 현현'이라는 출팀의 꿈을 이루는 데 어도비와 돌, 무기질 안료와 목각으로 도움을 주었다. 그녀의 아들인 콘스탄조는 "라마 출팀은 지혜와 사명이 있었지만 데이비드가 없었다면 결코 그것들을 드러내지 못했을 겁니다. 의심할 여지가 없어요. 깨달은 여성이 있으며, 깨달은 남성도 있어야 합니다. 누구도 다른 사람 없이 존재할 수 없어요. 모두 필요합니다."라고 말한다.

31세인 콘스탄조는 출팀의 세 자녀 중 유일하게 불교를 받아들여 스님의 길을 가고 있다. 데이비드가 사망하고 나서 몇 시간 만에, 콘스탄조는 세상 반대편에 있는 티벳의 은거지를 급히 떠났다. 그는 히말라야에서 어머니에게 전화를 걸어 "어머니, 제 책임을 다할게요. 데이비드는 이때를 대비해 오랫동안 저를 준비시켰습니다. 할 수 있어요."라고 그녀를 안심시켰다. 콘스탄조는 비에 젖어 미끄러운 험한 도로를 무서운 속도로 달려 다비(화장) 직후에 도착했다. 그는 따라 만달라를 운영하는 어머니를 도와 건물 유지 관리 및 명상 수업을 맡고 있다.

티벳에서 슬픔을 끝내다

데이비드가 떠난 후, 라마 출팀은 그와 함께 지은 안식처에서 머무는 것을 견딜 수가 없었다. 데이비드가 어디에나 있었지만, 또 어디에도 없었다. 격렬한 비통함이 티벳 고원의 광활한 공간 속으로 사라지기를 바라면서, 짐을 꾸려 반 년 동안 히말라야로 떠났다. 이번에 그녀는 혼자 갔다. 내적 슬픔의 통로에서 벗어나도록 도와줄 수 있는 외부 통로 즉, 익숙하지만 외진 곳으로 순례를 떠나 위안을 찾고자 한 것이다. 그녀는 그의 유골로 만든 아주 작은 탑^ㅣ을 가지고 가 심장 가까이에 두었다. 살을 에는 듯한 냉혹한 추위 탓에 티벳 고원을 여행하는 관광객은 거의 없었다. 그러나 억센 지역 순례자들에게는 성수기였다. "그것은 정말 강력했습니다. 우리가 여기에 설립 중인 징빠 랑돌Dzinpa Rangdrol 전승의 마지막 가족 계승자인 도다셀 왕모Dodasel Wangmo를 만났거든요." 83세의 나이에도 불구하고 그녀는 여전히 의사로 활동하고 있었다. 출팀은 가장 좋아하는 쬐 수행의 고대 선율을 배우고, 전승을 전해 받고, 주변 사람들을 인터뷰하면서 그녀와 그녀의 제자들과 함께 6주를 보냈다. 떠나기 전에 그 원로 전승 마스터가 그 전승의 모든 부분을 출팀에게 위임했다. 이는 매우 드문 경우다. "우리를 그곳으로 데려간 라마는 그녀와 30년 동안 함께했지만, 그녀가 전승을 위임한 경우를 본 적이 없다고 합니다. 그조차 전승을 받은 적이 없다고 했습니다."라고 출팀이 설명했다. "무슨 일이 일어나고 있는지 전혀 알지 못했습니다. 그녀가 맨 위 선반에서 이 책을 꺼내 주었습니다. 그 라마는 나중에 이렇게 말했죠. 방금 일어난 일을 믿지 못할 거라고."

고통의 파도 타기

티벳과 인도에서 돌아온 후, 그녀는 천천히 법사로서의 책무를 하기 시작했다. 가장 친한 친구 중 한 명인 착둡 카도가 방문했을 때, 그녀는 출팀에게 슬픔을 다루는 방법을 공유하는 것으로 법을 다시 펼칠 것을 제안했다. 데이비드의 죽음 후, 라마 출팀의 첫 법회에서 착둡 카도가 전통적인 흰색 실크 카다를 그녀에게 올렸다. 그리고 출팀이 적당한 말을 생각하는 동안, 라마 출팀의 법좌 옆에 앉았다. "애도는 저에게 출생과 출산에 대해 많은 것을 떠올리게 합니다. 진통이 있을 때 여러분은 통제할 수 없는 어떤 것이 되고, 그것에 복종해야 합니다." 자신만의 '애도의 바다'에 관해 말하기 전에 출팀 알리언이 쉰 목소리를 가라앉히기 위해 물컵으로 손을 뻗는다. "저는 서핑을 하고 있습니다. 저는 파도를 멈추려고 하지 않습니다. 그것을 막을 수 없다는 것을 깨달았기 때문입니다. 파도가 오는 것을 느낍니다. 자, 좋아요. 보드 위에서 일어나 파도를 탈 수 있을까요? 아니면 물에 빠지게 될까요? 두 경우 모두 일어납니다. 매번 파도가 달라지니까요."

티벳 쬐chöd 수행법으로 많은 사람이 따르는 이 여성은 이제 자신의 고통을 잘라내야만 한다. 그녀가 인정하듯 고통이 그녀를 갉아먹고 있다. "당신을 집어삼키는 것에 마음을 여는 것이 쬐 수행의 기본 원칙입니다. 그러면 그것이 점차 치유할 수 있는 것으로 바뀝니다."

데이비드가 떠난 직후, 그녀에게 가장 도움이 된 것은 전통 노래의 가사였다. 그녀는 옛날부터 전해오는 선율대로 부드럽게 부른다.

나는 슬플 때 행복하다네.
모든 중생의 슬픔을 가져가네.

2007년 중앙티벳 장리 깡말Zangri Kangmar에 있는 마칙 랍된의 사원에서, 그녀가 화신으로 인정받은 곳이다.

사진 제공 따라 만달라

고통 가득 찬 윤회 바다
완전히 비워지게 하소서.

"이 가사는 슬픔에 빠져 있을 때 슬픔으로 무엇을 할지 알려 주었습니다. 그래서 슬픔을 완전히 내안으로 초대했어요." 수없이 법을 펴는 동안 출팀은 사랑하는 이를 잃은 모든 여성의 슬픔을 대신 짊어졌다. 그 마음을 사랑하는 이를 잃은 모든 남성에게로 확대시켰다. 그리고 점차 세상의 모든 슬픔 속으로 나아갔다.

"슬픔은 어느 면에서 매우 자기중심적입니다." 그녀는 "안으로 무너지고 방황하는 것과 같아요. 당신이 다른 사람의 고통을 받아들이려면 같은 감정을 가진 다른 모든 사람들에게 마음을 열어야 합니다."라고 말한다. 그녀가 따라 만달라에서 이 말을 할 때 목소리는 갈라졌고, 눈물이 흘렀으나 닦지 않았다. "역설적이죠." 그녀는 "이렇게 생각할 수도 있습니다. '내 위에 그들의 슬픔까지 얹어 놓으면 견디지 못할 거야. 내 것만으로도 이미 견딜 수 없잖아. 그런데 어떻게 더 짊어질 수 있겠어?' 역설적이게도 이것이 슬픔을 없애 준다는 것입니다. 자아가 남아 있다면 다른 사람의 슬픔을 짊어지는 것은 사실 불가능하죠. 그러려면 자기 집착을 놓아 버려야 해요. 또 당신의 본성이 믿을 수 없을 정도로 광대하고, 완전히 완벽하고, 명료하며 자비롭다는 것을 깨달아야 합니다. 그러면 모든 것을 수용할 수 있어요."

법문 끝에, 그녀는 과거 관정을 받으면서 본 마칙의 벌거벗은 모습을 모습을 기억해 낸다. "티벳 여성에 대해 안다면, 이것은 캘리포니아에서보다 훨씬 더 큰 문제랍니다."라고 가벼운 어조로 말했다. 이어 출팀은 관습에 얽매이지 않은 이 행동으로부터 배울 수 있는 교훈을 언급했다. "정말로 붙잡을 것은 하나도 없습니다. 그냥 가게 내버려 둬요. 누가 신경 쓰겠어요? 도대체 우리가 보호하고 있는 것은 누구죠?"

그녀는 이제 자신의 인생에서 행복한 점을 인정할 수 있게 되었다. 사랑하는 남편과의 22년, 세 자녀와 세 손주, 많은 서원의 성취 등에 관해서 말이다. "데이비드는 결코 이곳을 떠나지 않았습니다. 여기에서 죽었고, 이곳에서 화장되었지만 말이죠." 출팀은 그녀의 작은 방에서 창문 밖을 가리키며 주변을 둘러싸고 있는 언덕을 보면서 말한다. "그런 의미에서, 완벽했습니다. 그의 과업은 여기에서 끝났어요." 그녀의 과업은 계속 되어야만 한다.

16대 깔마빠를 만나 계를 받은 지 42년이 지난 후, 그의 계승자가 출팀 알리언의 역사적 요청을 받아들였다. 17대 깔마빠인 오겐 틴레 돌제가 처음으로 출팀의 마음 수행인 쬐 관정을 준 것이다. "깔마빠들은 이 수행과 깊은 관계를 유지해 왔습니다." 젊은 깔마빠는 2012년 10월, 인도 다람살라 근처의 붐비는 사찰에서 이와 관련해 이렇게 말했다. "저 자신은 마칙 랍된의 이러한 가르침에 깊은 유대감을 느낍니다. 그녀는 지혜와 자비의 완벽한 화신으로 수세기 동안 불교 수행자들에게 영감을 주고 있습니다." 출팀 알리언과 제쭌마 뗀진 빨모 그리고 많은 여성 제자들이 길상한 카다와 공양물이 가득 든 그릇을 들고 한 사람씩 줄을 지어 지나갈 때, 깔마빠는 1,000명이 넘는 다수의 여성 청중 앞에서 출팀의 헌신을 계속 찬탄했다. 깔마빠는 "그녀는 쬐 수행과 법의 지속성을 보전하고 유지하기 위해 많은 노력을 기울였다"고 인정하면서 "그녀는 순수한 마음의 동기를 가지고 이 일을 하고 있으며 그것에 대해 매우 기쁘게 생각한다"고 밝혔다. 깔마빠는 특히 "히말라야 지역과 전 세계 여성 수행자에게 이렇게 격려와 지지를 보낼 수 있어 기쁘다"고 강조했다.

21세기에 경이로운 마칙의 인생이 자연스럽게 반복되고 있다. 라마 출팀은 전승의 수장으로부터 지지를 받았다.

주

a   역자 주: 딜부 또는 금강령. 티벳 불교 의식용 법구.

b   역자 주: 티벳 불교 수행 법구로 양면을 칠 수 있는 북.

c   화신은 환생과 정확히 일치하지 않지만 학자나 라마들은 그 차이에 대해 광범위하게 다각도로 해석한다. 아주 단순화하면, 환생은 인간의 몸을 받아 다시 태어나는 것을 선택한 깨달은 스승을 가리키는 반면 화신이라는 용어는 보다 일반적인 의미로 사용되는데, 신이나 깨달은 스승의 축복이 다른 존재의 마음에 들어간 것을 나타낸다.

d   의식용 단검.

e   티벳어로 짜 짜tsa tsa는 틀로 만든 형상을 말하며, 일반적으로 점토로 만든 미니 불상이다. 종종 사망한 스승들이나 위대한 수행자들의 재와 유골을 갈아 진 흙과 섞어 만든다.

f   깨달음을 얻은 요기는 매우 빠른 속도로 걷는 기술에 숙달했다고 한다. 따라서 그들은 인도에서 티벳까지 수개월이 걸리는 여정을 며칠 만에 끝냈다고 전해진다.

g   역자 주: 북미 인디언이 영적 혹은 치료적 목적으로 뜨거운 돌 위에 물을 부어 수증기를 발생시킬 수 있도록 만든 구조물.

12

프랑스에서, 칸도 쩨링 최돈

사진 그라함 프라이스 ©Graham Price

칸도 쩨링 최돈

Khandro Tsering Chödron

다키니의 여왕

순수한 존재감과 아름다움, 본보기가 되어 가르침을 주었던
티벳 역사상 가장 극적인 시대를 살아 온 은둔의 스승께 경의를 표합니다[1]

종쌀 켄쩨 린뽀체는 불로 지내는 제사fire puja를 시작하기 위해 정성껏 불을 밝히면서 한 여성의 삶뿐만 아니라 한 시대의 종말을 고했다. 수천 명의 사람들이 칸도 쩨링 최돈이 마지막으로 살았던 집, 프랑스 남부의 웅장한 3층 사찰 레랍링Lerab Ling 밖으로 모여들었다.

멀리 떨어진 부탄과 인도의 시킴에서도 생중계로 장례식을 치렀다. 그녀를 따르던 이들은 공산주의 이전 티벳에서 성장했던 마지막 다키니 중 한 사람과 작별 인사를 나누었다. 신성한 곳인 인도의 보드가야와 그녀의 티벳 고향에서도 칸도 쩨링을 기리기 위해 수십만 개의 버터 램프가 켜졌다. 그녀가 세상을 떠난 2011년 5월 이후 3개월 동안 히말라야 전역에서 수행하던 수백 명의 비구들은 집중 수행 기간을 가졌다. 칸도 쩨링 최돈에게 기도가 필요했다기보다는 크게 깨달은 수행자의 죽음이 제자들에게는 성취의 통로가 되기 때문이다.

칸도 쩨링 최돈이라는 이름은 '가르침과 장수의 다키니 등불'이라는 뜻이다. 칸도는 20세기의 가장 뛰어난 마스터 중 한 사람인 잠양 켄쩨 최끼 로도Jamyang Khyentse Chökyi Lodro의 아내로서, 우리 시대의 깨달은 불교 여성 마스터 중 뛰어난 한 명으로 널리 알려져 있다. 티벳 사람들은 그녀를 "은둔의 스승"이라고 불렀는데 일생 동안 말로 설법하지 않았지만 순수한 존재와 아름다움 그리고 본보기가 되어 가르침을 주었기 때문이다. 칸도의 조카인 쇼걀 린뽀체는[a] 추도식에서 존경의 마음을 이렇게 표했다.

"이 세상에 그녀 같은 사람은 없었습니다. 그녀는 모든 라마들의 존경을 받았던 가장 위대한 여성 마스터였습니다. 그녀는 모범적인 삶을 살았고, 마스터와 비슷한 경지의 제자들 사이에서도 순수한 내맡김의 삶을 살았던 전설이었습니다. 그녀를 만날 수 있던 행운을 가졌던 이들은 누구든지 축복을 받았습니다."[2] 그는 눈물을 참으며 "나에게 그녀는 영적인 어머니였고, 이 세상에서 가장 고귀한 사람이었고, 내가 가장 사랑했던 사람이었습니다. 금강승 불교에서 라마와 그의 배우자는 분리될 수 없다고 생각합니다."라고 덧붙였다.[3]

아시아 서쪽 지역에서 가장 큰 티벳 불교 사원 중 하나인 쇼걀 린뽀체의 수행 센터는 지중해의 번화한 해변과 한 시간도 걸리지 않는 랑그독Languedoc 지방의 고원 산꼭대기 숨겨진 계곡에 자리잡고 있다. 예전에 나는 전통 의상을 입고 사원을 돌아다니는 약간 구부정하고 자그마한 칸도 쩨링을 여러 번 본 적이 있다. 그녀는 세심하게 한 발 한 발 내딛었고, 큰 샤넬 선글라스 뒤에 눈을 숨긴 채 한 스님에게 도움을 구하려고

팔을 뻗고 있었다. 칸돌라라는 애칭으로 불렸던 그녀는, 마치 중세 시대 그림에서 바로 걸어 나온 것처럼 보였다. 바닥까지 길게 내려온 티벳 전통 드레스는 티벳 귀족들이 수 세기 동안 입었던 질 좋은 파란색 면이었고, 푸른 바다빛 실크 숄로 어깨를 감쌌다. 회색 빛 긴 올림머리 위로 헐렁한 녹색 모자를 쓰고 있었다. 이 모자는 시킴의 공주가 그녀를 위해 뜨개질한 것인데 칸도는 이 모자를 거의 매일 쓰고 다녔다.

절대적 공간의 광명

딜고켄제 린뽀체는 칸도 쩨링 최돈을 "다키니의 여왕"이라고 불렀다.[4] 그녀의 가장 주목할 만한 자질 중 하나는 완벽한 겸손이었지만, 추도식은 여왕에 걸맞게 치러졌다. 10여 명의 저명한 라마가 9월의 푸르른 하늘 아래 종 모양을 한 흰색 사리탑의 4개 주요 방향을 둘러싸고 임시 천막 아래 법좌에 앉았다.

동쪽에는 싸꺄파의 싸꺄띠진이 그의 부인과 작은 아들인 갸나 바즈라 린뽀체Gyana Vajra Rinpoche와 함께 바즈라요기니 수행을 하기 위해 커다란 3층짜리 사원 바깥의 그늘에 앉았다. 싸꺄띠진은 열한 살이던 1955년 티벳 라싸에서 칸도를 처음 만났다. 남쪽에는 칸도 남편의 환생자인 종쌀 켄쩨 린뽀체가 집중 기도를 하고 있었다. 그는 "그분은 어머니와 같습니다. 내게 처음으로 글 읽는 법을 가르쳐 주셨지요."라고 말했다.

서쪽에는 쇼걀 린뽀체가 올겐 똡걀 린뽀체와Orgyen Tobgyal Rinpoche[b]와 알락 젠깔 린뽀체Alak Zenkar Rinpoche[c], 그리고 칸도의 언니인 마윰라 쩨링 왕모Mayumla Tsering Wangmo와 함께 정화 수행을 했다. 북쪽에는 싸꺄띠진의 큰 아들인 라뜨나 바즈라 린뽀체Ratna Vajra Rinpoche

가 라마들과 금강저를 휘두르며 종을 울렸다.

사원 주변에는 칸도의 친구, 학생, 간병인 100여 명이 줄을 서서 각각 향, 기타, 플룻, 싱싱한 꽃, 과일이 가득 담긴 그릇 등의 공양물을 올리고 있다. 정사각형 모양에 황금으로 된 3층 건물의 구리 지붕이 아침 햇살에 반짝이고 있었다.

마지막으로, 8명의 짐꾼이 그녀의 유해가 놓인 황금 가마를 날랐다. 길게 늘어선 행렬이 하얀 사리탑 앞에 멈추자 종쌀 켄쩨 린뽀체는 그녀의 유해를 부드럽게 들어 올렸다. 전통적인 방식으로 방부 처리된 비단으로 싼 유해는 8세 아기의 몸의 크기로 줄어들었다.

깨달은 마스터의 죽음은 보통 사람의 죽음과 다르다. 칸도의 유고를 듣고 17대 곌와 깔마빠Gyalwa Karmapa는 그 자리에서 "그녀는 죽은 것이 아니다. 그녀는 날아간 것이다."d라고 했다.5 불교도들은 수행자가 이생을 떠나는 것은 그들의 자각이 절대 공간의 광명과 합칠 수 있는 기회라고 믿고 있다. 올겐 톱걀은 "그녀와 같은 위대한 수행자들은 이생에서 수행하는 동안 깨달았던 명료한 도의 빛이 죽음의 순간에 나타난 근본의 명료한 빛과 융합됩니다.6 그릇을 깨는 것과 같지요."라고 말했다.

장례 의식이 최고조에 달했을 때, 확성기에서 칸도의 선율적인 목소리가 생전과 다름없이 생생하게 흘러나와 산속에 울려 퍼졌다. 그녀가 염송하는 빠드마삼바바의 만뜨라는 많은 제자들에게 소리 없이 눈물을 흘리게 했다.

라마들과 제자들은 자신들의 마음이 그녀의 마음과 하나가 될 수 있도록, 또 심오한 영적 성취와 그녀의 아름다운 영혼을 회상하기 위해 명상했다. 불이 타오르자 스님들은 긴 뿔악기로 뇌리에서 떠나지 않을 것처럼 큰 소리를 내며 심벌즈를 부딪쳤다. 대형 비디오 스크린에는 티벳 역사상 가장 극적인 시절을 겪은 한 여성에게 마지막 경의를 표하며 생애 사진이 올려졌다.

초기 사진들은 약간 수줍은 시선으로 카메라를 향해 미소 짓는 상냥한 10대의 모습이다. 티벳의 광활한 풍경 속에 홀로 서서 꽃다발을 들고 있는 흑백 사진이다. 바로 그때 그녀의 죽음에 대한 슬픔을 흩트리려는 듯이 여름 폭풍이 오기 직전의 전조처럼 바람이 거세게 불면서 모여든 사람들 머리 위로 부드러운 돌풍이 일었다.

최상의 행운을 지닌 가족

칸도 쩨링 최돈은 1929년경에 동티벳의 작은 마을에서 태어났다. 정확한 연도는 아무도 모른다. 누가 그것을 기록으로 남겼겠는가? 칸도는 티벳 전역에서 막대한 재산을 가지고 보시를 하는 것으로 유명한 오래된 가문의 일원이었다. 그녀의 조상들은 티벳의 수호신인 네첸 땅하Nyenchen Tanglha라는 마법적인 기원을 가지고 있다는 전설이 전해진다. 마을 사람들은 그 가문의 성씨인 '라깔Lakar'을 어떻게 티벳 불교 게룩파의 창시자인 쫑카빠Je'Tongkhapa(1357~1419)로부터 얻게 되었는지에 대해 이렇게 말한다. 쫑카빠가 먼 북동쪽에서 중앙티벳으로 처음 왔을 때 떼홀Trehor 지역을 여행하고 있었다. 그 지역의 남자들은 추위와 비로부터 보호해 주는 흰 털Kar로 만든 숄la을 공양하며 그를 환영했다. 쫑카빠는 이 깨끗한 숄을 상서로운 징조로 보았다. 기쁨으로 가득차서 그는 이렇게 예언했다 "지금부터, 앞으로 태어날 당신의 가문은 비교할 수 없는 번영과 행운을 갖게 될 것이며 당신의 가족 이름으로 '라깔'을 받게 될 것입니다." 그 이후로 그들은 수많은 큰 기도재를 보시했으며 오늘날에도 대부분의 티벳인들은 라깔 이름을 알고 있다.[7]

칸도의 어머니 데첸 쪼Dechen Tso는 링 왕의 딸이었다. 그녀는 라깔 집안의 두 형제인 뚜똡 남곌Tutob Namgyal, 쏘남 똡곌Sonam Tobgyal과 결혼했다. 그 당시 한 여성이 여러 형제와 결혼하는 것은 드문 일이 아니었다. 한 명이 아니라 여러 명 혹은 형제 모두와 딸을 결혼시키는 오래된 관습은 아직도 일부 고립된 히말라야 지역에서 행해지고 있다.

칸도에게는 오빠와 언니가 각각 한 명씩 있었지만, 그녀의 오빠는 오래 살지 못했다. 칸도가 태어나기 전, 5대 족첸 린뽀체Dzogchen Rinpoche였던 툽뗀 최끼 돌제Thubten Chökyi Dorje는 이 가족에게서 "보석"이 태어날 것이라고 예언했다. 칸도는 특별한 아이로 받아들여졌으며 8세기 티벳 불교의 최고 여성 마스터인 예셰 초곌Yeshe Tsogyal의 환생자이면서 가장 존경받는 여성 붓다인 따라보살의 현신으로 여겨졌다.

어렸을 때부터 칸도를 알았던 사람들은 칸도가 수줍음이 많고 내성적이었지만 야생적이고 장난기 많고 독립적인 성정을 지녔다고 말한다. 집안 형편이 넉넉하고 하인들이 많았음에도 불구하고, 칸도는 전기나 수돗물이 나오지 않는 오지의 풍습인 요리와 양젖 짜기, 실 짜기 등의 집안일을 배웠다. 캄빠의 소녀들은 부유한 집안의 딸이자 미혼 여성이라는 신분을 나타내기 위해 호박, 산호, 터키석을 엮어 머리를 장식했지만, 칸도는 항상 단순한 드레스를 선호했고 보석을 거의 착용하지 않았다. 그녀의 언니인 쩨링 왕모는 오늘날에도 티벳 고위 귀족 여성들의 오래된 유행인 도자기 색의 두꺼운 화장을 하지 않고는 집밖을 나가지 않는다. 그러나 칸도는 화장, 화려한 보석, 공들인 옷을 전혀 걸치지 않았다. 그녀의 아름다움은 자연스러움과 단순함에 있었다. 높은 광대뼈와 무엇보다 마음을 꿰뚫어 보는 따뜻한 눈빛은 80대가 넘어서도 아름답게 보였다.

그녀의 고향 마을은 빙하가 덮인 산기슭에 위치한 4개의 강과 6개의 산정으로 알려진 지역이다. 근처의 강은 사람이 드문 이 계곡에 아름다움과 장엄함을 더해 주었다. 라깔 가문은 동티벳에서 가장 큰 가문 중 하나였을 것이다. 칸도의 언니 쩨링 왕모는 "집이 너무 커서 어떤 사람이 집의 이쪽 끝에서 총을 쏘면 다른 쪽에서는 거의 들을 수 없었다"고 농담처럼 말한다. 살을 에는 듯한 추위가 땅 위로 올라오는 것을 막고, 위층을 따뜻하게 하기 위해 1층에는 말과 양을 길렀다.

라깔 가문은 정교한 의례를 행하는 마스터들과 요기들을 위해 성스러운 9개의 숙소를 마련해 놓았다. 쩨링 왕모는 기도와 만뜨라, 종과 북소리 등으로 끊임없이 울려 대던 집을 기억했다. 하지만 그 집은 1950년대 공산군의 침입으로 소실되었다. 오늘날 그곳에는 큰 돌무더기만이 남아 있지만 마을 사람들은 여전히 성스러운 땅에 경의를 표하기 위해 흔적만 남은 회색 벽돌집 주위를 돈다.

인연이 맺어지다

잠양 켄쩨 최끼 로도(1893-1959)는 가끔 라깔 저택에 머물렀다. 모든 전승 법맥의 권위자인 그는 티벳 무종파 운동의 핵심 인물이었다. 쇼걀 린뽀체는 아홉 살이 될 때까지 아들처럼 그와 함께 살았는데 그는 잠양 켄쩨 최끼 로도를 잘 생기고 키가 크며 "군중 속에서도 항상 다른 사람들보다 좋은 머리를 타고난 것 같았다"고 기억했다.[8] 수계를 받고 승복을 입은 스님의 아주 짧은 은빛 머리와 길죽한 얼굴에는 친절하고 깊이 있는 현자의 시선이 빛났다.

쇼걀 린뽀체는 "가장 주목할 만한 것은 그의 현존이었습니다."라고 회상한다. "그의 눈빛과 태도는 그가 현명하고 거룩한 사람이라는 것을 말해 주었습니다. 그는 풍부하고, 깊고, 매혹적인 목소리를 가졌고…
그가 받았던 모든 존경과 경외심에도 불구하고, 그가 하는 모든 일에는
겸손함이 있었지요.”[9] 그는 수년간 홀로 안거 수행을 했으며 마치 지식
백과사전 같았다. 쇼갈 린뽀체의 말에 따르면, “누군가 가르침을 깨닫고
수행을 완료하면 어떻게 될 것인가를 알려 주는 살아 있는 증거”였다.[10]
훗날 티벳 불교를 서양에 전파한 젊은 세대의 많은 마스터들은 그를 스
승들의 스승으로 추앙했다.

　　한때 위대한 보장 발견자가 라깔의 집에 머무르고 있을 때 최끼 로
도가 가르침을 받기 위해 방문했다. 이때 최끼 로도는 좁은 문 앞에서 일
곱 살의 칸도와 부딪혔다. 이 특이한 보장 발견자가 불쑥 “아, 상서로운
인연이 여기서 맺어지는군!”이라고 말했다.[11] 딜고 켄쩨 린뽀체는 회상
하기를 최끼 로도는 당황한 듯 보였고 보장 발견자를 며칠간 못 본 척했
다고 했다.[12] 열여섯 살이 되었을 때 칸도는 한 사찰을 방문하던 중 미래
의 남편을 다시 만났다. 최끼 로도의 제자들은 스승의 장수를 위해 따라
보살상을 공양 올리고 있었다. 그들이 상서로운 징조를 확인하고 있던
중에 칸도는 길을 잃고 무심코 의식이 치러지는 곳으로 들어섰다. 사람
들은 이 일이 그녀가 그의 동반자가 될 운명의 신호라고 생각했다.

마스터의 목숨을 구하다

　　잠양 켄쩨 최끼 로도가 마흔아홉 살이 되던 1943년에 그는 중병에
걸렸다. 제자들이 최고의 의사들을 불러들였지만, 어떤 치료법도 도움
이 되지 않았다. 스님들이 치유의 공덕을 쌓으려고 불교 경전을 수백 번
염송했지만 그의 몸은 낫지 않았다. 몇몇 저명한 마스터들은 장수를 가
로막는 장애를 없애기 위해 결혼하는 것이 좋겠다고 조언했다. 티벳에

서 다키니는 보장 발견자들에게 지지와 생명을 주는 영감의 원천으로 여겨진다. 그러나 최끼 로도는 스님의 계율을 지키겠다고 고집했다.

그렇게 5년의 시간이 흘렀다. 1948년 여름 어느 날, 칸도는 전령들이 숨가쁘게 도착했던 일을 기억했다. 그녀는 들판에 있다가 부름을 받았다. 전령들은 작업복을 입고 있던 그녀에게, 말을 타고 가도 이틀이나 걸리는 종쌀에 있는 최끼 로도 사원으로 당장 달려가라고 재촉했다. 그의 상태는 위독해졌고 그녀의 도움이 절실히 필요했다. 당시 삶과 죽음은 점성학에 의해 결정되었고 더 이상 기다릴 시간이 없었다. 뛰어난 마스터가 요청한 도움을 거절하는 것은 불가능했다. 그녀는 서둘러 옷 몇 벌을 챙겨 언니와 함께 말을 타고 출발했다.

"적어도," 라고 칸도는 한참 후에 짓궂게 말했다. "내가 씻고 차려입을 시간을 줄 수도 있었을 텐데 말이죠!"

위대한 싸꺄파의 라마인 닥첸 린뽀체와 결혼한 칸도의 친구 닥몰라 싸꺄는 "칸도가 종쌀에 도착했을 때 많은 무지개가 떴고 길상한 징조들이 많이 있었습니다."라고 기억한다. 마을 사람들은 '다키니가 오셨다. 그녀는 분명 중생들에게 이익이 되고 라마의 장수를 돕는 환생자다.'라고 말했다. 최끼 로도는 그 해 말에 칸도와 결혼을 했고 그의 건강은 좋아지기 시작했다. 최끼 로도의 제자 딜고켄쩨 린뽀체는 "많은 사람이 놀랐다. 그럼에도 사원이나 승가 대학의 스님들 중 누구도 비난하지 않았다"고 회상했다.[13]

오늘날에도 티벳인들은 그들의 결합을 평범한 결혼으로 보지 않으며 칸도 역시 평범한 여성으로 여기지 않는다. 닥몰라는 "칸도는 켄쩨 쌍윰Khyentse Sangyum으로 알려져 있는데, 이는 '켄쩨의 신성한 동반자'라는 뜻이며 "이것은 종교적인 목적을 위한 것이지 평범한 결혼이 아님니다. 큰 축하 행사가 아닌 작은 결혼식으로 치른 이유이기도 합니다.”
라고 설명했다.

경이로운 이야기들

그 후 11년 동안 최끼 로도는 헌신적인 도반들에게 수많은 가르침과 법을 전수했다. 그는 그녀를 “‘예세 초겔’이나 다름없는 위대한 가피의 다키니이며, 마치 초원을 건너듯 강을 건너던 8세기의 뛰어난 여성 마스터 셸깔 돌제 초겔Shelkar Dorje Tsogyal의 환생자”라고 칭송하는 4행 기도문을 만들었다.[14] 티벳인들에게 신비롭고 경이로운 이야기들은 영감을 일으키는 일용할 양식이다. 서양인들에게는 믿기 어려울 수도 있겠지만, 확실히 모든 사람들은 칸도의 진심 어린 헌신적인 마음을 엿볼수 있었다.

“최끼 로도는 칸도의 전 생애에 영감을 주었다”고 종쌀 켄쩨 린뽀체는 회상한다. “그녀의 엄청난 헌신은 결코 변하지 않았습니다. 나는 그녀가 그를 남편이라고 부르는 것조차 듣지 못했습니다. 그녀는 자신을 그의 제자라고 생각했습니다. 나는 어렸을 때 그녀가 최끼 로도를 찬양하는 기도문을 외우고 있을 때마다 그녀의 얼굴에 왜 눈물이 주르르 흘러내리는지 궁금했어요.”

마스터들은 어려운 부탁이 있을 때마다 칸도가 최끼 로도에게 부탁해 주도록 요청했다. 왜냐하면 그는 칸도의 부탁을 거절한 적이 거의 없기 때문이다. 그녀는 종종 질문을 “노래의 형태로 했고, 그는 놀리듯이 장난기 어린 방식으로 그녀에게 다시 곡을 써서 돌려 주곤 했다.”[15]

그녀는 놀라울 정도로 순수한 목소리를 가졌고, 유명한 빠드마삼바바의 만뜨라를 노래한 것은 매우 완고한 무신론자들에게조차 영감을 주

1956년 라싸에서, 칸도

사진 제공 길융 꾼짱 데첸 쪼모 남겔

었다. 최끼 로도는 아무리 바쁘거나, 한적한 은둔처에서 몇 달을 보내거
나, 혹은 그의 조언과 축복을 청하는 수많은 마을 사람들과 고위 관리들
의 끝없는 행렬이 있어도, 항상 시간을 내어 칸도와 함께 단둘이 식사를
하곤 했다. 칸도의 친구 닥몰라 싸꺄는 "그는 그녀를 많이, 아주 많이 사
랑했어요.", "그것은 매우 특별하고 긴밀한 관계였습니다."라고 회상
한다.

닥몰라는 동티벳 출신이며 칸도보다 네 살 어리다. 닥몰라가 스무
살이었을 때 달라이 라마는 그녀의 남편에게 베이징에서 마오쩌둥을 만
나는 데 동행해 줄 것을 요청했었다. 남편이 없는 동안 닥몰라와 첫째 아

들은 1년 동안 종쌀 사원에 있는 칸도의 방으로 옮겼다. 닥몰라는 "그녀는 수줍어했지만, 일단 친구가 되자 정말 재미있었고 끊임없이 농담을 했다"고 회상한다. "저는 그녀의 상냥하고 장난기 많은 성격과 유머감각에 감탄했어요. 그리고 그림을 정말 아름답게 그렸지요. 우리는 정말 많이 웃었어요."

잠양 켄쩨 최끼 로도를 둘러싼 독특한 분위기

닥몰라는 최끼 로도 주변의 분위기를 "너무 따뜻하고 특별해서 저는 항상 조금 더 머물고 싶었어요. 함께 식사를 할 때마다 사람들은 축복을 받은 것처럼 느꼈습니다. 에너지가 넘쳐 나서 완전히 다른 느낌이 들었었죠."라고 회상한다. 종쌀 사원은 밀, 보리, 채소를 수확할 수 있는 비교적 온화한 지역에 있었다. 사원 위의 산은 야생의 자연 그대로였다. 야생 사자와 표범들이 숲속에서 사슴을 쫓았다.

사원 경내의 80개의 방에는 수백 명의 스님들이 살고 있었는데, 그곳은 외부인의 숙소로도 제공되었고 방문객들이 늘 물밀듯 줄을 섰다. 심지어 최끼 로도가 외딴 곳에 갔을 때도 사람들은 여전히 그를 만나기 위해 찾아왔고 그 역시 사람들을 그냥 지나치지 않았다. "나는 그가 화를 내거나 꾸짖는 것을 본 적이 없어요"라고 닥몰라가 말했다. "어느 학파의 마스터든, 일반 방문객이든 그는 언제나 모든 질문에 즉각 답할 수 있었죠. 그를 처음 만났을 때부터 나는 그가 특별하다는 걸 알았어요. 나는 그를 불편하게 하지 않을까 싶어서 조금 두려웠습니다."

최끼 로도는 칸도와 닥몰라가 글쓰기, 철자법, 그림 그리기를 배울 수 있도록 최고의 서예가이자 작가 중 한 명인 데게Derge 왕의 비서를 스승으로 임명했다. 라겔Lhagyal 사원의 원장은 그들에게 티벳 문법을 가르쳤다. "지금 생각해 보면 조금 더 열심히 배울 걸 그랬어요." 흔치 않았던 그 기회를 떠올리며 닥몰라가 말한다. "사실 우리는 공부하는 것보다 노는 것을 더 많이 했답니다." 칸도와 닥몰라는 부와 지위가 주는 즐거움보다 평범함의 자유를 누렸다. 지위가 높은 마스터의 아내인 그들은 규범에 따라 옷을 입고 행동해야 하는 경우가 많았지만 비공개적으로 규칙을 모른 척 드러내곤 했다.

닥몰라가 전통적인 싸꺄 머리 장식과 화려한 예복을 입어야 했을 때, 칸도는 단순한 형태의 긴 비단 드레스를 입었다. 사람들은 그들을 매우 고귀한 사람으로 인식했기에 바느질 같은 평범한 활동은 할 수 없었다. 그들은 시장에서 중국산 재봉틀을 몰래 구입해 하인들을 위한 앞치마는 물론 모자와 벨트까지 만들기 시작했다. 어느 날 고위 마스터인 뚤꾸 꾼장Tulku Kunzang이 아름다운 중국 그릇에 과일을 가득 담아 노크도 없이 들어왔다. 칸도와 닥몰라에게 공손히 삼배한 뒤 재봉틀이 있는 것을 보고 화가 나서 얼굴을 찌푸렸다. "마스터들의 아내는 공부하고, 읽고, 기도하도록 되어 있습니다. 여러분은 시간을 낭비하고 있어요! 바느질은 그만 하고 기도나 염송을 하십시오!" 그가 꾸짖는 동안 칸도는 닥몰라를 쿡 찔렀다. "내가 좀 더 어렸지만 그녀는 내 뒤에 숨어서 나에게 말을 하라고 시켰습니다."라고 저자세로 보이는 닥몰라가 말한다. 물론 이런 야단을 맞았다고 해서 그들을 막지는 못했다. 그들은 수행원 중 한 명을 문 앞 초소에 배치했고 누가 올 때마다 기계를 덮어 버렸다. [16]

칸도와 닥몰라의 기억을 통해 중국에 점령되기 전의 오래된 티벳 전통을 엿볼 수 있다. 가족, 방문객, 스님들은 가까운 강둑으로 자주 소풍을 가서 티벳 전통 놀이, 달리기, 말 경주를 하면서 지냈다. 최끼 로도는 칸도가 즐겨 보던 특별한 게임이 있다는 것을 알게 되었다. 그것은 요거트가 담긴 큰 그릇에 사탕을 담은 뒤 바위 위에 있는 야크의 안장 앞에 올려놓는 것으로 시작한다. 기수들은 거꾸로 매달린 채 뛰어가서 치아로 그릇에서 사탕을 꺼낸다. 기수들은 여러 번 안장에서 미끄러져서 요구르트 그릇에 얼굴을 처박았다.[17]

마법과 기적

그들의 비범한 유대를 목격했던 동시대의 **뻬왈 린뽀체**Pewar Rinpoche(1933-)는 "최끼 로도는 칸도를 그의 동반자로 삼음으로써 훨씬 더 오래 살 수 있었습니다. 나와 많은 제자들은 엄청난 가르침, 전승 그리고 관정을 받을 수 있었는데 이 모든 것은 그 덕분입니다. 만약 최끼 로도가 칸도와 결혼하지 않았다면 이런 일은 일어나지 않았을 것입니다."라고 말한다. 지금도 티벳에 살고 있는 **뻬왈 린뽀체**는 검은 머리를 땋아 이마에 테를 두르고 있다. 그는 칸도의 추모식에 참석하기 위해 프랑스 남부로 달려갔고, 그곳에서 최끼 로도의 결혼 이후 더 심오해진 뒷이야기를 전해 주었다. "그가 기적을 행하기 시작한 것은 바로 칸도가 온 이후부터입니다."

뻬왈 린뽀체에 따르면, 최끼 로도는 아주 멀리서 천으로 된 그림을 축복한 적이 있었는데 그 그림은 하늘에서 쌀 알갱이가 떨어지는 그림이었다. 북쪽에서부터 쏟아진 곡식 낱알이 그림에 부딪쳤지만 곡식은 땅에 떨어지지 않았다. 그 자리에 있던 사람들은 축복의 쌀이 잠양 켄쩨가 있는 방향에서 나오는 것을 알게 되었다. 그 곳을 바라보자 구름떼처럼 곡물이 하늘을 날아다니고 두 번째, 세 번째 축복을 목격했다. "그들은 그 그림 앞에 꼼짝없이 붙들려 있을 수밖에 없었고 단 한 톨의 쌀알도 땅으로 떨어지지 않았다"고 **뻬왈 린뽀체**는 증언한다.

세상을 떠난 종쌀 나리 뚤꾸Dzongsar Ngari Tulku(1945-2008)는 그의 이름에 드러나듯 소년 시절 종쌀 사원에서 수련을 받았다. 시킴에서 백발의 수행자로 지내던 중, 1952년에 최끼 로도가 종쌀 사원 근처의 성지를 방문하던 때를 떠올렸다. 그는 최끼 로도가 걀롱 칸도Gyalrong Khandro와 칸도 쩨링, 이 두 위대한 여성 그리고 쇼걀 린뽀체와 함께 단단한 바위 위에 그들의 손자국을 남긴 것을 회상했다. 이것은 그들이 물질을 초월하는 힘을 성취했다는 증거라고 볼 수 있다. 티벳 불교에서 세상은 보통 사람들의 눈에 보이는 것처럼 견고하지 않다. 모든 것들의 진정한 열린 본성을 깨닫고 나면, 현자들은 마음과 물질의 한계를 뛰어넘을 수 있다고 전해진다.

아슬아슬한 탈출

티벳에서의 행복한 날들은 오래가지 못했다. 결혼 다음 해에 중국 군이 국경에 주둔하기 시작했다. 마오쩌둥은 1955년 다른 고위 마스터들과 함께 최끼 로도를 베이징으로 소환했다. 최끼 로도는 몇몇 마스터들은 살아서 돌아오지 못할 것이라고 분명히 예감했을 것이다. 왜냐하면 그는 반대 방향으로 여행하기로 조용히 결정했기 때문이다.

칸도와 그녀의 언니 쩨링 왕모, 일곱 살 난 쇼걀 린뽀체 그리고 소규모 가족들과 수행원들이 함께 말을 타고 티벳의 수도 라싸로 3개월간의 위험한 여행을 떠났다. 일반 스님으로 위장한 최끼 로도는 중국의 손아귀에서 빠져나왔다. 마치 순례를 떠나는 것처럼, 라싸로 가고 있다는 그 어떤 힌트도 주지 않기 위해 모든 재산을 남겨 둔 채 매우 조심스럽게 움직였다. 공산당의 독재자가 없더라도, 티벳 외진 곳을 여행하는 것은 두려운 일이었다. 강도, 도둑, 퓨마, 산사태는 여행자들을 쉽게 쓸어버릴 수 있었다.

쇼걜 린뽀체의 기억에 의하면 그들은 매일 아침 동이 트기 전 일찍 일어나 텐트를 철수했다. 해가 막 떠올라 빛이 비치면, 제일 먼저 짐과 식량을 나르는 야크들을 캠프 밖으로 이동시켰다. 정찰단이 먼저 가서 다음날 밤에 머물기 좋을 야영지를 선택했다. 낮 동안 칸도는 남편 뒤에서 말을 타고 갔다. 최끼 로도는 가르침을 주고 이야기를 나누며 수행했다. 모든 사람들이 그가 하는 말을 놓치지 않기 위해 그의 가까이 머무르려 노력했다. 사실 최끼 로도는 당장 티벳을 떠나고 싶어하지 않았었다. 1956년 새해 축제가 열릴 즈음, 제16대 깔마빠인 랑중 릭빼 돌제 Rangjung Rigpa'i Dorje는 점괘에 따라 시킴으로 피신할 것을 강력히 촉구했다. 라싸에 머무는 동안 그의 명성은 성스러운 이 도시 전체에 퍼졌고, 많은 귀족들이 축복과 가르침을 요청하기 시작했다.[18] 영향력 있는 인사들의 모임은 중국 당국에 경종을 울렸다. 싸꺄 사원에서 1달을 보낸 후 최끼 로도는 시킴 남쪽으로 가는 것 외에는 다른 방법이 없다는 것을 알았다.[19]

최끼 로도와 칸도는 시킴의 열대 우림에 도달하기 전까지 히말라야 산맥의 험준한 지형을 넘어 티벳의 높고 메마른 고원에서 산길, 빙하, 눈 덮인 길들을 가로지르며 인도와 네팔에 있는 신성한 불교 성지를 순례함으로써 끔찍한 상황을 이겨낼 수 있었다.

최끼 로도는 시킴과 특별한 인연이 있었다. 시킴 왕 최겔 따쉬 남겔Chögyal Tashi Namgyal처럼 그 역시 17세기에 시킴에서 족첸 수행법을 확립하여 널리 존경받는 성취자인 하쭌 남카 직메Lhatsün Namkha Jigme 의 환생자로 여겨졌기 때문이다. 왕의 초대로 최끼 로도와 칸도는 강똑 Gangtok의 왕궁으로 들어갔다. 정교하게 칠해진 창문과 문이 있는 멋진 흰색의 2층 건물은 인근 야영지에 있는 수백 명의 티벳인과 순례자들에게 다시 한 번 위대한 영적 중심지가 되기 시작했다. 최끼 로도는 국경을 넘어와서 점점 늘어가는 제자들에게 가르침과 관정을 주었다. 많은 티벳인이 티벳의 미래가 불길하다는 징조로 그곳을 떠나기로 결정했고, 마오쩌둥이 티벳을 고문실로 만들어 버리기 전에 그의 뒤를 따라 탈출했다.

티벳과 스승을 잃다

중국이 티벳을 완전히 장악했다는 소식과 동시에 최끼 로도가 병에 걸린 것은 순전히 우연일까? 칸도는 항상 그의 곁에 있었으며 원로 마스터들과 법맥의 수장들 그리고 순례자들이 그가 계속 살아 있기를 바라는 마음으로 찾아왔다. 소걀 린뽀체가 기억하듯이 결국 티벳 3대 사원(쎄라, 데풍, 간덴)이 중국에게 점령되었다는 소식을 들은 직후 그는 죽음을 맞이했다.[20] 1959년 6월 초, 최끼 로도는 왕궁 사원에서 마지막 명상에 들어갔고 그의 유해는 왕궁의 작은 황금 스투파에 모셔졌다.

칸도의 언니와 가족들이 궁에서 불과 30분 거리에 있는 라깔 저택으로 이사하자고 아무리 간청해도, 칸도는 스승의 유품을 떠날 수 없다고 주장했다. 칸도는 그때 겨우 서른 살이었다. 친구 닥몰라는 "최끼 로도가 세상을 떠났을 때 그녀는 매우 젊었지만 이사 가기를 원하지 않고 계속 왕궁 사원에 남아 있었다"고 말한다.

"물론 다른 많은 배우자나 라마도 재혼을 했을 거라고 생각하지만, 그녀는 그렇게 하지 않았어요. 그것은 그녀가 얼마나 강하고 비범한 인간인지를 보여 주죠." 칸도는 항상 자신과 최끼 로도 사이에는 그 어떤 이별도 없었다고 말했다.

티벳에서, 잠양 켄쩨 린뽀체와 칸도

사진 제공 길융 꾼짱 데첸 쪼모 남겔

평범함에서 오는 그녀의 위대함

거의 50년간 칸도는 시킴에 있는 최끼 로도의 성스러운 방에서 혼자 살면서 대부분의 시간을 기도하며 보냈다. 그녀는 매일 새벽 서너 시쯤 되는 시간에 일어나 명상을 시작한다. 티벳 빵과 차 같은 가벼운 아침 식사 후에, 방을 청소하고 공양물을 올린다. 꽃을 좋아했던 그녀의 창은 빨간 베고니아로 덮여 있었다. 또한 동물을 돌보고 항상 여러 마리의 개와 고양이를 키웠다. 궁전 정원에 둥근 뿔이 달린 숫양을 키우기도 했다.

그 양은 그녀가 가는 곳마다 반려동물처럼 따라다녔다. 가끔 그림 그리는 것을 좋아했지만, 대부분의 시간은 침대이기도 한 낮은 매트리스에 앉아서 수행하는 것에 만족했다. 23년 동안 그녀를 알고 지낸 이탈리아 학생 마우로 드 마치Mauro de March는 "여러분은 그녀 마음의 단순함 그러면서도 예리한 날카로움을 느낄 수 있을 겁니다."라고 말한다.

"만약 여러분이 마음의 본성이라는 것을 듣게 되었다면 그녀가 그 알아차림의 화신이라는 것을 깨달을 수 있을 겁니다. 그녀가 누구인지 알려면 명상에 대해 어느 정도의 이해가 반드시 필요합니다. 그녀라는 존재와 앉아 있는 그 자체가 강한 가르침입니다."

칸도는 때때로 방문객들을 만나기도 했지만, 법문이나 가피를 내리는 일은 거의 하지 않았다. 그녀의 소박한 방은 방문객들이 그녀에게 남긴 많은 선물들로 가득 차 있었다. 시킴의 공주 뗀진 따쉬Tenzin Tashi는 "그녀의 방에는 작은 빨간 울새, 섬세한 유리 사슴, 백조, 다른 새들, 많은 작은 우상들, 인형들 그리고 서로 다른 작고 경이로운 것들이 마치 영역 다툼을 하듯 들어서 있던 것"으로 기억했다.[21] 어린 시절 뗀진 따쉬는 칸도가 통통한 작은 도자기 오리를 열고 초콜릿이나 다른 맛있는 것으로 만들어진 오리의 "계란"을 꺼내는 순간을 간절히 기다리곤 했다. 칸도 린뽀체 역시 어린 시절 칸도 최돈을 방문했던 것을 회상한다.

"그녀는 매우 사랑스럽고 친절했으며, 한 손 가득 사탕을 쥐어 주었던 것을 기억합니다. 비상한 지혜와 은혜와 연민심은 많은 사람들에게 영감을 주었고 우리는 존경과 기도를 올리며 그녀가 걸었던 길을 따르기를 열망합니다. 위대한 라마들의 부인들은 쌍윰, 즉 신성한 동반자로 불릴 뿐만 아니라, 스승들에게서 볼 수 있는 모든 것을 구현할 수 있고 스승들의 수행이나 깨달음, 능력 그리고 사랑과 동등합니다. 그들은 매우 겸손하고 신중하며, 도움을 주고 절대 자신을 내세우지 않는 비범한 여성들이었죠. 칸도는 수줍음이 많았었지만 수줍음 속에서 매우 용감했습니다."

그녀의 간병인인 호주 비구니 꿍가 겔모Kunga Gyalmo는 "칸도는 완벽한 방법으로 헌신을 보여 주었습니다. 동시에 완전히 평범하고, 작위적이지 않고 자연스러웠죠. 그녀를 보며 저는 제 자신의 궁극적인 잠재력에 대한 품위 있는 본보기를 보았습니다."라고 말한다.

칸도는 자신을 깨달았다고 생각하는 사람이 있는지 없는지에 대해 별로 신경 쓰지 않았다. 꿍가 겔모는 "그녀의 존재로 인해 깨달음에 대한 모든 개념이 사라졌습니다."라고 말했다. "그녀가 겸손하고 잘난 체하지 않은 점은 평범한 단순함에 대해 그녀가 지닌 깊은 자신감을 보여 주는 것 같습니다. 그것을 통해 많은 사람들에게 영향을 끼쳤어요. 우리는 위대한 마스터가 높은 성좌에 앉아 지혜로운 말씀을 설명해 주기를 기대하지만 그녀는 그런 개념들과 반대입니다. 그녀는 단지 자신이 누구인지 가르쳤을 뿐입니다."

칸도는 진심 어린 기도의 힘을 굳게 믿었다. 이것이 바로 그녀가 한 일이다. 그녀는 기도했고, 그 본보기가 됨으로써 가르침을 주었다. 착둡 카도는 칸도 쩨링 최돈을 "초월적입니다. 우리들은 인간이고 그녀는 덧없는 인간의 모습으로 나타난 다키니였습니다…."라고 말한다.

다시 원점으로 돌아오다

쇼걀 린뽀체가 그의 어머니와 함께 프랑스에서 살게 된 후, 칸도와 그녀의 언니는 2006년에 그들과 합류했다. 최끼 로도의 환생자인 종쌀 켄쩨 린뽀체는 최끼 로도의 유물을 북인도의 비르로 가져갔고 칸도는

2006년 프랑스로 건너가게 되었다. 나는 그곳에서 그녀를 처음 만났다. 깍아지른 듯한 절벽과 붉은 대지 위에 세워진 숨 막힐 정도로 높고 메마른 고원의 가파른 오르막길을 오르다 보면 저 멀리 지중해가 시야에서 사라진다. 외로운 올리브 나무 몇 그루와 선홍색 양귀비 몇 송이가 아니었다면 향나무 숲이 있는 이 광활한 풍경을 티벳으로 착각할 수도 있을 것이다. 고원 꼭대기에서 하늘이 열리고, 절벽은 입이 떡 벌어질 파노라마 풍광을 만들어 낸다. 서쪽으로 멀리 피레네 산맥이 솟아 있고 동쪽에는 특이한 생물체 모양을 한 절벽이 있으며, 북쪽으로는 카일라Caylar의 고대 성곽이, 저 멀리 남쪽에는 지중해의 비단결처럼 진한 푸른빛이 반짝이고 있다. 예상치 못한 강한 바람에 날아든 몇몇 독수리들이 티벳의 추억을 더 키우려는 듯 하늘을 서성인다.

관람 시간에 맞춰 버스에서 하차한 관광객들이 다국어 여행 가이드에 귀를 대고 산책로를 따라 내려갈 때, 히말라야 사원을 본뜬 티벳 정통 사원의 독특함에 대한 설명이 녹음된 음성으로 나왔다. 북과 종소리, 자비심에 대한 불교 만뜨라를 염송하는 서양인들의 소리가 울려 퍼진다. 때때로 이 웅장한 건물을 가장 잘 보려고 카메라를 들고 뒤로 가던 관광객들은 칸도와 마주쳤고 "미안합니다." 또는 "실례합니다."를 중얼거리면서 진홍색 벽에 손으로 그린 마법의 새와 용이 꿈틀거리는 이국적인 디테일을 포착하기 위해 이동했다. 관광객들이 진짜 가치 있는 광경은 화려한 황금으로 된 6.7m의 불상도 아니고, 본당에 있는 수천 개의 반짝이는 붓다도 아니고, 꼼꼼하게 그린 프레스코화 만이 아니었다는 것을 알았더라면 좋았을 것. 그들이 잠시 멈출 시간이 있었더라면 인간의 모습을 하고 그들 앞에 있는 칸도의 진정한 아름다움을 볼 수 있었을 것이다.

나는 저명한 마스터들이 칸도가 걸어오는 것을 보고 황급히 법좌에서 뛰어내리는 것을 보았다. 좌석의 순서와 법좌의 높이로 지위를 표시하는 것은 아시아의 관습이다. 그들이 얼마나 큰 칭호를 가지고 있든, 얼마나 직위가 높든 간에 그 어떤 스승도 칸도보다 더 높은 자리에 있고 싶어 하지 않을 것이다. 하지만 칸도는 결코 깨달음에 대해 말하지 않았다. 제자들과 다른 스승들이 열렬히 가르침 받기를 요청해도 그녀가 자신의 지혜를 자랑하는 것을 들은 사람은 아무도 없었다. 누군가 손을 접은 채로 절을 하거나 지극한 경외심과 존경으로 대할 때면 그녀는 약간 즐거워하는 듯 보였다.

어느 날 정오에 그녀가 진지하게 말했다. 자신이 뜰로 걸어 들어가자 점심시간을 보내던 수십 명의 제자들이 합장하고 절을 하기 위해 뛰어올랐다. 그때 "오, 내가 걸어 들어갈 때 왜 모든 사람이 일어나서 나에게 절하는지 드디어 알 것 같아, 잘 모르는 사람들이 나를 언니로 착각한 것이 틀림없어." 모두가 그녀에게 헌신하는 안무 같지만 칸도는 쇼걀 린뽀체의 어머니인 마윰라 쩨링 왕모에게 숭배를 돌렸다.

사람들이 그녀에게 끊임없이 보내는 사랑과 감탄에도 불구하고, 그녀는 솔직히 자신을 특별한 존재로 생각하지 않는 것이 분명했다. "겸손함은 아마도 불법을 배우는 제자들에게 가장 중요한 자질 중 하나일 것입니다."라고 종쌀 켄쩨 린뽀체가 말했다. "최근 불법을 배우는 제자들에게 이 겸손함이 부족하다고 말하는 것은 절제된 표현일 것입니다. 겸손함이 있지도 않습니다. 겸손함은 곧 그녀의 가르침이지요." 그 모든 것의 심오함으로 이해되는 불교 수행은, 특별해지는 것이 아니라 진정한 본성에 대한 것이다. 자아감이 없다는 것은 실로 가장 위대하고 근본적인 성취이다. 바로 이 무아가 단순히 있는 그대로 존재할 수 있는 자유를 주는 것이다. 그 어떤 것도 증명할 필요 없이 내면의 자신감을 갖게 한다. 무아는 칸도가 하는 모든 일에 우아함과 위엄을 더해 주었다. 무아는 자기 비하와는 전혀 다르다. 그녀의 겸손함과 침묵에도 불구하고, 사람들은 그녀의 존재에 감동하지 않을 수 없었다.

꿍가 겔모는 "칸도는 정말 수수께끼 같은 존재였다"며 그녀를 어떻게 묘사해야 할지 주저한다. 인도와 프랑스에서 그녀를 간병했던 겔모는 칸도를 모시고 간단한 여행이나 건강 검진을 받으러 다니면서 그녀가 어떻게 자석처럼 사람들을 끌어당기는지를 관찰했다. "모든 사람들이 그녀의 존재에 영향을 받았고 심지어 불교적인 배경이 없는 사람들도 영향을 받았습니다. 예를 들어, 칸도는 공원에 있는 작은 힌두교 모임이나 동네 정원 산책을 즐기곤 했는데 그녀에 대해 아무것도 모르는 사람들도 휠체어를 타고 있거나 공원 벤치에 앉아 있는 나이 든 이 아시아 여성에게 존경심을 나타내고 싶어 했지요. 사람들은 우리에게로 걸어와서 '이 여성은 누구시죠? 이 분을 처음 봤을 때, 나는 뭔가 특별한 것을 느꼈어요.'라고 묻곤 했고 심지어 프랑스 병원 의사들에게도 큰 인상을 남겨 결국 그들도 그녀를 사랑하게 되었죠."

때때로 평범한 대화를 하다가도 칸도는 예리한 지혜가 번뜩이거나 무언가를 아는 듯 갑자기 바라보곤 했다. 삶이 끝나갈 무렵 칸도는 가장 좋은 의미로 어린 아이 같아졌다. 마음이 넓게 열리고 항상 그 순간에 온전히 존재했고, 순수함과 순진함 그리고 사랑의 느낌을 물씬 풍겼다. 그 위치에서 오는 권위적 태도나 자만심이 없는 모습은 그녀의 존재만으로도 즉각적인 편안함과 평온함을 가져다주었다. 그녀를 마주했을 때 다른 많은 마스터들과 달리 나는 결코 위압감을 느끼지 않았다. 마치 강력하면서도 부드러운 자연의 힘에 맞닥뜨린 것 같은 경외감만 느꼈다. 그녀는 평생 동안 라마 자리에 앉아 가피를 내리는 것을 거절했다. 딜고 켄쩨 린뽀체는 그녀에게서 가피를 받고자 할 때, 부드럽게 그녀의 손을 잡아 자신의 머리 위에 올렸다.[22] 하지만 삶이 끝날 무렵에는 더 열린 마음을 갖게 되었고, 종종 축복의 의미로 방문객들의 뺨을 부드럽게 쓰다듬어 주었다.

그녀의 품으로 온 어린 새들

마지막으로 그녀를 봤을 때, 나는 사원으로 이어지는 가파른 계단에서 날개를 힘없이 꿈틀거리고 있는 작은 새 한 마리를 발견했다. 둥지나 어미 새는 어디에도 보이지 않았다. 생존 가능성이 희박하다는 것을 알면서도 그 새를 집었다. 사원의 욘뗀Yonten 스님이 "이 새를 칸도에게 가져다주세요. 우리는 모든 다친 동물들을 그녀에게 데려다준답니다." 라고 말했다. 정말 아기 새가 둥지에서 떨어졌다는 이유로 내가 이 시대의 가장 존경받는 여성 마스터를 방해해도 괜찮은 걸까? 그는 나를 안심시키듯이 고개를 끄덕였다. 그렇다, 칸도는 보통 어떤 방문객도 만나지 않지만 삶과 죽음의 문제에 있어서는 항상 달랐다. 그는 먼저 자리를 떠났다.

계단을 올라가면 한때 버려진 프랑스 농가였던 건물이 있다. 칸도와 그녀의 언니는 1층의 크림색 소파에 앉아 묵주를 굴리며 거의 하루 종일 매일 만뜨라를 연송했다. 아름다운 나무 바닥과 귀한 티벳 카펫이 깔린 네모난 방은 헤롤트Herault 계곡이 내려다보였다. 쇼걀 린뽀체는 그의 어머니와 그의 이모 칸도를 위해 오래 전 떠나온 티벳의 집을 떠올리게 하는 티벳 천 그림과 아름다운 황금 가구로 이 집을 다시 꾸몄다.

칸도는 작은 새에게 미소 지으며 머리를 부드럽게 만졌다. 그녀를 보필하는 스님에게 약즙을 가져오라고 손짓했다. 그녀는 부드럽고 높은 목소리로 기도를 중얼거리고 나서 가피수를 몇 방울 떨어뜨린 뒤 그녀의 언니에게 새를 만지라는 동작을 해 보였다. 몇 시간 후 그 작은 새는 죽었지만, 적어도 욘텐은 그 연결 고리가 다음 생에도 이어질 것이라고 확신하며, 가장 위대한 여인의 축복을 받으며 생을 마감했다고 믿었다.

80대임에도 불구하고, 그녀는 쇼걀 린뽀체의 제자 수백 명과 함께 큰 사원에서 하루 종일 의례를 치르고 염송했다. 칸도가 황금 불상 발치의 안락의자에 있는 동안 그녀의 언니인 쩨링 왕모는 바닥에 가부좌를 하고 앉아 모든 수행 일정을 보냈다. 염주 구슬을 하나씩 움직여 딸깍거리며 기도하던 두 자매는 은총과 헌신 그리고 연민심의 분명한 본보기였다. 두 사람은 서로를 보살폈고, 매우 가까우면서도 스타일과 성격이 많이 달랐다. 쩨링 왕모는 모든 것이 완벽하게 질서를 갖추는 것을 좋아했지만, 칸도는 완전히 이완되어 있고 외모나 방을 정리 정돈하는 것에 그다지 신경 쓰지 않았다.

칸도 전 남편의 환생자인 종쌀 켄쩨 린뽀체는 적어도 1년에 한 번 프랑스로 그녀를 만나러 왔다. 그가 다정하게 그녀의 손을 잡고 의자로 안내하자 그녀는 사랑이 가득한 눈으로 그를 올려다보았고, 그녀와 젊은 환생자 간의 친밀감과 따뜻함이 예전의 유대를 나타냈다.

마음을 넘어선 자각력

칸도는 완전히 제자리로 돌아오게 되었다. 티벳의 설산에서 존경받는 스승의 아내로 사는 것에서부터 인도와 시킴에서 난민으로 그리고 마침내 서양에서 가장 영향력 있는 불교 공동체 중 하나에 터전을 잡았다. "칸도는 정식으로 가르치지 않았습니다. 사실, 많은 말을 하지 않았지만 그녀가 한 말은 마음을 꿰뚫어 보는 듯 명확하고 종종 예언적이기까지 했습니다."라고 쇼걀 린뽀체는 회상한다. "그녀의 신심 깊은 지극한 염송을 듣거나 함께 수행하는 것은 존재의 깊숙한 곳까지 영감을 받는 일이었습니다. 그녀와 걷고 쇼핑하고 단순히 함께 앉아 있는 것조차 그녀의 존재에서 오는 강력하고 고요한 행복에 휩싸이는 일입니다."[23]

그녀는 아이들을 곁에 두는 것을 즐겼고 아이들과 함께 춤을 추거나 노래하는 것을 좋아했다. 그녀의 유머는 재미있고 직설적이었으며 그녀의 간호사 중 한 명이 말했듯이 "정치적으로 옳지 않다." 그녀가 처음 알게 된 영어 단어 중 하나는 "장난꾸러기 소녀"였다. 그녀는 어떤 것에 대해 그녀만의 생각이 있을 때마다 그 말을 사용하는 것을 좋아했다. 수행원들은 그녀의 장난기 많은 성격에 감탄했고, 그중 누구도 그녀가 자신의 친구들이나 티벳에서 잃었던 재산에 대해 불평하는 것을 들은 적이 없다. 다른 티벳인이 자신들에게 닥쳤던 끔찍한 상실을 한탄하면, 그녀는 단지 일어나 나갔다.

그 당시 위대한 족첸 수행자처럼 세속적인 인식은 점점 사라지고, 세상에 대한 애착과 관심을 초월한 것이 점점 분명해졌다. 쇼걀 린뽀체는 "비록 그녀는 생의 마지막을 향해 가며 점점 말을 적게 했지만, 나에게는 그녀의 놀라운 유머가 항상 삶의 아이러니에 대한 중요한 가르침을 주는 것처럼 보였습니다."라고 말했다. "아마 모든 것을 그렇게 심각하게 생각할 필요는 없을 것 같다고 그녀가 말하는 듯했어요. 불교신자들이 '삼사라' 즉 윤회라고 부르는 모든 존재와, 탄생, 죽음의 순환조차도 깨달은 시각에서 보면 상당히 우스꽝스러워 보일 뿐이죠."[24]

칸도의 건강은 2011년 봄부터 악화되기 시작했다. 낙상을 한 이후 골반을 다쳐 병원에 입원해야 했다. 그녀는 레랍 링의 집으로 돌아가고 싶다고 했다. 종쌀 켄쩨 린뽀체는 호주에서의 교육 프로그램을 중단하고 프랑스로 달려갔다. 중요한 족첸 경전인 롱첸빠의 『법계의 보물 Treasury of Dharmadhatu』을 그녀에게 읽어 주던 중에, 그는 그녀의 호흡에 문제가 있다는 것을 알게 되었다.

"하지만 그녀를 보았을 때 그녀의 눈에서 절대적인 알아차림을 볼 수 있었습니다. 완전한 자각 말이죠."라고 말한다. "그녀는 그 전에도 치료나 입원을 하고 싶어 하지 않았습니다. 우리 같은 평범한 사람들은 1분이라도 더 살기 위해 무슨 짓이든 할 겁니다. 하지만 그녀에게 현실은 매우 분명했죠. 평범한 사람조차도 그녀가 말년에 가졌던 자질을 알 수 있습니다."

남편이 몸을 떠난 52년 뒤, 칸도 역시 죽음의 순간 자신의 마음을 움직일 수 있는 힘을 보여 주었다. 올겐 똡걀 린뽀체와 쇼걀 린뽀체는 칸도의 마지막 순간을 목격했다.[25] "보통 사람들은 죽음에 가까워지면 의식을 잃거나, 누가 자기와 이야기하고 있는지 인식하지 못하거나, 누군가 하는 말을 듣지 못합니다. 그러나 그녀는 전혀 그렇지 않았죠", "그녀의 정신은 뚜렷이 명료했고 그녀의 시선은 족첸의 경전에 묘사된 것과 똑같았습니다. 항상 완전히 깨어 있던 그녀의 눈은 그 어느 때보다 예리했습니다." 올겐 똡걀 린뽀체가 말했다.[26]

쇼걀 린뽀체가 고통스럽냐고 물으면 그녀는 그저 고개를 흔들곤 했다. 만약 그가 그녀에게 몸이 좋냐고 물었다면 그때도 그녀는 고개를 끄덕였을 것이다. 올겐 똡걀 린뽀체는 "이러한 그녀의 상태는 그녀가 어떤 지점에 도달했으며, 그녀에게는 모든 망상적인 형상과 삶과 죽음에 대한 평범한 지각이 사라졌고, 그것이 바로 그녀가 고통을 느끼지 않는 이유라고 생각했습니다."라고 말했다.

그녀가 세상을 떠나는 날 저녁 5시 30분쯤 쇼걀 린뽀체가 그녀의 방으로 찾아왔다. 그는 그녀의 눈이 평소와 다르다는 것을 알았다. "그녀는 하늘을 쳐다보고 있었어요. 나는 그녀를 불렀죠. '고모님, 저 왔어요.' 대답하지 않았지만 명상을 하고 있다고 느꼈습니다."[27]

약 1시간 후, 쇼걀 린뽀체와 올겐 똡겔 린뽀체가 참석한 가운데 그녀의 호흡이 멈추었다. 하지만 심장은 여전히 따뜻했고 3일 반 동안 그 온기가 지속되었다. 그녀의 몸은 무너질 기미가 보이지 않았다. 수행자가 신체의 기능이 정지된 후 며칠 동안 명상 상태에 있는 것을 티벳어로 '뚝담Tukdam'이라고 한다. 올겐 똡겔 린뽀체는 자신이 칸도의 존재를 어떻게 계속 느꼈는지 이렇게 강조했다. "족첸에 따르면 위대한 수행자는 세상을 떠난 후에도 실제 3일간 계속 명상 상태에 있기 때문에 기밀을 지키고 수행자의 몸을 만져서 명상을 방해하지 않는 것이 매우 중요하다고 합니다. 그녀의 마음은 물이 물과 합쳐지는 것처럼 거대한 광대함으로 자연스럽게 합쳐졌습니다."[28] 그는 칸도의 손발까지도 며칠간 온기가 있음을 관찰했다. "뚝담 상태에서 정광명과 합쳐지는 족첸 수행자는 단숨에 영겁의 수행을 성취하고 깨달음을 얻는다고 합니다."[29]

소걀 린뽀체는 『삶과 죽음을 바라보는 티벳의 지혜』라는 책에서 위대한 마스터의 죽음을 묘사하고 있는데, 이는 칸도의 죽음에 대한 언급으로 보인다.

완벽한 자세 외에도 근본 광명Ground Luminosity 상태에서 쉬고 있음을 보여 주는 다른 징후들이 있을 것이다. 즉 얼굴에는 아직 피부색이 남아 있고 광채가 나며 코는 안으로 수축되지 않고, 피부는 부드럽고 유연하며, 몸은 뻣뻣해지지 않고, 눈은 부드럽고 자비심의 빛을 유지하며, 심장에는 따뜻한 기운이 남아 있다.

마스터의 몸을 만지지 않도록 세심한 주의를 기울이며, 이 명상 상태에서 일어날 때까지 침묵이 유지되게 한다. [30]

이것이 그녀가 제자들에게 한 마지막 침묵의 가르침이었다. "뚝담에 든 사람과 연결된 이들에게 이것은 매우 강력한 것입니다." 올겐 똡겔 린뽀체는 계속해서 설명한다. "기도를 하면서 왜 깨달은 존재의 마음과 내 마음이 강력하게 합일하도록 하는 것이 중요한 지에 대한 이유가 여기에 있습니다. 지혜로운 마음은 그 순간 불과 같이 너무도 강력합니다. 불 가까이 다가가면 춥지 않은 것과 같습니다." [31]

전 세계 제자들은 소걀 린뽀체의 작은 개인 기도실에 와서 칸도의 몸 옆에 앉아 간절하게 기도하며 그녀와 한 마음이 된다. 가르침의 등불은 이 세상을 떠났지만 그녀의 등불은 계속 빛나고 있다.

주

a 소걀 린뽀체Sogyal Rinpoche 1947년 티벳 동부에서 태어났으며 서양에서 30년
넘게 법을 전하고 있다. 불교 센터들의 국제연대기구인 Rigpa의 영적 대표이다.

b 올겐 뚭걀 린뽀체Orgyen Tobgyal Rinpoche 1951년 동티벳 캄 출생. 1959년에 돌
아가신 아버지 3대 네텐 쵸클링 린뽀체Neten Chokling Rinpoche와 함께 티벳을
떠났으며 수년간 티벳 망명 정부의 일원이었고, 북인도 비르에 있던 그의 사원
들을 관리하고 국제적으로 설법 활동도 했다.

c 알락 젠깔 린뽀체Alak Zenkar Rinpoche 1947년 동티벳에서 태어났으며 최근 뉴
욕에 거주하고 있다. 저명한 학자인 그는 동티벳에 있는 티벳 경전을 보존하고
불교를 중흥하는데 중요한 역할을 해 오고 있다.

d 역자 주: 다키니는 허공에서 춤추는 자로, 깨달은 수행자의 죽음은 무지개 몸
이 되어 공성 속으로 사라진다.

마치며

티벳 불교에는 존경과 찬사를 받을 만한 뛰어난 여성들이 훨씬 더 많이 있지만 이 책에서는 의도적으로 서양에서 가장 성공한 여성 개척 자들에게 초점을 맞추었다. 동티벳의 낭첸Nangchen 비구니와 같이 상상 할 수 없는 압박 속에서도 끊임없이 수행을 계속하고 있지만 찬양 받지 못한 모든 티벳 수행자들을 생각해 보라. 나는 언젠가 가장 외진 곳에서 전통적인 3년 수행을 하며 약 90cm²의 나무 명상 상자에 앉아 성취를 이 룬 똑뗀마들을 방문해 보고 싶다.

드물긴 하지만, 소수의 여성 법맥 수지자들에게 수행자들의 역량을 강화시켜 법맥을 이어갈 기회가 주어지고 있다. 삼딩 사원의 수도원장 인 삼딩 돌제 팍모, 티벳과 망명지 양쪽에서 전통을 되살리고 있는 제쭌 슈세브 로첸 린뽀체와 제자들은 이런 일에 전념하고 있다.

티벳에서 책임을 맡고 있는 여성들 중에는 켄뽀 직메 뿐촉의 조카 제쭌마 뭄쏘가 떠오른다. 그녀는 2001년 중국 정부가 탄압하기 전에 수 천 명의 비구, 비구니들을 유치하여 동티벳의 저명한 연구 센터인 오명 불학원Larung Gar을 지휘했던 삼촌의 사명을 이어가고 있다. 그리고 망명 중인 동포들을 위해 계속 활동하고 있는 수만 명의 티벳인들이 있다. 조금 더 나열해 보자면, 달라이 라마의 여동생인 제쭌 뻬나Jetsun Perna는 더 나은 미래를 찾고자 꽁꽁 언 땅을 가로질러 인도에 보내진 티벳 아이들을 위한 안전한 피난처를 만드는 데 자신의 삶을 바쳤다. 티벳 여성 협회는 1959년 창립 이후 티벳 여성을 지원하고 비구니 교육에 대한 인식을 높이기 위해 활동했다. 아니 최잉 돌마Ani Chöying Drolma는 성공적인 가수 경력을 활용해서 네팔에서 12개 이상의 자선 단체를 후원하고 비구니들에게 서양 및 티벳 교육을 진행하는 최초의 학교인 아리아 따라 학교를 설립했다.

나왕 쌍돌Ngawang Sangdrol과 같은 또 다른 티벳 여성들은 중국 교도소에서 수십 년의 고문을 견뎌 내고 '천국' 중국이 사실은 '지옥'이라는 진실을 이제는 두려움 없이 목소리를 내서 사람들에게 알리고 있다.

점점 더 많은 서양 여성들이 아시아의 선구자들이 구축해 놓은 길을 따르고 있다. 미국 최초의 티벳 불교 사원인 버몬트주의 바즈라 다키니 사원the Vajra Dakini Nunnery은 미국인 원장 켄몬 니마 돌마Khenmon Nyima Drolma의 지원 아래 날개를 단 듯 발전하고 있다. 여성들의 배움이 계속 높아지고 있다. 예를 들어 최초의 여성 불교 박사인 껠쌍 왕모, 수계를 받은 수많은 재가 여성들은 소수의 용기 있는 개척자들이 노력한 직접적인 결과로 자신들의 가능성이 넓어지는 것을 보고 있다.

전 세계의 수많은 여성과 남성이 명상 수련회를 조직하고, 가르치고, 공부하고, 요리하고, 청소하고, 운전하고, 센터를 계속 번창시키고 있다. 그리고 법좌에 앉지도 않고 책을 쓰지도 않지만 조용히 세상을 밝히는 수많은 훌륭한 수행자가 없다면 다르마는 아무것도 아닐 것이다.

다키니 파워 웹사이트 www.dakinipower.com는 이 책에 등장하는 여성들의 업적과 인생 이야기, 그 밖의 많은 것을 기념하기 위해 운영 되고 있다. 우리의 사명은 요기니 프로젝트 www.theyoginiproject.org 와 협력하여 모든 전통 불교 여성들의 이야기와 가르침을 위한 네트워 크와 플랫폼을 만드는 것이다. 이곳을 방문해서 불교 여성들이 어떤 영 감을 주었는지 나누어 주길 바란다.

회향

당신이 장수하고 완전한 잠재력을 깨닫길 기원합니다.
당신의 영혼을 드높이고
항상 진실을 따를 수 있는 용기를 가지기를 기원합니다.
당신의 모든 서원이 성취되고 선함이 승리하기를 바랍니다.
이 세상 모든 존재가 평화와 행복,
피난처와 보금자리를 찾기를 기원합니다.
누구도 그렇게 되지 않을 거라고 말하지 마십시오.

감사의 말

이 책에서 인터뷰한 모든 스승들께 진심으로 감사드립니다. 저에게 너그럽게 마음을 열어 환대해 주었습니다. 지갈 켄쩨 린뽀체, 종쌀 켄쩨 린뽀체, 갸뚤 린뽀체 그리고 소걀 린뽀체는 소중한 시간을 할애해 당신들의 통찰력과 지혜를 나눠 주었습니다. 또 데이비드 콘, 제쭌 데첸 빨돈, 라마 최남, 둥쎄 잠빨 놀부, B. 앨런 월라스, 캐롤 모스, 리타 M. 그로스, 바시아 툴잔스키, 잰 잭슨, 뗀진 라모, 코스탄조 알리언, 게셰마 껠상 왕모, 나오미와 마빈 매티스, 벨 페드로사 그리고 헬렌 버라이너 역시 그랬습니다. 캘리포니아 대학교 산타 바바라와 그곳의 달라이 라마 기증 종교학 연구소의 호세 카베손 교수의 전폭적인 지지가 없었다면 이 책은 출간되지 못했을 것입니다.

개일 랜즈Gayle Landes, 바바라 왓킨스Barbara Wadkins, 타미 카터Tami Carter, 앤 하트Ann Hart와 패티 월쳐Patty Waltcher의 편집 자문과 교정에 감사를 드립니다. 마테오 피스토노Matteo Pistono는 모든 집필 과정에서 친절하게 멘토링을 해 주었고, 가치를 따질 수 없는 피드백을 주었

400

습니다. 편집자 수전 카이저Susan Kyser와 수데 월터즈Sudé Walters는 아주 섬세하게 원고를 다듬었습니다. 칸도 쩨링 최돈에 관한 장은 볼커 덴크가 사심 없이 전해 준 그의 산더미 같은 방대한 연구 자료와 패트릭 개프니Patrick Gaffney, 마우로 드 마치Mauro de March, 로테와 애덤 피어시Lotteawa Adam Pearcey, 아니 꿍가 겔모Ani Kunga Gyalmo, 킴벌리 폽Kimberly Poppe, 레나 랍Lena Raab, 다니엘라 밴 워트Daniela van Wart, 바바라 레파니Barbara Lepani, 잉그리드 스트라우스Ingrid Strauss 그리고 릭빠 기록팀the Rigpa transcribing team의 관대한 노력이 없었다면 분명 완성되지 못했을 것입니다.

작가 비키 맥켄지Vicki Mackenzie에게 진정으로 감사를 드립니다. 그녀는 친절하게도 뗀진 빨모에 관한 장에 그녀의 베스트셀러『Cave in the Snow』에 관한 연구를 사용할 수 있도록 허락해 주었습니다. 저건 구드Jurgen Gude와 사샤 마이어로위츠Sasha Meyerowitz는 네덜란드 불교 방송 재단the Dutch Buddhist Broadcast Foundation의 엘리자베스 매티스 남겔에 관한 다큐멘터리를 촬영한 훌륭한 동료였습니다. 이 다큐멘터리는 이 책을 위해 그녀를 인터뷰할 수 있는 완벽한 기회를 마련해 주기까지 했습니다. 조안 할리팩스에 관한 장은 크리스틴 바렌선Kristin Barendsen의 작문이 도움이 됐습니다. 또한 수년간 학문적 조언과 우정을 보내 준 그렉 시튼Greg Seton에게 감사를 드립니다.

원활하게 인터뷰를 진행하기 위해 다르마 센터 무대 뒤에서 지칠 줄 모르고 뛰어 준 많은 자원봉사자와 직원이 있었습니다. 아니 직메 최돈Ani Jigme Chödron, 스라비스티 사원의 사무장 조빠Zopa 스님, 툽뗀 딸

401

빠 스님 그리고 모든 다른 비구니 스님들과 존 오웬스John Owens, 동규 갓찰링 비구니 승원의 헤더 꽁트Heather Conte, 예세 닝뽀Yeshe Nyingpo 의 스캇 글로버스Scott Globus, 뻬마 최돈Pema Chödrön을 보좌하는 글레나 저컬Glenna Zirkel, 캐디 알리언Cady Allione, 매리 클링해머Mary Kling-hammer, 앤 해크니Ann Hackney와 따라 만달라Tara Mandala의 로빈 외셀 드리메Robin Ösel Drimé.

매우 친절하고 재능 있는 사진 작가 에이미 개스킨Amy Gaskin은 닥 몰라 싸꺄의 멋진 사진을 찍었을 뿐만 아니라 심혈을 기울인 독특한 예술적 기술로 책에 수록된 사진들을 개선해 주었습니다. 예술가 카린 크뤼거Karin Krüger와 노아 P. 카플란Noa P. Kaplan, 사진 작가 게일 랜즈스Gayle Landes, 주렉 슈라이너Jurek Schreiner, 그레이엄 프라이스Graham Price, 리자 매튜스Liza Matthews, 로나이 로차Ronai Rocha, 데이비드 고든David Gordon, 다이애나 블록Diana Blok, 로리 피어스 바우어Laurie Pearce Bauer, 사샤 마이어로위츠Sasha Meyerowitz, 버디 프랭크Buddy Frank, 볼커 덴크스Volker Dencks 그리고 더 많은 분들의 놀라운 능력으로 이 책을 아름답게 엮을 수 있었습니다.

받은 것이 너무 많기에 가장 도움이 필요한 여성들에게 조금이나마 보답하고자 합니다. 책 수익금 일부는 아시아의 소녀와 여성 교육에 헌신하는 '잠양 재단Jamyang Foundation'과 '로터스 아웃리치Lotus Outreach'와 같은 풀뿌리 단체에 기부할 것입니다.

취재 노트

저자의 말

1 모든 이름은 스승들의 선호에 따라 적절한 철자를 사용했다. 그래서 어떤 사례는 티벳어의 표준 철자에서 벗어난 것도 있다. 예를 들어 착둡 칸도는 자신의 이름 두 번째에 'n' 없이 '카도'로 사용하는 것을 선호했다.

다키니의 본질

1 다른 번역을 보고자 한다면 걀와 장춥Gyalwa Changchub과 남케 닝포Namkhai Nyingpo의 『연꽃에서 태어난 여성: 예세 초겔의 삶과 깨달음Lady of the Lotus-born:The Life and Enlightment of Yeshe Tsogyal』(보스턴: 샴발라 출판사,2002), p.33을 보라.

2 『산정 호수에서의 성찰: 실용적 불교에 대한 가르침Reflections on a Mountain Lake: Teaching on Practical Bhddhism』(이타카, 뉴욕: 스토우 라이언 출판사, 2002), p.78.

3 Vicki Mackenzie, 『눈속의 동물: 뗀진 빨모의 깨달음에 대한 탐구』(뉴욕: Bloomsbury, 1999), p.133에서 인용한 뗀진 빨모.

4 Judith Simmer-Brown, 『다키니의 따뜻한 호흡Dakini's Warm Breath』(보스턴: 샴발라 출판사, 2001), p.9. 이 책은 다키니 근본에 대해 학문적으로 철저하게 연구한 책이다.

5 출팀 알리언의 가르침은 『깨달은 여성성의 만달라The Mandala of the Enlightened Feminine』(Louisvill, CO:Sounds True, 2003)에서 인용했다.

6 『잠양과 줄리 에모리Jamyang and Julie Emory, 설국의 공주들: 티벳 잠양 싸꺄의 삶Princess in the Land of Snows:the Life of Jamyang Sakya in Tibet』(보스턴: 샴발라 출판사,

2001), p.13.

7 같은 책. p.54

8 『깨달은 여성성의 만달라』.

9 『산정 호수에서의 성찰』, p.78.

10 『산정 호수에서의 성찰』, p.77.

11 복잡한 역사적 문제에 대해 더 구체적인 설명을 알고자 한다면 깔마 렉세 쪼모가 출간한 『문화를 초월한 여성불자들Buddhist Women Across Cultures』(Albany, NY: SUNY Press, 1999)을 보라, p.167-189.

12 Hildegard Diemberger, 『When a Woman Becomes a Religious Dynasty: The Samding Dorje Phagmo of Tibet』(New York: Columbia University Press, 2007), p.133.

13 The Progressive, 2006년 1월 이슈. 인터뷰를 더 충분히 보려면 www.progressive.org/mag_intv0106.

14 제롬 에두Jerome Edou, 『마칙 랍된과 쬐의 기초Machig Labdrön and the Foundations of Chöd』(Ithaca, NY: Snow Lian Publication, 1995), p.5

15 『산정 호수에서의 성찰』, p.78.

16 『깨달은 여성성의 만달라』.

17 『산정 호수에서의 성찰』, p.41.

18 같은 책.

19 같은 책, p.42.

20 http://www.ted.com/talks/joan_halifax.html.

21 리타 엠 그로스Rita M.Gross, 『가부장제 이후의 불교 페미니즘Buddhism After Patriarchy: A Feminist History, Analysis, and Reconstruction of Buddhism』(Albany, NY:SUNY Press, 1993), p.25.

01 제쭌 칸도 린뽀체

1 이 장은 달라이 라마 방문 중 2011년 7월 워싱턴 D.C. 버라이즌 센터Verizon Center에서 두 번의 집중 인터뷰를 기반으로 했다. 그녀의 동의 하에, 다른 곳에

서 했던 법문과 인터뷰들, 특히 월터 포덤Walter Fordham과의 라디오 인터뷰 내용을 추가했다(https://www.khandrorinpoche.org/teachings/audio/jkr-chronicles-radio-dispatches-2008-09-20/)(원서의 주소로 내용을 찾을 수 없어 역자가 찾아 수정함). 추가 정보는 여동생인 제쮠 데첸 빨돈Jetsun Dechen Paldron과 제자 뗀진 라모Tenzin Lhamo, 리타 그로스Rita Gross, 잰 잭슨Jann Jackson, 헬렌 버라이너Helen Berliner, 그 밖의 다른 사람들이 제공해 주었다.

2 https://www.khandrorinpoche.org/teachings/audio/jkr-chronicles-radio-dispatches-2008-09-20/(원서의 주소로 정보를 찾을 수가 없어 역자가 찾아 수정함).

3 이 강연의 내용은 https://www.khandrorinpoche.org/teachings/print/jkr-loving-kindness-is-realistic-2011-07-13에 있다(원서의 주소로 내용을 찾을 수 없어 역자가 찾아 수정함).

4 마지막 문장은 그녀의 인터뷰. https://www.khandrorinpoche.org/teachings/audio/jkr-chronicles-radio-dispatches-2008-09-20/에서 인용했다(원서의 주소로 내용을 찾을 수 없어 역자가 찾아 수정함).

5 칸도 린뽀체는 이 이야기를 2010년 뉴욕 채텀Chatham에 있는 불교 센터 E-Vam Institiute 강연에서 언급했으며 여기에 수록된 설명은 2010년 가을 E-Vam Institiute 소식지에 실린 강연록에서 발췌한 것이다.

6 뚤꾸 울겐Tulku Urgyen, 『Blazing Splendor: The Memoirs of Tulku Urgyen Rinpoche』(Berkely, CA: North Atlantic Books, 2005), p.56.

7 https://www.khandrorinpoche.org/teachings/audio/jkr-chronicles-radio-dispatches-2008-09-20/(원서의 주소로 내용을 찾을 수 없어 역자가 찾아 수정함).

8 켄 맥러드Ken McLeod가 번역한 톡메 쌍뽀(1297-1371)의 티벳의 운문 『보살의 37수행법Tokmé Zangpo's Tibetan Verses』에서 인용했다. https://unfetteredmind.org/37-practices-of-a-bodhisattva를 참조(웹사이트의 주소가 변경되어 역자가 수정함).

9 칸도 린뽀체의 '서양인으로 비구니의 삶Life as a Western Buddhist Nun' 컨퍼런스 기고문에서. 전문은 http://www.thubtenchodron.org/BuddhistNunsMonasticLife/LifeAsAWesternBuddhistNun/living_the_dharma.html에 있다.

02 닥몰라 꾸쇼 싸꺄

1   이 장의 주요 내용은 수차례에 걸친 광범위한 인터뷰를 통해서 얻었다. 나는 2008년과 2012년 사이에 말리부에 있는 닥몰라와 함께 그녀의 아들 데이비드 콘, 그녀의 제자 캐롤 모스, 비 엘런 월레스 등과 인터뷰했다. 또한 포커 덴스 Volker Denck가 2007년, 시애틀에서 닥몰라의 생애에 대해 쓴 두 번의 미공개 인터뷰 녹취록을 참조했다. 특히 티벳에서 보낸 시절에 대한 설명은 그녀의 삶을 아주 상세하게 기록한 두 편의 영어 자서전에서 닥몰라의 승인을 받아 많이 참조했다. 특히, 잠양 싸꺄와 줄리 에머리가 공저로 쓴 영어 자서전인 『설국의 공주』를 강력하게 추천한다. 이 책은 샴발라 출판사(www.shambhala.com)와 협의하여 여기에 수록했다.

2   제쭌 꾸쇼Jetsun Kusho는 일곱 살에 사미니계를 받았고, 열 살에 첫 번째 무문관을 마쳤다. 매우 이례적인 것은 1955년에 그녀의 나이 겨우 열일곱 살이었을 때 오빠도 할 수 없었던 "도과道果"(티벳어 lamdré람데)의 법을 3개월에 걸쳐 티벳 스님들에게 모두 전수했다는 것이다. 1959년에 티벳에서 인도로 탈출했으며 1971년에는 가족과 함께 캐나다 밴쿠버에 정착했다. 그녀는 5명의 아들을 키우기 위해 농장 노동자, 뜨개질 옷 디자이너 등의 일을 하면서 수행을 게을리하지 않았다. 제쭌 꾸쇼는 자신의 오빠와 저명한 스승들의 거듭된 요청으로 1980년대 초반부터 서양에서 법문을 하기 시작했다. 더 자세한 전기는 www.sakya-retreat.net/sakya_he.html 참조.

3   데중 린뽀체의 생애와 성취는 David P. Jackson이 쓴 매우 유익한 책 『시애틀의 성자A Saint in Seattle』(Boston: Wisdom Publications, 2003)에 연대순으로 나와 있다.

4   이 책은 아직까지 티벳어로만 출판되었다. 잠양 닥모 싸꺄, 풀꾸 예셰 갸쪼의 『잠양 닥모 싸꺄 자서전The biography of Jamyang Dagmo Sakya』(Taipea: Kathog Rigzin Chenpo, 2009) 참조.

5   『설국의 공주』 책, p.12.

6   같은 책, p.70.

7   같은 책, p.74.

8   같은 책, p.75.

9   같은 책.

10 같은 책, p.77.

11 같은 책, p.79-80.

12 미켈 던햄Mikel Dunham의 『붓다의 용사들(Buddha's Warriors)』(New York: Penguin, 2004), p.60. 중공의 침략 후 티벳이 저항하던 시기에 관한 심층적 설명이 필요하다면 이 책을 읽는 것이 좋다. 이 책은 이 장의 배경이 되는 정보를 제공해 주었다.

13 같은 책, p.97.

14 같은 책, p.112-113.

15 같은 책, p.117.

16 같은 책.

17 같은 책, p.170.

18 같은 책, p.179.

19 같은 책, p.188.

20 같은 책, p.308.

21 『시애틀의 성자』, p.273.

22 Gene Smith는 Dafna Yachin의 다큐멘터리인, 디지털 다르마Digital Dharma에서 싸꺄 문중과 함께 한 시절에 대해 말하고 있다. 그에 대한 자세한 정보는 www.tbrc.org 와 www.digitaldharma.com에서 확인할 수 있다.

23 『시애틀의 성자』, p.292.

24 『설국의 공주』, p.15.

25 "티벳은 결코 이와 같지 않다." Seattle Magazine(1967.2.), p.14. 『시애틀의 성자』, p.309에서 인용.

03 제쭌마 뗀진 빨모

1 이 장의 주요 출처는 1999년, 2001년, 2009년 인도에서 뗀진 빨모에 대한 인터뷰이다. 또한 뗀진 빨모의 책 『산정 호수에서의 성찰Reflections on the Mountain Lake』(국내에서는 『뗀진 빨모의 마음공부』라는 제목으로 번역 출판됨-역자 주) 중 첫 번째 장에서 가정 교육과 라다크Ladakh에서의 안거를 설명하고 있는 데 여기서 개

인적인 내용을 발췌했다. 뗸진 빨모의 비범한 삶과 여성의 몸으로 깨달음을 찾기 위한 탐구에 대한 자세한 내용은 비커 맥켄지Vicki Mackenzie의 베스트셀러 전기인 『설원 동굴Cave in the Snow』(국내에서는 『나는 여성의 몸으로 붓다가 되리라』라는 제목으로 번역 출판됨)에 전부 나와 있다. 비키는 뗸진 빨모의 유년기와 라다크에서의 시간에 대해 연구를 했는데 친절하게도 여기에 신도록 허락해주었다. 리즈 톰슨Liz Thompson 감독은 비키의 책 『설원 동굴』을 바탕으로 같은 제목의 멋진 다큐멘터리 영화를 만들었는데, 이 장에서 보충 자료로 사용했다.

2 『산정 호수에서의 성찰』, p.21.

3 『산정 호수에서의 성찰』, p.21과 『설원 동굴』, p.4.

4 『산정 호수에서의 성찰』, p.19.

5 『설원 동굴』, p.4와 p.121에 비슷한 내용이 있다.

6 『산정 호수에서의 성찰』, p.20.

7 다큐멘터리 영화 '설원 동굴'에서 가져옴.

8 『산정 호수에서의 성찰』, p.11.

9 『설원 동굴』, p.31을 근거로 함.

10 『산정 호수에서의 성찰』, p.13.

11 『설원 동굴』, p.42.

12 『산정 호수에서의 성찰』, p.14와 『설원 동굴』, p.43에 비슷한 내용이 있다.

13 『설원 동굴』, p.43을 근거로 함.

14 2009년 가디언The Guardian지에 실린 루시 포웰Lucy Powell과의 인터뷰에서 가져옴.

15 『설원 동굴』, p.45.

16 『산정 호수에서의 성찰』, p.14와 『설원 동굴』, p.46에 비슷한 내용이 있다.

17 『설원 동굴』, p.63.

18 『산정 호수에서의 성찰』, p.28.

19 순례에 관한 자세한 기록과 사진은 www.tenzinpalmo.com에서 찾을 수 있다.

20 『산정 호수에서의 성찰』, p.58과 p.163 참고.

21 다큐멘터리 영화 '설원 동굴'에 달라이 라마와의 우연한 만남을 그림.

22 착좌식은 www.tenzinpalmo.com/index.php?option=com_content&task=

view&id=50&Itemid=34에서 시청할 수 있다.

04 쌍게 칸도

1 라마 최남 쌍게 칸도는 『빠드마삼바바의 인도인 동반자 만다라바 공주의 생애와 해탈The lives and Liberation of Princess Mandarava, The Indian Consort of Pad-masambbava』(Boston: Wisdom Publications, 1998)을 번역했다.

2 이 인터뷰는 앨러미다Alameda에서 여러 달 동안 정교한 불교 관정식이 열리고 있을 때 며칠간 휴식 시간을 이용하여 진행했다. 쌍게 칸도는 베이Bay 지역에 있는 갸뜰 린뽀체의 사원이 있는 오겐 도제 덴Orgyen Dorje Den에서 통역을 하고 통역가를 훈련하는 일을 맡았다. 그 곳을 방문하여 갸뜰 린뽀체, 라마 최남, 쌍게 뗀달Sangye Tendar, 그리고 쌍게 칸도의 오랜 도반, 제자 몇명과 대화를 나누기도 했는데 이들은 모두 친절하게 일화를 추가해서 들려주었다.

3 8세기 성자 산띠데바의 고전적 지침서. 10개의 품品으로 구성된 이 책은 보리심, 깨달음의 자비로운 마음을 일깨우기 위해 쓰여 졌다. 『입보리행론』의 많은 번역본 중 하나를 빠드마까라Padmakara 역경회에서도 출판했다(보스턴: 샴발라출판사, 2003). 뻬마 최돈은 그 책에 대한 현대적인 주석서인 『소모할 시간이 없다 No Time to Lose』(보스턴: 샴발라출판사, 2007)를 저술했다.

05 뻬마 최돈

1 나와 뻬마 최돈과의 만남은 10년이 넘게 이어졌다. 나는 그녀를 책의 저자가 아닌 학생이자 도반으로 처음 만났다. 기자였지만 우리의 대화를 문서로 기록하지 않았다. 따라서 어떤 경우에는 내가 기억한 내용보다 그녀가 다른 곳에서 했던 인터뷰에서 매우 비슷한 진술을 인용하는 편이 더 정확할 것이라고 생각한다. 부가적인 정보는 그녀의 제자, 친구들과의 인터뷰에서 얻었다. 뻬마 최돈은 이 장에 실린 자신의 인용문을 사용해도 된다고 승인했다. 감사하게도 트라이시클Tricyle에서 저작권이 있는 자료를 전재할 수 있도록 허가했다. 『The

Buddhist Review』, Vol.3, No.1, (가을 1993): pp.16-24. ©1993 헬렌 트워코프(Helen Tworkov). 트라이시클의 허가로 재판.

2 이 제목은 쵸감 뜨룽빠 린뽀체의 가르침을 엮은 『Smile at Fear』(보스턴: 샴발라 출판사, 2009)를 참조함.

3 이 문단에서 『Crucial Point』 Fall/Winter, 2004.에 실린 그녀의 주장에 따랐다. http://www.mangalashribhuti.org/pdf/cp_fall_winter04.pdf

4 헬렌 트워코프가 진행한 뻬마 최돈과의 인터뷰는 트라이시클에 처음으로 실렸다. 『The Buddhist Review』, Vol.3, No.1(가을 1993): pp 16-24. 인터뷰 전문은 www.tricycle.com/feature/no-right-no-wrong에서 읽을 수 있다. 여기서는 『Buddhist Women on the Edge』(역자 주: 위태로운 여성 불자들, p.296)에 실린 인터뷰를 편집, 인용했다.

5 리오노어 프리더먼(Leonore Frideman), 『Meeting with Remarkable Women: Buddhist Teacher in America』(Boston: Shambhala Publications, 2000), p.106

6 Bill Moyers와의 인터뷰 "Bill Moyers on Faith and Reason", PBS, 2006년 8월 4일)'에서 발췌함. https://pemachodronfoundation.org/videos/bill-moyers-on-faith-and-reason-with-pema-chodron에서 시청 가능함 (원서의 주소로 내용을 찾을 수 없어 역자가 찾아 수정함).

7 이 문단은 『When Things Fall Apart: Heart Advice for Difficult Times』(보스턴: 샴발라 출판사,2000), p.10의 내용을 저자의 동의 하에 인용해 자세히 썼다.

8 Bill Moyers, Faith and Reason 인터뷰.

9 같은 인터뷰.

10 같은 인터뷰.

11 같은 인터뷰.

12 같은 인터뷰.

13 『When Things Fall Apart』 책, p.10.

14 『Meeting with Remarkable Women』 책, p.115.

15 『Tricycle: The Buddhist Review』, Vol.3, No.1(1993, 가을): pp 16-24, 허락 하에 인용함.

16 상기와 같음.

17 Bill Moyers, Faith and Reason 인터뷰.

18 같은 인터뷰.

19 같은 인터뷰.

20 티벳 전통에서 완전한 구족계를 받기 어려운 상황에 관한 자세한 내용은 서문, 3장, 8장을 참고.

21 『Meeting with Remarkable Women』 책, p.108.

22 같은 책, p.109.

23 같은 책.

24 같은 책, pp.109–110.

25 『When Things Fall Apart』, p.6.

26 www.pemachodronfoundation.org.

27 Fabrice Midal, ed., 『Recalling Chögyam Trungpa』, Boston: Shambhala Publications, 2005), p.245.

28 같은 책.

29 같은 책, p.246.

30 같은 책, pp.251–252.

31 사원에서의 삶에 대한 뻬마의 설명은 그녀의 웹사이트 www.pemachodron-foundation.org/video/에서 찾을 수 있다.

32 『When Things Fall Apart』, pp.6–7.

33 같은 책.

34 『Tricycle: The Buddhist Review』, Vol.3, No.1(1993, 가을): pp.16–24.

35 『Places That Scare You』, p.33.

36 『Buddhist Women on the Edge』, p.295에서 인용된 Tricycle 인터뷰.

37 『Buddhist Women on the Edge』, p.294.

38 같은 책.

39 같은 책, p.298.

40 『Tricycle: The Buddhist Review』, Vol.3, No.1(1993, 가을): pp.16–24.

41 상기와 같음.

42 상기와 같음.

43 상기와 같음.

44 상기와 같음.

45 상기와 같음.

46 상기와 같음.

47 『When Things Fall Apart』, p.12.

48 "Cultivating Openness When Things Fall Apart", 벨 훅스Bell Hooks가 뻬마 최돈을 인터뷰한 기사, Shambhala Sun(역자 주: Lion's Roar로 2016년 매체명 변경됨).

49 같은 인터뷰 기사.

50 Bill Moyers, Faith and Reason 인터뷰.

51 같은 인터뷰.

52 "Let's be Honest", 엘리자베스 남겔이 지갈 꽁뚤 린뽀체와 뻬마 최돈을 인터뷰함. Shambhala Sun(Lion's Roar로 매체명 변경됨), 2006년 1월.

53 Bill Moyers, Faith and Reason 인터뷰.

54 『Crucial Point』 Fall/Winter, 2004, p.14.

55 이어지는 설명은 『Crucial Point』와 "Let's be Honest"에서 뻬마가 설명한 내용을 수정, 인용함.

56 "Let's be Honest".

57 같은 인터뷰.

58 같은 인터뷰.

59 같은 인터뷰.

60 『Crucial Point』, p.14.

06 엘리자베스 매티스 남겔

1 이 장의 주요 출처는 엘리자베스 매티스 남겔과 그녀의 가족, 제자들과의 인터뷰이다. 2009년 레랍 링Lerab Ling에서 View Magazine을 위해 그녀와 진행한 심층 인터뷰 외에 대부분 인터뷰는 크레스톤Crestone과 볼더Boulder에서 〈불교방송 재단〉의 30분짜리 다큐멘터리 "열린 질문의 힘Power of the Open Question"을 촬영하는 일주일간 진행되었다.

2 뻬뚤 린뽀체의 『위대한 스승의 가르침』(보스턴: 샴발라 출판사, 1998), pp.144-

145.

3 엘리자베스 매티스 남겔은 자신의 법문에서. 그리고 자신의 저작, 『열린 질문의 힘』105페이지에 이러한 예를 사용했다.

4 같은 책. p.97.

5 같은 책. p.101.

6 같은 책. p.104.

7 다이애나 묵뽀Diana Mukpo의 『용의 포효: 초걈 뜨룽빠와 함께 한 나의 삶 Dragon Thunder: My life with Chögyam Trungpa』(Boston: Shambhala Publications, 2006).

8 같은 책. p.85.

9 그녀는. 『열린 질문의 힘』introduction p.1-2에서 비슷한 설명을 하고 있다.

07 착둡 카도

1 2011년 착둡 카도는 강연과 기금 조성을 위해 로스앤젤레스를 방문했고 이때 그녀와 주요 인터뷰를 진행했다.

2 착둡 뚤꾸. 『Lord of the Dance』(Junction City, CA: Padma Publishing, 1992), p.201.

3 『Red Tara Commentary』(Junction City, CA: Padma Publishing, 1986).

4 『Ngondro Commentary』(Junction City, CA: Padma Publishing, 1995).

5 『P'howa』(Junction City, CA: Padma Publishing, 1998).

6 『Lord of the Dance』, p.128.

08 깔마 렉셰 쪼모

이 장은 깔마 렉셰 쪼모와 미카엘라 하스가 협업하여 썼다. 렉셰 쪼모는 자신의 여정을 기술하면서 여행담과 히말라야 비구니들이 처한 상황에 대한 감상을 알려 주었다. 렉셰 쪼모의 허락을 받아 히말라야 모험에 대한 내용을 편집하여 이 장에 수록했다. 그녀의 첫 번째 Zangskar 여행기는 www.jamyang.org에서 볼 수 있다. 2010년 샌디에이고에서 이루어진 렉셰 쪼모와의 광범위한 인터뷰는 이 장의 기초를 이루고 있으며 히말라야 비구니의 상황에 대한 많은 출판물 그리고 다양한 샤카디타 대회 보고서에서 소중한 추가 정보를 제공받을 수 있었다.

1 깔마 렉셰 쪼모 편집, 『문명 너머의 여성 불자Buddhist Women Across Cultures』(Albany, NY: SUNY Press, 1999), p.175.

09 툽뗀 최돈

1 이 장의 주요 자료는 스라바스티 사원Sravasti Abbey을 사흘간 방문하여 얻은 것이다. 이 기간 동안 툽뗀 최돈은 폭넓게 진행된 인터뷰를 받아들였으며, 나는 그녀의 공개 법회에 여러 번 참석했다. 또한 사원에서의 생활을 관찰하고, 그 곳에 상주하는 사람들과 이야기를 나눴다. 툽뗀 최돈의 허락 하에 가끔 그녀의 글, 특히 그녀의 에세이 "You're Becoming a What? Living as a Western Buddhist Nun"을 보충 자료로 사용했다. 이 것은 매리앤 드레서 Marianne Dresser가 엮은 책 『Buddhist Women on the edge: Contemporary Perspectives from the Western Frontier』 (Berkeley, CA: North Atlantic Books, 1996), pp.223-233에 수록돼 있다. 나는 이를 토론하고 분명하게 하기 위해 이 주제를 인터뷰에 사용했다. 또한 피터 N. 그레고리Peter N. Gregory와 수잔 모직Susanne Mrozik이 국제 컨퍼런스의 자료들을 모아 공동으로 엮어 출판한 『Women Practicing Buddhism: American Experiences』(Somerville, MA: Wisdom Publications, 2007), pp.191-196에 기고한 짧은 자서전, 웹사이트 www.thubtenchodron.org에 그녀가 발행한 많은 에세이들과 교도소 관련 활동에 관해 출판 예정인 책에 수록할 미공개 서문의 초안도 포함해서 그녀의 저서들을 많이 참조했다.

2 『How to Free Your Mind』(Ithaca, NY: Snow Lion Publications, 2005), P.47.

3 툽뗀 최돈. "You're Becoming a What? Living as a Western Buddhist Nun"은 매리앤 드레서가 엮어 편집한 책 『Buddhist Women on the edge: Contemporary Perspectives from the Western Frontier』(Berkeley, CA: North Atlan-

tic Books, 1996), p226에 있음.

4 같은 책, pp.223-233.

5 같은 책, p.223.

6 같은 책, p.228.

7 같은 책, p.229를 참조하여 수정했고, 툽뗀 최돈을 직접 인터뷰하면서 그녀의 허락을 받았다.

8 최돈의 에세이 "Finding Our Own Way"는 툽뗀 최돈이 엮은 책 『Blossoms of the Dharma: Living as a Buddhist Nun』(Berkeley, CA: North Atlantic Books, 1999)에서 발췌함. https://thubtenchodron.org/1999/12/growing-in-dharma/에서 재발췌함(원서의 주소로 내용을 찾을 수 없어 역자가 찾아 수정함)

9 드레서Dresser가 엮어 편집한 『Buddhist Women on the edge』, p.230 참조.

10 같은 책, p.231.

10 로시 조안 할리팩스

1 이 장은 미카엘라 하스와 크리스틴 바렌센Kristin Barendsen이 작성했다. 샴발라 선Shambbala Sun의 편집장인 크리스틴의 논문 "조안 할리팩스:두려움 없음과 유연함Joan Halifax:Fearless and Fragile"(샴발라 선, May 2009. pp 57-63)를 샴발라 선의 동의 하에 인용했다. 크리스틴은 이 장을 쓰기 위해 조안과 추가적인 인터뷰를 두 번 했다. 미카엘라는 로시의 동의 하에 로시와 한 번 더 인터뷰를 했는데 조시가 Harvard divinity school에서 받았던 자서전적 강의에서 어린 시절에 대한 정보를 추가로 더 얻었다. 이것은 『미국에서 불자의 삶: 복잡함 속에서 단순함 A Buddhist Life in America:Simplicity in the Complex』(New York: Paulist Press, 1998)으로 출간되었다.

2 Luck Dark, Fabrizio Chiesa감독의 영화, 로시 조안의 티벳 순례 다큐멘터리.

3 『미국에서 불자의 삶』, p.7.

4 같은 책.

5 같은 책, p.8.

6 같은 책.

7   같은 책, p.9.

8   같은 책, p.10.

9   『미국에서의 불자의 삶』 앞 문장에서 모두 인용, pp.10-11.

10 같은 책, p.11.

11 같은 책, p.13.

12 같은 책.

13 같은 책, p.17.

14 같은 책, p.20.

15 로시 동의하에 『미국에서의 불자의 삶』을 편집했다. p.20.

16 같은 책, p.21.

17 같은 책, p.22.

18 같은 책, p.23.

19 같은 책, p.35-36.

20 같은 책, p.35.

21 http://www.upaya.org/news/2011/01/02/why-buddhism-violations-of-trust-in-the-sexual-sphere-roshi-joan-halifax/.

11 출팀 알리언

1   이 장의 주요 자료는 3일간 따라 만다라 Tara Mandara를 방문하여 얻었다. 그 곳
    에서 나는 출팀 알리언과 그녀의 가족, 그리고 오래된 제자들과 폭넓게 인터
    뷰를 진행했다. 이에 덧붙여 출팀 알리언은 '애도grief'에 관해 설법한 미공개
    비디오와 오디오 녹음인 "The Mandala of the Enlightened Feminine(역자
    주: 여성 성취자의 만달라)" (Louisville, CO: Sounds True, 2003)을 언급했다. 그녀는 또
    한 『Women of Wisdom(역자 주: 지혜의 여성들)』(Ithaca, NY: Snow Lion Publications,
    2000)의 광범위한 자전적 서문을 인용할 수 있도록 허락해 주었다.

2   『Feeding Your Demons: Ancient Wisdom for Resolving Inner Conflict』
    (New York: Little, Brown and Company, 2008), p.3.

3   같은 책.

4 『Women of Wisdom』, p.50. 출팀 알리언의 승인 하에 인용문의 순서를 변경함.

5 티벳의 여러 소식통에 의하면 그녀에 관해 매우 다양한 날짜를 제공한다. 하지만 마칙 랍된이 적어도 90세까지, 혹은 그 이상 생존했다는 증거가 있다. 다양한 날짜에 대한 토론은 댄 마틴Dan Martin의 "The Woman Illusion? Research into the lives of spiritually accomplished women leaders of the 11th and 12th centuries" pp.52-53를 참조. 자넷 갸쵸Janet Gyatso와 한나 하브네빅Hanna Havnevik이 엮은 책 『Women in Tibet』(New York: Columbia University Press, 2005)에 수록됨.

6 『Women of Wisdom』, pp.165-167.

7 같은 책, p.15. 출팀 알리언은 책에서 자신의 이 시기의 삶을 연대별로 자세히 실었다.

8 같은 책, p.23.

9 같은 책, p.22.

10 같은 책, p.23.

11 같은 책, p.41.

12 같은 책, p.24.

13 "The Mandala of the Enlightened Feminine"의 오디오 녹음에서 인용함.

14 『Women of Wisdom』, p.28.

15 "The Mandala of the Enlightened Feminine"의 오디오 녹음에서 인용함.

16 같은 오디오 녹음.

17 같은 오디오 녹음.

18 같은 오디오 녹음.

19 같은 오디오 녹음.

20 2011년 따라 만달라 사원에서 '애도Grief'에 관한 출팀의 법문에서 발췌함.

12 칸도 쩨링 최돈

1 이 장의 출처는 프랑스 레랍 링에서 칸도 쩨링과의 만남, 온라인 생중계했던

그녀를 기리기 위한 불로 지내는 제사fire puja 그리고 그녀의 가족, 제자, 친구들 그리고 소걀 린뽀체, 올겐 톱걀 린뽀체, 종쌀 켄쩨 린뽀체와의 인터뷰이다. 종쌀 켄쩨 린뽀체와 닥몰라 싸꺄는 나를 친절하게 환영해 주었고 2011년, 로스앤젤레스에서의 칸도의 전기문의 다양한 면을 분명하게 알려 주었다. 칸도의 제자들인 마우로 데 마치Mauro de March, 꿍가 걀모Kunga Gyalmo, 레나 랍Lena Raab은 자신들의 기억을 꺼내 전기문을 쓰는데 기여했다. 잠양 켄쩨 최기 로도의 전기문과 라깔 가족의 역사를 더 많이 모으기 위한 노력으로 아담 펄시의 지도 아래 있는 Rigpa 팀, 몇 년간에 걸쳐 수십 명의 스승들을 인터뷰한 포커 댄스는 내게 인터뷰 기록을 관대하게 접근할 수 있도록 해 주었다. 이중 가장 깊은 인터뷰는 돌아가신 뻬와 린뽀체와의 인터뷰 그리고 1996년 8월 13일 린구 뚤꾸Ringu Tulku가 번역한 마윰라 쩨링 왕모와의 인터뷰이다. 이들의 연구 일부는 편집되어 온라인으로 실렸다. www.rememberingthemaster.org, www.lotsawahouse.org, www.rigpawiki.org.

나는 또한 『View, The Rigpa Journal』(2011. 1.)에 실린 칸도의 삶과 소멸에 헌정하는 추모사와 소걀 린뽀체의 『삶과 죽음을 바라보는 티벳의 지혜』, 딜고 켄쩨 린뽀체의 자서전 『빛나는 달Brilliant Moon』, 뚤꾸 톤둡Tulku Thondup의 『명상의 성취와 기적』, 뚤꾸 울겐Tulku Urgyen의 『눈부신 빛남blazing splendor』 들에서 도움을 받았다.

2 추도식에서 그의 추모사는 『View, The Rigpa Journal』(2011. 1.)에 실린 것을 여기에 인용했다.

3 같은 책.

4 같은 책.

5 http://khandrotseringchodron.org/2011/06/08/his-holiness-the-17소-karmapa/.에 올려진 깔마빠의 조문사.

6 『View, The Rigpa Journal』 2011.7.

7 여기 그리고 다음 단락의 라깔 역사, 마윰라 쩨링 왕모와 올겐 톱걀에 따른 설명은 대체로 여기에www.lotsawahouse.org/tibetan-master/mayum-tsering-wangmo/lakar-history 발표되었다.

8 『삶과 죽음을 바라보는 티벳의 지혜』, p.15.

9 같은 책.

10 같은 책, p.16.

11 2008년 4월 21일, 레랍 링에서 소걀 린뽀체의 가르침과 함께 다른 형태의 이야기는 『빛나는 달Brilliant Moon』, p.128에도 있다.

12 『빛나는 달』, p.128에서 올겐 톱걀 린뽀체는 약간 다른 설명을 했다. "이 지점에서 아띠 뙬돈Ati Terton이 쩨링 최돈과 쩨링 왕모의 두 어린 소녀들의 머리를 만지던 순간 매우 어렸지만 '나중에 잠양 켄쩨 린뽀체가 위대한 바즈라다라가 되었을 때 이 두 사람은 그의 다키니들이 될 것이다. 그땐 나조차도 작은 봉사를 할 수 있는 행운이 있을지도 모른다. 이 모든 것은 상서로운 길한 일이었다.' 라고 말했다. 잠양 켄쩨는 이 말에 완전히 당황스러워했다. '이 사람이 무슨 말을 하는 거죠?' 라고 물었다. '나는 이 같은 말을 전혀 들어본 적이 없어요.' 그러나 그는 몇 년이 지난 후에 뒤돌아보며 이에 대해 이렇게 말했다. '그 뙬돈은 분명 뭔가를 알고 있었을 겁니다.'"
www.lotsawahouse.org/tibetan-master/orgyen-tobgyal-rinpoche/biography-khyentse-lodro.에서 발췌.

13 『빛나는 달』, p.128

14 『명상의 기적의 성취자Masters of meditation and Miracle』, p.92.

15 www.huffingtonpost.com/sogyal-rinpoche/khandro-tsering-chodron-in-memory-of-an-extraordinary-buddhist-master_b_968647.html?ref=buddhism 그리고 『삶과 죽음을 바라보는 티벳의 지혜』, p.143.

16 닥몰라와의 인터뷰에 기재된 바와 같은 설명. 추가로 『설국의 공주』, pp.172-173 참고.

17 『설국의 공주』, pp.173-174.

18 『빛나는 달』, pp.297-303.

19 www.rememberingthemasters.org.

20 소걀 린뽀체의 『삶과 죽음을 바라보는 티벳의 지혜』, p.273. 성취자의 소멸에 대한 자세한 설명 참조.

21 2009년 4월에 발간된 『Talk Sikkim』Magazine에 실린 "쌍윰 꾸쇼를 그리워하며Missing Sangyum Kusho"의 글에서 발췌.

22 2011년 6월 3일, 베를린에서 소걀 린뽀체의 가르침. www.huffingtonpost.com/sogyal-rinpoche/khandro-tsering-chodron-in-memo-

ry-of-an-extraordinary-buddhist-master_b_968647.html?ref=buddhism 그리고『삶과 죽음을 바라보는 티벳의 지혜』, p.143.

23 www.huffingtonpost.com/sogyal-rinpoche/khandro-tsering-cho-dron-in-memory-of-an-extraordinary-buddhist-master_b_968647.html?ref=buddhism/.

24 상기와 같음.

25 『View, The Rigpa Journal』(2011.7.)에 실린 2011년 5월 30일, 레랍 링에서 올겐 톱걀 린뽀체의 가르침 중에서.

26 같은 책.

27 2011년 6월 3일, 베를린에서 소걀 린뽀체의 가르침에서.

28 2011년 5월 30일, 레랍 링에서 올겐 톱걀 린뽀체의 가르침 중에서.

29 『View, The Rigpa Journal』(2011.7.)에 실린 2011년 5월 30일, 레랍 링에서 올겐 톱걀 린뽀체의 가르침 중에서.

30 『삶과 죽음을 바라보는 티벳의 지혜』, p.270.

31 2011년 5월 30일, 레랍링에서 올겐 톱걀 린뽀체의 가르침 중에서.

주요 용어

독자를 위해 산스크리트어(Skt.), 티벳어(Tib.), 일본어(Jpn.), 빨리어(Pali.) 용어를 가능한 음성학적으로 간단하게 발음해서 실었다. 이 책에서 가장 빈번하게 등장하는 용어만을 참고할 수 있도록 간략하게 설명한다.(알파벳 순)

아비셰카 abhisheka (Skt.), 왕 wang (Tib.) 관정. 금강승 불교에서 특정한 수행을 하기 전에 필요한, 가피를 내리는 의식

관세음보살 Avalokiteshvara (Skt.), 첸레직 Chenrezig (Tib.) 자비심의 붓다

바르도 bardo (Tib.) 중음 상태

빅슈 bhikshu (Skt.), 겔롱 gelong (Tib.) 완전한 구족계를 받은 비구

빅슈니 bhikshuni (Skt.), 겔롱마 gelongma (Tib.) 완전한 구족계를 받은 비구니

보리심 bodhichitta (Skt.), 장춥 셈 changchub sem (Tib.) 중생을 위해 깨달음을 얻겠다는 이타적인 염원

보살 bodhisattva (Skt.), 장춥 셈빠 changchub sempa (Tib.) 보리심을 가지고 깨달음을 향해 나아가거나 깨달음을 얻어 붓다의 경지로 나아가는 사람

뵌교 Bön (Tib.) 불교가 들어오기 이전 티벳의 토착 종교로 현재는 티벳 불교의 주요 5대 종파 중 하나

붓다 Buddha (Skt.), 쌍계 sangye (Tib.) 깨달은 이

쬐 chöd (Tib.) 자기 집착을 끊어내는(혹은 잘라내는) 수행

다키니 dakini (Skt.), 칸도 khandro (Tib.) 깨달음을 얻은 여성 화신. 공행모

델록 délok (Tib.) 임사 체험자

다르마 dharma (Skt.), 쬐 chö (Tib.) 붓다의 가르침이나 진실, 영적 여정, 그리고 현상 등 여러 의미로 사용된다.

족첸 Dzogchen (Tib.) 대원만 또는 대구경으로 주로 닝마파의 수행 전통과 관계가 있다.

겔룩 Gelug (Tib.) '공덕의 길'이라는 뜻으로 티벳 불교의 주요 5대 종파 중 하나

게셰 geshe (Tib.) 전통적으로 가장 큰 세 곳의 겔룩파 사원에서 학승에게 주는 타이틀로 박사 학위와 비슷하다.

골록 Golok (Tib.) 동티벳의 한 지역

구루 guru (Skt.), 라마 lama (Tib.) 힌두교와 불교에서 존경받는 선지식을 부르는 말

소승 불교 Hinayana (Skt.) 근본 불교, 가장 오래된 불교의 한 형태

제쭌(마) jetsun(ma) (Tib.) 매우 훌륭한의 뜻을 가진 티벳에서 사용되는 영광스러운 경칭 중 하나

쪼모 jomo (Tib.) 비구니나 귀족 여인에게 붙이는 경칭

까규 Kagyü (Tib.) 구전 전승이며, 티벳 불교 주요 5대 종파 중 하나

깔마 karma (Skt.) 인과법, 그리고 그로 인한 업

캄 Kham (Tib.) 동부 티벳 지역으로 크게 티벳을 구성하는 세 지역 중 한 곳

켄뽀 khenpo (Tib.) 전통적 방식으로 불교 철학을 모두 수료한 학승에게 주는 타이틀

꺌제 kyabjé (Tib.) 귀의의 제왕이라는 뜻으로 고승을 일컫는 매우 영광스러운 존칭으로 존자나 성하 등으로도 번역된다.

대승 불교 Mahayana (Skt.) 큰 수레라는 뜻으로 보리심으로 중생을 구제하는 보살의 길을 추구한다.

만달라 mandala (Skt.), 낄콜 kyilkhor (Tib.) 원과 그 둘레에 신과 그 주변의 환경 및 수행원을 일반적으로 도표 또는 물리적으로 표현한 것

문수보살 Manjushri (Skt.), 잠빨 양 Jampal Yang (Tib.) 지혜의 붓다

만뜨라 mantra (Skt.) 신성한 주문

진언승 Mantrayana (Skt.) 만뜨라의 수레. 금강승(밀교) 불교의 다른 이름

수인 mudra (Skt.) 상직적인 손동작

낭빠 nangpa (Tib.) 내부자라는 의미로 불자를 뜻함

열반 nirvana (Skt.) 고통에서 해탈함 또는 깨달음

닝마파 Nyingma (Tib.) 고대 전승으로 티벳의 주요 5대 종파 중 하나

빠드마삼바바 Padmasambhava (Skt.) 연화생으로 8세기 티벳 불교 개척자

포와 phowa (Tib.) 죽음의 순간에 의식을 전이함

쁘라냐 prajna (Skt.), 세랍 sherab (Tib.) 반야로 지혜, 지성, 지식을 두루 일컫는 말

쁘라냐파라미타 Prajnaparamita (Skt.) 지혜의 완성 또는 대지혜로 반야바라밀. (1)반야경 (2)반야바라밀보살 또는 불모 (3)최상의 영적 깨달음과 수행

풀바 purba (Tib.) 의식용 검

리메 Rimé (Tib.) 무종파

린뽀체 rinpoche (Tib.) 귀중하다는 뜻으로 환생한 티벳 불교 선지식을 일컫는 경칭

로시 roshi (Jpn.) 선승을 높이 부르는 말

사다나 sadhana (Skt.) 성취의 수단, 밀교 수행서

싸꺄 Sakya (Tib.) 회색 땅을 일컫는 말로 티벳 불교 주요 5대 종파 중 하나

삼마야 samaya (Skt.) 삼매. 딴뜨라에 헌신함

삼사라 samsara (Skt.) 생과 사를 반복하는 윤회

상가 sangha (Skt.), 게둔 gedün (Tib.) 불교 공동체

상윰 sangyum (Tib.) 신성한 배우자로 존경받는 선지식의 아내를 높여 부르는 말

샤꺄무니 Shakyamuni (Skt.) 석가모니 붓다. 기원전 5세기의 역사적인 붓다

샤만타 shamatha (Skt.), 쉬네 shiné (Tib.) 조용히 머무는 명상으로 지관 수행의 지(止)를 뜻한다.

슈냐타 shunyata (Skt.) 공성. 모든 현상의 참되고 본질적인 존재의 결여

싯다 siddha (Skt.) 성취자

스투파 stupa (Skt.), 초르뗀 chörten (Tib.) 사리탑. 성취자가 남긴 유물 등을 보관하는 구조물

수트라 Sutra (Skt.) 붓다의 설법(경전, 経)

수트라야나 Sutrayana (Skt.) 수트라의 수레. 현교승

딴뜨라 Tantra (Skt.), 규 gyü (Tib.) 실 또는 직조기. 기원 후 초기 인도에서 유래된 밀교 경전과 수행의 한 종류

딴뜨라야나 Tantrayana (Skt.) 딴뜨라의 수레, 금강승 또는 밀교를 이르는 말

따라 Tara (Skt.), 돌마 Drolma (Tib.) 해탈자, 여성 붓다

뗄마 terma (Tib.) 보장

뗄된 tertön (Tib.) 보장 발견자

탕카 thangka (Tib.) 면이나 비단에 그리는 티벳 불교 그림

테라바다 Theravada (Pali) 고대의 가르침. 동남 아시아에 널리 퍼진 초기 불교.

똑덴 togden (Tib.) 깨달은 요기. 좀 더 구체적으로 말하면 둑빠 까규 전통으로 그들은 스님이자 요기이다.

통렌 tonglen (Tib.) 주고받는 자비심 수행법

짜 룽 tsa lung (Tib.) 기맥. 뛰어난 요기가 하는 수련법으로 호흡, 명상, 관상 그리고 특별한 동작을 행한다.

짜 짜 tsa tsa (Tib.) 사리탑이나 붓다, 신을 진흙으로 작게 빚은 것

뚝담 tukdam (Tib.) 성취자의 육체적 죽음 이후의 기간을 가리키는 데 자주 사용되는 명예로운 용어. 죽음 이후에도 일정 기간 동안 명상 수행과 같은 상태가 이어진다.

뚤꾸 tulku (Tib.), 니르마나카야 nirmanakaya (Skt.) 화신을 뜻함. 의도를 가지고 다시 태어난 성취자의 환생을 말한다.

우빠야 upaya (Skt.) 능숙한 수단인 방편을 뜻한다.

바즈라 vajra (Skt.), 돌제 dorje (Tib.) 번개 형태의 의식용 도구로 금강저라고 하며 파괴할 수 없음을 상징한다.

바즈라야나 Vajrayana (Skt.), 도르제 텍빠 dorje tekpa (Tib.) 금강승으로 대승 불교의 밀교의 한 갈래. 티벳에서 널리 수행하고 있으며 딴뜨라야나 또는 만뜨라야나라고 불린다.

바즈라요기니 Vajrayogini (Skt.), 돌제 날졸마 Dorje Naljorma (Tib.) 중요 여성 수행 신

비나야 Vinaya (Skt.) 계율에서 율에 해당. 사원에서의 행동 규범이나 윤리를 뜻함

비파샤나 vipashyana (Skt.), 락통 lhaktong (Tib.) 분명하게 본다는 뜻으로 '위파사나'라고도 한다. 관찰 명상으로 본성을 즉시 자각하고 인지하는 수행법이다. 지관 수행의 관(觀)을 뜻한다.

이담 yidam (Tib.) 수행하는 신

요가 yoga (Skt.), 날졸 naljor (Tib.) 연합의 의미. 구루(guru) 요가는 나의 마음을 스승의 마음과 하나로 모으는 수행으로 스승에 대한 헌신의 길이다.

요기 yogi (Skt.), 날졸빠 naljorpa (Tib.) 요가 수행자

요기니 yogini (Skt.), 날졸마 naljorma (Tib.) 여성 요가 수행자

젠 Zen (Jpn.) 선종으로 대승 불교의 한 갈래

참고 문헌

Allione, Tsultrim. Feeding Your Demons: Ancient Wisdom for Resolving Inner Conflict. New York: Little, Brown and Company, 2008. _

____. The Mandala of the Enlightened Feminine [audio recording]. 5 compact discs. Louisville, CO: Sounds True, 2003.

____. Women of Wisdom. Ithaca, NY: Snow Lion Publications, 2000.

Chagdud Tulku. Lord of the Dance. Junction City, CA: Padma Publishing, 1992.

Changchub, Gyalwa, and Namkhai Nyingpo. Lady of the Lotus-Born: The Life and Enlightenment of Yeshe Tsogyal. Boston: Shambhala Publications, 2002.

Chödrön, Pema. No Time to Lose. Boston: Shambhala Publications, 2007.

____. The Places That Scare You: A Guide to Fearlessness in Difficult Times. Boston: Shambhala Publications, 2007.

____. Start Where You Are: A Guide to Compassionate Living. Boston: Shambhala Publications, 2004.

____. When Things Fall Apart: Heart Advice for Difficult Times. Boston: Shambhala Publications, 2002. ____. The Wisdom of No Escape. Boston: Shambhala Publications, 2001. Chodron, Thubten. Buddhism for Beginners. Ithaca, NY: Snow Lion Publications, 2001.

____. Don't Believe Everything You Think. Boston & London: Snow Lion/Shambhla Publications, 2012

____. How to Free Your Mind: Tara the Liberator. Ithaca, NY: Snow Lion Publications, 2005.

____. Open Heart, Clear Mind. Ithaca, NY: Snow Lion Publications, 1990.

_____. Taming the Mind. Ithaca, NY: Snow Lion Publications, 2004.

_____. Working with Anger. Ithaca, NY: Snow Lion Publications, 2001.

Chönam, Lama, and Sangye Khandro, trans. Key to the Precious Treasury: A Concise Commentary on the General Meaning of the "Glorious Secret Essence Tantra." By Dodrupchen Jigme Tenpa'i Nyima. Ithaca, NY: Snow Lion Publications, 2010.

_____. The Lives and Liberation of Princess Mandarava, the Indian Consort of Padmasambhava. Boston: Wisdom Publications, 1998.

_____. Yeshe Lama. By Vidyadhara Jigme Lingpa. Ithaca, NY: Snow Lion Publications, 2009. David-Neel, Alexandra. Magic and Mystery in Tibet. New Delhi: Rupa Publications, 1989.

_____. My Journey to Lhasa. New York: HarperPerennial, 2005.

Diemberger, Hildegard. When a Woman Becomes a Religious Dynasty: The Samding Dorje Phagmo of Tibet. New York: Columbia University Press, 2007.

Dresser, Marianne, ed. Buddhist Women on the Edge. Berkeley, CA: North Atlantic Books, 1996.

Dowman, Keith. Sky Dancer: The Secret Life and Songs of the Lady Yeshe Tsogyel. London: Routledge and Kegan Paul, 1984.

Dunham, Mikel. Buddha's Warriors. New York: Penguin, 2004.

Edou, Jerome. Machig Labdrön and the Foundations of Chöd. Ithaca, NY: Snow Lion Publications, 1995.

Findly, Ellison Banks, ed. Women's Buddhism, Buddhism's Women: Tradition, Revision, Renewal. Boston: Wisdom Publications, 2000.

Friedman, Leonore. Meetings with Remarkable Women: Buddhist Teachers in America. Boston: Shambhala Publications, 2000.

Gregory, Peter N., and Susanne Mrozik, eds. Women Practicing Buddhism: American Experiences. Boston: Wisdom Publications, 2008.

Gross, Rita M. Soaring and Settling. Buddhist Perspectives on Contemporary Social and Religious Issues. London: Continuum, 1998.

_____. Buddhism After Patriarchy: A Feminist History, Analysis, and Reconstruction of Buddhism. Albany, NY: SUNY Press, 1993.

Gyatrul Rinpoche. Meditation, Transformation, and Dream Yoga. Translated by B. Alan Wallace and Sangye Khandro. Ithaca, NY: Snow Lion Publications, 2002.

Gyatso, Janet, and Hanna Havnevik, eds. Women in Tibet. New York: Columbia University Press, 2005.

Halifax, Joan. Being with Dying: Cultivating Compassion and Fearlessness in the Presence of Death. Boston: Shambhala Publications, 2008.

_____. A Buddhist Life in America: Simplicity in the Complex. New York: Paulist Press, 1998.

_____. The Fruitful Darkness: A Journey through Buddhist Practice and Tribal Wisdom. New York: Grove Press, 2004.

_____. Shamanic Voices. London: Penguin, 1991. Harding, Sarah, ed. and trans. Machik's Complete Explanation: Clarifying the Meaning of Chöd. By Machig Labdrön. Ithaca, NY: Snow Lion Publications, 2003.

Jackson, David P. A Saint in Seattle: The Life of the Tibetan Mystic Dezhung Rinpoche. Boston: Wisdom Publications, 2003.

Khadro, Chagdud. Ngondro Commentary. Junction City, CA: Padma Publishing, 1995.

_____. P'howa. Junction City, CA: Padma Publishing, 1998.

_____. Red Tara Commentary. Junction City, CA: Padma Publishing, 1986.

Khandro Rinpoche. This Precious Life: Tibetan Buddhist Teachings on the Path to Enlightenment. Boston: Shambhala Publications, 2005.

Khyentse, Dilgo. Brilliant Moon: The Autobiography of Dilgo Khyentse. Boston: Shambhala Publications, 2009.

Kornman, Robin, Lama Chönam, and Sangye Khandro, trans. The Epic of Gesar of Ling: Gesar's Magical Birth, Early Years, and Coronation as King. Boston: Shambhala Publications, 2011.

Mackenzie, Vicki. Cave in the Snow: Tenzin Palmo's Quest for Enlightenment. New York: Bloomsbury, 1999.

Mattis—Namgyel, Elizabeth. The Power of an Open Question. Boston: Shambhala Publications, 2010.

Midal, Fabrice, ed. Recalling Chögyam Trungpa. Boston: Shambhala Publications, 2005.

Moyers, Bill. Interview with Pema Chödrön. "Bill Moyers on Faith and Reason," PBS, August 4, 2006. http://video.pbs.org/video/1383845135.

Mukpo, Diana. Dragon Thunder: My Life With Chögyam Trungpa. Boston: Shambhala Publications, 2006.

Palmo, Tenzin. Into the Heart of Life. Ithaca, NY: Snow Lion Publications, 2011.

_____. Reflections on a Mountain Lake: Teachings on Practical Buddhism. Ithaca, NY: Snow Lion Publications, 2002.

Patrul Rinpoche. The Words of My Perfect Teacher. Boston: Shambhala Publications, 1998.

Pema, Jetsun. Tibet: My Story. Boston: Wisdom Publications, 1998.

Pistono, Matteo. In the Shadow of the Buddha. New York: DuttonPenguin, 2011.

Sakya, Jamyang, and Julie Emory. Princess in the Land of Snows: The Life of Jamyang Sakya in Tibet. Boston: Shambhala Publications, 2001.

Sakya, Jamyang Dagmo, and Tulku Yeshi Gyatso. bDag mo 'jam dbyangs dpal mo'i mi tse'i lo rgyus [The biography of Dagmo Jamyang Sakya]. Taipei: Kathog Rigzin Chenpo, 2009.

Scales, Sandra. Sacred Voices of the Nyingma Masters. Junction City, CA: Padma Publishing, 2004.

Shakya, Tsering. The Dragon in the Land of Snows. New York: Penguin Compass, 1999.

Shaw, Miranda. Passionate Enlightenment. Princeton, NJ: Princeton University Press, 1994.

Sidor, Ellen S., ed. A Gathering of Spirit: Women Teaching in American Buddhism. Cumberland, RI: Primary Point Press, 1987.

Simmer-Brown, Judith. Dakini's Warm Breath: The Feminine Principle in Tibetan Buddhism. Boston: Shambhala Publications, 2002.

Sogyal Rinpoche. The Tibetan Book of Living and Dying. New York: Harper Collins, 1994.

Thondup, Tulku. Masters of Meditation and Miracles: Lives of the Great Buddhist Masters of India and Tibet. Boston: Shambhala Publications, 1999.

Trungpa, Chögyam. Born in Tibet. Boston: Shambhala Publications, 1995.

_____. Cutting Through Spiritual Materialism. Boston: Shambhala Publications, 1987.

_____. Smile at Fear. Boston: Shambhala Publications, 2009.

Tsomo, Karma Lekshe, ed. Buddhism Through American Women's Eyes. Ithaca, NY: Snow Lion Publications, 1995.

_____, ed. Buddhist Women Across Cultures. Albany, NY: SUNY Press, 1999.

_____, ed. Buddhist Women and Social Justice: Ideas, Challenges, and Achievements. Albany, NY: SUNY Press, 2004.

_____, ed. Sakyadhita: Daughters of the Buddha. Ithaca, NY: Snow Lion Publications, 1988.

_____. Sisters in Solitude: Two Traditions of Buddhist Monastic Ethics for Women. Albany, NY: SUNY Press, 1996.

Urgyen Tulku. Blazing Splendor: The Memoirs of Tulku Urgyen Rinpoche. Berkeley, CA: North Atlantic Books, 2005.

DAKINI POWER

Twelve Extraordinary Women Shaping the Transmission of Tibetan Buddhism in the West

© 2013 by Michaela Haas

Korean Translation © 2022, Dam&books

Published by arrangement with Shambhala Publications, Inc., Boulder through Sibylle Books Literary Agency, Seoul

다키니 파워

초판 1쇄 발행 2022년 6월 30일

지은이	미카엘라 하스
옮긴이	김영란, 장윤정
펴낸이	오세룡
편집	유지민 전태영 손미숙 박성화
기획	곽은영 최은영 김희재 진달래
디자인	김효선 고혜정 박소영
홍보 · 마케팅	이주하
펴낸곳	담앤북스
주소	서울특별시 종로구 새문안로3길 23 경희궁의 아침 4단지 805호
전화	02)765-1250(편집부) 02)765-1251(영업부) **전송** 02)764-1251
전자우편	damnbooks@hanmail.net
출판등록	제300-2011-115호

ISBN 979-11-6201-375-5 03330

정가 23,000원